U0785754

六盘水市志

LIU PAN SHUI SHI ZHI

商业志

SHANG YE ZHI

六盘水市地方志编纂委员会　编

方志出版社

图书在版编目（CIP）数据

六盘水市志.商业志 / 六盘水市地方志编纂委员会编.— 北京：方志出版社，2017.3

ISBN 978-7-5144-2398-3

Ⅰ.①六… Ⅱ.①六… Ⅲ.①六盘水－地方志②商业史—六盘水 Ⅳ.①K297.33

中国版本图书馆CIP数据核字（2017）第068366号

六盘水市志·商业志

编　　者：六盘水市地方志编纂委员会
责任编辑：梅中英
出 版 人：冀祥德
出 版 者：方志出版社
　　　　　地址　北京市昭阳区潘家园东里9号（国家方志馆4层）
　　　　　邮编　10021
　　　　　网址　http://www.fzph.org
发　　行：方志出版社发行中心
　　　　　电话（010）67110500
经　　销：各地新华书店
印　　刷：云南速盈印刷有限公司
开　　本：889×1194mm　1/16
印　　张：24.75
字　　数：506千
版　　次：2017年3月第1版　2017年3月第1次印刷
印　　数：001~800册
ISBN 978-7-5144-2398-3　　定价：120.00元

·版权所有　翻印必究·

六盘水市地方志编纂委员会

名誉主任　周　荣　李　刚

主　　任　尹志华

常务副主任　郑建国

副 主 任　邓志宏　罗资湘　赵　坤　余朝林

委　　员　蒋体佩　袁国中　黄志芳　张　勇　余榕江
王厚源　赵　略　张远才　宋启宣　潘　攀
熊光敏　王永刚　许利霖　蔡　军　王际明
吴　坚　李文旭　张锡钢　曾晓芳　李文科
李恒超　陈　嵩　代云盘　陈　松　周焕品
杨　坚　王宜治　张群芳　陈　石　杜　梅
李　明　幸雪梅　石灿敏　杜　军　雷邦元
黄　浩　龚申雄　肖建军　彭纪星　蒋泽选
王永明　何　楠　杨显龙　杨　刚　黎永胜
陈　勇　刘子华　赵福江　夏厚军

办公室主任　余朝林

办公室副主任　赵福江　夏厚军

《六盘水市志·商业志》编纂委员会

（2006年—2014年）

顾　　问　刘书略　刘祖裕　谢明星　刘仲仁
主任委员　李世雄
副主任委员　张起亮　王建军　杨　毅　万昌思　张　华（女）
委　　员　王河平　吴长春　罗正芳　张　华（男）
　　　　　张世敏　李映辉　尹志军　谢黔贵　张顺贵　李大连
　　　　　何希考　阳智明　谢应钦（特约）　王景忠

（2015年—2017年）

顾　　问　刘书略　刘祖裕　谢明星　刘仲仁
主任委员　雷邦元
副主任委员　李佳军　张春华　马　鹏　张　华（女）
委　　员　罗建平　张　华（男）　刘　超　魏林新　陈　霞
　　　　　张芳玲　丁　勇　刘安建　吕荣军　熊礼渊
　　　　　谢应钦（特约）　王景忠

《六盘水市志·商业志》编辑组

主　　编　李世雄

副 主 编　张起亮　王建军　杨　毅　万昌思　张　华（女）

特约主编　谢应钦

常务副主编　王景忠

编　　辑　王河平　吴长春　罗正方　张世敏　李映辉　尹志军

　　　　　谢黔贵　张顺贵　李大连　何希考　阳智明

审　　编　李世雄

校　　对　谢应钦　王景忠　王河平

终　　校　谢应钦　王景忠　王河平

图片摄影　洪　林

图片编辑　洪　林　谢应钦　王景忠　王河平

《六盘水市志·商业志》审验单位

贵州省地方志编纂委员会办公室

参审人员 周声浩 伍启林 吕 勇 林 浩

六盘水市地方志编纂委员会办公室

参审人员 余朝林 汪龙舞 宋 兵 余顺丽 杨小康 毕 封

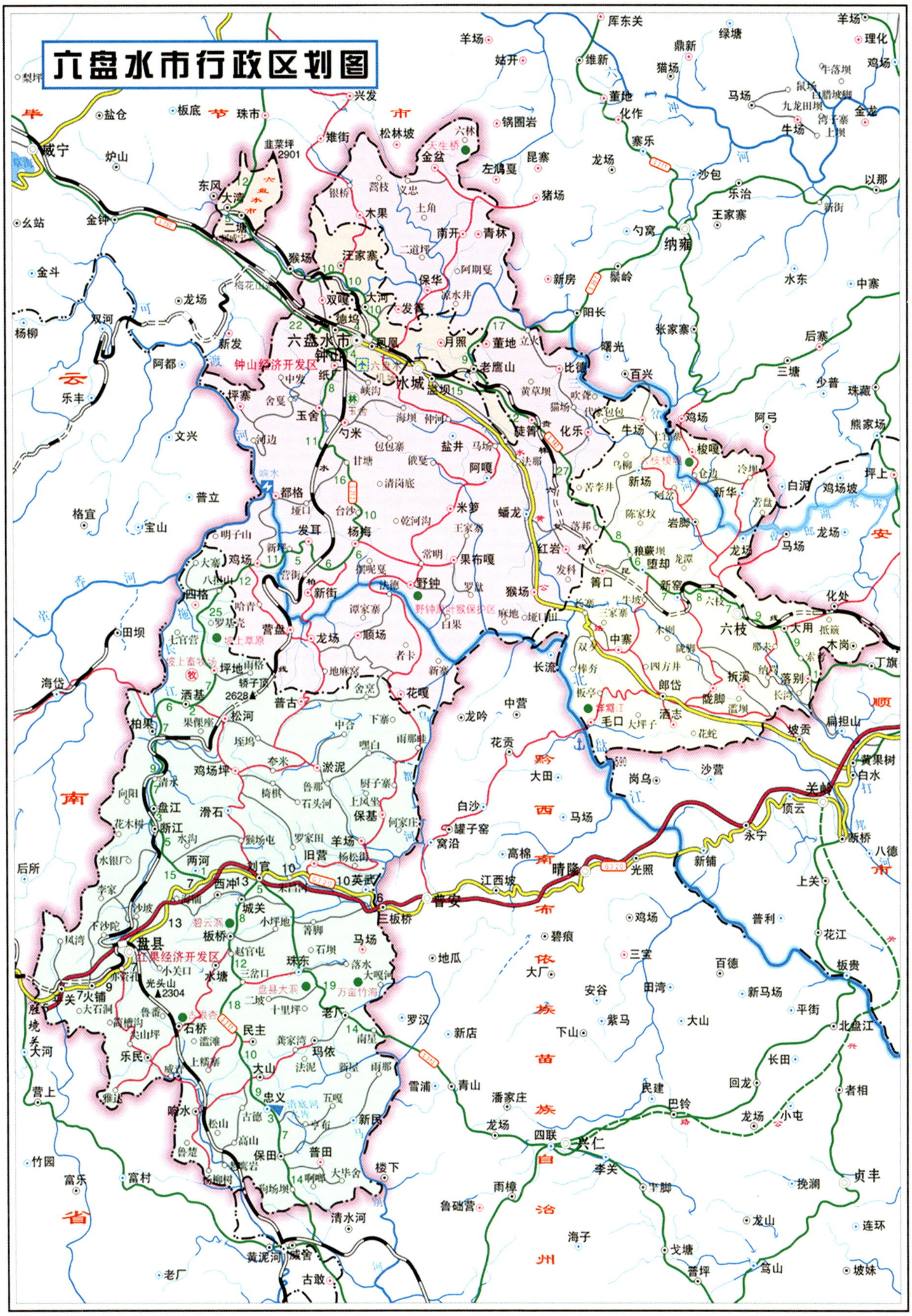

审图号：黔S(2008)020号

六盘水市商业局
原办公楼正门

六盘水市商业局
原办公楼后院

六盘水市商务粮食局办公楼
（原市贸易合作局办公楼）

贵州省生猪屠宰经验交流会暨管理工作表彰会在六盘水市召开

六盘水市商务局组织职工上街宣传《生猪屠宰管理条例》

六盘水市商务局工作总结表彰会

六盘水职业技术学院

六盘水市民族职业学校

六盘水市总商会办公楼

六盘水市百货公司

六盘水市纺织品公司办公处

六盘水市五金交电化工公司

六盘水市食品公司办公楼

六盘水市糖烟酒公司办公楼

六盘水市民贸公司大楼

六盘水市盐业公司

六盘水市饮食服务公司

六盘水市蔬菜水产公司办公楼

六盘水市商业储运公司

六盘水市进出口公司仓库

六盘水市冷冻厂

六盘水市食品加工厂

六盘水迎宾馆

钟山宾馆

水城百货大楼

乡镇集市一隅

水城老城集市

六盘水市首家农贸市场（黄土坡农贸市场）

水城场坝集市

康乐路农贸市场

明湖路农贸市场

松坪北路农贸市场

荷城花园百货批发市场

钟山中路水果批发市场

钟山中路小型汽车销售市场

双水五金机电市场

双水钢材批发市场

双水机械化生猪屠宰场

沃尔玛超市

佳惠自选商场

大世界商场

恒远意通百货商场

老百姓大药房

神农大药房

苏宁电器六盘水商场

华丽酒家

钟山经济开发区原新华酒店

黄土坡原雨田酒店

明湖路花鸟市场

康乐路布依酒楼

向阳北路春天数码摄影彩扩中心

民族路明星摄影图片社

《六盘水市志·商业志》特约主编：谢应钦

六盘水市商务和粮食局领导班子成员（2016年拍摄）

党组书记、局长：雷邦元

党组副书记、副局长：李佳军

党组成员、副局长：张春华

党组成员、机关党委书记：马　鹏

副调研员：罗建平

副调研员：张　华

六盘水市志总凡例

一、本志以马列主义、毛泽东思想、邓小平理论和“三个代表”重要思想为指导，全面贯彻落实科学发展观，坚持四项基本原则，运用辩证唯物主义、历史唯物主义的观点和方法，实事求是地记载六盘水的历史和现状。

二、原则上以1978年建市的市域为记述空间。追溯史实，不避讳曾经管理过的市境外企业。市境内中央直属企业、省属企业及其他非市属单位的情况亦予记述。内容上限不作统一规定，一般始于各项事业发端，下限断至脱稿时。

三、本志由《大事记》、《人物志》和各专业志所组成。各分志定名为《六盘水市志·×××》。专业志按章节体编排，不设《人物传》，原则上不设《序言》。

四、全志采用述、记、志、传、图、表、录七种体裁。

五、遵循详今略古、详独略同的原则，重点记载1965年六盘水开发建设以来的历史，历次政治运动中的重大事件，不设专章记述，内容散见于《大事记》和有关专业志。

六、根据需要，《附录》可置于相应章、节之末。

七、本志资料源于图书报刊、文书档案及调查采访等。文内一般不注资料出处。采用数据以统计部门的为准，统计部门未掌握的，以主管部门的为准。

八、除引文外，一律用规范化语体文行文。简化汉字、标点符号、计量单位的使用及数字用法，遵循国家公布的有关规定。1949年12月以前的各类钱币，按流通时的币制、币值记写；1949年12月至1954年的币值，按1955年后的人民币币值换算记写。

九、纪年表述。夏历用汉字，如正月初五，丙寅年十月十五日。清代以前历史纪年亦然。同时括注公元纪年，如雍正九年六月十二日（1731年7月15日）。中华民国纪年用阿拉伯数字记写，如民国38年（1949年）。中华人民共和国成立后用公元纪年表述，使用阿拉伯数字。

十、专项事物名称用当时称谓。今已改变地名的，括注今名。

十一、在遵循《总凡例》的前提下，各分志可根据自身特点设置《编辑说明》。

编辑说明

一、本志遵循《六盘水市志总凡例》关于编修市志的指导思想原则和观点方法，实事求是地记载六盘水市的商业发展历史与现状。

二、因市内各商贸部门的历史记述，系根据系统行业经营管属划分设置关系而记，其中外贸、粮食、蔬菜、石油、物资、供销等部分，已分别另设专志记载，本志仅记载市（地区）商业局（商委）所管属商业部门之历史情况，故名《商业志》。

三、本志主要记述六盘水市国有商业史实，集体商业史实仅作简要涉及。为反映改革开放后六盘水市商业发展历史全貌，特增加发展非公有制商业及市场体系建设发展和非公有制商业企业等方面史实记述。

四、本志记述时限，上限起于事物发端，可就有关历史源流作适当追溯，下限一般至2001年，即市商业机构进行改革，外贸、商业、物资几个部门合并设立六盘水市贸易合作局时。部分记述为保持史实完整性或记述需要，作适当下延。根据工作需要，部分图片下限断至付梓印刷前。

五、未设立六盘水市（地区）之前，市境分属安顺、兴义、毕节地区所辖，本志对其有关商业史实作必要述及。

六、记述中所称三线建设，指1965年后国家在境内开展的具有国防战略意义的大规模工业、能源、交通等建设。市境属国家三线建设重点地区之一，商业对支援三线建设具有重要作用，故设专章记述。

七、市境所辖地区不同时期有不同称谓，合记时，称“各县”；分记时，分别按其当时历史名称记述；简记时，仅称其地名，如“六枝”“盘县”“水城”；六盘水未设地区和市之前，称“境内”或“市境”。

八、有些数据，系非公有制工商业合在一起，难于将商业部分分解出来，故含有部分工业数据。

九、记述中所采用业务表述原则及商业专业用语，以国家商业法规和文献规定以及商业专业学科有关权威著述为准。

十、为方便记述，部分人员的任职起讫时间直接括注在姓名之后。

十一、表格中的空白栏，对数据缺失的和原始资料无数据的用“—”表示。

十二、本志记述史料，来源于历史档案和文书档案材料以及采访调查之口碑资料及知情人士回忆文稿等。

目 录

第四章　市属国有商业企业

第五章　县属国有商业企业

第六章　国有商办工业

第七章　商业支援三线建设

第八章　商贸市场

第九章　商业管理

第十章　商业行政执法

第十一章　国有商业企业改革

第十二章　非公有制商业经济

第十三章　非公有制商业企业

第十四章　商业教育

第十五章　商业行政机构

第十六章　工商团体

附　录

概 述

六盘水市为贵州省省辖市，位于贵州西北部云贵两省交界处乌蒙山区，全市总面积9956平方公里。

2007年年末，市境总人口为306.09万人，境内为多民族聚居区，主要有汉、彝、苗、布依、回、白、水、仡佬等民族。20世纪60年代，境内开始进行三线建设，从东北、华北、华东等地成建制调遣数十万人员进入六盘水。三线建设以前，境内郎岱、盘县、水城三个县分别属安顺、兴义、毕节地区所辖。1965年，为三线建设所需，在三县境内划出部分地区，成立六枝、盘县、水城三矿区，次年改为特区。1970年12月，三特区与三县合并，统称六枝特区、盘县特区、水城特区，设六盘水地区统辖。1978年，地区改建为六盘水市。1987年12月，水城特区撤销，分设为水城县和六盘水市钟山区。1999年3月，盘县特区改名盘县。通过三线建设的大规模开发，境内形成以煤炭、冶金、电力、建材、机械、化工为主的几大支柱产业，奠定城市基础，成为新兴工业地区。

市境冬无严寒，夏无酷暑，年平均气温13℃～14℃，气候凉爽，享有“中国凉都”的美誉。境内矿藏丰富，有煤、铁、铅、锌、白云石等30余种。其中又以煤为盛，总量844亿吨，探明储量180.1亿吨，保有储量168.2亿吨，故而有“西南煤都”“江南煤海”等美称。1999年，国家实施西部大开发战略，六盘水迎来又一次发展机遇，境内兴起一大批煤电、煤化工、交通等工业建设，进一步促进煤炭工业的发展，带动了商业和其他行业经济和社会新发展。同时市境所处高原地区，地理环境丰富多样，为发展综合农业创造了优良条件，具有农、林、牧产业化发展巨大潜力，农业与工业经济一起，为商业发展提供了广阔空间。境内铁路、公路交通四通八达，有贵（阳）昆（明）、内（江）昆（明）、南（宁）昆（明）、株（洲）六（盘水）复线、六（盘水）沾（益）复线等铁路过境，通过水（城）红（果）铁路，将几大铁路干线联串成网，铁路连接滇、川、湘、桂四省和重庆市，有“四省立交桥”之称，成为中国西南重要的交通枢纽之一。交通事业的发展使商品流通进一步加速，商业贸易进一步发展，同时为招商引资创造了良好条件。

一

市境自古以农业自然经济为主导，部落领主经济所占比重成分较大，被称作“荒蛮之地”，境域闭塞，生产多系“耕作自给”，生活水平十分低下，间或有部分商品交流，且多为以物易物。自货币逐渐使用后，才逐步以货币作计价交易。境内各地又受高原地理环境所阻隔，商品交易多局限于各地地方市场，地区间经济交往甚少，商业极不发达。

明初，中央王朝为加强对边区的权力控制，于洪武年间进行“调北征南”，大批王朝军队及随军人员先后入驻境内。洪武十四年（1381年）明军攻克普安城（今盘县城关）等地，留军万余人戍守，随而设卫所，建城池。加之境外人员陆续迁入，随之加大商品交易需求，城乡集市渐兴，以不同生肖甲子日作场期，商业渐兴。其间，食盐为主要商品之一。嘉靖年间（1522—1566年），普安州老厂开始兴办纸厂；同时矿冶业也逐渐兴起，尤以水城厅为甚。

清代，康熙二十六年（1687年）普安裁卫入州，称普安州；雍正九年（1731年），设郎岱厅；雍正十一年（1733年），建水城厅。各州、厅城域发展，带动商业发展，城乡集市成批兴起，主要集市郎岱厅有10多处，普安州有20余处，水城厅亦有20多处，为商业发展拓展了空间。随着农业发展，手工业产品大量涌现，商品交易量逐渐增大，促进商业进一步发展。

水城建厅后，有湖南工匠来巴朗河（今米箩）一带织辊布，兴盛称誉一时。至道光年间，郎岱厅城织布机达数百架，生产大量布匹销售本厅及平远等地。同治初年，有黄平人来普安州城开织布坊，随而逐渐形成行业。造纸业发展，康熙末年，郎岱厅木贡一带开始办纸厂，至同治年间窑子、碾房达40多个。普安州造纸业清代进一步发展，至清末，已生产写字纸，销往省外及越南、老挝等国。水城厅于猴场等地兴办纸厂，今尚有一些乡村沿用“纸厂”地名。矿冶业进一步发展，其中水城厅铅锌成为当地大宗商品之一。道光年间，出现福集厂、平街场、万福场等矿区集镇，人口达数万，工矿地区商业相当兴盛。各州厅铁器、木器、竹器等年产300多万件，成为散布各地的一大行业，所制产品成为各地城乡生产和家用大宗商品，遍及家家户户。食盐、布匹亦为境内大宗商品，分别由毕节、大定、安顺、沾益等地进入境内销售。1840年鸦片战争后，带有“洋”字头的外国商品洋纱、洋油、洋火、洋伞等逐步进入境内各州、厅市场。随着鸦片输入和种植，境内吸食鸦片者渐增，鸦片交易亦相当盛行。

民国年间，外地商人进入郎岱、盘县、水城经商者增多，境内城乡贸易进一步发展。民国8年(1919年)，贵州省对鸦片种植开禁，三县普种，鸦片随即成为一项大宗商品。第一次世界大战期间，欧美各国忙于战争，中国民族工商业得以发展，外来商品大量进入境内市场，商业日渐繁荣。1937年抗日战争全面爆发后，战争沦陷区的一些商业人士进入市境经商，促进了商业较大发展。抗战胜利后，商业人士返迁，加之数年内战等影响，商业渐衰。

中华民国成立后，各县县城有所扩展，拓展了商业交易场所。三县集市在清代基础上，又有较大发展，主要市场郎岱增至20多个，盘县达30多个，水城达40多个。集市贸易成为三县农村商业交易之主要方式。

境内矿产极为丰富，采矿、冶炼业及手工业发展，促进了商品交易扩大。三县普遍兴办煤窑，煤炭交易兴盛，其中水城日产百余吨。各县均办有铁厂，以水城冶铁业更为发达。民国18年(1929年)创办观音山铁厂，员工达百余人，年产生铁达360多吨。在冶铁业带动下，各县打铁业兴盛。郎岱县从事铁制农具制造经营者达120多户、200余人，盘县铁制产品数以万计，水城冶铁业，有王、严等多家业主聚集在小河边办厂，水城铁制产品年产达50吨左右，产品销往邻县及安顺等地。郎岱雄黄为贵州最佳，至民国16年(1927年)，矿洞发展至6处，有的运至上海加工出口。

竹木等加工产品，亦为城乡主要商品交易之一，除一些木器加工作坊外，多系家庭手工业，遍及各地，为家家必需用品，虽交易零星，而销售总额甚大。

造纸业比清代更趋发达。郎岱上营盘草纸多销往安顺、织金等地，年销售收入10万元以上。县内许多地区均产有白纸，年销售万元以上。民国28年(1939年)，火坑白纸产量达3200捆，销售额达法币2300元。盘县造纸产品比清代亦有所发展，民国36年(1947年)，全县草纸商品生产达2400余吨。水城蟠龙、猴场、纸厂等地，造纸业生产销售亦相当兴旺。

酿造、食品加工等业日盛，三县城乡兴办起大批酿酒、制糖、制面、榨油等作坊。所产产品为市场交易的重要商品，买卖相当活跃。

境内随棉纱大量输入，布匹生产销售相当兴盛，成为民众衣着所需重要商品。郎岱织布业尤为发达，民国26年(1937年)全县土布生产达20万匹，自销8万匹，外销12万匹。至民国30年(1941年)，手工织布机达3000余架。盘县亦相当发达，至民国35年(1946年)，全县织布机达1400多架，产品还销往晴隆、宣威等地。水城各条街均有织布户，民国27年(1938年)全县产土布200多匹。由于是时贫穷百姓多，民众多不能制新衣，城乡穿补丁衣服者十分普遍，民间有“新三年，旧三年，补补连连又三年”之说，甚至有不少人衣不蔽体(俗称“打光咚咚”）。民众购买布匹能力低下，限制了布匹生产和交易发展。

食盐运销，亦为境内重要商业行业之一。然盐务管理多变，各县食盐运销起伏不定，而多被各地土豪和奸商把持，官商勾结，盐价波动，多数民众根本买不到公价食盐，有“斗米斤盐”之说。城乡贫穷民众，有不少人家往往进淡食，有“要吃盐，等过年！”之说，许多人家采用吃“涮涮盐”“杵杵盐”“吊吊盐”等省盐方式。

由于境内经济仍以农业为主，生产力低下，民众收入少，购买力不高。三县又分别处各自属辖区的边远县，交通不便，商品流通不畅。故而极大制约了商业发展，商业基础较薄弱，实力亦不雄厚。商业经营，除食盐有时系官办外，全为私人资本所经营。

二

市境国有商业体系至中华人民共和国成立后才逐步形成。20世纪50年代初，郎岱、盘县、水城三县人民政府成立后，安顺、兴义、毕节专区分别在三县建立贸易推销组，后各县分别逐步建立起贸易、盐业、百货、纺织品、五金交化、糖烟酒、食品、医药、石油等国营商业专业公司，形成相应的国营商业行业体系。建立起以国营商业为主导，以供销合作社商业为辅助，以私营商业为补充的商业体制。

1950年年初，原国民党投诚部队叛乱，三县受到叛军和土匪骚扰。各县分别从安顺、兴义、毕节武装护送调运大量食盐、布匹、百货等商品，并组织武装力量，将货物护送到农村供应，有的战士和商业系统职工付出了生命。同时，三县商业部门认真贯彻执行省贸易会议精神，大力发展商业，努力沟通城乡贸易。

各县人民政府成立后，对私营商业实行“利用、限制、改造”政策。执行民族政策，十分重视民族贸易，实行资金、利润、价格“三项照顾”政策，民族贸易得到很大发展。

1952年，市境各县在商业行业和商户中开展“五反”运动（反行贿、反偷税漏税、反盗窃国家财产、反盗窃国家经济情报，反偷工减料），使各业商户普遍树立守法经营的思想。但由于运动产生某些过“左”的倾向，部分工商从业者产生消极情绪，徘徊观望，商业贸易有所萎缩。对此，1952年12月，国营商业实行“踏步走”措施，将批发业保持在50%左右，零售比重不超过25%，使商人有利可图。

1953年至1957年，市境三县贯彻执行过渡时期国家总路线，境内商业经济得到进一步发展。

1956年，市境私营商业分别纳入公私合营商店、合作商店、合作小组，全面完成对私营商业的社会主义改造任务。

1958年开始的“大跃进”运动，商业实行“大购大销”，各县商业网点猛增，遍及各县城乡，出现虚报浮夸和买空卖空现象。经营不讲经济核算，不作商品验收，商品大量积压或变质损坏，浪费损失极为严重，随后形成三年困难时期商业极不景气和商品极缺状况。

1962年至1965年，市境贯彻国家“调整、巩固、充实、提高”方针，国营商业得到恢复发展，商品购进增加为202.45%，商品销售增长到160.56%，商品库存为114.87%。

20世纪60年代，国家实施三线建设战略，大规模开发建设六盘水。其中率先修筑铁路。截至1960年3月，全省共调集民工10万余人、军工3万余人进驻六盘水，修筑滇黔（贵昆）铁路水城段。水城县随即在二道岩、小冲头、茨冲、滥坝、双水、水城、马嘎各站相应地段设置商业供应服务点。1964年，滇黔铁路复工后，水城县商业部门随即在耳甲、二道岩、陡箐、滥坝、老城、德坞、老卡子、葡萄箐、马嘎、巴西等处设立供应点。后开始修建盘西铁路，盘县商业部门在平关、火铺、沙陀、花家庄、平田、盘关、月亮田、土城等车站路段设立商业供应点。1965年，国家从东北、华北、华东等地成建制调入数十万建设队伍建设六盘水，郎岱（六枝）、盘县、水城县商业部门相继在各工矿区建立商业供应服务商店和网点。做到哪里有工厂矿井，哪里就有服务网点，送货到生产工地、井口、车间。随着商业网点和经营业务量的猛增，境内商业更加繁荣发展。商业战线职工，担负着供应三线建设所需商品物资重任，经营不以营利为目的，以服务为出发点，以支持保证三线建设生产生活物资供应为使命，他们越高山、穿峡谷，顶风冒雨，起早贪黑，全心全意为三线建设大军服务。

1966年，“文化大革命”开始，各地公司、商店中只准销售“革命性、阶级性、现实性”商品，不准生产销售带有所谓“封、资、修”（封建主义、资本主义、修正主义）色彩商品，从而商品销售大受影响。“文化大革命”中提出“抓革命，促生产”的口号，职工经常参加大批判、游斗“走资派”等大会，商店不时关门停业，商业经营处于停滞状态，经营极为萧条。加之发生“武斗”，社会混乱，生产停顿，造成商品奇缺，商业贸易衰退。

1958年至1972年间，国有商业和供销合作商业（简称国合商业）几度进行合并与分营。1958年，各县国有商业分别与各县供销合作商业合并；1961年，各县国有商业分别与各县供销合作商业分营；1968年，各县国有商业再次合并；1972年，各县国有商业与各县供销合作商业再次分营，分别恢复各自体制。几分几合，形成许多财产和经营等方面的历史遗留问题，给国营合作商业发展造成不少负面影响。

三

1970年，六盘水地区成立，1978年改建为六盘水市。六盘水市建立后，先后成立了六盘水市百货公司、纺织品公司、五金交化公司、糖业烟酒公司、食品公司、蔬菜水产公司、民族贸易公司、饮食服务公司、商业储运公司、盐业公司、石油公司等商业贸易专业公司，形成了相应的市属各行业商业经营体系。计划经济时期，各行业分别执行了国家计划管理、财务管理、物价管理等制度的有关规定。自各县人民政府和六盘水市建立后，市县两级商业战线职工忠于职守，艰苦创业，兢兢业业经营，用汗水和辛劳，为国有商业企业创造积累了巨额资产，为保障民生和社会生产与建设作出了重大贡献。

计划经济时期，在社会经济十分薄弱，国家财力不足，社会生产不发达，特别是在物资商品短缺情况下，国有商业部门贯彻执行计划经济的商业政策，按计划经济时期各有关商业运营规定从事经营。集中财力办大事，由政府和有关部门掌握和调控商品生产与购销，使生产和民生需要的物资商品供应得到根本保障，如粮油、肉食、食盐、布匹等等之类，使一些奇缺民需商品得以最基本的公平分配供应，从而保证了市场健康交易，稳定了物价，历史功绩不可磨灭。但到经济基础具有相当实力，社会商品生产有较大发展和人民消费需求较大提高之后，计划经济商业又对社会发展产生诸多局限。

中共十一届三中全会召开后，实行改革开放政策，六盘水市随之逐步转入商业体制改革，开始建立以国有商业为主导，多种经营成份多种经营形式，多种经营渠道并存的商品流通体系。1981年起，全市开始建立多种形式的经营承包责任制。1984年，商业系统开始实行简政放权，各级商业行政部门不再直接管理企业经营，同时缩小计划商品范围，并开始对小型商业企业进行“改、转、租”改革。

市境国有商业在“文化大革命”冲击下呈现严重衰退趋势，转入市场经济体制后，经营渠道单一、流通不畅、缺乏竞争机制、债务、人员等历史包袱重等缺陷随之突显，并渐渐失去计划经济时期国家给予的种种“政策性”扶助保护，加上管理不善等因素，有些企业转轨不力，不能适应激烈的市场竞争，连年亏损，退出了市场经营而停业，有的发生解体，有的进行改制后步入新发展历程，国营商业逐步萎缩。另一方面，非公商业取得较大发展，市场呈现一派繁荣景象，非公商业增长的部分远远超过国有商业减退部分。从总体看，改革开放，市境商业贸易逐步形成大发展、大繁荣的局面。

大事记

明代

洪武十四年（1381年）

明将领傅友德军队攻克普安（今盘县），留兵万余人戍守。其后，普安商业渐兴。

洪武十九年（1386年）

朝廷于乌撒（今威宁）、水西等地大量收购马匹，其中包括底水（今水城）等地马匹。

嘉靖年间（1522—1566年）

普安于老厂等地开建纸厂，利用当地竹子造纸，产品销本地及邻县。

万历年间（1573—1619年）

食盐经营实行“纲法”，规定只有获准名列纲册盐商，才有贩销权利，境内各地食盐购销，按此法进行。

清　代

康熙末年（1722年）

郎岱堕却破落寨陈廉迁到岩脚木贡开办纸厂。后又有王、施、彭、晏、杨等姓人家相继到木贡开办纸厂。每年产各类草纸6000担左右，销往安顺、镇宁、平运（今织金）、大定（今大方）、水城、威宁及云南宣威、昭通等地，年均交易额在白银12000两左右。

雍正年间（1723—1735年）

水西（今黔西）迁来居民于水城龙场兴办碗厂，产品达100多个品种，拥有数百工人，运销货商每月达200人左右，销往邻厅和安顺、兴义及云南曲靖、大理等地。

雍正十一年（1733年）

水城建厅后，有湖南迁来织布工匠，在巴朗河（今米箩）一带织辊布，所产布匹在市场畅销一时。

乾隆四十一年（1776年）

水城厅铅锌采冶兴盛，其中，福集厂日产万斤。是年，福集厂运出铅锌锭220多万斤。

道光十五年（1836年）

郎岱厅张懋德等人，在厅城开办织布坊，仅三四年间织布机达数百架，城内多数妇女学会织布技艺，生产大量布匹销售本地和邻县，机坊还兼营以棉纱换棉布。

同治初年（1862年）

有黄平人到普安州城，开始用木机织布，后此业逐渐在州城兴盛。所织布匹多售本地，远及云南沾益、平夷（今富源）等地。

光绪年间（1875—1908年）

郎岱厅何树堂办有一较大雄黄厂，有一次运雄黄精至贵阳销售，就获银1000余两。

中华民国

民国3年（1914年）

是年 郎岱县商会成立。

民国4年（1915年）

是年 郎岱县开办会计训练班。

民国8年（1919年）

是年 贵州省鸦片开禁，郎岱、盘县、水城宜种地区普遍种植罂粟，鸦片遂成为一项大宗商品。

民国10年（1921年）

是年 水城县商会成立。

民国16年(1927年)

是年　郎岱县邓万和家从外地学来“扯梭”织布技术制造土布。此后数年，城内机床发展到500多架，城内半数以上人家靠经营生产土布为生。

是年　郎岱县雄黄矿洞发展至6处，所产雄黄最远运至上海，用于加工出口。

民国18年(1929年)

是年　水城县创办观音山铁厂，员工达百余人，日产生铁吨余，年产360多吨，成为水城重要的商品之一。

民国19年(1930年)

是年　盘县邓仲炎与李茂昌合资建同兴火柴厂，有员工59人，年产火柴4000余箱，销售40多万元(法币)。

民国23年(1934年)

是年　盘县商会成立。

民国26年(1937年)

是年　郎岱全县土布自销8000余匹，销往外县12000余匹。同年10月，在贵州省工艺展览会征集展品中，郎岱所产白布分类达33种。

是年　水城县城注册行业共4个23户。至1948年，发展至280户左右。

民国27年（1938年）

是年 水城全县产土布2000多匹，商品出售总额合银元1200多元。

民国28年（1939年）

是年 郎岱县火坑白纸产量达3200捆（每捆20块），销售额达22000元（法币）。

民国29年（1940年）

是年 郎岱县商会合作室主任黄冕斋创办“六枝食盐销售合作社”，社员购盐按人口供应，但在官盐和奸商限制挤压下，只维持3个多月。

民国30年（1941年）

是年 川人来盘县改“丢梭”为“扯梭”织布销售，推动织布业成一大行业。至1946年，全县共有织布机1400多架。

是年 黄石球、沈伯伦合资在盘县城内观音庙和城郊大桥边办酒精厂，共生产酒精30多万公斤。正值抗日战争时期汽油缺乏，成为畅销商品。

民国31年（1942年）

是年 盘县蒋葆初开办一火柴厂，年产2000余箱销售。

是年 郎岱县城商业行业发展至32类，有商号（店）共95家。

民国32年（1943年）

是年 据郎岱县政府对雄黄生产销售调查结果，郎岱雄黄厂资本达8500元，所产雄黄为贵州最佳商品之一。

是年 郎岱县所产冰糖、白糖、红糖，销售粤、桂达10万余斤。

是年 盘县县城人集资在西冲封家湾开办煤窑，采煤向城内作坊和居民出售。

民国33年（1944年）

郎岱县岩脚同兴盐号开展食盐赊销业务与官盐竞争，月销食盐8吨左右。后因盐款不能按时收回，被迫停业解散。

民国34年（1945年）

郎岱县红糖产量达1500市担（每担50公斤），每担售价18万元（法币）左右。

民国36年（1947年）

是年 盘县草纸商品生产达2400余吨。

是年 据盘县县政府统计，全县酿酒坊有1500多家，年产销白酒约75万公斤。

民国37年（1948年）

水城县增办白马洞锌厂，铅锌矿产品销售量增加。

中华人民共和国

1950年

1月 盘县粮食公司成立，继而成立贸易等商店。

同月 贵州省贸易公司安顺分公司郎岱县贸易组成立。

2月 郎岱县建立郎岱人民商店。

同月 市境各县贯彻贵州省首届贸易会议确定的贸易方针。即面向农村，建立县一级支公司，沟通城乡贸易。

同月 市境各县贯彻贵州省首次财经工作会议精神。即只有发展商业，沟通城乡内外关系，使货畅其流，才能促进工农业恢复。应先以恢复和发展商业为重点，用最大努力组织农民生产，使农民有购买工业品能力，并保证供应农民盐、布等必需品。

9月 安顺盐务运销分局郎岱分销处成立，并在城区、新场、毛口等地设立代销店。

同月 水城县筹建水城县国营贸易组。

是年 从本年起，各县执行食盐由国家统一运销政策。

1951年

3月 水城县建立国营贸易商店。

4月 郎岱县成立落别区商店。

5月 郎岱县成立六枝区商店、岩脚农民商店、落别农民商店。

8月 水城县贸易商店在蟠龙、杨梅、比德先后设立购销站，并组成农村流动赶场组。

12月 三县开展反行贿、反偷税漏税、反盗窃国家财产、反盗窃国家经济情报、反偷工减料“五反”运动。

是年 市境各县开始执行酒类专卖政策。

是年 盘县兴建第一酒厂。

1952年

1月 郎岱县于岩脚建立盐业公司。

3月 兴义专区盘县外贸工作站建立。

6月 盘县百货公司成立。

7月 水城县贸易商店并入县供销合作社。

12月 郎岱县百货推销组撤销，合并归县联社，建立了9个联营社。

同月 市境各县调整工商业工作，国营商业实行“踏步走”措施，放慢发展速度。

是年 省贸易公司在水城设立专卖推销组。

是年 盘县花纱布公司成立，后改称盘县纺织品公司。

是年 自该年起，市境商品分类分级管理体系逐步形成，一类物资由国家统购统销，二类物资由国家统一收购和派购，三类物资允许进入自由市场。

1953年

是年 郎岱县工商联成立。

是年 水城县盐业公司成立。

是年 水城县糖酒专卖公司成立。

是年 各县商业企业实行“经济企业化”，从而实行经济核算制度。

是年 毕节专区各专业公司派人到水城分别成立推销组。

是年 各县实行棉布、粮油统购统销政策。

1954年

是年 水城县工商联成立。

是年 郎岱县联社增设门市部32个，分销店20个，市场货摊190多个。

是年 水城县食品公司成立。

是年 水城县医药公司和中药材公司成立。

1955年

是年 水城县花纱布公司成立（1956年改称纺织品公司）。

是年 各县在生猪生产区实行派购、派养政策。

1956年

3月 郎岱县国营商业与合作商业开始分工，供销合作社转向农资、小土产及废品收购等经营业务。

6月 郎岱县纺织品公司开业。

7月 盘县百货公司成立。

9月 郎岱县食品公司开业。同月，郎岱县百货推销组改建为郎岱县百货公司。

10月 水城县成立商业局，对各商业专业公司进行行政管理。

是年 盘县兴建粮食加工厂。

是年 盘县工商联成立。

是年 水城县百货公司成立。

是年 各县私营商业各行业相继实行合作或公私合营，对私营商业实行社会主义改造任务全面完成。

1957年

2月 三县遵照执行中共贵州省委《关于开放国家领导下农村自由市场指示》，以缓解市场商品供应紧张情况。

8月 各县实行肥猪由食品公司统一收购或委托供销社收购。

是年 各县开始贯彻执行“计划商品”统一分配政策。

是年 盘县食品公司成立。

是年 水城县兴建土桥酒厂。

是年 各县纺织品公司加强对棉布及一些紧销商品按计划销售，其他商品放手推销。

是年 执行开放自由市场政策。

1958年

1月 三县贯彻执行“放手收购工业品”政策，造成商品大量积压，商业亏本。

3月 市境贯彻贵州省贸易工作会议提出的“商业大跃进十大纲要”政策，商业“大跃进”运动遂在各县掀起。

4月 郎岱县实行“行企合一”（即政企合一）政策，将百货、纺织品公司并入县商业局为县第一商业局；将服务局、盐业公司、供销社、药材公司、外贸站合并为县第二商业局；7月，又将第一、第二商业局重新合并为郎岱县商业局。

是年 水城县饮食服务公司成立。

是年 盘县兴建被服厂。1984年更名为盘县服装公司。

是年 各县国有商业分别与各供销合作社合并；1961年，各县国有商业分别与各供销合作社分营；1968年，各县国有商业与各供销合作社再次合并；1972年，各县国有商业与各供销合作社再次分营，分别恢复各自经营体制。

1959年

是年 市境执行全国统一商品分类分级管理办法。

是年 各县商业部门为支持农业，预购主要农产品达20多种，帮助农民兴办代用食品加工厂、酒厂、榨油厂等。

1960年

3月 滇黔铁路水城段开工，后停工。1964年复工，水城县成立铁路修建支援委员会，商业部门相继在铁路线段上沿线成立商业网点，支援三线建设。

5月26日 国务院批准撤销郎岱县，设立六枝市。次年，六枝市商业局成立百货文化用品、纺织品、盐业、农副土产、食品、中西药材、民用器材、饮食服务、五金机械等商业公司。

11月 市境在农村恢复农民自留地和家庭副业之后，逐步放开集市贸易。

是年 各县对1958年盲目收购的质次价高商品进行处理。

是年 各县对生猪实行合同收购。

是年 盐源紧张，各县对食盐采取凭证定量供应办法，为时两年。

1961年

4月 各县执行“高价商品敞开供应”政策，价格一般超出当地平价商品两倍以上。

是年 各县改进商业体制，有计划地开放农村集市贸易市场。

是年 各县开始贯彻执行中央《关于改进商业工作的若干规定》（即商业“四十条”）和

《商业工作条例（试行草案）》（即商业“一百条”）等政策规定，分别建立各自的专业系统。随后，在各公司推行“商品分类大核算”政策。

1962年

8月 盘县五金交电化工公司成立。

10月 国务院决定撤销六枝市成立六枝县。1965年4月，成立六枝矿区。12月，六枝县将一些商业企业移交给矿区政府。次年2月，六枝县又改设郎岱县。

是年 各县继续贯彻工业品购销“缩小统购包销，扩大选购自销”办法，减少农产品派购品种。

是年 各县商业计划实行双轨制，由商业行政部门和专业公司双线上报下达。

1963年

4月 各县贯彻执行中共贵州省委有关代替私商业务决定，城市由国营商业负责，农村由供销社负责。

1964年

7月 毕节地区抽调大批商业工作人员到水城县支援滇黔铁路建设，水城县调配500多人充实铁路供应点工作。

是年 三线建设在六盘水境全面铺开。境内各县（特区）商业部门全力支援三线建设，在各矿厂设立商店和建立供应服务网点。

是年 盘县糖烟酒公司成立。

是年 水城县五交化公司成立。

1965年

5月 水城县蔬菜水产公司成立。1971年，随建制更名为水城特区蔬菜水产公司。1984年1月，上调划归市易名市蔬菜水产公司。

8月 盘西铁路开始修筑。盘县商业部门在盘县段沿线火车站点分别设商业供应点进行支援。

9月 水城矿区贸易公司成立。

是年 各县为防止地方性甲状腺疾病，从本年起供应加碘食盐。

是年 盘县饮食服务公司成立。

是年 为支援三线建设培养商业人才，市境开办3所商校，六枝矿区商校设于下营盘，盘县矿区商校设于盘关，水城矿区商校设于汪家寨。

1966年

4月 自4月1日起，食盐执行全省统一价，每市斤0.17元。

是年 由省和毕节地区派人至水城汪家寨成立水城矿区贸易公司，后又改称水城特区贸易公司。1971年与水城县百货公司合并，称水城特区百货公司。

是年 于汪家寨建立汪家寨糕点厂。1977年迁水城西站，更名水城西站糕点厂。1984年，更名六盘水市食品总厂。

是年 水城特区酿造厂兴建。1994年，改为六盘水市酿造厂。

是年 “文化大革命”开始，其后商品流转计划改为商品收购调拨计划。

1967年

是年 水城冷冻库筹建处成立。1972年建成投产。

是年 成立水城特区冷冻厂，1983年改称六盘水市肉联厂。

1968年

是年 盘县纺织品公司和五金公司先后并入百货公司。

1969年

是年 盘县兴建第二酒厂。

1970年

是年 各县原实行的商品流转计划改为商品收购调拨计划，权力下放，由行政管理部门单线上下进行。

是年 六盘水地区百货公司成立。1978年，随六盘水建市更名六盘水市百货公司。

1971年

2月 六盘水地区商业局成立。1978年12月，随建市改称六盘水市商业局。

是年 执行煤油全省一价，每市斤0.4元。

1972年

1月 六盘水地区糖业烟酒公司成立。

是年 盘县兴建制药厂。1978年，改为六盘水制药厂。

是年 六盘水地区肉联厂建成投产。1988年与六盘水市食品公司合并，成为厂司合一企业。

是年 水城特区兴建被服厂。

1973年

是年 水城特区糖业烟酒公司成立。

1974年

5月 水城县民族贸易公司成立。

1975年

7月 六盘水地区商业运输车队和商业机械修配厂合并组建商业运输站，1989年更名为六盘水市商业储运公司。

是年 盘县兴建肉联厂。

1976年

是年 “文化大革命”结束，三特区商业经营开始转向正轨。

1977年

9月 开办六盘水地区财贸学校，设统计、财会、信贷、拨款等专业。1986年，改办为六盘水市财政学校。

1978年

是年 六盘水市食品公司成立。

1979年

是年 筹建六盘水市商业学校，设商业物价、商业计划统计、商业财务会计3个专业，1981年开始招生。

1980年

是年 水城特区纺织品经营从百货公司分出，成立纺织品公司。

1981年

5月 各县贯彻国务院有关扩权文件精神，多数商品可以协商收购和订购。

是年 六枝、盘县、水城三个特区被列为民族贸易“三项照顾”县。

是年 全市开始建立商业贸易多种经营形式的经营承包责任制。

1982年

10月 各县执行上级规定，放开83种百货小商品经营。

1983年

11月 各县再次放开163种百货小商品经营。

同月 市商业局、市供销社、市医药局合并为市商业局。1984年4月，市供销社、市医药局从市商业局分出。

12月 各县执行免收布票政策。

同月 水城特区蔬菜水产公司并入六盘水市蔬菜水产公司。

是年 百货批发体制打破固定行政供应区域、固定对象、固定倒扣作价办法“三个固定”方式，实行开放式体制。

是年 零售商业和饮食服务业开始把以利润为中心的经营责任制改为多指标承包多指标考核的经营承包责任制。

1984年

1月 六盘水市人民政府将水城特区大部分商业企业上调归市所属，除留给水城特区1个食品公司及1个民族商店外，上调8个公司、6个矿区商店及4个商办厂。后经水城特区人大代表提出异议，于1986年6月，划回盐业公司、民贸公司及水城百货大楼。

6月 商品计划分配管理范围放宽。

7月 取消蔬菜派购，菜农所产蔬菜自行销售。

12月 六盘水市工业品贸易中心成立，初为市百货公司、市纺织品公司、市糖酒公司、市五交化公司4个公司组成的松散型经营联合体，后在此基础上改制成立六盘水市民族贸易公司。

是年 六盘水市钟山饭店建成开业。1987年更名为钟山宾馆。

是年 全市开始进行小型商业企业改革，实行“改、转、租”办法。

是年 市境停发布票，棉布敞开供应。

是年 市境贯彻执行中共中央《关于经济体制改革的决定》和国务院批转商业部《关于当前城市商业体制改革若干问题的报告的通知》以及省政府批转省商业厅《关于贵州当前体制改革若干问题的报告》等文件，全市商业体制改革逐步全面铺开。

是年 开始实行简政放权，各级商业行政部门不再直接管理企业经营。

是年 改偏重承包经营指标为双承包经营责任制，即既承包经营指标，又承包社会效益指标。

1985年

4月 取消生猪派购计划，放开肉食市场，实行议购议销。

6月 六盘水市财贸委（部）成立。1988年9月撤销，与市商业局合并成立六盘水市商业委员会。1996年11月更名为六盘水市商业局。

9月 创办六盘水市经济管理职业学校。

10月 六盘水市民族饭店开设。

是年 食品经营放开。

是年 水城特区纺织品公司与市纺织公司合并。

是年 市政府决定，市商校搬迁重建，校址在水城军分区西侧。1978年校舍建成迁入新址。

1986年

是年 六盘水市纺织品公司实行母体裂变改革，成立针织分公司、呢绒绸布分公司、劳保用品采购站。

1987年

10月 六盘水市工商业联合会筹备小组成立。1988年6月2日至4日，六盘水市工商联合会第一次会员代表大会和一届一次会议在水城召开，选举出第一届执行委员会。

1988年

9月 六盘水市商业委员会成立。

是年 六盘水市政府招待所成立（2004年8月扩建改造后更名为六盘水市迎宾馆）。

1989年

是年 全市建成早熟蔬菜基地1026亩。

1990年

是年 六盘水市人民政府发布《关于加强酒类专卖管理的通知》，成立市酒类专卖管理局。

1991年

6月 六盘水市财政学校与六盘水市商业学校合并，更名为六盘水市财政商业学校。1998年7月，更名为六盘水市财经学校。

1992年

是年 自1992年起，国有商贸企业自主权不断扩大，进行以经营、价格、用工、分配“四开放”为主要内容的改革，在国有小型商业企业中全面推开，成为企业扭亏自救的新办法。

1993年

是年 全市商业系统加强学习邓小平视察南方谈话精神。

1994年

4月 贵阳市经贸代表团到六盘水市进行商贸洽谈，双方达成意向性协议51项。

是年 盘县乌蒙竹根水开发公司成立。

1995年

8月 六盘水市生猪定点屠宰管理领导小组成立，由市政府秘书长任组长，市商务局局长任副组长。

是年 从是年起，按照“抓大放小”思路，放开搞活所有国有商贸企业，采取招商引资和嫁接改造、推行股份合作制、实行兼并、推行“母体裂变”等一系列改革措施。

1996年

1月 盘县新建百货大楼开业。

1997年

是年 市境相继修建内（江）昆（明）、水（城）柏（果）铁路，商业运输网络进一步扩展。

1998年

是年 市商业局制订《行政执法错案责任追究试行办法》等规章制度。

1999年

1月 盘县人民政府迁红果新县城，商业区进一步扩大。

2000年

1月 市中心城区生猪屠宰管理执法队成立。

第一章 新中国成立前商业状况

明代洪武年间(1368—1398年),中央王朝为加强对境域统治,进行“调北征南”制度,大批军力入驻,推行屯田制,传入是时中原、江南地区先进技术,手工业、矿业兴起,各民族之间经济交往增多。明代永乐十一年(1413年)贵州建省后,境内畜牧、林业逐渐发达,土特产品、手工业产品成为外销重要商品。明末清初,“改土归流”制度推行,土司制领主经济的闭塞性逐步削弱,封建地主经济求助于市场对商品进行扩大交流,商业进一步发达。民国时期,在“实业救国”思想的促进影响下,商业有所发展,尤其在1937年抗日战争全面爆发后,日本侵略军接连强占中国领土,民国政府经济重心西移,沦陷区内一些商业人士及大批流亡民众迁入境内,有的从事商业经营,境内商业有所扩展。

第一节 明清时期

一、明代

明代以前,由于市境偏远,被称为“荒蛮之地”“野岭之域”等,境域闭塞,中央王朝鞭长莫及,统治较为薄弱。境内生产耕作多为“自给自足”“自耕自食”“自织自衣”“自作自用”,生活水平十分低下。间或有部分商品交流,以作生产生活所需商品物资的补充,而量小,且多为以物易物。到货币逐渐使用后,才逐步以货币作计价交易。境内各地多处高原山区,交通极为不便,加之受“重农轻商”传统观念束缚影响,商品交易多局限于各地狭小地方市场,地区之间经济交往甚少,商业极不发达。

明初,中央王朝不断加强对边远地区的权力控制。其中在市境普安卫(今盘县)等地设卫所,建城池,农业、手工业等有所发展,商品交易需求增加,城镇和集市贸易随之兴起。于城镇内开店交易外，亦于城池内设场期赶场。乡村于若干村寨居中地，选择地势较开阔处设“场”以作集市，分别按生肖甲子日定期轮回赶场(即赶集)，进行商品交易，多为以粮易粮，以粮易畜，以畜易粮，以畜易畜，以粮畜易物器，以物器易粮畜，或以其他物物互易形式进行交易。

洪武十四年(1381年)，明军将领傅友德率军攻克普安后，留兵万余人戍守。大量军队及随员先后入驻，境内融入了外地经济文化成分，商品交易需求增加。

明代施行屯田制，特别是军田制中，军中一些人员，传入是时中原、江南等地较为先进生产技术，促进了境内农业生产发展及城乡手工业和矿冶业兴起。郎岱于明代已有炼铁、炼铅锌等业，普安亦有炼铁等业，铁均多用于铸造铁锅、农具等出售。矿冶业中，尤以水城的铅锌矿业发达，产品多系铅盖银，产地有猴子厂(今野钟乡)大猴洞、二猴洞、三猴洞、黑蜂洞、藤桥洞、人和洞(今杉树林)、穿岩洞(今青山)、落银厂(今南开坞铅)、观音厂(今校场头塘矿)、福集厂(今万全)、万福厂(今笔架乡)等。规模最大者系万福厂，纵横十余里，矿工数千人，厂区有“浓烟缭绕，飞鸟不过”之说。明末清初，战乱频繁，铅锌采冶业受到严重影响，只剩人和洞和万福厂两处，生产、销售随之受到削弱。

永乐十一年(1413年)贵州建省后，于今六盘水境进一步推行“改土归流”制度，官府加强发展经济，农、林、牧、手工业等进一步发展，促使商业日逾发达。省内贵阳、安顺、兴义、毕节等地，分别成为全省和地区性商品集散中心。其中，通过安顺、兴义、毕节等地，辐射带动今六盘水境地区商业经济的发展。郎岱(今六枝)成为贵州西部通往安顺、贵阳的主要商路之一；普安(今盘县)成为云贵两省东西交界处的主要通商城镇之一；底水(今水城)成为贵州西北部经毕节入川的主要经商通道之一。境内各地的土特产品竹荪、木耳、香菌、竹笋、银杏、白蜡、生漆、桐油，五倍子、桔梗、泡参、杜仲、天麻、半夏等药材得以开发利用外销，马、牛、羊、猪、禽等成为市场交易的主要商品，其中，特别是马，又尤以底水等地区的马著称。因地区地势特点，马匹个体小，结实健壮，灵活耐劳，抗病适应力极强。无论陡坡平地，行走自如，不管风霜雨雪，照常驮骑，也是民间主要交通工具。洪武十九年(1386年)，朝廷于乌撒(今威宁)水西等地大量收购马匹，其中就有境内底水等地马匹，平均每匹马价30两白金(白银)左右。

食盐运销。食盐是生活必须品，市境不产盐，食盐均从境外购入，食盐购销主要是官营。食盐运销实行“开中纳米”政策，商人经营食盐，须申请应募，将交纳物(米)送到指定地点，由官府将其与食盐折换比例发给盐引后，方可到盐产地或官仓支盐运销。万历四十七年（1619年），还推行“纲法”，规定只有获准并名列纲册的盐商，才有食盐贩销权利。同时官府通过划分市场范围，垄断食盐进购和运销经营业务。境内各地食盐购销，均按“纲法”规定执行。

明代，食盐由户部统一管理，各地调整政策，须报户部批准。重大问题，还须户部报朝廷审查批准。

户部曾在贵州试行过“按民计口纳食盐钞”政策措施，即按人口分配食盐定量，由民众出钱买“盐钞”（即有价购盐证），凭证向官府买盐。但此办法影响商人运销食盐利益，不利于官府搜集粮食。官营又缺乏充足物质基础，盐钞发放时间集中，百姓穷，难于集中交钱，而遭地方官员反对，很快即行废止。

二、清代

清代，随着境内三个州（厅）的设置和各州（厅）城关的建设发展以及集市兴起，进一步为商业发展拓展了空间。“改土归流”制度继续推行，原来土司制度占统治地位的农业自然经济逐渐解体，城乡新兴富户财主和商人逐渐增多，求助于市场进行商品交易。随农业发展，城镇和集市扩展，手工业大量涌现，境内各地生产与生活所需商品交易量逐渐增大，商业进一步发展。

清康熙二十六年（1687年），普安裁卫入州，称普安州。清雍正九年（1731年），设郎岱厅，添设安顺同知一员分驻其地。清雍正十一年（1733年），建水城厅。境内一州、二厅建置设置后，州、厅治所驻地城池分别建设扩展，集市增多，更加促进各地商业发展。

普安州城，始建于明洪武二十二年（1389年），城区面积1.3平方公里。

郎岱建厅初，厅城为土城。清乾隆二十四年（1759年），在土城基础上改建石城。城内有东街，西街，平街，前营，后营等街道。雍正九年（1731年），人户达28519户。

水城厅城，于雍正十年（1732年）于底水下钟山西麓始建土城，乾隆二十四年（1759年），改建石城，城内有街巷12条，城外7条。

各州、厅城发展，带动乡村集市发展，各州、厅乡村集市，成批兴起，主要乡村集市郎岱厅有厅城北门、大岩脚、鼠场、龙场、六枝、堕却、落别、化处、大抵拱、毛口、洒志等10多处，普安州有城内、普田、响水、板桥、红果、石桥、普古、玛依、保田、乐民、水塘、老厂、亦资孔、刘官屯、鸡场坪、四格、保基、七官营等20余个，水城厅有厅城内、场坝、茨冲、阿佐、杨梅、喃呗、龟集（归集）、龙场等20多个。

据光绪年间所修《安顺府志》记载，郎岱厅特产有雄黄、生铁、斑竹、枣子、酱油、草纸等。道光十五年（1835年），士绅张懋德、张一清、朱子云、宋毓茂4人，每人集银180两共720两，购置木织布机床和棉纱，开设织布机坊，从平远（今织金）等处雇聘织布工匠来郎岱传技带徒。此间，机坊还兼营以棉纱换棉布。仅三四年间，织布机达数百架，城内妇女大多学会织布技艺，生产出大量布匹，除本地销售外，还畅销毗邻安南（今晴隆）、平远（今织金）、水城、大定（今大方）、纳雍等地。

普安少数民族妇女，素有手工纺织传统，以自种火麻、苎麻或用羊毛、蚕丝原料织布或带子等，以制衣和作服饰。除自用外，少数作市场交易。同治初年（1862年左右），有黄平人来州城开始用木机织布，遂传开织布技艺，城内部分居民即操此业，逐渐形成行业。所产布匹除于本地销售外，还销往邻县及沾益、平夷（今富源）等地。

水城自建厅后，有湖南迁来厅境的织布工匠，在巴朗河（米箩）一带纺织辊布，所纺布匹宽1尺余，长7尺，染以青色，结实耐用，兴盛著称一时。

郎岱岩脚西南木贡一带，盛产刺竹、华竹、逛竹、苦竹、筋竹、绵竹等类竹木。康熙末年（1720年左右），堕却破落寨陈廉迁来此开办纸厂，引起当地人众重视竹子开发利用，办厂人家逐渐增多。至同治年间（1862—1874年），先后有羊场王姓，大田边陈姓，木天地施姓、彭姓，岩脚晏姓、杨姓等人家，来木贡兴办纸厂。兴盛时，造纸窑子、碾房达40多个，槽房至90多间。产品有大毛边纸（1.5尺 ×1.3尺），截边纸（将大毛边纸切去边而成），二漂纸（张页薄，色较白），小纸（1.2尺 ×1尺），每年产草纸6000担左右。所造产品草纸多用于制作祭祀冥钱、包装及卫生纸，二漂纸用以供写字、裱糊。大毛边纸销往水城、威宁及云南昭通、宣威等地，二漂纸销往毕节、平远、大定等地，截边纸销往安顺、镇宁等地；小纸多销于本地及普定等地。清末，大毛边纸每担售银子2两至3两，二漂纸1.7两至2两，小纸1.2两至1.5两，年均交易额约为白银12000两或银元12000元。由于造纸工艺较复杂，且全系手工操作，需雇用众多劳力，木贡数十家造纸作坊，家家需大量雇工。从而，周围数十里农户纷纷前往各纸厂做工。故当地流传有“一厂富千家，千家护一厂”赞语，当地人商品意识增强，又促成商业发展。

普安造纸业，系明代嘉靖年间（1522—1566年）老厂人从四川引入草纸制造工艺并兴办纸厂开始，主产区为老厂，次为司家寨、雨谷、堰塘等地。起初用蓑草、芦苇、箭竹等作原料，生产“裹脚纸”。清道光初年，从四川引进灰竹加以种植，继又遍种橡竹、筋（金）竹等，老厂一带满山皆种满竹子，有“万亩竹海”之称。开始以嫩竹制作竹麻作原料造纸，至清末，已生产写字纸。产品畅销省内和云南，少数出口越南、老挝等国。

清代，水城已开始造纸，有白纸和草纸两种。白纸以构树皮为原料，主要产地在猴场一带，俗称“火坑纸”“绵纸”，色白，不易折断，不浸墨，较平软，多作书写纸和裱糊纸。草纸以刺竹、箭竹等为原料，主要产地在顺场一带，多作祭祀用纸和卫生用纸，产品在本地市场出售和销往邻县。市境今以“纸厂”作地名之地，皆为原来产纸之地。

境内矿藏极为丰富，其中铅锌矿等开发较早，又以水城为甚，水城建厅亦主要源于铅锌矿开采、运输之需。境内铅锌矿开采始于明代，曾一度兴盛，后受战乱影响衰落。清代，经朝廷吏部奏准“凡产黑白铅锌矿之处，如有本地人民请采，各地督抚即委官办理”，并制订了《铅矿销售章程》，境内铅锌矿冶业又得以恢复发展。是时，境内福集厂日产铅锌万斤，全省运往京城的铅锌产品，水城、威宁所产占比88%，其中乾隆四十一年（1776年），福集厂铅锌运出量每年达220余万斤。嘉靖、道光年间，出现福集厂、平街场、万福场等矿区集镇，人口达数万，该时期工矿地商业兴盛相当。同治年间，战火再起，除福集厂外，多数矿厂停产，厂地商业又衰。水城冶铁，至清代臻于兴旺，今水城境仍有“打铁寨”“打铁营”“打铁沟”“打铁洞”等地名称谓。少数民族中的“披袍仡佬”，主要以打铁为生，多半生产铁制农具及石木工具。大规模冶铁业，乾隆、嘉庆年间在老鹰山附近兴办的平街厂，工匠多达千人。同治年间，又在平街附近大土建拉丝厂（又称“拉丝营”）。产品主要有铁丝，“条细而绵，贩出川、广”。两厂除冶铁和生产铁丝外，尚产有制造刀、枪、剑、戟等所用原材料。铁矿开采，主要有道光年间当地陈、王两姓开办的观音山铁矿，工人600左右，矿石多运往小河边冶炼。郎岱雄黄开采制作，在境内亦著称，亦为主要商品之一。年产1吨余，多由产地商人运往州城转售给云南等过路客商，亦运往安顺、贵阳、昆明等地销售。其中，光绪年间（1875—1908年），厅城人士何树堂，兴办有一较大雄黄厂，在产品销售中，有一次运一批雄黄精至贵阳销售，就获银1000余两。尚有炼汞，以盘县著称，在砂厂和断江水银厂等地提炼，清代境内产量年产达万斤，产品销往省内外。

清代其他手工业亦较兴盛，所制产品在商品交易中亦占相当分量。如普安，铁制农具有锄头、铧口、耙齿、钉耙、各类刀具、马掌等，木竹具有水车、风柜、挞斗、背架、竹席、背篓、筛子、簸箕、撮箕等等。上述各类产品均批量生产，系州内大宗商品，畅销州内外。集中产地有西冲、板桥、水塘、老厂、乐民、亦资孔、马坡、土城、盘关、鸡场坪、刘官、羊场坝等，其余各地均有零星生产，一般年产30万至40万件。酿酒业亦发达，其中，清末城郊馆驿坡张其清用官井水酿造糯米洒，透明、醇香，甚为畅销。普安铜器银器制作亦较有名，同治初年，水塘人罗永富向滇人学成铜器制作工艺，开作坊专制铜盆、铜罐等出售。光绪三十一年（1905年），安顺人曾维之来厅城开办铜器作防，制作铜鼓、香炉、焟台、罄、锣、钵、铃、镲、烟具及各种铜炊具等。在香炉、焟台、烟具等上刻制龙凤等花纹图案，所制铜打击乐器音响洪亮，销售倍受青睐。普安皮革业亦著称，光绪年间，州内民间已有人手工硝制牛、羊、狗、麂、狐等皮革，并缝制皮褂、钱兜、手套、枪壳、弹袋、皮带、鞋底、马具等出售。其中，城内馆驿坡周纯武所制麂皮褂、皮钉子鞋颇具匠心，销售红火。

水城由于铁矿丰富，铸造业亦相当著名，咸丰、同治年间，小河边即有铁丝生产，产品运销川、广。小河边、白腻等地建有铸铁品作坊，所铸铁锅、铧口等较有名，畅销厅内外。水城建厅后，各地铁竹木加工较盛，加工工匠约千人。生产制作铁竹木器具，年产量达300多万件，亦为厅内大宗商品。水城土陶业亦相当兴盛，各地均有制作，其中，雍正年间，有从水西（今黔西）迁来居民于龙场碗厂建窑，烧制土碗，达100多个品种，拥有工人数百人，运销人员每月达200人左右，产品销往安顺、兴义、曲靖、大理等地。

食盐运销。清代食盐运销仍继续实行“口岸”制度，不同时期又有所变化。康熙年间郎岱销川盐，盘县销滇盐，水城销川盐。乾隆时期，又划分“仁、綦、涪、永“四大口岸。仁岸由合江经赤水、仁怀运入，再分别运销安顺和都匀；綦岸由綦江入黔，一路销遵义贵阳，一路销瓮安、黄平，一路销正安；涪岸涪陵由乌江入黔，一路销江口、思南、石阡、镇远等地，一路发铜仁；永岸由永宁河经叙永入黔，一路销大定、安顺，一路经毕节、威宁至兴义、盘县。市境主要由永岸运盐。是时，因贵州财政困难，清廷安排由四川、湖广协助饷银，以养活军政人员。川粤两省实行“以盐补饷”，而以出场价将盐销给贵州，贵州地方官府又将食盐附加各种捐税高价出售给百姓。

道光年间，又实行过“票法”，即不论何人，缴税后取得盐票，即允许运销食盐。同治年间，复实行“纲法”，仍解决不了食盐供需矛盾。

光绪三年（1877年），黔人丁宝祯任四川总督，奏请清廷派四川道员唐炯（遵义人）督办盐政，改革贵州盐务，以求缓解食盐供应紧张状态。丁宝祯所实施盐政新法，主要为实行官督商运商销。主要规定为：在四大口岸规定盐商家数，专利专责；各岸运销盐数量，按人口不超过每日每人三钱计算；统一规定包口重量，实行“以盐运盐”办法（川盐由自贡井起运时每包重90公斤，规定以部分盐作为运费分段递减重量，如仁岸在合江进口时每包90公斤，运至遵义刀靶水交货时只交60公斤）；指定设置沿途运销网点，设总店、分店、转运站、趸货店（批发店）；由官运局核定各岸销货价，尽量缩小各岸销货差额和地区间差额，由四川每年发给贵州协饷银40万两，贵州不再加税；成立盐防军安定营，负责护运、解饷、缉私等任务，其开支不核入盐价。

此办法对川盐入黔运销，稳定盐价起到一定作用，百姓得到惠顾。但其中官府借“新法”之名，进行贪污剥削，克扣民工运费，盐防军且营私舞弊等。丁宝祯去世后，“新法”逐渐废弛。

食盐在清代为各州、厅大宗商品，为官督商运商销，食盐经营发展为“产盐有定场，销盐有定地，运盐有定商”的产销体制，运销路线称“盐路”。制订供应时，每人每日三钱。是时食盐相当贵重，价格昂贵，有“斗米斤盐”比喻，为紧俏商品，穷苦人家往往吃不上食盐，民间有“要吃盐，等过年”之说。

棉纺织品。清代，社会经济进一步发展，各省商贾云集贵州，建立会馆，开设商号。其中在兴义，乾隆二十五年（1760年）建两湖会馆，道光九年（1829年）建福建会馆，其后又建两粤、四川、云南等会馆，对普安等地商业影响相当大。据民国《贵州通志·事前志》载，安顺在嘉庆至道光年间（1796—1850年）为贵州棉纺业生产和贸易中心之一，又系贵州西部百货集散地，城中经营绸布商店有80多家，城内有棉花市场3个，土布市场1个，粮食市场1个。市境与安顺的商品贸易经郎岱与境内各州、厅发生密切商贸往来。黄草坝（今兴义）在道光年间（1821—1850年），为黔西南一棉布产地和百货交易市场。四川、湖北等地商人贩运棉花至此销售，又买回白铅转售，经由普安与境内各地进行贸易。自雍正十一年（1733年）水城设厅始，即有各地商人进入水城经商，运入食盐、土布、绸布等大宗物品，经由毕节运入川盐归行或随地销售，经由安顺运入土布，从湖北、湖南运入绸布。

1840年鸦片战争后，贵州不同程度受到外国资本主义侵入影响，但自然经济结构尚未发生重大变化。光绪年间（1875—1908年），英、法等国商人打开了贵州大门，对贵州输入商品和资本，资本主义工业开始产生。中日甲午战争以前，只有英、法、荷等国少量商品输入贵州。战后，英、法、日等国在西南地区和长江流域划分势力范围，以贵阳为中心，分为湖南路线、广西路线、云南路线等几线，分别为日货、英货、法货通路。光绪后期，美国渗入，亦成为对贵州进行经济贸易主要家国之一。是时，贵州最大洋纱、洋布集散地主要在安顺，次为兴义、兴仁，再次为贵阳、遵义、独山，由安顺经郎岱及由兴义经普安销往境内各地。

鸦片战争后，随之开“五口通商”，外国商品充斥国内市场，境内各地往往销售冠有“洋”

字头的洋罗布、洋鞋、洋油、洋灯、洋火、洋伞及钟表、眼镜、留声机、缝衣机等外国货物。鸦片（洋烟）亦进一步输入国内市场，境内遂兴起鸦片交易，随之又引种罂粟，遍及各州、厅，鸦片交易日盛。至光绪年间，两广、两湖商人云集安顺，先以贩运鸦片为大宗商品，仅两广开号者约10多家，先以银作价，后以洋纱折付，每年达3000至4000包（箱）。兴义、毕节亦为鸦片集散地，通过上述等地与境内进行贸易。其中，水城龟集黄河（今发耳）一带所产鸦片相当著名，极为畅销。随而，境内吸食鸦片者渐增，大部士绅、富户和眷属及部分平民均沾染成瘾，城内和集市上烟馆业应运而生，城内达数十家之多，鸦片交易相当盛行。

第二节　民国时期

民国年间，随社会经济发展，外地商人进入境内经商者渐增，其中川商居多，时称“川帮”。购进和外销商品增加，城乡贸易逐渐发展，境内商品逐渐增多，外地商人购买境内牲畜、兽皮、猪鬃、桐油、生漆、竹荪、香菌、木耳、银杏等土特产品以及桔梗、泡参、天麻、半夏等药材和烟土等。民国8年（1919年），贵州省禁烟放开，境内三县宜种地区普遍种植罂粟，鸦片遂成为一项大宗商品。与省内一样，冠有“洋”字样等外国商品充斥境内市场。1914年第一次世界大战爆发，欧美各国忙于争战，中国民族工商业得以发展。上海、广州、武汉、重庆等地所产棉布、棉纱、呢绒、绸缎、服装、床单、毛巾、袜子、香皂、牙刷、牙膏、化妆品等大量进入境内市场，商业日趋繁荣，同时带动了其他行业发展。

1937年，抗日战争全面爆发，沦陷区有的商业人士迁入境内经商，促使商业较大发展。抗战胜利后，一些迁入商家返乡重兴商业，加之内战数年，商业渐衰，法币急剧贬值，商品货源运输不畅，商品紧缺，不法商人乘机囤积倒卖，物价飞涨，商业畸形发展，有的商业店号倒闭。

各县县城发展，扩展了商业交易场所。民国2年（1913年），郎岱厅改为郎岱县，盘州厅改为盘县，水城厅改为水城县。各县城有所扩建；郎岱街道主要有东街、杀猪街、平街、西大街、书院街等。盘县城在清代门内街、北门街、大街、十字街、营盘街、云南街、南门街、官井巷、会馆巷、崇山巷、关圣巷、修文巷、云梯巷、旧卫巷基础上加以改建，街面一般宽3米至4米，均以石板铺成。民国32年（1943年），于城外新辟沿河南路和沿河北路，扩修东门至大桥一线街道。又以平街为中心，东至伍家大田开拓成十字路口，并扩建大桥经中正桥至南关桥一线，路宽8米，路面光滑平坦，可行驶汽车。民国28年（1939年），水城县对县城东华街、中大街、凤翔街（书院街）、照磨街（下堂街）、南薰街、西城街、龙洞街、奎光街、桂芳街、玉带街、马腾街（马兵街）、转西街、回龙街、忠恕街（十字街）、忠烈街、崇文街、洗马街、长兴街、（长寨街）、井水街等19条城内外主要街道进行改造，改造后县城主要街道城内为政治街、教育街（原凤翔街）、文化街（原马腾街）、军事街、建设街、三民街（原龙洞街）6条，城外为4条，其中场坝有中山街、中正街2条。各县县城的扩展，使得三县城内人口逐渐稠密，各城内主要街道皆设有各类商品交易店铺，县城成为各县内主要商业区。

一、集市发展情况

在社会经济发展带动下，三县集市在清代基础上，又有较大发展。集市贸易成为三县农村商业贸易的主要方式和渠道。

集市进一步增多。郎岱主要集市有郎岱城、毛口、折溪、陇磨、洒志、牛坡、箐口、捞河、落别、扯堵、纳骂、中寨、下营盘、二塘、六枝、上营盘、堕却、岩脚、羊场、阿岔、黑塘、狗场、鸡场、过次、鼠场、龙场、阿雨、新场、梭嘎等20多个。盘县有盘县城、普田、响水、板桥、大山垭、雨那、红果、关口、滑石、赵官、雨谷、烂木桥、鲁础、沙坡、糯寨、三官营、石桥、旧营、海铺、补泥、平关、猛者、普古、玛依、保田、瓦厂、洒基、水塘、老厂、亦资孔、土城、刘官屯、火烧铺、盘关、羊场、松河、大寨、四格、保基、七官营、格所等30多个。水城有城内、场坝、德坞、落飞嘎、格目底、小河、陡箐、茨冲、跳花坡、比德、化乐、马场、猪场、立火、坝子上、喃呗、连山、鼠场、扒瓦、阿来河、纳福、木果、吴家寨、三甲、凹仲、发射、果布嘎、常明、火石垭口、杨梅、姬官营、皮匠湾、台沙马场、龙场、哈青底、营盘山、顺场、垭口、都格、蒋家马场、鸡场、发耳、平寨羊场、滥坝、花嘎、米箩、摆呢嘎等40多个。集市贸易主要为粮、畜、布匹、食盐、用具、小百货、土产、药材等商品交易。

随着境内交通日趋发展，集市贸易日渐兴旺，民国25年（1936年），滇黔公路开通，路段通经盘县、郎岱、安顺达贵阳。继后川滇东路修通，途经沾益、宣威、威宁、毕节入川达重庆。两条公路成为抗日军火及其他商品物资运输的交通大动脉。境内滇黔公路通过盘县，水城经威宁与川滇东路连接，便于增进境内城乡商品运输，集市贸易商品日益丰富。

二、采矿冶炼业

民国年间，随着境内采矿、冶炼业及手工业发展，生产原料的购进与产品销售进一步促使境内商品交易范围扩大。

境内煤矿极为丰富，明代已有开采。民国时期，民众生产、生活用煤量大增，煤业进而发展，煤炭成为城乡重要商品之一。郎岱境内，红那孔、大寨所产煤炭不断运往郎岱；六枝、堕却、那闹所产煤炭不断运到六枝下营盘各村寨；岩脚一带堰坝口、彭家寨、孙家坡、石家冲、尖山、雨亥、马头田、木贡等地煤洞所产之煤，运到岩脚及其他集市交易。盘县各产煤地普遍兴办煤厂，在各村寨和集市将供自用所余煤炭销售。民国32年（1943年），县城人还集资入股，在西冲封家湾开办煤窑，采煤向城内作坊和居民出售。水城采煤在清代已相当兴盛，多在小河边、大河边、格目底、土地垭等地开采，日产至50吨至70吨。民国年间，采煤业进一步发展，日产煤百余吨，除自用外，还售卖给周边民众作生活用煤和供冶炼用煤。铁矿开采及冶炼业亦趋发展。郎岱仙人庙山、黑那孔、土锅厂、冷坝等地兴办铁矿开采场，其中，仙人庙山、黑那孔多系露天开采，质量颇佳，产品畅销。盘县在明代、清代开采基础上，在平关大坡铺（今沙坡）、石脑、少陀、响水、苍龙、土城等地开采冶炼。其中，大坡铺、沙陀两地产铁较多。民国25年（1936年）前，两地产铁达100吨，大坡铺成为较为繁荣的生铁市场交易地。水城冶铁厂更为发达，除多处小厂外，民国18年（1929年），创办观音山铁厂，员工达百余人，日产生铁1吨余，年产360多吨。

在冶铁业带动下，各县打铁业兴盛。郎岱县从事铁制农具生产经营者达90多户、140多人，生产铧口、锄头、薅刀、钉耙、耙齿等农具，从业者有30多户、70多人。盘县铁制器具在清代基础上更加发展，产地更加扩展，产品数以万计。其中，水城极盛一时，在小河边办厂业主有王、严、龚、赵、吴诸家，还有一批出名打铁户分布于白腻、双巢、花目井、木城、大垭口等地，年产量达50吨左右，产品行销邻县及安顺等地。水城铅锌冶炼亦有所发展，在万福厂、观音山两地基础上，民国37年（1948年）增办白马洞锌厂，所产锌锭含锌量高，甚为行销。

此外，郎岱所产雄黄，时为贵州最佳，产地主要在新场。民国16年（1927年）有矿洞6处，先后有雷耀南、谢少华等人经营，有的产品贩卖至上海并加工出口。据民国32年（1943年）郎岱县府调查，雄黄厂资本达8500元。直至1949年仍在生产销售。

三、手工业、造纸及食品加工业

与铁制品一样，竹木加工产品为境内主要生产交易的商品之一。产品生产有专门的木工作坊，除此之外还有很多家庭手工作坊，遍及境内各地。生产的手工业产品有桌、柜、椅、凳、斗笠、伞、箩筐、撮箕、筛子、簸箕、提篮、囤箩、背箩等，虽交易零星，但交易总额甚大。

造纸业比清代更趋发达。郎岱造纸地区，比清代有所增多。其中，草纸以上营盘所产张页较大较厚，多销往安顺、镇宁、普定、织金等县，每到秋季商贩云集时，交易更趋旺盛，年销售收入在10万元以上。白纸，各产地均有生产，以火坑为上乘，每刀价1元左右，年销万元以上。民国27年（1938年）前，多以小洋（云南半元银元）购买，木贡大毛边纸每担2.5元至3元，二漂纸1.7元至2元，小纸1.2元至1.5元。民国28年（1939年），火坑白纸产量达3200捆（每捆20块），销售额达法币22000元。盘县造纸产品，在清代基础上进一步发展，至民国36年（1947年），全县草纸商品生产达2400余吨。水城蟠龙、猴场、纸厂等地，造纸业生产销售亦相当兴盛。

酿造、食品加工等业日盛。三县城乡兴办起大批酿酒、制糖、制面、榨油等作坊，产品亦为市场交易的重要商品，买卖相当活跃。其中，郎岱制糖产品交易名气较大，主要产于中寨毛口一带，供不应求。红糖年销量为1500挑（每挑30公斤），达45000多公斤，每盒（3两左右，小圆碗糖，称瓦儿糖）售价0.15元，多销本县和邻县及粤、桂等地。民国32年（1943年），销往粤、桂的冰糖、白糖、红糖达5万多公斤。民国34年（1945年），全县红糖产量达1500市担（每担50公斤），每担售价18万元左右。次年，增至2000担。郎岱岩脚一带，当地所产小麦质量上乘，水质特优，加之工艺独特，此地民众加工面条者甚多，产品称之为“岩脚面条”，运购者甚多，销路亦广。盘县酿酒生产销售相当兴盛，民国年间，在清代酿酒业基础上，县境玛依、老厂、雨谷、忠义、土城、盘关、亦资孔、羊场、普古等地水质优良，酿制的白酒生意兴隆。民国34年至36年（1945—1947年）县府统计，全县酿酒坊达1500多家，年产销白酒达75万公斤左右。又以酒提炼酒精，民国30年（1941年），县人黄石球、沈伯伦合资33万多元，在县城南观庙和城郊大桥边开办酒精厂，有员工28人，共生产酒精30多万公斤，抗日战争汽油缺乏，成为畅销商品。盘县火柴产销亦盛，民国19年（1930年），县城有三民、臻兴、顺利三家火柴厂，后因营业不振先后关闭。民国29年（1940年），县人邓仲炎与曲靖人李茂昌合资于城南郊采云庵建同兴火柴厂，有员工59人，年产火柴4000

余箱，销售额达法币40多万元，于民国33年（1944年）停办。民国31年（1942年），县人蒋葆初于小河头村张家祠堂开办一火柴厂，产量2000箱左右，两年后停办，民国37年（1948年）又复办。盘县榨油业亦相当发达，民国时期，全县城乡先后开办的木榨作坊达百余处，产品销路很好，销量可观。盘县糖食糕点，民国时期，县城内有保兴号、新生号、东美号等近10家糖食糕点作坊，产品多样而考究，有杂糖、米糕、饼子、饼干等几大类。杂糖类有花生片、芝麻片、虎皮糖、核桃糖、软糖、芙蓉糕、金钱酥等；米糕类有银片糕、糯米糕、鸡蛋糕、玉带糕等；饼子饼干类有白糖饼、火腿饼、鲜肉饼、苏打饼干、夹沙饼干、蜜饼干等。另外，还加工玉米白糖（绵糖）。产品为经济稍裕人家食用、待客及民众馈赠送礼行销商品。水城此类手工业生产销售，亦较清代更为发达，而与郎岱、盘县基本相似。

四、织纺业

境内随棉纱大量输入，布匹生产销售相当兴盛，成为民众衣着所需重要商品。郎岱于民国15年(1926年)前，织布尚系采用“丢梭”技术。民国16年(1927年)，邓万和家从外地学来“扯梭”技术，促进织布技术改进。此前，郎岱仅有机床100多架。此后发展很快，城内机床达500多架，有的人家有三四架之多，手工生产土布成为城镇半数以上人家谋生手段。抗日时期，全国抵制日货，机织“洋布”进入郎岱愈来愈少，土布织布业又迅速复兴发展，全城织布机达1000多架，一般人家达四五架。其间在轩辕宫做“机轩会”布业代表达1000多人，可谓兴盛一时。郎岱土布交易以白布为大宗，另有少数芝麻布、条花布等。所产销土布又分粗纱布、二纱布、细纱布3种，粗纱布中经线为300、320、350头者，均为好布；二纱布中经线为350、380头者，亦属佳布；细纱布400、480、560头者，亦属上品。民众以好布做衣裤面料，而270、280头者，质量较差，而作他用。郎岱所产土布销路甚广，除于本县境销售外，还销往水城、纳雍、普定、关岭、织金、晴隆、普安、盘县等地。是时，郎岱城从事土布经商者有百余人。民国34年（1945年）抗战胜利后，郎岱境六枝等乡镇也有商人来郎岱城进购土布，销往大用、化处等地。随织布业复兴，经营棉纱商人与商号不断涌现。民国初年有“恒兴益”商号，股东为王竹斋、潘玉安、熊仁山、黄绍熙、李焕章等。后又有“复和隆”商号，经理为刘志清。后来此二号解散，又有王竹斋、王子西、王烦章三弟兄合伙经营的棉纱商号，熊仁山、黄绍熙、黄怡久等也开了一棉纱店。抗日战争时期，谢少华家成为郎岱商业大户，县城棉纱交易被其垄断。郎岱所购进棉纱除国产棉纱外，还有进口棉纱。抗战前有日本所产“皇福”牌细纱，多从贵阳、昆明购进；法国产“五湖”牌粗纱及“地球”牌二纱，多从昆明购进；英国产“金钱”牌细纱，多从百色购进。抗日战争中湖南沦陷后，棉纱进购运输受阻，郎岱织布业一度到镇宁丁旗购买土纱。

民国25年至31年（1936—1942年），郎岱女子小学开办了一个生产合作社，购有缝纫机、手织机、织袜机等工具，社内设有缝纫组、机织组、刺绣组。合作社安排有技术专长教师指导生产，曾派学生刘开英到贵阳盛家公司学习技艺，回来后传授给社员。合作社缝制衣物及绣制枕套、帐簷、门帘、袜子、围巾、毛巾等产品，一些产品绣有花卉、山水、鱼鸟等图案。合作社所产产品低于一般商人所售价销售，甚为畅销，为郎岱早期开展的职业教育及商业活动。

由于土布交易兴盛，为便于六枝商人到郎岱收购土布，民国37年（1948年），郎岱县调整子午场场期，县城场坝由原6天赶1场改为赶2场。后法币不断贬值，土布交易改为银元大、小洋计价，或用棉纱换布。于民国38年（1949年），增设纱布场在县城东街赶集交易。郎岱织布生产和产品交易，从清道光十五年（1835年）起创，到民国末期一百余年间，织布机发展至千架以上，棉布交易长久不衰。民国26年（1937年），全县土布自销80000匹，销往外县120000匹，全县自产总值240000元，输出境外144000元。次年，全县织布20000匹，总值384000元。同年10月，在贵州省工艺展览会征集物品表中，郎岱所产的白布在分类中就有33种。至民国30年（1941年）8月，手工织布机达3000余架。

随土布业的发展，城内染印业也相应发展起来，城内开染房者，有朱云先、周贵清、吕云清、吕和光、范绍先、何云先等10多家，将白布再行加工，染有青布、蓝布、月白（冬瓜灰）布、深灰布等几种，早期用土靛作染料，后改用洋靛。除来料加染外，一些染坊还经营“以发带染”，即购进白布，染色后批发给布商。

民国年间，盘县织布业在清代基础上有所发展。特别在民国25年（1936年）滇黔公路开通后，“五华”“宝塔”等牌棉纱大量输入。民国30年（1941年），川人来盘县改木机丢梭为扯梭织布，推动盘县织布业大发展，逐步形成一大行业，主要分布于县城、水塘、板桥、乐民、江上（今盘关）等地。民国35年（1946年）为兴盛时期，县城60%的居民以纺织业为生。板桥开设的织布机坊，就有布机40余架，全县共有1400多架。产品主要销普安、晴隆、水城、平彝（今富源）、宣威等地。民国37年（1948年），湘人许兰轩带入先进技术，用木机织宽布，每匹长12丈，宽2尺7寸，相当行销。水城纺织业亦较发达，民国年间，出现一批能工巧匠，城内各街均有木制织布机床织布户。民国27年（1938年），全县产土布2000多匹，商品出售总额合银元1200多元。尚有织羊毛巾和擀羊毛毡、羊毛帽者，多散布于台沙、海坪、舍嘎、哈青、麻窝、发提等地。

由于是时贫穷百姓多，往往不能添制新衣，穿补疤衣服者相当普遍，有“新三年，旧三年，补补连连又三年”之说，甚至有不少衣不蔽体者，民众购买布匹能力有限，极大限制了布匹生产和交易发展。

五、食盐

民国元年至15年（1912—1926年），军阀把持政局，各自征收盐税和附加税捐，名目繁多。盐价虽属官方核定，但盐商又私加杂费。一遇盐源紧缺，则囤积居奇，抬高盐价。

民国初期，实行划区销盐，设督销缉私局，查缉越境私盐及补增盐税。

民国25年（1936年）2月，贵州盐务始由财政部门直接管理。民国27年（1938年）8月，贵州将黔岸督销缉私局撤销，改组为贵州盐务办事处，属财政部盐务总局，并增设运销收税机构，收回原贵州省政府收税权，同时兼管督运、配销、核价三项工作，逐步控制贵州盐政。起初实行自由运销，后复行“专商引岸”旧制，以补散商力量之不足。

民国28年（1939年）设管盐运输及商盐监督机构，对散商加强管理，采取“按口配盐”办法，按所划分行销地点，以每人每日食盐4钱为计算标准，发给盐折，凭盐折核定销售量。

民国29年（1940年）4月，发布《贵州盐店管理规则》及《贵州各县食盐监销委员会组织规程》，对散商零贩进一步管制，零盐售价，由盐务机关核定。

民国31年（1942年），实行盐业专卖，以“民制、官收、官运、官趸售、商零销”为原则。停办官收代运，运输以盐务机关自运为主，部分招商代运，以补足自运不足。配售方面，凡运入贵州境各据点食盐，均就地收归官仓，就仓趸售，实行专卖，设食盐公卖店，按供应区域人口核实定购和零销，由盐务机关核实零售价格销售。虽有监销委员会巡回检查，但官商勾结，仍有通同作弊。

民国35年（1946年）2月，民国政府公布盐政纲领，厉行紧缩，简化盐务，盐税就场征收，停办食盐专卖。“民制、官收、官运、官趸售、商零销”又改回“民制、民运、民销”，放弃配销管制。对零盐售价亦不再核定，由零售商贩自由竞销，对原“仁、綦、涪、永”四岸改称四边销区，恢复旧规，承办运销，又实行部分客运，以备荒缺平价之需。其余多系招商代运，或委托商运。此办法直延续到1949年。

民国31年（1942年）以前，盐务缉私，设有税警，盐务总局设置盐税警管理处，贵州盐务管理局设警务科，进行缉私护税。

民国时期，食盐年贸易额达50余万元。岩脚为郎岱境内川盐最大的销售市场，有盐号9家。民国21年至22年（1932—1933年），大部分盐号自行解散，随后，又有四川和纳雍商人创办“福兴强”盐号，后因经营不善停办。民国28年（1939年），贵州省政府下令各地食盐由代销店经营，郎岱县城开办食盐公卖店代销食盐，江西人开办的“义信荣”盐号又被迫解散。盐路从大定（今大方）经大兔场（今纳雍）运至岩脚再转运县城，也有少数代销店从毕节经大兔场走私食盐，运到郎岱境内牟取暴利。郎岱县各区的食盐代销点，多为当地土豪劣绅及奸商所把持，官商勾结，控制市场，多数百姓根本买不到公价食盐（每市斤银元1角），只得购买高价食盐（每市斤银元1元）。为缓解民众吃盐困难，民国29年（1940年），黄冕斋向郎岱合作室主任建议在郎岱组建“食盐消费合作社”，竟遭代销店盐商威胁，一天之内就接到恐吓信60余封。黄上告省府，批下从严查处，而县政府置若罔闻。黄随即转到六枝，经区长牟超群策划，成立“六枝食盐消费合作社”，社员购盐，由代销店按人口如数供给。但好景不长，在种种限制卡扣和挤压下，黄冕斋回县城后，前后仅3个多月，六枝食盐消费合作社就自行解散而夭折。次年，黄冕斋又到食盐集散地岩脚，再图组织成立食盐消费合作社，后得知岩脚食盐代销店经理等人有岩脚驻军及盐防军支持，共同把持盐务，不容他人插手，黄冕斋亦感无奈，其为民济解盐困的热忱义举，只得化为泡影。而盐价，波动多变。民国5年（1916年）每市斤公价银元0.16至0.12元；民国24年（1935年）每市斤公价0.3至0.25元。民国27年（1938年），西路各县开始推行使用法币，每元法币折合滇半开银元（俗称小洋）9角。民国29年至32年（1940—1943年）贵州食盐实行“官督官办”，称“捆商统销”。民国33年（1944年），取消“捆商统销”，岩脚又建“同兴”盐号，盐号以六枝、上营盘、下营盘、二塘、郎岱、大用及岩脚附近集市为主要销售点，开展“赊销”业务，与官盐竞争，月推销食盐8吨左右。民国37年（1948年），安顺建起食盐客仓。郎岱食盐，遂多由安顺散商购运来境销售，时断时续，导致盐荒频繁，“同兴”盐号因盐款不能按时收回被迫停业解散。

盘县食盐营销民国初期与境内其他县并同执行“划区销盐”办法，主销滇盐，有时兼销川盐。民国元年至15年（1912—1926年），官运销盐在口岸提征税款，商运销盐之税款在市场计收，盐价由官方核定，但有的盐商私加杂费，供应紧张时还擅自提价。民国27年（1938年），实行自由运销，由盐商在盐场纳税。民国28年（1939年），实行“按口配盐”销售办法，每人每日按4钱计配。是年设盐务局，在半边街成立代销店，在水塘、老厂、旧营、鸡场坪、土城等地设分销店。从民国29年（1940年）起，主销川盐。民国31年（1942年），开始实行食盐专卖，设食盐公卖店。民国35年（1946年），废止专卖，盐价由盐务局核定，零售价由商人自定，当年零售价每公斤法币2万元，次年2月即涨至6万元。从民国36年（1947年）起，盐商基本上经营滇盐，其中，“义诚”盐号一度销售川盐，后亦改销滇盐。

水城县系永边销区（永岸）盐路主要转销地之一，食盐由此转发销售至相邻有关各县，为一食盐转销之小口岸，批量销售额比郎岱、盘县大。其他零售所实行办法及代销机构建立和经营状况，与郎岱县、盘县相似。

六、服务业

民国时期，郎岱为贵州西部主要交通要道之一，盘县系黔滇两省交界要冲，水城是铅锌等货物转运地，各地建厅后，随着社会经济的发展，饮食服务业也逐步兴起，并不断发展壮大。

旅店业。民国初期，盘县亦资孔、刘官屯等地，设有驿站，供传递公文人员和往来官员等歇宿。城区管驿坡（今人民路）设有官办驿馆，供过往官员住宿，另有平街太安客栈、泰安新栈、云集栈、郭家客栈及府前街五福客栈等。郎岱、水城亦设有多家客栈和马店。

茶社。清代末民国初，盘县城内开有文公祠茶社（后改华久茶社）、马王庙茶社、醒丰茶社。郎岱、水城城内亦各有数家茶社。

理发业。清代末民国初，盘县城内共有6个理发匠，有的开一小店（民间称“代昭铺”），其余多挑担行街理发，理发匠亦称“剃头匠”。各乡区集镇仅有一两处理发小店或理发摊点。至民国20年（1931年），仅1人会烫“摩登”发型。20世纪50年代中期，理发业始有人使用电剪。郎岱、水城理发业情况，与盘县相似。

餐饮业。民国时期，盘县县城有饭馆13家，其中有5家承接筵席；有面馆10家。县城通车后，较大饭店应运而生，有西南大饭店、太平洋饭店、联营餐厅、一条龙饭店等，兴旺一时。农村多无专营饭店，每逢赶场天，各集市均有临时售卖面食、便饭等摊点。

民国时期，市境各县相馆和浴室仅一两家，其他如修理、刻字、补鞋等行业，各县从业人数亦不多。

七、物价变化情况

民国时期，市境物价与省内其他地区一样，价格波动很大，特别是后期法币急剧贬值，同一商品有时一天几个市场价，郎岱、盘县、水城三县主要商品价格基本相同。

民国5年（1916年）和民国24年（1935年）郎岱县部分商品价格情况表

表1-1

品 名	民国5年			民国24年					
	数量单位	7月	11月	数量单位	7月	8月	9月	10月	11月
上米	150斤	1.32元	1.2元	40斤（一斗）	1.3元	1.1元	1元	1元	0.8元
中米	150斤	1.2元	1.1元	38斤（一斗）	1.1元	1元	0.9元	0.9元	0.9元
下米	150斤	1.08元	1.4元	36斤（一斗）	1元	0.9元	0.8元	0.8元	0.6元
大麦	150斤	0.78元	0.75元	30斤（一斗）	0.3元	0.3元	0.3元	0.3元	0.3元
小麦	150斤	0.57元	0.72元	40斤（一斗）	1元	1元	1元	1元	0.8元
稗米	—	—	—	35斤（一斗）	0.8元	0.7元	0.7元	0.7元	0.6元
粟米	—	—	—	35斤（一斗）	0.8元	0.7元	0.7元	0.7元	0.6元
玉米	150斤	1元	0.95元	35斤（一斗）	0.6元	0.5元	0.4元	0.4元	0.4元
食盐	10斤	1.6元	1.2元	1斤	0.3元	0.25元	0.25元	0.25元	0.25元
兑换券	—	—	—	1元	1元	1元	1元	1元	1元
实洋	—	—	—	1元	1元	1元	1元	1元	1元
生银	1两	2500钱	2500钱	—	—	—	—	—	—

说明：货币均为银元大洋（元）

民国25年（1936年），郎岱县社会劳工劳动收入情况（均以银元大洋计价）：普通农村长工月工资大洋2元，普通农村短工（自膳）月工资大洋5元；使用机器的工厂男工（自膳）日工资0.3元，女工（自膳）日工资0.2元，作坊普通工人日工资0.4元；木匠（自膳）日工资0.4元，泥水匠（自膳）日工资0.4元，挑夫苦力（自膳）日工资0.5元。从劳动收入来看，普通老百姓购买力水平十分低下。

民国25年（1936年）下半年郎岱县部分商品价格情况表

表1-2

品 名	民国25年		民国25年11月份			
	数量单位	7月农产收购	数量单位	上 旬	中 旬	下 旬
上米	—	—	40斤（一斗）	2.5元	2.6元	—
中米	—	—	38斤（一斗）	2.4元	2.5元	2.5元

续表1-2

品　名	民国25年		民国25年11月份			
	数量单位	7月农产收购	数量单位	上　旬	中　旬	下　旬
下米	—	—	36斤（一斗）	2.3元	2.3元	—
稗米	—	—	35斤（一斗）	1.4元	1.4元	1.3元
粟米	1石	0.5元	35斤（一斗）	1.3元	1.3元	1.3元
大麦	1石	4元	30斤（一斗）	1.6元	1.7元	1.7元
小麦	—	—	40斤（一斗）	2元	1.9元	1.9元
玉米	1石	4元	35斤（一斗）	1.8元	1.7元	1.7元
食盐	—	—	1斤	0.3元	0.3元	0.3元
稻子	1石	2.5元	—	—	—	—
高粱	1石	4元	—	—	—	—
棉花	1斤	0.4元	—	—	—	—
甘蔗	100斤	0.8元	—	—	—	—
茶叶	1斤	0.4元	—	—	—	—

说明：货币均为大洋，1石为10斗

民国30年（1941年）棉纱纺织类价格情况：洋纱（进口）每市斤58元，皮棉每市斤18元，本县纱每市斤45元，土布每匹2元，棉花每市斤9元。

民国31年（1942年）初郎岱县部分商品价格情况表

表1-3

民国31年1月						民国31年2月					
品名	单位	单价（元）	品名	单位	单价（元）	品名	单位	单价（元）	品名	单位	单价（元）
大米	斗	17	钉子	斤	16	大米	斗	18	钉子	斤	16
小米	斗	12	油漆	斤	8	小米	斗	14	油漆	斤	8
面粉	斤	2	铅丝	斤	18	面粉	斤	22	铅丝	斤	18
玉米	斗	7.4	硝	斤	6	玉米	斗	8	硝	斤	6
黄豆	斗	6	磺	斤	3	黄豆	斗	6.5	磺	斤	3
食盐	斤	6	黑火药	斤	9	食盐	斤	6	黑火药	斤	9
猪肉	斤	4	煤	吨	70	猪肉	斤	4	煤	吨	56

续表1-3

民国31年1月						民国31年2月					
品名	单位	单价（元）	品名	单位	单价（元）	品名	单位	单价（元）	品名	单位	单价（元）
猪油	斤	5	柴	百斤	4	猪油	斤	5	柴	百斤	5
牛肉	斤	2.5	木炭	百斤	15	牛肉	斤	2.5	木炭	百斤	18
麻油	斤	5	洋油	斤	30	麻油	斤	5	洋油	斤	3
菜油	斤	5	桐油	斤	4	菜油	斤	5	桐油	斤	4
食糖	斤	3.2	瓦	百块	4	食糖	斤	3.3	瓦	百块	42
钢筋	吨	6000	砖	百块	13	钢筋	吨	6000	砖	百块	13
生铁	吨	600	石灰	百斤	30	生铁	吨	600	—	—	—
熟铁	吨	1000	—	—	—	熟铁	吨	1000	—	—	—

民国31年（1942年）2月，郎岱县社会劳工经济工钱收入情况：石工（石匠）一个工为3元，机工7元，泥水工7元，木工8元，锯工7元，铁工（铁匠）9元，油漆工7元，一般小工6元。

民国26年（1937年）水城县部分布匹产销情况表

表1-4

布　名	幅　宽	每匹长度	每匹重量	每匹价格	输入总数	备　注
洋昌布	1市尺	3丈2尺	1斤4两	2元	3500匹	以银元为单位
青布	1市尺	2丈4尺	1斤	1.5元	15000匹	1斤为16两，1丈为10尺
土布	8寸	3丈8尺	1斤8两	1.6元	4000匹	1尺为10寸

民国26年（1937年）水城县部分外销商品情况表

表1-5

品　名	单　位	主产地	单价（元）	销　场	输出量总值（元）	备　注
牛	头	各地	20	云南	10000	以银元为单位
马	匹	各地	30	云南	9000	以银元为单位
羊	头	各地	2	本县	150	以银元为单位
猪	头	各地	15	安顺、六枝	15000	以银元为单位

续表1-5

品　名	单　位	主产地	单价（元）	销　场	输出量总值（元）	备　注
牛皮	张	各地	0.2	云南	1000	以银元为单位
厚朴	斤	各地	1.5	安顺、贵阳、四川	2250	以银元为单位
五倍子	斤	各地	0.1	云南、四川	80	以银元为单位
漆	斤	各地	0.5	云南	500	以银元为单位
桐油	斤	各地	0.15	本县	120	以银元为单位
铁	担	各地	5	六枝	725000	以银元为单位

民国33年（1944年）水城县部分外销商品情况表

表1-6

品　名	单　价	单　位	年产量	产　地	运销地	备　注
竹参	4200	斤	200	归集	云南、四川	以法币计价
鸡纵	800	斤	800	归集	安顺、毕节	以法币计价
木耳	400	斤	500	米萝	安顺、毕节	以法币计价
羊毛	1600	斤	100	各地	纳雍、普定、安顺、毕节	以法币计价
猪鬃	2100	斤	300	各地	云南、湖南	以法币计价
硝	1500	斤	500	各地	本县、邻县	以法币计价
大米	8000	石	15000	各地	邻县	以法币计价

民国时期，市境各县商业行业有一定发展。民国31年（1942年）郎岱县县城共有32类商业行业，均各设有商号，其中纱布业14家，粮食业（大宗）1家，杂粮业（大宗）1家，米业5家，纸张业3家，纺织业6家，特货业（桐油、漆、猪毛等）、文牍1家，盐业11家，绸缎业1家，药业3家，粮食业4家，京果（糕点）业4家，染织业4家，钞币业3家，油蜡业1家，山货业3家，洋货业3家，面粉业3家，油业6家，堆栈业1家，造纸业2家，纸业1家，杂货业3家，煤业1家，碾业1家，旅店业3家，缝纫业1家，首饰业1家，草业2家，烟业2家。民国2年（1913年）后，城内商家在清末时期经营基础上相继开设有园春和、永昌公、天镒公、崇修公等较大商号。

盘县因地处滇黔交界，商业较发达，县城内主要街道均有各行各业所开设商号，仅经营日杂用品商号就有10多个。其中项敬庵有资金10万银元，除在县城开设绸缎铺外，还在昆明、重庆等地设“益昌隆”商号，又收购境内土特产销往省外，购回棉纱、棉布、绸缎、煤油、百货等商品到盘县销售。其次，商人许华廷所拥周转资金达3万银元左右。

水城县各行各业商号亦较兴盛，城内各街有私人经营的粮食、食盐、百货、布匹、土杂等店摊数百个。民国26年（1937年），县城有注册行业4个，共23户（其中盐业9户，百货业4户，布匹业4户，襟货业6户）。各类经营行业中糕点业比较有名，民国元年（1912年），水城从事粮食加工销售的商品仅有糖月饼，封封糕、芙蓉糕、糖果等。后水城人李吉成制作山楂糕在市场上零星出售，为糖食业增添了新品种。尔后李吉成在县城开办“吉祥斋”糖食品商店，独家经营山楂糕。民国4年（1915年），城内廖汤臣在李吉成所制山楂糕基础上进行工艺改良，提高山楂糕质量，一时销路大开，驰名全省，享有“水城山楂糕甲贵州，廖家山楂糕甲水城”的声誉。随后，水城糖食业商人陈华法、李郎民、邓姜民、孙玉庭等几家相继开店经营山楂糕，依照廖家制作工艺进行生产销售，生意相当兴隆。至民国37年（1948年），水城全县私营工商业发展到280户左右。

民国时期，境内郎岱、盘县、水城三县商业贸易经30多年发展，形成以各县县城及其区、乡治所驻地等集镇和各乡集市为网络，以私人经营为主，以交易粮食、牲畜、食盐、布匹、百货、食品、日杂、土产、药材、日用器具等为主的商业体系，基本满足该时期社会生产和生活需求。

第二章　新中国成立后商业发展

中华人民共和国建立后，市境商业得到快速发展。新中国成立初期，国家在大力兴办国有商业和集体商业的同时，对私营商业进行改造，奠定了社会主义商业经济基础。但是，1958年开始的“大跃进”运动和1966年开始的“文化大革命”，使商业经营受到影响和挫折。20世纪60年代中期开始的三线建设，特别是改革开放及其后的西部大开发战略，极大促进了市境商业体制改革和经营体制的完善，形成具有中国特色社会主义的商业市场经济体系。

第一节　改革开放前商业贸易情况

1949年12月，市境郎岱、盘县、水城三县相继解放，各县随即分别成立县人民政府。各县人民政府成立后，百废待兴，分别开始创建商业企业及经营网点，并逐步得到发展。

郎岱县于1949年12月19日和平解放，1950年1月15日，县人民政府正式成立，隶属于安顺专区。当月，在郎岱成立贵州省贸易公司安顺分公司郎岱县贸易组。2月，建立郎岱人民商店。并在城区先后成立5个代销代购店，在1、2、4三个区设代销代购店，在城乡普设代销代购组织。同年9月，安顺盐务运销分局郎岱分销处成立，并在城区、新场、毛口等地设立代销店。1951年2月，岩脚区商店成立；4月，成立落别区商店；5月，成立六枝区商店、岩脚农民商店、落别农民商店。1952年1月，于岩脚建立盐业公司。同年，建立郎岱县县联社。1952年12月，安顺百货支公司及安顺专区合作科联合将郎岱县的百货推销组撤销，合并归县联社，建立了9个联营社。1954年，县联社增设门市部32个，分销店20个，市场货摊190多个。1956年3月，国营商业与合作商业开始分工，供销社转向农资、小土产及废品收购等经营业务。1956年6月和9月，郎岱纺织品公司、食品公司相继开业。9月，郎岱县百货推销组改建为郎岱县百货公司。至1957年，全县服务系统商业企业达33家。

1949年12月12日，盘县和平解放。1950年4月，盘县人民政府成立，隶属于兴义专区。县人民政府成立后，即建立国有商业企业。1950年年初，成立盘县粮食公司，继而成立贸易等商店。1952年3月，建立兴义专区盘县外贸工作站，为贵州省建立外贸机构最早的县份之一。6月，成立盘县百货公司。是年，亦成立盘县纺织品公司。1957年，成立盘县食品公司。1962年8月，成立盘县五交化公司。1963年，成立盘县物资公司。1964年，成立盘县糖烟酒公司。1965年，成立盘县饮服公司。

1949年12月18日，水城县和平解放。1952年2月20日，水城县人民政府成立，隶属于毕节专区。水城县解放初期无国营商业机构，由毕节专区百货公司派推销组来水城推销商品。1950年9月，筹建水城县国营贸易小组。1951年3月，水城县建立第一家国营贸易商店。同年8月，水城贸易商店在蟠龙、杨梅、比德先后设立购销站，并组织农村流动赶场组。同年10月，贸易商店在县城东北场坝设门市部1个。至1951年年底，县国营贸易商店职工增至23人。当年，全县主要商品经营品种有土布、针织品、棉纱、日用小百货及土产品等。全年贸易商店营业额6.79万元，占全县市场营业额6.42%，上缴税金0.93万元。1952年6月，水城县贸易商店发展到8家分销店，分销店营业额6.56万元，占水城县市场营业额4.39%。同年7月，县国营贸易商店并入县供销合作社，人员、资金纳入供销社。1953年，毕节专区各国营专业公司派人到水城分别成立推销组。1955年至1956年，陆续成立盐业、百货、民族贸易、医药、中药材、花纱布(后并入百货)、食品、专卖几家公司，各推销组分别并入各专业公司，各专业公司由贵州省商业厅和毕节专区各专业公司垂直领导。1956年全县国营商业市场营业额85.6万元，占全县市场营业额的25.28%。1954年至1957年，食品、专卖、饮食服务行业划归县饮食服务局，农村商业由供销合作联社管理，改归口直接领导为地方行政主管部门和上一级业务部门双重领导，以上一级业务部门为主，称“条块结合”。1956年10月，水城县成立商业局，对百货公司、盐业公司、纺织品公司、中药材公司、医药公司、民族贸易公司、食品公司、糖烟酒公司进行行政管理。对国营商业实行统一规划和行业领导，并成立批发站和零售门市部。当年水城县国营商业系统有职工99人，全年商品零售额达254.3万元。

郎岱、盘县、水城相继和平解放后不久，各县起义投诚的国民党部队即发生叛变。出于战略考虑，解放军和人民政府工作人员一度撤离各县城。随之，叛军和各地土匪联合作乱，各县商业一度产生很大困难。大部分地区受叛军和土匪骚扰。尤其在乡村，有的店铺被抢劫或捣毁，沿路劫持商品物资，商路中断，有的商业职工为之流血牺牲。致使商品紧缺和物价上涨，尤以食盐、布匹、百货、粮食更为突出。三县食盐、粮食一度告急，如郎岱，每17公斤大米与0.5公斤食盐同价。此时，有些不法商人，乘机进行投机倒把活动，对粮、盐、布等主要生活物资进行套购，囤积居奇，造成商品供应困难。为稳定商业经营情势和保障人民生活急需，各县分别从安顺、兴义、毕节武装护送调运大量食盐、布匹、百货等商品。人民政府组织武装力量，保卫贸易推销组织，将货物护送下乡，供应农村。同时，加强市场管理，打击投机商人不法活动，市场开始好转，物价趋向稳定。政府又先后提高粮食、油料、生猪等农副产品收购价格，城乡市场逐渐稳定。各县商业企业机构组织及其经营初步得以壮大发展，资金和积累开始增加，掌握积蓄了大量商品物资。各县清匪、反霸、减租、退押、征粮“五大任务”相继完成后，社会日趋安定，市场经营情况好转。

1950年2月，省召开首届贸易会议，确定贸易工作方针为“面向农村，建立县支公司，沟通城乡贸易”。当月，又召开全省首次财经工作会议。会议强调“只有发展商业，沟通城乡内外关系，使货畅其流，才能促进工农业恢复。应先以恢复和发展商业为重点，用最大努力组织农民生产，使农民有购买工业品的能力，并保证供应农民盐、布等必需品。”。6月，省又召开第二届全省贸易会议。重点研究提出面向农村经济工作的方针任务，即收购土产，推销食盐，团结私商，推进物资交流，掌握好地区与地区间和批发与零售间的正当差价。制订各分支机构的组织形式、人员配备，以及物资清理、会计转账、报告制度、经济纪律等许多办法。三县商业部门认真贯彻执行各次会议精神，大力发展商业，努力沟通城乡贸易，制订和完善有关规章制度，纠正重外销，轻内销；重大宗、轻小宗；重热货，轻冷货；重厚利，轻薄利等经营思想，掀起土产购销热潮。从而巩固促进了境内国有商业发展。农村市场逐渐充实活跃，社会商品零售总额比重由年初的50.9%提高到54.3%。食盐、肉食1952年达人均9.88市斤水平，棉布、糖、烟、酒等销售量均有较大提高。

各县人民政府成立后，执行民族政策，开展民族贸易。境内属民族地区，居住有苗、彝、布依、白、回、仡佬、水等少数民族。因而对民族贸易十分重视，扶持帮助少数民族发展生产，提高其商品购买能力。及时收购少数民族的农副产品和土特产品，保证供应民族地区生产和生活商品需求，以促进其生产发展与生活改善。1951年6月，贵州省召开首次民族贸易会议，会议确定：凡实行民族区域自治之县及少数民族人口在60%以上乡镇，均定为民族贸易区，此类地区应设立民族商店或代销店；不属民族贸易区地区，在百货、花纱布、五金等公司设民族贸易专柜，供应食盐、纱布、农具等；对少数民族传统银饰、玉饰、围腰、包头、花边、色绸、彩布等货物，当作民族特需商品，实行免票优先供应。各地民族贸易职工，随时收购少数民族出售的农副产品和土产品，及时供应其所需生活物资及传统民族用品；多方指导其提高产品质量，耐心帮助其算清账目，帮助其订立购销合同，传授科学养殖经验，帮助其改变耕作方式，并注重帮助培养少数民族营业员、采购员、会计员、保管员等商贸人员。

政府对民族贸易采取许多优惠政策。执行中央对贵州民族贸易所拨给资金不计利息的政策；规定在民族聚居地区商贸中，可以不赔不赚或少赔少赚；提高农副产品收购价格，以及推销农副产品补贴运杂费等。后又执行边远山区、边远牧区民族贸易实行资金、利润、价格“三项照顾”政策。三县认真加以贯彻执行。

此间，国有商业虽生机勃勃兴起，但私商不法行为也在泛行。为维护国家经济建设秩序，1951年12月，遵照中央部署，各县相继开展反贪污、反浪费、反官僚主义及反行贿、反偷税漏税、反盗窃国家财产、反盗窃国家经济情报、反偷工减料的“三反”“五反”运动。通过此次运动，在国家机关和国有企业中树立了廉洁勤政之风，商业企业增产节约之风亦逐渐形成。但有部分工商业者产生消极悲观情绪，徘徊观望，营业下降，有的停业，店员失业，商业市场有所萎缩。对此，1952年12月，各县又施行省布置的调整工商业工作，国营商业实行“踏步走”措施，放慢发展速度，将批发业保持在50%左右，零售比重不超过25%，扩大批零差额为10%至18%，使私商有利可图；又让出部分农副产品和经济作物给私商经营，一般物资交流会也允许私商参加。于是，普遍调动了私商经营积极性，为实行国民经济第一个五年计划打下了基础。

1953年至1956年，三县对私营商业实行“利用、限制、改造”政策，贯彻中央“统筹兼顾、全面安排、积极领导、稳步前进”方针。在商品经营业务上，以委托加工、计划订货、统购包销、委托经销代销等为主要形式。原料供应，产品计划和销售由国家统一控制。1953年，实行棉布、粮油统购统销，有组织有计划发展市场及商品经营，扩大工业品加工订货包销范围，基本上代替了私营批发商。

1957年，各县纺织品公司加强对棉布及一些紧俏商品按计划销售，其他商品放手推销。以促进市场购买力，缓解对紧俏商品的冲击，保证大类商品不脱销。

1953年至1957年，市境三县施行国家开始进行的第一个国民经济建设五年计划，贯彻执行过渡时期总路线，即在一段时期内，基本上实现国家工业化和对农业、手工业、资本主义工商业社会主义改造。商业工作基本任务为发展城乡物资交流，加强工农业产品合理分配；稳定市场，保证国民经济建设顺利进行，巩固和发展国营商业和合作社商业，加强国营商业在市场上统一领导作用和调节作用；积极加强对私营工商业的利用、限制、改造，以扩大社会主义经济阵地。努力提高国营商业经营管理水平，扩大商品流通，加速资金周转，降低流通费用，推行经济核算，为国家积累更多建设资金。

第一个五年计划期间，市境三县按照国家方针政策开展境内商业工作，促进商业更加发展，首先是为农业生产服务，及时作好农业生产资料供应。支援地方工业品生产发展，搞好原材料供应。贯彻“统筹兼顾、全面安排”和“保证重点、照顾一般”原则，根据各类地区不同情况，安排和衔接好供需计划，按计划保证供应。并列出特殊工种和婴、病等特定人员专项特需指标保证供应，以及节假日、农忙季节和救灾等专项供应。商品供应方法为一般商品敞开供应；统购统销商品凭票证定量供应；特殊商品专项供应；其他商品衔接计划，按计划供应。

第一个五年计划期间，在发展国有商业的同时，对资本主义工商业进行改造。由低级到高级，逐步过渡。一般采取经销代销、联购分销、加工订货、统购包销等经营方式，分别情况组成合作店（组）、公私合营、全行业公私合营等企业，少数过渡为国营企业；对原从业人员，量才录用，安排工作，原有职务及待遇不变，对老弱病残者予以照顾；以企业为基地，按行业归口，由国家管理，国营领导，工人监督；安排和改造相结合，企业改造和人员改造相结合；对定股定息私方人员，除领取工资外，还领取国家规定定息。

对私营零售业进行改造。采用由经销代销、联购分销向公私合营过渡；对中小型坐商，则组成共负盈亏的合作商店。

根据归口管理原则，市境商业部门通过原材料供应，商品购销等渠道，促进私营工业、手工业改造。商品由经销、代销、联购、分销过渡为实行加工订货；加强农产品采购，掌握工业生产原材料供应，扩大加工订货，统购包销，掌握手工业品收购和销售，割断工业资本家同私商和市场联系；派驻厂员当参谋助手，参与协调公私关系及对企业和私方人员改造；协同财经和工商行政部门，对企业经营管理和产品质量价格及财务等进行监督。对私营批发商进行改造，扩大对工业品加工订货和统购包销。

食盐，从1950年起由国家统一运销。酒类，于1951年实行专卖。1954年9月，对棉布实行统购包销，继而对生猪实行派养派购，对主要经济作物和土特产品实行统一收购。采取以上政策措施，代替了此等行业的批发商。

在农业合作化和对私营商业改造带动的影响下，改造工作亦操之过急，生产关系脱离生产力发展需要，私营商业对国营商业的补充作用被削弱，形成市场经营机制单一，在人员上增加了国营营业负担。私营商业、饮服业随之掀起全行业公私合营高潮。1955年，百货、棉布实行全行业公私合营；继之，五金、交电、化工、医药等行业亦实行全行业公私合营。各业商人，鸣放鞭炮、敲锣打鼓，纷纷加入各种合作、合营组织，向各级人民政府报喜，欢天喜地"跑步进入社会主义"。到1956年，全面完成对私营改造任务。

在完成对农业、手工业、资本主义工商业实行社会主义改造后，社会主义统一市场基本形成。统一市场系由国营商业、供销合作商业、有证个体商贩和集市贸易组成。形成了以国营商业为主体和领导力量，供销合作商业作助手，个体商业和集市贸易作补充的基本局面。

1953年，第一个五年计划开始实施，基本建设投资增长，城市、工矿人口增加，社会商品购买力提高。而主要消费品货源供应不足，市场出现商品供应紧缺现象，"一五"计划的最后两年，供应紧张情况更加突出。

针对市场商品供应紧张情况，1957年2月，中共贵州省委发出《关于开放国家领导下农村自由市场指示》。8月，又拟订《贵州省市场管理暂行办法》(以下简称《市场暂行办法》)等法规，三县遵照执行。1957年年底，开放自由市场。开放后，上市人数和商品成倍增加，市场价格降低30%左右，从而促进城乡物资交流和农副业发展。由于缺乏经验，开得过大，放得过宽，不善辅导，出现市场混乱和投机违法等情况。按《市场暂行办法》确定"管而不死、活而不乱"原则，对上市物资实行分类管理，但执行中经常出现"一管就死""一放就乱"现象，小商小贩时多时少，无照商贩时起时伏，物价时高时低。

"一五"时期，境内国营商业发展较快。

三县商业机构，在1957年之后，继而变化发展。其中，郎岱县变化较大。郎岱于1958年4月1日起实行"行企合一"(政企合一)的规定，将原百货公司和纺织公司并入商业局，取消公司名称，统称"贵州省安顺专区郎岱县商业局"。同时成立百货、针棉织品、民用器材3个门市部，将原区级机构岩脚百货推销组及纺织品批发组合并为"郎岱县商业局岩脚区综合商店"。此年，商业体制开始下放。遵照省财贸会议精神，为紧缩编制，减少人员，统一安排购销及进出口业务。1958年4月起，将原服务局、盐业公司、供销社、药材公司及外贸站合并为"郎岱县第二商业局"，对外称"郎岱县第二商业局供销社"，有职工393人。同时，将药材公司收购门市部并入局内采购经理部，将盐业公司批发门市部并入局内供应经理部。百货公司、纺织品公司并入商业局，为"郎岱县第一商业局"。1958年7月，又将第一、第二商业局重新合并为"郎岱县商业局"。当年，商品经营品种达4200多种，商业网点扩大为79个，流动组75个，货郎担300个。1959年2月，人民公社内设商业门市和分销店，并将副食经营、采购等部分机构下放至人民公社经营管理，6月又将其收回。

1960年2月，郎岱县商业局随政府迁至六枝下营盘。1960年5月26日，国务院决定设立六枝市。郎岱县商业局随之更名为六枝市商业局。1961年，六枝市商业局重新成立百货文化用品公司、纺织品公司、盐业公司、农副土产公司、食品公司、中西药材公司、民用器材公司（包括五金交电）、饮食服务公司8个公司。9月，将文化用品公司与纺织品公司合并为百货公司，并新成立五金机械公司。

1962年10月20日，国务院又作出撤销六枝市成立六枝县决定。1965年4月，成立六枝矿区。1965年12月，六枝县一些企业移交给六枝矿区政府，商业系统移交有县蔬菜水产公司、百货公司、五金公司、饮食服务公司、食品公司、糖业烟酒公司等，所移交的固定资产净值15.1万元，占移交业务单位所有固定资产78.76%。1966年2月，六枝县又改设为郎岱县，商业机构又随之更名。

1970年7月至8月，贸易机构进行调整，六枝特区贸易局、特区供销社、特区工商局合并为政企合一的特区贸易局，下设糖业烟酒公司、百货公司、蔬菜公司、食品公司、饮食服务公司、农资公司、医药公司、五交化公司、石油煤炭公司。

盘县人民政府成立初期，商业行政工作由县政府财政科兼管。

1951年4月，在国营贸易支公司贸易商店基础上相继建立花纱布推销组、盐业分销处、粮食经营处、畜产收购组、百货推销组等国营单位。为贯彻执行对私营工商业改造政策，正式成立工商科。

1956年7月，全县先后建立起贸易、盐业、百货、花纱布、专卖、油脂、食品、药材、五金等公司，将工商科改为商业局。是年，建立农副产品采购局（1957年撤销并入县供销社）。

1958年，盘县服务局（含食品、糖烟酒、副食品、服务、合营等单位）与供销社合并，改称盘县第二商业局，所属经营公司称盘县第一商业局。同年7月1日，第一、第二商业局合并，统称为盘县商业局。

1961年10月1日，商业局和供销社分家，供销社分出。

1968年4月，商业局改称盘县革委商业办公室。是年，纺织品公司并入百货公司，百货公司经营的医药、药器械划归中西药公司经营，盐司业务划归糖烟酒公司统一管理。12月，五金公司并入百货公司。1970年5月，盘县革委商业办公室改称盘县革委贸易局。

1971年2月，盘县特区贸易公司与盘县革委贸易局合并，改称为盘县特区革委贸易局，双方下属单位均对口合并。其后，贸易局又改称为盘县特区革委商业局，下设百货、食品、蔬菜、石油、中西药、五交化、糖烟酒、饮食服务、农资土产、粮油10个经营公司及外贸站。

1972年11月，粮油公司从商业局划出，恢复建立盘县特区粮油局；随之外贸站亦从商业局划出。

1974年1月，蔬菜公司划归特区蔬菜办公室领导；1975年，该司又归属商业局。

1979年4月，是年，盐业从糖烟酒公司划出称盐业公司；纺织品从百货公司划出称纺织品公司。

1980年，局辖百货、盐业、食品、蔬菜、石油、五交化、糖烟酒、中西药、纺织品、饮食服务10个公司。

1984年1月，设立盘县特区烟草公司，由特区财委领导。

1984年1月，蔬菜公司从商业局划出，成立蔬菜水产局，隶属于商业局领导。

1984年1月，中药材、医药公司亦从商业局划出，由特区经委领导。

1984年7月26日，盘县特区建立农工商联合总公司，商业局及其所属公司均划归农工商总公司领导。同年9月，商业局内设立盘县特区工业品贸易中心，保留商业局印章及牌子。12月，撤销特区农工商联合总公司。

1950年9月，筹建水城县国营贸易小组，次年3月正式成立县国营贸易商店。1953年，毕节专区各国营专业公司派人来水城设推销组，县政府设工商科，1956年改设商业局。1955年至1956年，陆续成立盐业、百货、民族贸易、医药、中药材、花纱布（后并入百货）、食品、专卖公司，各推销组并入各专业公司。1954年至1957年，食品、专卖、饮食服务行业划归县饮食服务局，农村商业划归县供销合作联社管理，改归口为地方行政主管部门和上一级业务部门双重领导，以上一级业务部门为主，称“条块结合”。

1958年，实行行政、企业合一经营管理体制。撤销县供销社联社、农产品采购局、饮食服务局，成立商业局，各专业公司改为经理部，区供销社改为区国营商店；农村基层供销社改为供销部，列入人民公社建制管理。

1961年，县商业局与县供销社分设，各专业公司逐步恢复原建制，各基层供销部脱离人民公社，恢复原建制。

1965年，境内新设水城矿区建制，矿区设贸易公司和供销社，并在汪家寨、老鹰山、红岩建立中心商店和供销社门市部。县商业局在水城钢铁厂和水城水泥厂建立中心商店。

1968年9月，县商业局与供销社再次合并，称商业贸易局，1970年5月称贸易局。1970

年12月，水城特区与水城县合并后，称贸易局。1972年撤销贸易局，恢复特区商业局、外贸站、供销社。1978年8月，又新成立特区副食品局、蔬菜水产局。1981年1月，特区商业、副食品、蔬菜水产三局合并为商业局，下辖糖烟酒、百货、纺织品、盐业、五交化、石油、食品、蔬菜水产、服务9个公司和老鹰山、水城水泥厂、汪家寨、观音山、红岩、水城钢铁厂6个矿区商店及冷冻厂、糖食加工厂、汽车修理厂、酱菜厂4个商办工厂。

1984年1月，除留给水城特区一个食品公司及一个民族商店外，其余8个公司、6个矿区商店及4个商办工厂全部成建制划归市商业局管辖。后特区人大代表多次向市提出异议，方于1986年6月划回盐业、民贸两个公司及水城百货大楼归水城县商业局管理。

1990年，县商业局下辖有盐业、民族贸易、百货、糖烟酒4个公司和水城百货大楼。

社会主义统一市场建立后，1958年至1978年20年间，实施二、三、四个“五年计划”中，历经“大跃进”“四清”“文化大革命”等一次次政治运动，经济建设和社会发展受到冲击。境内商业，历经一段曲折发展阶段。

1958年3月，贵州召开全省贸易工作会议，提出商业大跃进“十大纲要”：实现大购大销，收尽销光；城市和工矿区主副食品，三年内做到自给；城乡供应做到乡乡有点，社社有摊，户户有人串；发展代用品，要求两年内全省除名酒外，不用粮食烤酒，少用粮食喂猪；坚持勤俭办企业，精减机构，减少人员；加强储运，做到商品不霉变，活的不死，鲜的不烂；改善服务态度，提高服务质量，保证整洁美观，使顾客高兴而来，满意而归；树立政治、生产、群众、劳动“四大观点”，培养又红又专干部队伍，开展红旗竞赛。三县随之贯彻执行省贸易工作会议“十大纲要”精神要求，商业“大跃进运动”遂在三县各地兴起。

1958年5月，在“鼓足干劲，力争上游，多快好省地建设社会主义总路线”指引下，工、农、商等行业掀起“大跃进”运动。商业“大跃进”运动包括大购大销，收尽销光；大办工业，大办钢铁；支援工农，当好后勤；技术革新，技术革命。提出破除迷信，解放思想，发扬敢想敢说敢干风格，精简机构人员，苦战三年，改变面貌。

在工商业方面，工业部门提出“需要什么，生产什么；需要多少，生产多少”，商业部门则保证“生产什么，收购什么；生产多少，收购多少”。农业部门提出要实现“靠山吃山，吃山养山；靠水吃水，吃水养水”“发展多种经营”“没有的叫他有，少的叫他多，慢的叫他快；变无用为有用，变野生为家生”。商业部门则提出“需要什么，供应什么；需要多少，供应多少；哪里需要，就在哪里供应”，同时商业部门还保证除粮油外，把农业社生产出的所有商品都收购起来。

1958年“大跃进”开始后，商业协作各方大购大销，包括大加工、大送货、大运输、大协作。为工业建设找资源，为农业机械化找设备，为出口创汇找资源，为资源找销路等同时并举，天天搞“放卫星”。商业网点猛增，其中，郎岱县达79个，流动组75个，货郎担300付。有商业加工企业78个，县级批发站1个，分销店86个。水城全县增添了127个供应部，102个供应点，212副货郎担，国营商办企业工厂125个。各县商业销售网点遍及城乡，出现了买空卖空现象。

1959年至1960年，粮食供应紧张，关闭一些市场，商品价格上涨，黑市价与国家价竟相差数十倍，有的干部职工，一月工资仅能买上一只鸡或一个老瓜。只得调整商品采购数，出现了转账收手续费、算空账等现象。

在“大跃进”运动中，放弃商品检验，品种不论多少，质量不分好坏，价格不问高低，全由商业部门全盘包下，甚至出现“指山买林”“指河买鱼”等虚报浮夸现象，付出了巨额预付赊销货款。市境商业部门按照上级有关部门布置，“打了几个购销战役”：（1）收购粮食。在1959年9月底前突击完成粮食收购任务，“向国庆献礼”。结果所购进粮食质量差，水分高，给保管工作带来困难。（2）收购农副产品。动员组织开展“大收购、大加工、大送货、大运输”群众运动。1958年收购量比1957年增长88.8%，其中有的付了款未得商品，同时有不少商品在仓库霉烂变质，或在收购途中丢失。（3）上山探宝。动员群众上山，查找野生植物、矿产等资源。（4）“小秋收”。秋季动员群众上山采集各类野果。如郎岱县就动员11万人次参加“小秋收”活动，采摘各种野果总值达115万元，商业部门收购达75万元。

1959年至1961年，市场产品供应紧张，提出“组织人民经济生活”任务，采取一些非常措施，以缓解矛盾，渡过困难。

实行“低标准，瓜菜代”。粮、油、肉等定量供应商品，仅能保证极低生活需要，而以瓜菜和代用食品作补充。

开展养猪、种菜生产。一方面，在商业部门所属单位开展生产自给，另一方面，在饮服行业开展养猪、种菜。开展代用食品生产和供应，主要生产供应人造肉精、小球藻、淀粉等。

组织居民及职工家属兴办集体福利事业，并安排专项供应，建立副食品生产基地。

支援农业，1959年预购主要农产品20多种，帮助农民兴办代用食品加工厂、酒厂、榨油厂、化肥、农药等小型厂。

在城市，“大跃进”开始，商店减少一半，凭票证供应商品越来越多，既要凭票证，又要排队，商店门外排起一队队长龙，有时甚至通宵排队候买。

“大跃进”中，首先是合作店组“跃进”升级，升级为归口国营商业统一核算，分散经营改为集体经营，基本上取消个体商贩。1960年进一步将小商小贩全部纳入国家商业企业统一核算，成为全民所有制商业企业成员。有的虽保留合作店组形式，却推行国营商业的业务经营管理办法。小商小贩全部过渡后，端国家“铁饭碗”和吃国家“大锅饭”，原有“精打细算、肩挑手提、起早探黑、点多面广、灵活多样”等经营特色作用逐渐消失，对国营商业的补充作用受到削弱。

1960年11月，在农村恢复农民自留地和家庭副业之后，逐步放开集市贸易，统一市场又得以恢复。

1958年至1962年，由于商品供应紧张，商品购销政策计划以集中统一购销为主，根据产销情况进行适当调整。境内三县执行贵州省确定的原则办法，即对于手工业产品，根据分类管理原则，分别实行统购统销、包销、选购、自销；对于所需原料，一类物资按计划供应，二类物资完成收购计划后，允许入市采购，或以物换料，并服从市场管理。据此，凡是国家所供应原料、关系国计民生、全省统一调拨的地方产品，均由商业实行按计划统购包销。如棉布实行统购统销；棉纱实行统购包销；其余产品，制订收购和自销比例，商业收购量一般占生产量的75%左右；对工业自销中滞销产品和新产品，商业还采取代销、经销和宣传推销等办法，帮助打开工业产品销路。对省外工业产品，凡是省内能自身满足者，如火柴、肥皂、铝锅等，不能向省外进货，香皂、牙膏等，则适当调进一些，以充实花色品种，丰富市场；省内不能满足需要者，则按国家调拨计划，按物资自然流转方向，组织调入。“二五”期间，商业收购地方产品比“一五”期间增长3倍多。

对农副产品收购，执行统购、派购、奖售、换购、加价收购、议价议销等政策。其中，如养一只生蛋母鸡，全年派购鲜蛋10至20个；养猪派购二分之一，养一头，派购一半，养两头，派购一头。

商品供应方面，继续贯彻执行“统筹兼顾，全面安排”“保证重点，照顾特需”方针，对粮、棉、油，坚持计划供应，按人定量，凭证购买；对重要工农业产品、扩大凭证凭票供应，保证人民最低生活需要。定量供应商品，“二五”期间不下200种，比“一五”期间扩大十多倍。商品供应印制有专用票，如粮票、肉票、油票、糖票、酒票、豆腐票、烟票、布票、肥皂票、煤油票、自行车票、缝纫机票等30多种，按票面规定品种、数量、地点、期限保证供应；购货（物）证（本）包括粮油证、蔬菜证、煤油证等，分集体、人户、个人使用等10多种，实行按标准、分期定量，购销登记供应；购货券，分工业品、副食品等10多种，凭券购买规定范围内不宜按人分配的商品。少数临时性特需供应商品，则按“批条”供应购买。此外，还对劳保用品、特殊环境作业、伤病员、孕妇、婴儿及高级脑力劳动者所需油、肉、糖等，进行照顾供应。对外宾、侨汇供应商品，拟定有专门标准、价格和方法，如制发有“侨汇券”等，指定专门地点供应。

除按计划凭证凭票进行商品供应外，1961年4月，还执行“高价商品敞开供应”政策，价格大体高出当地平价商品两倍以上。开始是“高价糕点”供应。1962年，逐步增加为食糖、钟表及零件、自行车、各种名酒及粮食白酒、饮食、炒菜、针织品（棉布、垫单等）等11类。

国合商业在“二五”时期的业务经营，人员有所减少，但销售和税利总额却有所增加，资金管理运转则有所下降。

1961年，贯彻“发展市场、繁荣经济、城乡互助、内外交流”方针，改进商业体制，有计划地开放农村集市贸易市场。如郎岱县，上市品种从300余种增加到1300余种，集市交易人数从8000余人升到2.5万人，大部分商品价格回落。

是年，中央先后制订《关于改进商业工作的若干规定》（商业“四十条”）和《商业工作条例（试行草案）》（商业一百条），以及《关于商业工作的决定》。各县分别建立各自的专业系统。随后，在医药、百货、纺织、食品等公司推行“商品分类大核算”。

工业品购销继续贯彻“缩小统购包销，扩大选购自销”办法，对已经退出统购包销而工业销路有困难商品，商业部门仍继续收购。农产品减少派购品种，1962年为266个，1963年减为102个。1961年和1962年，城乡集市贸易恢复发展很快，对互通有无，调剂余缺，活跃农村经济，发展农副业生产起到积极作用。但也出现一些工商业户套购倒卖统购统销物资，冲击计划市场等情况。

在用行政和法制手段打击投机倒把活动同时，国合商业扩大业务经营以稳定市场，代替私商。1963年4月，三县贯彻执行中共贵州省委有关代替私商业务的决定，城市由国营商业负责，农村由供销社负责。首先代替肉食业和熟食，但对于经营小商品的小贩及从事家庭副业的小买卖和零星劳务者，则不代替，而让其起补充作用。同年11月，贯彻省规定，城乡饮食业除经营好平价业务外，开展自营业务，从事议购议销随行就市业务，价格坚持不赔不赚，薄利多销，以“顶得住、能坚持、不脱销”为原则，价格一般略高于平价而低于市价。

此间，商业部门还进行了若干支持工农业生产发展等工作。

商业支援农业恢复发展生产，以克服1959年至1961年“三年经济困难”时期造成的影响。结合经常性业务工作，开展猪、禽、蛋、糖等农副产品收购，发放预购定金，为农民提供生产资金；大力组织工业品下乡，为农民提供生产和生活资料。

商业支持工业，除实行“统购、包销、选购、自销”产品和原料供应外，贯彻“工商两利”原则，实行优质优价，依质论价；对手工业户给予多种协助和支持，对其所需有关供应，一视同仁。

1962年至1965年，贯彻“调整、巩固、充实、提高”和“发展经济，保障供给”方针，商品经济得到恢复发展。国营商业、供销社通过统购、派购、议购等方式，向工业、手工业生产部门收购产品，并签订合同，发展城乡商品流通交换。国营商业负责商品流通，供销社负责大部分农副产品收购。工业品和肉食、禽蛋及城市和工矿区蔬菜，由国营商业系统经营，一部分日用杂品销售及废旧物品收购，由供销社经营，部分出口畜产品、茶叶、芸豆等产品，由外贸部门经营。

经济调整时期，国营商业商品购销调存均有所发展，商品购进增加为202.45%，商品销售增长到160.56%，商品库存为114.87%。

1966年，“文化大革命”运动全面展开，商业部门被令停售“有问题”商品，各地公司、商店中，只准采购具有革命性、阶级性、现实性“三性商品”，不准生产销售带有所谓“封建主义、资本主义、修正主义”（亦称封、资、修）色彩商品。对一些化妆品及高档商品，一律斥为资产阶级货色。对卡叽、凡尼丁等音译名称商品，一律批判为崇洋媚外。对传统福寿、龙凤、双喜等标志，也一律斥为封建残余。甚至历来少数民族风俗所使用银饰、花边等，亦在被“革”之列。红卫兵闯店收查，有些商店只好把商品谨慎收存，从而商品销售大受影响。

在“大批判”中，将“为人民服务”口号改为“为工农兵服务”，以增强阶级性。饮食行业为了“反修防修”，提高顾客“自我服务”意识，搞“大锅煮、大锅炒、大盆装”，到饭馆一般都要候坐位，争凳子，有的饭店出现排队买票、取菜、候坐、装饭4条长队现象，花长时间去吃冷菜、吃冷饭。

提出“抓革命，促生产”口号，结果，“革命”冲击了“营业”。职工经常参加大批判、游斗走资派等大会，商店不时关门停业，商业经营处于停滞状态。境内各地商业机构领导，大多被当成“走资本主义当权派”批斗，随之被“夺权”，有部分商业骨干也被“造反派”责令参加“学习班”或关进“牛棚”劳动，商业瘫涣，经营极为萧条。加之发生武斗，社会混乱，生产停顿，造成商品奇缺，有的货架空空，商业营销状况更加衰退。

“文化大革命”期间，财务和管理陷于混乱，由于推行“抓革命，促生产”的极“左”路线，财务管理有的不记账，造成严重贪污浪费。如水城特区对调入生猪验收不严，1974年调入36091头，仅掉膘和死亡损耗就达109万余元，占费用总额41%；死猪3886头，总值19.8万元，加上其他损耗，共亏损209万元之多，平均每头亏36.8元。

“文化大革命”期间，商业政策执行受到影响。烟酒专卖被认为过时；有的人私设酒坊，自产自销，无人管束，偷税漏税无人稽查，粮食浪费严重；有的认为自由市场是滋生资本主义土壤，要严加限制。市境执行《贵州省农村集贸市场管理试行办法》规定，把商品分为三类管理，一类为粮、棉、食用植物油、油料，由国家统一购销；二类对22个派购品种和59个统一收购品种完全禁止进入集市贸易；三类允许在市场上调剂有无，但严禁转手倒卖、投机倒把和贩运。同时，在农村批判“三自一包”（自负盈亏、自由市场、自留地、包产到户）和“四大自由”（土地买卖自由、雇工自由、经营自由、放债自由），不准社员从事家庭副业，农副产品商品购销量大大减少。

“文化大革命”十年，商业部门受到严重冲击，广大商业战线职工，忍辱负重，排除干扰破坏，保护国家商业资产，坚守岗位，艰苦经营，逆境创业，辛苦劳动，做好购、销、调、存、储运等各项商业工作，支援三线建设，在三线建设时期保证了人民生活及社会生产的基本需求。

该段时期国有商业和供销合作商业（简称“国合商业”）进行了几度合并与分设。1958年，各县国有商业分别与各县供销合作商业合并；1961年，各县国有商业分别与各县供销合作商业分营；1968年，各县国有商业分别与各县供销合作商业再次合并；1972年，各县国有商业与各县供销合作商业再次分营，分别恢复各自体制。

第二节　改革开放后商业发展

1978年，中共十一届三中全会召开，作出改革开放的重大战略决策。同年12月18日，六盘水建市，为改革开放和商业发展创建了有利的行政建制条件，随之，市境随后逐步施行一系列商业改革和开放政策。

中共十一届三中全会召开后，六盘水市根据中央、省统一部署，商业部门在调整各项政策取得一定成效基础上，逐步转入全面进行体制改革阶段，进行国营商业改革试点，试行批发机构下伸，发展多种渠道，扩大工业品下乡，从而改变过去工业品流通按城乡分工体制，实行商品分工，城乡开通新体制。开始建立“以国营商业为主导，多种经营成分、多种经营形式、多种流通渠道并存，少环节”的开放式商品流通体系。工业品批发企业实行跨地区、少环节和协商倒扣作价率办法。批发和零售企业除规定计划商品外，均可同工业生产企业协商订货进货或代销联营。实行利润分成、利润包干、以税代利等办法，试行扩大企业自主权，增强商业企业活力。建立以承包为主的多种形式经营责任制，划小核算单位，实行集体或个人承包办法，开始改变过去吃“大锅饭”现象。

1984年，中共中央《关于经济体制改革的决定》和国务院批转商业部《关于当前城市商业体制改革若干问题的报告的通知》下达后，省政府批转省商业厅《关于贵州当前体制改革若干问题的报告》，六盘水市贯彻执行上述决定，商业体制改革逐步全面铺开。

简政放权。1984年开始实行简政放权，各级商业行政部门不再直接管理企业，让企业享有充分自主权，按照经济区域切实组织好商品流通。六盘水市根据以市为中心组织商品流通原则，将三级批发站业务与市公司合并。除留给水城特区1个食品公司及1个民族商店外，其余8个公司，6个矿区商店及4个商办厂全部成建制划归市管辖。

扩大企业自主权，主要有扩大业务经营权、企业制价权、下放财务管理权、计划管理权、人事劳动管理权、工资奖惩权等。

缩小计划商品范围。将原实行计划管理工业品由110种减为26种。

调整社会商业结构，废止长期沿用的“利用、限制、改造”政策，取消了对其不准扩大经营范围、不准跨地区流通购销、不准增加从业人员、不准增加经营网点、不准自订价格、不准在集市采购原材料、不准经营批发业务“七不准”限制，使个体和集体商业有较大发展，出现了以国营商业为主导，各种经营成分共同竞争发展新格局。

集体商业和个体商业发展大于国营商业和供销社商业，社会商业结构出现新格局，突破了国、合商业独家经营和渠道单一的局面。

推行经营承包责任制。在企业内部建立以承包为主的经营责任制。基本原则为责、权、利结合，国家、集体、个人利益相统一，职工劳动所得与劳动成果相联系。

从1981年起开始建立多种形式经营承包责任制，实行定额管理，购销计酬；岗位定责、提利计奖；利润包干，自负盈亏；指标到人，工资浮动。

1983年，零售商业和饮食服务业开始把以利润为中心的经营责任制改为多指标承包、多指标考核经营承包责任制，使其不断充实完善。

1984年后，经营承包责任制又进一步完善，改偏重承包经营指标为既承包经营指标又承包社会效益的双承包责任制。由于经营承包责任制普遍推行，进一步改变了吃“大锅饭”状况。

小型商业企业改革。小型商业企业改革实行“改、转、租”的方式，实行“三个划转”，即一部分企业改为国家所有，集体经营，照章纳税，自负盈亏；一部分转为集体所有，集体经营，照章纳税，自负盈亏；一部分实行国家所有，租赁经营，缴纳租金和退休统筹保险金。

改革开放后，六盘水市城建、交通、工农业等方面进一步得到巨大发展，全市社会经济的发展给商业发展提供了有利条件，创造了更多的商业机会。

六盘水市中心城区，系由水城老县城扩展而来。1967年，西南煤矿建设指挥部从六枝迁到水城西南郊朝阳沟。六盘水建市后，市机关迁驻黄土坡，以黄土坡为中心，兴建六盘水市中心城区。至1987年，黄土坡片区形成的街道为9路12巷；水城矿务局片区，形成4路10巷；水城钢铁公司片区，形成6路4巷。几个片区从而与水城场坝和老城片区相连融接成一体。其中，主干道人民路（原称威水路、振兴路），道路红线为40米，时称贵州省内最大街道“十里长街”。继而，市中心城区建设按照“新区建设、旧城改造、小城镇建设、新农村建设”四轮驱动原则，大力推动城镇化进程，促进了城区商业经营发展。

1998年，市中心城区黄土坡东面水城盆地腹地，建立贵州省六盘水钟山经济开发区，为贵州省9个省级开发区之一，并以此作为六盘水对外开放窗口与六盘水综合配套改革实验区。开发面积10平方公里，开发区城市建设，以现代化高起点标准快速向四面延伸。

六盘水中心城区建设，又进而采取统一协调、分片建设战略，双水新区、凤凰新区、德坞新区的城市建设，分别从东、南、西三片并进拓展。双水新区，规划面积14.2平方公里，已建成6平方公里；凤凰新区，规划控制面积25平方公里，首期开发面积达5平方公里；德坞新区，规划面积12平方公里，片区城建总体架构已开发形成。

“十五”期间，六盘水市进行“政银合作”，向银行贷款50亿元，用于城市基础设施建设。以黄土坡片区为中心，用明湖高架桥、白鹤高架桥、龙井立交桥、水西立交桥将城区各片区直捷通连。以钟山大道为中主轴，凉都大道、人民路从南北两线平行伸展，在两端汇接，从西向东延展，三条大道均40多米宽，原“十里长街”又形成三条并列伸展，从德坞到双水长达20余公里，成为中国西部罕见长街。经过20多年建设和发展，六盘水市中心城市人口达近40万，建成区面积近40平方公里的现代化城市，全市城镇化水平从建市前不到11%增加到26.5%。其他县城亦在发展，六枝特区中心区，规划范围东起下营盘那克，西连平寨发展，通过那平路数里长街向西延伸，东西两片连成一片。盘县老城，正在改造，至20世纪90年代，面积扩展达10平方公里左右。1999年2月，撤销盘县特区，设立盘县，县人民政府从盘县老城迁至红果，并建立红果经济开发区，亦为贵州省9个经济开发区之一。规划面积近10.1平方公里，在红果建起了1座新城。

并正在将老鹰山镇、汪家寨镇、大湾镇、原盘县城关镇、柏果镇、盘江镇、刘官镇、火铺镇、洒基镇、郎岱镇、岩脚镇11个城镇建为重点城镇；以及将断江镇、响水镇、西冲镇、板桥镇、水塘镇、石桥镇、平关镇、乐民镇、保田镇、民主镇、大山镇、玛依镇、老厂镇、大用镇、木岗镇、大河镇16个城镇建为一般镇及工矿区。

按照发展“大市场、大流通”战略，市中心城区正在大力发展具有区域性辐射能力的大型批发市场和农贸市场，主要有德坞农贸市场、七十三综合市场、石桥综合市场、大垭口废旧物资交易市场、双水粮油交易市场、双水农贸市场、双水汽车交易市场、杨柳机械设备市场、大海坝建材市场、水月矿产品交易市场、老鹰山煤化工产品交易市场等大型商业交易市场。

农村集市更加发展，全市各乡镇均有较大集市，不少乡镇达五六个之多。

市中心城区、县城、城镇及商业市场和集市建设发展，为六盘水市商业提供了发展平台，在城市、城镇内和街面上，各种商场星罗棋布，数以百计，各行各业商号店铺数以万计。

交通发展，为商品流转提供了输送网络。至20世纪50至70年代，境内各县已分别修筑与各邻县相连接的县道公路，并有国道通过境内。至20世纪90年代，市内实现乡乡和多数村寨通公路，并转入乡乡通油路和村村通公路建设。2000年，实现县县通油路。铁路建设，自1960年开始修建贵昆铁路起，到1997年，市境铁路有贵昆铁路、南昆铁路、水大支线和各厂矿专用线，全长404.71公里，其中营运长度302公里。1997年9月，又相继开工修筑水柏铁路、株六复线铁路、内昆铁路和六盘水铁路枢纽站（铁路南编组站）。至2002年，市境铁路达664.71公里，其中营运长度652公里。铁路四通八达，通连相邻各省，有川、滇、湘、桂“四省立交桥”之称。

国家在六盘水投资兴建的一批批重大项目建设，为六盘水商业发展提供了商机。20世纪60年代初，国家实施三线建设战略，六盘水以煤炭为主，建成钢铁、电力、建材、机械、化工等一批工业项目；80年代末，国家实施西部大开发计划，全力支持西部地区建设，六盘水以基础设施为主，建成水柏、南昆、内昆、株六等铁路段及公路和城市网络；2000年，国家实施“西电东送”工程，在六盘水市兴建盘南电厂、发耳电厂、野马寨电厂和部分水电站及盘南、发耳等配套煤矿。上述一系列重大项目建设，又成为六盘水商业发展的促进动力。

乡镇企业快速发展，带动了六盘水市非公经济蓬勃兴起，从而促进了商业的发展。中共十一届三中全会召开后，六盘水市非公经济开始艰难发展。1980年，全市仅有社队企业788家，从业人员17618人，全年完成社会企业总产值4088万元；1985年，全市有乡镇企业24709家，从业人员130641人，完成乡镇企业总产值25142万元，营业收入16808万元；1990年，发展到30187个，从业人员97075人，实现乡镇企业总产值6.2亿元。1991年后，市委、市政府先后下发《关于加快乡镇企业发展的规定》《关于保护和发展城乡私营经济的暂行规定》《关于促进乡镇企业大发展大提高的若干意见》等一系列文件和优惠政策，促进乡镇企业发展。2000年，全市乡镇企业达6.3万家，从业人员24.5万人，完成总产值76.5亿元，营业收入89.3亿元，增加值21.3亿元，占全市GDP的26%；农民人均纯收入来自乡镇企业工资性收入475元，占农民人均纯收入的36%，从而促进农村购买力提高，增加了商业商品营销额。

六盘水市经济社会发展，为六盘水市商业增强了发展活力。至2000年，全市生产总值达87.6亿元，社会固定资产投资额为33.3亿元，社会消费品零售总额达33.15亿元，城市居民可支配收入为4808元，农村居民人均纯收入为1313元。全市企业数达2.01万家。从而，有力促进了六盘水市商业发展。社会消费品零售总额，呈阶梯式上升发展；1978年，为1.89亿元；1980年，为2.01亿元；1985年，到3.85亿元；1990年，为5.68亿元；1995年，升至23.15亿元；2000年，发展到33.15亿元。在境内形成了开放和发展改革的商业经营局面。以境内市场为基点，以国内外市场为依托，以国有商业为主导，合作商业为辅助，非公商业为补充，多种商业经济成分并存发展，融各商业经营行业及国内国外贸易为一体的具有中国特色社会主义商业市场经济体制和体系基本形成。

1950年至1988年六盘水商业零售情况表

表2-1　　单位：万元

年份	商业零售总额				其中国营商业零售额			
	合计	六枝	盘县	水城	合计	六枝	盘县	水城
1950	576	142	279	155	13	3	10	—
1951	690	166	345	179	64	23	41	—
1952	739	197	349	193	86	10	64	12
1953	950	210	474	266	143	31	73	39

续表2-1

年份	商业零售总额				其中国营商业零售额			
	合计	六枝	盘县	水城	合计	六枝	盘县	水城
1954	1282	279	649	354	205	63	92	50
1955	1438	314	734	390	279	79	132	68
1956	1781	364	851	566	355	109	133	113
1957	2156	425	1002	729	568	165	210	193
1958	3044	676	1260	1108	1377	323	623	522
1959	4602	1325	1732	1545	2220	536	942	742
1960	5340	1655	1686	1999	2584	660	876	1048
1961	3296	963	1168	1165	2029	487	970	572
1962	2720	758	1098	864	1160	290	425	445
1963	3014	795	1308	911	1187	319	447	421
1964	3622	1088	1337	1197	1459	477	434	548
1965	6163	1882	1665	2616	3097	1072	574	1451
1966	7672	2261	2074	3337	4416	1362	1000	2054
1967	8173	2432	2184	3557	5115	1465	1400	2250
1968	8445	2332	2204	3909	5394	1522	1302	2570
1969	11076	2595	4086	4395	6193	1679	1496	3018
1970	11591	2810	4134	4647	6507	1858	1400	3249
1971	11737	2952	4240	4545	6578	1972	1450	3156
1972	12715	3067	4254	5394	7386	1991	1481	3914
1973	13996	3198	5038	5760	8645	2120	2307	4218
1974	11797	3184	3862	4751	7273	2122	1807	3344
1975	13018	3225	4151	5642	8964	2181	2520	4263
1976	11785	3102	3945	4738	7331	2010	2103	3218
1977	14059	3294	4659	6106	9382	2168	2764	4450
1978	15995	3607	5326	7062	10354	2261	2941	5152
1979	16330	3683	5530	7117	10226	2217	2962	5047
1980	17040	3928	5640	7472	10259	2268	2809	5182
1981	18055	4177	6440	7438	10951	2576	3330	5045

续表2-1

年份	商业零售总额				其中国营商业零售额			
	合计	六枝	盘县	水城	合计	六枝	盘县	水城
1982	19388	4284	7154	7950	11092	2467	3548	5077
1983	22762	4624	9242	8896	12217	2686	3871	5660
1984	26554	5131	10219	11204	12473	2833	4003	5637
1985	32226	5886	12405	13935	15289	3095	5158	7037
1986	33151	6183	11960	15008	16362	3381	5201	7780
1987	37706	7492	12758	17456	18725	3854	5900	8971
1988	43224	7829	16042	19353	18998	3923	5773	9302

1971年至2001年六盘水市商业系统商品购销实绩表

表2-2　　单位：万元

年份	购进			省外调入	销售	调省外	供出口
	小计	地方工业品	农副产品				
1971	1398.45	480.07	861.90	375.86	11017.30	41.49	37.46
1972	1338.08	481.89	769.14	2470.29	11932.92	24.58	50.88
1973	1316.50	393.66	803.15	2788.88	11986.87	30.76	1.28
1974	1067.24	369.47	558.85	2031.08	11317.98	1.47	1.06
1975	1204.69	434.80	700.22	1672.59	10728.41	22.04	3.14
1976	1045.50	418.82	593.16	1700.85	10761.72	17.30	14
1977	1498.27	746.79	528.45	2739.84	12052.55	39.91	2.47
1978	1600.39	721.05	879.34	2400.55	13354.93	45	2.30
1979	1602.30	744.30	740.83	2648.81	13311.69	54.54	0.68
1980	1268.11	719.14	641.82	3135.02	12450.02	206.92	4.24
1981	2016.46	906.96	575.80	3220.59	12757.55	298.80	—
1982	2822.75	1029.32	735.25	4128.78	13881.38	300.20	—
1983	3976.20	523.40	1100.50	4239	21598	—	—
1984	4712.88	3738.33	462.03	4515.96	14225.42	449.87	—
1985	5492.51	4600.27	259.89	1732.76	12819.67	513.59	—
1986	5452.08	4018.85	572.73	2152.71	13255.74	262.74	—

续表2-2

年份	购进			省外调入	销售	调省外	供出口
	小计	地方工业品	农副产品				
1987	4805.82	3557.76	377.98	2362.15	12935.83	217.43	—
1988	4797.07	3243.06	728.73	2640.47	14130	4661.89	—
1989	5869.39	4171.86	1028.36	3155.34	26461.64	627.18	—
1990	5706	4159	1219	3111	15480	—	—
1991	1671	582	179	212	1587	212	—
1992	16028.14	4945.55	1007.68	2112	17556.81	603.23	—
1993	12706.06	3543.17	410.74	2635.91	15591.30	228.74	—
1994	11677.77	3041.83	1869.64	2232.20	14142.31	991.67	—
1995	13245.11	2956.67	2220.57	2240.57	15380.70	6931.19	—
1996	10842	3017	713	7798	13003	4834	367
1997	8102	1657	475	1754	9847	—	51
1998	8089	2022	783	—	10688	551	—
1999	7719.01	1665.30	1367.76	1511.79	10022.68	1239.64	—
2000	5374.55	962.45	604.03	1538.07	7336.76	662.74	—
2001	4204.29	568.98	1088	578.09	4753.40	1329.68	—

第三章 国有商业经营行业

中华人民共和国成立前，郎岱、盘县、水城各县商业不甚发达，商品经营规模小而分散，形成行业者，主要仅有纱布、绸缎、日杂、土产、粮食、肉食、烟酒、山货、餐饮、客栈等业，而全为私商经营。

解放后，各县人民政府对私营商业进行社会主义改造，大力扶持发展合作商业和国营商业，逐步建立起粮油、食盐、百货、石油、医药、外贸、供销、物资等商业经营行业。其中，属商业局行政管辖者，有百货、纺织品、五金交电化工、糖烟酒、食品、民族贸易、饮食服务等经营行业，建立起以国营为主体、合作商业为辅助、私营商业为补充的社会主义商业行业体系。

第一节 百 货

清末，百货业渐兴，初仅有鞋帽、笔墨、纸张三业。民国年间，市境各县多为一县城一家杂货店和一些零星杂货摊。此外，一些杂货摊零星分布于集镇，少数货郎挑起货担走村串寨卖杂货或收山货。中华人民共和国成立后，安顺、兴义、毕节贸易分公司分别在郎岱县、盘县、水城县设百货贸易机构，市境逐渐发展形成独立的国营百货行业。1955年起，市境开始对私营百货商业进行改造，多数百货经营归并为国有。1965年三线建设兴起后，百货经营得到丰富和发展，商品供应品种和数量不断增加。1978年实行改革开放后，非公有制经济与国有经济并行发展，百货经营商品更加丰富，市场不断繁荣。

一、商品购销

（一）商品采购

境内三县商品进货渠道执行贵州省进货渠道规定。日用工业品批发体制按照百货二、三级企业结构设立，商品组织、分配、供应，首先通过地方产品加工订货。特别是1958年至1978年，商业对工业部门产品实行统购包销，采取逐级分配制度。因贵州地方产品自给率低，市场所需工业品大部分通过商业部门平衡分配，从全国近120个地区百货、文化用品供应站调入商品。20世纪50年代初，由百货总公司垂直逐级往下分配调拨。1953年，采取供应会议形式，集中办理各级批发之间的商品批发和供应。1959年至1964年，改为计划分配商品。1984年，要求商品流通由封闭式、分配式转变为开放式、交换式流通休制。

（二）地方产品采购

遵循“发展经济，保障供给”总方针，不断扩大采购量，基本保证了境内城乡市场需要。随着省内地方工业逐步发展，地方产品自给水平达三分之一以上，从根本上改变了1949年前百货商品90%以上靠外省供应局面。

第一个五年计划期间，市境执行“公私兼顾，在点维持，面向农村，购销平衡，掌握季节，指导改造，监督成本，防止投机”政策。重点是商业支持工业，促进地方工业发展。收购形式为从扶持工业的收购经销发展为加工订货包销。贯彻“地方为主，调入为辅”方针，主要商品如机制纸、卷烟、橡胶制品、针织品、火柴、肥皂、蜡纸、复写纸，全部由百货公司包销。

第二个五年计划期间，市境商业贸易经历了“大跃进”运动和“三年经济困难”时期。商业主要任务为进一步扩大商品流通，继续加强工农业产品收购和供应工作。1958年1月，贯彻执行商业部规定的“放手收购工业品”政策以及省内开展的地方产品“大购、大销、大加工、大送货、大运输”红旗竞赛运动，实行“工商大协作、工商视为一家”的规定。提出“四季不停收，收尽销光”等口号，工厂按成本加利润核算加工费，不关心质量和花色品种改进及产品成本降低。采购员放卫星，将工厂积压产品全部收光，百货公司包销地方产品达96%以上，造成商品大量积压、商业亏本局面。

从经济结构调整到第四个五年计划期间，市境商业贸易举措主要有：1962年，对所经营地方工业品进行全面核算。1963年，调整包销范围，对百货、文化等26种计划商品，仅对其中胶鞋、塑料鞋、火柴、肥皂、牙膏、热水瓶、搪瓷面盆、口杯、电池、铅锅、薄纸、板纸、钢笔等14种继续进行包销，其他商品根据产销市场情况，分别实行包销、订购或选购加工。

对省内产品进货等矛盾处理，执行省百货公司规定。即人民日常生活需求量大、省内产品能满足者，控制省外进货；省内能基本满足、但规格品种不全者，向省外调入补充所缺；省内有生产、但花色品种少、质量差者，一面积极推销省内产品，一面向省外调入部分高档品种；省内不能满足者，合理安排调入。

1966年"文化大革命"开始，商业营销方式受批判为"流通决定生产"等影响。在各种政治压力和商品供不应求和种种指标压力下，多种商品收购形式又变相回复到"统购包销"老路。

1977年，地方产品收购开始回升，比1976年增加38%，1978年比1976年增加68.5%。1978年下半年起，工业部门进行扩大企业自主权试点，商品营销划分为包销、订购、选购、工业自销4种形式。1984年，取消日用工业品统购包销制度，绝大多数品种实行自由购销。

在全国众多货源渠道中，采取定点划区，择优进货办法。1984年，随着商业体制改革，不少百货企业坚持以当地工厂进货为主，以系统内进货为辅原则，在外地采购中改变过去集中采购办法，以提高经济效益为中心，精心选择采购单位。

（三）市场供应

供应区划：执行省内供应区划规定。1963年，实行按行政区划分配商品，按经济区划组织商品流转，恢复合理跨区进货关系，一类、二类、三类商品均实行跨区供应；三类商品，按合理流转路线，不作硬性搭配，贯彻自由选购的规定。其中，省外产品跨区供应商品关系，六枝、盘县、水城跨区供应商品，由贵阳站供应。

市场销售：境内农村人口占总人口的85%左右。从1950年至1977年28年间，农民人均纯收入只增加87.2元，年均增加3.12元。消费序列为吃、穿、烧、住、用，日用工业品消费居末位。

1952年，境内人均购买力为20.19元，仅相当于全国人均购买力274元的38%。其后，购买力增长，亦建立在农业增产基础上，缓慢提高。

（四）主要经营品种

百货经营品种极为繁多，不同时期经营品种也有所不同，品种数量随着经济社会的发展亦不断增加。经营品种主要有鞋帽（胶鞋、布鞋、皮鞋、布胶鞋、棉鞋、塑料鞋、凉鞋、胶靴、皮靴及各种帽子等）、洗漱用品（肥皂、香皂、药皂、洗衣粉、洗发粉、洗净剂、牙膏、牙刷等）、化妆品（胭脂、口红、洗面奶、香水、香粉、发油、染油等）、搪瓷用品（面盆、口盅、口杯、盘子等）、文化用品（钢笔、铅笔、毛笔、画笔、粉笔、作业本、红领巾、油墨、复写笔、写字板、墨水、胶水、印泥、绘图仪器、乐器、日记本、抄本、信笺、信封、象棋、围棋、跳棋、军棋、别针、大头针、回形针等）、纸张（书写纸、打字纸、复印纸、图画纸、蜡纸、彩纸、牛皮纸、拷贝纸、专业用纸、板纸、有光纸及各类纸制品等）、体育用品（篮球、排球、足球、乒乓球、网球、羽毛球、球拍、球网及其他体育用品等）、铝制品（铝锅、铝盆、铝碗、铝缸、铝杯、铝壶等），此外还有小百货、热水瓶、钟表、眼镜、电池、电筒、台灯、缝纫机、照相机、不锈钢制品、玻璃制品等。

（五）日用百货经营

1951年至1958年，日用百货类商品总值，占百货、文化用品两类商品总值的80%左右，销售面广，销售市场主要在农村，多受生产发展和村民吃、穿所需商品影响，百货商品供应起伏很大。

1951年至1953年，六盘水境与全省一样，百货经营系在全国统一业务计划基础上，按“统一采购，统一调拨，大量推销，按期回笼”要求进行。1951年3月，在总公司强调“商品供应直达消费者，减少中间环节”的指导思想下，一度出现以零售为主的倾向。百货业的中心任务在于扩大销售，繁荣市场，回笼货币，稳定物价。各百货公司组织职工开展爱国主义劳动竞赛，扩大批发，扩大销售额，大力推销商品，配合农产品收购，供给日用百货用品。百货经营同时与供销社密切配合，使百货销售深入农村每个角落，供销社的有关货源，由百货部门就地解决。各县百货公司还派出流动小组，赴农村集市赶场，设专门推销员，联系机关、学校、部队等固定用户，建立定期送货制度，组织小商贩零售，缩小批发起点，规定批发差价。

1953年，开始大规范经济建设，百货企业实行“经济企业化”，主要任务是“摸清生产与消费情况，实行经济核算制度”。作调查研究，了解购买者需要，摸清库存，组织货源，作好商品交流和供应工作。实行经济核算中，有的产生片面压缩库存思想，销售计划偏小，商品品种缩减，商品脱销现象日渐突出。对此，便对主要及供应不足商品，按分配原则作出调补，并优先照顾农村，以配合粮食征购任务完成。同时，扶持供销社发展，划分经营范围。给予其各种便利，对其执行3%的优待率，所需商品首先满足，其资金有困难者，予以扶持。

1954年，市境副食品供应紧张，从而增加百货商品供应压力，相关商业部门便采取措施，对布匹、香烟等供应紧张商品实行计划供应和控制供应，对食糖、胶鞋、肥皂等购销数量大体平衡商品视货源尽可能满足供应，对纸张、玻璃等库存较多商品大力推销，对收音机、缝纫机等价格高、库存多商品则采取降价或分期付款扩大推销。

1956年，城乡经济发展变化，农民购买力有所提高，供销社所经营商品不断增加新品种。便定期召开国营与合作社供应会，协助供销社送货到农业生产合作社，广泛开展农村流动展销。对国营商业库存量大，工厂生产有潜力，消费者一次付款有困难商品，开办赊销，价高、质量差和残损者，作降价处理。

1957年，随生产好转，日用百货市场基本稳定，但一般基层只注意抓几种主要的计划分配商品，对一般商品经营不积极，普遍存在批发单位品种多、零售单位品种少现象。

1960年至1962年经济困难时期，市境日用商品供应紧张，对部分紧张日用工业品进行“突击投放”“调查分配”“内部分配”等办法，结果形成群众排队抢购，贩子套购以及“走后门”等现象。随后，市境采取凭购货券（票证）购买的办法购买商品，列入购货券购买的产品主要有搪瓷口杯、铝锅、热水瓶、香皂、胶鞋、火柴等。发券照顾对象有宗教职业者、城市居民、新婚夫妇、退休人员、交通运输和地质流动人员等。凭券供应方法：1961年开始，干部员工每人每月供应肥皂半条，居民每人供应四分之一条；2人以上户每户半年供应香皂一块，2人以下户和单身户每户半年供应半块；火柴每人每月1至2小盒；结婚凭结婚证特需供应，男女双方供应丝绸被面1床、搪瓷面盆1个、玻璃杯4至6个，茶盘1个、热水瓶1个。票证供应方法不对外公布，有货则供应。粮食、桐油、药材等计划收购商品，发放销售供应票证。实行票证后，商品销售混乱现象基本消失。1962年后，大部分商品逐渐敞开供应，仅缝纫机继续凭票供应。

“文化大革命”期间，许多日用生活必需品又再度转入紧张，加之停止出售“有问题”商品，凡有民间传统图样字样商品和带有神佛龙凤图案商品，以及金、银、铜、玉石等饰品，皆属停售之列。日用百货商品花色品种减少，凭证、批条子供应等办法又复现，“开后门”现象又再产生，销售紧缺商品人员成为走红人物。市场货币流通量与商品可供量比例，1966年前为1：8，1972年降至1：3。至1974年，百货市场除肥皂、电池、热水瓶仍偏紧张外，其他商品一般能保证供应。

1979年实行改革开放政策后，百货商品供应紧张情况日趋缓和。至1982年，供应已比较充裕，贯彻执行贵州省提出的百货经营方针；千万百计扩大供应，积极处理“有问题”商品，改善库存结构，认真贯彻以计划经济为主，市场调节为辅原则。1983年，首先，百货系统批发体制改变“三个固定”，即打破过去固定行政供应区域、固定对象、固定倒扣作价办法；实行少环节、多渠道、开放式体制，冲破按行政区域设工业品批发站的方式；改变商品自上而下分配管理方式，在基层企业逐步推行经营承包责任制，参与市场调节。随工业自销增大和非公商业继续发展，国营商业让出部分经营比重。

（六）文化用品经营

1952年至1985年，文化用品供应占百货、文化用品两类销售总额20%左右，文化用品城乡市场消费除学生用品和纸制品外，淡旺季节差异不大，高档文化用品，只适合在城市销售，且集团购买所占比重大。文化用品消费水平不高，价格低，不为一般经营者所重视。1955年后，划分专业经营，销售量逐步增大。1956年，对钢琴、风琴、手风琴、小提琴、相机开办赊销业务；对金笔、口琴、乒乓球、篮球、足球、油印机、打字机进行大力推销；对一般文化用品，执行全省调剂办法；对占60%的重点商品纸张，主要保证学生作业本及工矿和机关办公用纸所需。

“文化大革命”期间，许多办公和学生用品供应不足，尤其是大字报铺天盖地，纸张消费量极大。1966年至1967年，用于写大字报的包装纸比1965年增加50%以上，一度造成库存无货现象。西洋乐器、体育用品处于停售状态。学校停课闹革命，学生用品量全面下降。

1976年后，文化用品销售又恢复原状，并逐步增长。至1985年，文化用品销售比1976年增长53%。

二、经营管理

（一）计划管理

1978年前，在国家所实施计划经济体制下，六盘水境贯彻执行百货业计划管理有关规定，商品分配原则为“自下而上要货，与自上而下分配相结合”。分配商品由总公司负责，经省公司全省平衡后上报，通过全国供应会议作平衡分配；非分配商品，一律自下而上要货，由商业二级站提出报中央站平衡签订合同。具体执行情况，未建六盘水地区前分配商品，由安顺、兴义、毕节或省分别分配至六枝、盘县、水城公司。非分配商品，由各县分别向上要货。实行商品“分类分等”和“以销定进”等原则计划购销。执行省内供应会议办法，由省公司统一和分站召开供应会议相结合进行分配。1956年以前，分配方法各自局限在固定供应关系和供应地区之间。1956年第四季度起，二级站可以自由选适销商品，不受分配地区限制。1984年，计划体制进行根本性改革，由部门经营计划逐步向社会商业计划过渡，实行多渠道进销。

1. 商品经营

中华人民共和国成立初期，百货公司商品经营范围较广，市境百货公司除经营百货和文化用品两大类外，还经营棉织、针织、糖食、民用交电、化工等商品。后机构和商品经营逐步调整，1951年10月，五金、交电、化工划归工业器材（五交化）公司；1953年1月，卷烟划归专买局购销；1957年7月，文化用品统由文化用品公司经营；棉织、针织产品划归纺织品公司经营；1956年7月，糖食、奶品等由糖酒公司经营，五金、化工划归五金交化公司经营，土产品交土产公司经营。其后至1976年间，又有部分商品划分有所调整。1984年年末，百货公司主管批发的商品有日用百货类、鞋、帽、搪瓷制品、铝制品、保暖瓶及玻璃制品、钟表、眼镜、缝纫机、五金制品、洗涤用品、化妆品、塑料制品、皮革、人造革和布制品、玩具、特种工艺品、日用杂品等，文化用品类有纸张、纸制品、文具用品、测绘仪器、印刷材料、照相器材、体育用品和器械、娱乐用品、乐器等。百货零售企业可跨行业经营，百货商店除主营日用品外，还经营其他类商品。

2. 分类管理

1950年至1952年，执行高度集中物资大调拨制度。百货系统商品由总公司统一调拨，分列名和非列名两种商品。1950年列名调拨商品有色布、白布、红糖、白糖、胶鞋、香烟、煤油等16种；1951年增加毛巾、牙膏、肥皂、香皂、衬衣、背心、钢精锅、电筒、钢笔、蜡纸及进口物资等，列名调拨商品达32种。

1953年起，贯彻执行集中领导下的分类分级管理商品分配制度。将百货商品分为“计划商品”“分配商品”“试分配商品”“其他小百货”4类。前三类由总公司平衡分配；第四种只进行地区金额平衡分配，具体品种由供需双方看样选购。

1954年，分类管理的商品为有计划商品（糖、纸、玻璃、火柴、自行车、毛巾、胶鞋、肥皂、牙膏）、分配商品（金星金笔、蜡纸、口琴、乒乓球、打字机、唱机、搪瓷面盆、搪瓷口杯、钢精锅、竹壳热水瓶、铁壳热水瓶、电筒、缝纫机、钟表、黑白留兰香等五种牙膏、绿宝力士等五种香皂、袜带、松紧带、木纱团、毛线、被单、人力车内外胎、40支纱手帕）、试分配商品（电池、收音机、铅笔、复写纸、墨水、呢绒、唱片、亚麻布、衬衫、汗衫、背心、毛毯、一般香皂、一般牙膏、牙刷）。

1955年，分类进行调整，原分配商品中的大商品提升为计划商品，取消试分配商品。计划商品增加到36个品种，国营百货批发比重占社会百货批发的95%左右。

自1957年开始贯彻执行计划商品统一分配制度。1959年，实行全国统一商品分类分级管理办法，贯彻“全国一盘棋”精神。商品分三类进行管理。第一类无百货商品；第二类中百货、文化用品有制纸、胶鞋等24种；第三类属省管理，由省专业会议安排产销，组织供应。市境各县按规定进行购销经营。三类商品实行差额调拨办法，后改为定额调拨。其中第三类实行专项安排，统一分配的规定，由省、市一级管理，境内三县分别按此规定安排分配。

1970年，商业体制再次调整，权力下放，“商品流转计划”改为“商品收购调拨计划”，由行政管理部门报计划审批后下达。

“文化大革命”后期，恢复实行“统一计划，分级管理”规定。

1981年5月，贯彻国务院有关扩权文件精神，多数商品可以协商收购和订购。至1984年6月，商品计划分配管理范围放宽。

（二）物价管理

1950年3月后，物价开始普遍下降。1952年，为鼓励物资交流，保持地区之间的合理利润。是时，省公司百货纯利率为8%至12%。对私营工业交货价按成本计算给予10%左右、20%左右、30%左右利润。在具体执行中，贯彻中央“鼓励先进、照顾一般、推动落后、淘汰有害”方针，1955年小商品批零差价由15%至18%扩大为18%至25%，个别商品扩大到25%至50%。经由1956年全国审价后，1957年逐渐稳定。

地方工业品出厂价格在相当长一段时期执行工业利润高于商业利润的原则，部分商品造成商业亏损，对一些产品采取商业部门适当补贴办法。1963年后，由财政部门按核实情况予以补贴，商业部门停止补贴。

工业品地区并价有2种：（1）城市商品差价，按产地牌价加上工杂费后，再加上规定的城市差率，即为销售牌价；（2）城乡地区差价，按提货地牌价，加上运杂费，再按地区远近，贩运难易等，核定不同城乡差率。批零差率总幅度为10%至18%，其中日用百货13%至18%，纸张文具14%至17%，体育用具14%至18%，针锦织品14%至16%。

1963年，调整批零差率。根据县城或其他进货地批发价格，加上合理运杂费，核定零售价，差率仍按原规定执行。一般商品为8%至18%；小商品为25%；损耗大、难经营商品，扩大为20%至40%；价值较低商品，扩大为25%至50%。

1965年5月，执行省对52种三类百货、文化用品调整价格，平均零售价下降6.14%，批发价下降6.32%。

凡实行按“进价加费用、利润”调拨商品，二级站一般不制订批发价，由三级批发和二级站所在地、市公司灵活制订批零价格。

1962年4月起，执行钟表由平价改为高价敞开销售办法，平均上调184%，其中进口表上调200%。1965年3月，一、二类高档手表基本转为平价，平均下调41.7%，中档手表比平价高23%左右，平均下降30%，粗马表基本恢复平价，下调44%。

在上述物价管理体制执行中，相当长一段时期内，形成百货物价稳定状况，不致产生暴利盘剥现象。

1982年10月，执行批准放开83种百货小商品经营规定。1983年11月，再次放开163种商品经营，两批商品共246种。改革开放后，企业可结合市场情况给产品定价和调价。

（三）经济核算

市境百货企业，贯彻执行国家经济核算制度规定。1950年3月，政务院颁布《关于统一国家财政经济工作的决定》，境内百货贸易企业和其他地区一样，实行金库制度，资金高度集中管理。1953年1月，实行中央规定的经济核算制度，取消贸易金库制度；实行货币管理办法，取消逐级转账，通过银行划拨清算；严格贯彻合同制度，进行贷款管理。确定资金周转定额，商品流转费定额，利润定额，劳动效率定额。根据核资方案，向上级公司作出总结。

经济核算改变过去“大供给制”经营方式，逐步做到账账相符、账货相符。

1953年，总公司笼统认为“商品生产过剩”，库存过大，提出“泻肚子、挤资金”口号，百货企业遂按要求“泻肚子，丢包袱”，一度造成商品倾售。

1956年，开始整顿财务管理工作，推行财产管理责任制，简化商品账务，加强验收和盘点核对工作，分区分类货位编号，账卡、货号顺序和仓批合一，商品账下放。

1958年“大跃进”中，推广无账会计，取消商品账，以金额控制商品，取消缴款、提货凭证，实行内部凭流通券结算提货，库存只有金额，无商品和数量。有的商店实行报账制，而出现财务管理混乱局面。其后进行制度恢复和健全工作，始逐步走上正轨。

（四）管理制度

中华人民共和国成立初期，百货业无统一完整的企业管理制度，第一个五年计划开始后，市境才逐步建立并完善相关的管理制度。

1958年，市境百货行业执行国家建立的干部参加劳动、职工参加管理、消费者参加监督，改革不合理规章制度以及建立职工代表大会等制度，简称“三参一改”制度。实行调拨员、保管员、物价员、财务记账员“四员合一”一条龙的工作方法，对“站、批、仓”实行三合一的体制改革，批发部原地不动，批发站办公室搬到仓库工作。财会商品账、业务调拨账、仓库保管账合并为一套账，进、销、存一竿子到底，管理高度集中统一。

1962年起，实行一些管理基本制度，主要有核定流动资金试行办法、资金管理试行办法、财产清查盘点试行办法、残损变质商品处理办法、财产损失处理办法、商品运输管理试行办法、仓库管理试行办法、商品定额损耗管理办法、商品分级管理办法、计划统计制度、会计制度、合同制度、总结报告制度等，建立起统一成套管理办法，国营百货企业管理制度日趋完善。

（五）财务指标完成

1953年实行经济指标后，资金周转加速，资金节约提高。1957年至1973年17年间，经济管理有所放松，企业管理水平较低。

每百元销售额占流动资金情况：1973年为56.74元，1975年49.48元，1980年47.51元，1981至1985年，为45元左右。

资金运用情况：商品资金占全部流动资金比重逐年上升，1950年为58.99%，1952年74.34%，1955年81.16%。此一阶段资金使用于商品之效率逐年提高，但由于商品组织不合理和地区摆布不当，造成冷背和积压。1956年后，非商品资金占用幅度上升，一般比重在25%以下。

费用水平：1953年为10.87%，1957年10.65%，1962年10.83%，1965年7.43%，1984年4.60%，费用支出低于全国水平，全国1981年为4.71%，经营管理有所提高。

“三清”商品处理：1960年，开始处理一部分质次价高商品，多系市场供应紧张时，特别是1958年大购大销时所盲目收购之三类小商品。进行以清理库存、清理在途、清理资金悬案“三清”方式作处理。

1958年至1988年六盘水缝纫机、收音机、自行车销售表

表3－1

年份	缝纫机纯销售（架）				收音机纯销售（台）				自行车纯销售（辆）			
	合计	六枝	盘县	水城	合计	六枝	盘县	水城	合计	六枝	盘县	水城
1958	165	18	84	63	20	9	3	8	24	6	8	10
1959	240	24	124	92	47	16	12	19	140	35	48	57
1960	471	150	141	180	193	50	64	79	333	164	77	92
1961	100	31	31	38	298	161	15	122	280	102	81	97
1962	329	100	103	126	224	47	85	92	15	6	4	5

续表3-1

年份	缝纫机纯销售（架）				收音机纯销售（台）				自行车纯销售（辆）			
	合计	六枝	盘县	水城	合计	六枝	盘县	水城	合计	六枝	盘县	水城
1963	143	34	54	55	92	46	8	38	20	9	5	6
1964	86	30	23	33	332	101	95	136	184	162	10	12
1965	47	24	5	18	419	198	49	172	85	63	10	12
1966	112	61	8	43	417	229	17	171	184	112	33	39
1967	99	48	13	38	364	165	50	149	219	140	36	43
1968	212	120	11	81	371	174	45	152	317	190	58	69
1969	439	154	117	168	403	195	43	165	372	240	60	72
1970	936	220	358	358	1190	201	501	488	729	290	200	239
1971	2203	360	1000	843	1369	230	578	561	895	340	253	302
1972	1579	512	463	604	2027	246	950	831	1567	390	542	647
1973	2701	641	1396	664	2027	296	900	831	1542	403	513	626
1974	1647	354	771	522	1570	168	990	412	1599	407	624	568
1975	2183	320	807	1056	2300	63	1026	1211	2801	697	948	1156
1976	3015	1023	1213	779	2353	291	781	1281	3399	766	1178	1365
1977	2864	546	940	1378	3318	347	1251	1720	4896	1397	1538	1961
1978	4121	1152	1432	1537	2734	664	1841	229	6566	1572	2347	2647
1979	5509	1160	1947	2402	4704	811	2268	1625	5040	959	2245	1836
1980	5884	1267	1953	2664	4762	760	2705	1297	5480	1356	2147	1977
1981	6028	1325	1909	2794	6387	1039	3226	2122	6445	1132	2053	3260
1982	6985	1451	2513	3021	8751	2168	4105	2478	6773	1639	1884	3250
1983	5474	1312	2285	1877	7055	1744	3488	1823	8926	2513	2488	3925
1984	6009	975	2276	2758	5387	1618	2384	1385	9053	2453	2006	4594
1985	5101	693	1913	2495	4617	1102	1757	1758	6622	1918	2017	2687
1986	8016	1405	3418	3193	3994	1141	1440	1413	9491	1944	3666	3881
1987	5107	1021	2036	2050	2782	794	993	995	5527	1950	1452	2125
1988	4602	611	2536	1455	2387	815	655	917	5687	1306	1653	2728

说明：1950年至1957年此类商品销售量少，未统计入表

第二节 纺织品

1949年以前，纺织品多由三县县城内一些商店和摊贩经营，销售量不大。1950年后，郎岱、盘县、水城国营花纱布公司相继建立，各县乡区组建供销社，经营棉纺织品。1954年，实行棉布统购统销政策。1956年，省、地成立针棉织品公司，后与纺织品公司合并，形成纺针织品行业。1978年实行改革开放政策后，纺针织品经营专业进一步划细，境内各县普遍设有棉布、化纤布、呢绒、针棉织品等专营商店，经营棉纺织品。后随着改革开放的深入，棉纺织品经营亦由原来的控制调拨转变为市场经济，国有经营逐步淡出市场。

一、主要经营品种

纺织品由纺织品行业部门承担经营，品种繁多，主要有布料类（各色花布、各种棉布、纱布、化纤布、呢绒布、绸段布、丝织布等）、服装类（各种中西式男女服装，各种童装）、针织品类（各种男女针织内衣、内裤、汗衫、背心、男袜、女袜、童袜、各种毛织男女内衣内衫）、针织线类(各色毛质精细针织线，各色化纤粗细针织线，各色混纺针织线）、床上用品类（有各色床单、床套，各色被面、被套、枕套等），此外还有各种毛巾，各种针纺用品等。随着经济社会的发展，纺织品经营品种不断增加，至1980年，市境主要经营的针织品、纺织品、呢绒、绸布、劳保用品、日用百货等有3600多个品种，此后品种亦不断增加。

二、统购统销

（一）棉纱

20世纪50年代初期，棉纱棉布私营比重较大，1950年分别占93%和76.9%。1950年11月，政务院财经委员会发布《对于目前棉纱的管理办法》（简称《办法》），三县贸易行政部门按照《办法》有计划地加强棉纱管理，严格打击囤积居奇与投机套购行为。1951年4月，政务院又发布《关于统购棉纱的决定》（简称《决定》），各县政府按照《决定》，严格执行价格、质量等方面的规定，管理棉纱市场，打击投机囤积行为。

（二）棉花

1953年进行第一个五年计划后，棉布生产和人民衣着需求矛盾日益突出。为保证机织和军用、民用棉之需要，控制农村手工纺织用棉，1954年9月，政务院颁发《关于棉花实行计划收购的命令》（简称统购）。市境不属产棉区，棉花收购量不大，各县花纱布公司，严格执行棉花计划收购命令，取缔私商经营原棉，禁止棉花自由买卖，委托供销社收购，对私营棉纺和棉花加工加以控制管理。

（三）棉布

1954年9月，全国开始实行棉布计划收购和计划供应政策（简称统购统销），市境各县执行贵州省棉布统购统销实施步骤和办法。主要内容：（1）对棉布零售商和摊贩，采取经销或代销办法；对手工业织布户，按照加工及“以纱易布”办法，严格控制货源。（2）对棉布有关加工复制业用布，查明户数、用布量等情况，以作安排。（3）私营棉布商及摊贩，凭票进货之加工复制业，均及时办理登记存量，作为花纱布公司已发布票，向其开具领据。（4）织布厂和手工织布户周转纱和存布，均进行登记开据，纳入统一供应计划。（5）进一步控制货源，除自织用土布外，建立无私商参加之农民之间调剂市场，并由国营和合作社控制掌握。（6）对各种复制业和工业用布，按需保证合理供应；机关团体及其他各种临时用布，给予方便和照顾，并注意节约。（7）洋经纬织布由国营和合作社商业分别对工厂及手工业户扩大组织加工及以纱易布，不准自行出售。供销社加工之土布，就地供应部分，以收回布票向花纱布公司结帐。（8）民政、公安、劳改部门组织加工厂所生产棉织品，由国营商业负责收购，原由供销社经营者，仍由其负责经营。（9）洋经纬织布尽量收回成品，由供纱单位负责掌握购销，部分动员卖给花纱布公司或供销社，或按规定价格在棉布市场上直接售予消费者，不收布票。（10）土纺土织布，不准私商经营，以农民自用及在当地市场不凭票互相调剂为主，剩余部分，由国营商业和供销社收购。

为保证计划供应顺利实施，不致发生脱销，由省掌握进行全省棉布试算平衡。根据货源平衡和流转方向及供应范围变化，适当调整原所安排销售调拨计划。各地根据调整计划，加强调运，及时补充货源，以保证供应。

1954年，市境各县确定计划供应区，采取分区定量供应，凭布票购买棉布。少数民族聚居区为足量供应区，指标逐级分配到县，如发生不足，从临时机动布中解决。

定量分配标准及供应指标执行省制订办法。1954年贵州布票按中央规定式样，分10尺、5尺、1尺、5寸4种，统一印刷，在省内通用，按专区结算。除“足量供应区”（市境不属“足量供应区”）外，按五类人口定量。一类为产业工人、机关工作人员、县以上教职员工，每人一年32市尺；二类为贵阳市其他阶层居民，每人一年28尺，市境无二类；三类为专区所在地及贵阳市郊农民、主要烤烟区及购买力较高的中心地区居民等，每人一年19市尺；四类为经济作物较多、土纺较少、一般购买力较高地区居民，每人一年17市尺；五类为一般农村农民、小城镇居民，每人一年15市尺。足量供应地区，每人每年按17市尺分配指标，参照购买力、消费水平和上年销售实绩分配。

棉布统购统销连续贯彻执行30年。其中，1955年偏宽，将1956年布票提前使用，衬衣、童装等又免收布票。1956年，又增发一定数量临时布票，送票上门扩大销售，造成库存不足，不得已将1957年第二期布票对折使用。

布票管理，指定专人保管，建账定期核对结算，凭票进货，定期销毁布票。

由于布票尚不能满足用布使用需要，有的人数年才更换一次新衣新被。特别是遇嫁娶等喜事，则全家布票均集中以作喜事之用，新衣着往往无法添制。由于市场凭票购销矛盾突出，社会上出现暗地买卖布票和以布票易物现象。

20世纪70年代后，化学纤维织品兴起，销售量逐步大幅上升，纯棉布销量相对减少，又随国家棉花资源逐步充裕，从1983年12月1日起，全国临时免收布票。1984年停发布票，棉布敞开供应，境内遵照执行。

1983年5月1日起，所有针织品免收布票，敞开供应。

历年棉布定量标准表

表3-2　　人／市尺

时　间	项　目	定量标准
1954.9—1955.8	一类人口 二类人口 三类人口 四类人口 五类人口	32 28 19 17 15
1955.9—1956.8	一类人口 三类人口 四类人口 五类人口	42 24 19 17
1956.9—1957.8	一类人口 二类人口 三类人口 四类人口 五类人口	45 32 26 21 19

续表3-2

时间	项目	定量标准
1957.9—1958.2	一类人口 二类人口 三类人口	13 10 9.5
1958.3—1958.12	一类人口 二类人口	16 13
1959.1—1959.12	一类人口 二类人口	25 21
1960.1—1960.12	一类人口 二类人口	23 17
1961.3—1961.8	一类人口 二类人口	2 1.7
1961.9—1962.8	基本定量 职工补助 工人补助 高寒补助 困难补助 开放城市儿童补助 一类地区高寒补助 二类地区高寒补助 三类插花性高寒补助	3.1 4.4 7.5 0.9 15 2.7 6 3 3
1962.9—1963.8	基本定量 非农业人口做鞋 农业人口做鞋 开放城市儿童补助 职工补助 特殊工种补助 大学生补助 中学生补助	2.6 3.6 0.5 2 5 10 5 2
1962.9—1963.8	高寒补助	0.9
1963.9—1964.8	基本定量 非农业人口做鞋 农业人口做鞋 开放城市儿童补助 职工补助 高寒补助 农民 大学生补助	2.6 3.6 0.5 2 4.8 0.9 1 2
1964.9—1965.8	基本定量 非农业人口做鞋 农业人口做鞋 开放城市儿童补助 职工补助 大专学生补助 中学生补助 高寒补助	5.1 3.6 0.5 2 3.3 3.3 2 1.5

续表3-2

时　间	项　目	定量标准
1965.9—1966.12	基本定量 农业人口做鞋 农业人口做鞋 职工补助	9.7 4.8 0.7 5.5
1967.1—1967.12	非农业人口基本定量 农业人口基本定量 开放城市儿童补助 一类地区高寒补助 二类地区高寒补助 三类地区高寒补助 职工补助	14.7 12.7 2 4.5 2.3 2.3 5
1968.1—1968.12	基本定量 职工补助 一类地区高寒补助 二类地区高寒补助	7.9 1 4.1 1.9
1969.7—1983.12	基本定量	15.7

三、纺织商品供应调拨

1953年以前，棉纱、棉布由中国花纱布公司统一管理，用调拨计划或调拨令实行全国调拨，省内所生产土布由省花纱布公司管理调拨。1953年后，改为合同制。1963年，执行中国纺织品公司《系统内部商品调拨若干规定试行办法》。1985年，执行商业部《纺织品、针织品、服装购销合同暂行办法》。1988年后实行按市场需求敞开自由调拨。

四、服装经营

20世纪50年代初期，境内市场仅有少量上海衬衫销售，人众衣着多系购料加工或自缝。50年代后期，商业部门开始有少量服装供应，与服装厂开展加工业务，由商业部门包销，逐级分配调拨，一直延续至70年代。

1979年3月，市境商业部门执行省公司“服装退出包销，减少环节，放开经营”办法，自此起服装成为经营商品销售中增长最快的大类商品。国营商业退出服装包销后，多种经营渠道迅速发展，各种大小服装店铺和摊点，遍布城乡街道、集镇和集市，民众趣称为“工农兵学商，行行卖服装”。

境内服装需求变化，随经济社会发展和“时尚”趋使而改变。20世纪80年代前，买成衣者不多，特别是农村，以自己缝制和购料加工为主。60至70年代，以纯棉面料为主。80年代，化纤服装成为主要品种。90年代后，又回复讲求纯棉料衣着。

规格款式，20世纪50年代初期，主要沿袭传统款式，注重俭朴实用，男式多为中山服、干部服，农村多为对襟衣，女干部为列宁装，一般妇女特别是农村妇女，多为妇女装和姊妹装。其间，苏联对中国进行花布倾销，一度呈现城乡妇女普遍皆花衣景状，甚至有的男子，亦穿花衣。50年代中期，人民群众开始讲究衣着，男式两用衫、茄克衫，女式绣花印花衬衫、各式彩色花裙子、连衣裙等新款服式纷纷问市。

1959年至1961年经济困难时期，人们很少添制新衣，普遍穿以旧翻新、以大改小及补疤衣服，以节衣缩食，克服困难，相当部分人众，即使有布票，亦无力购买布料和衣物，有的让其过期作废。

"文化大革命"时期，衣着受极"左"思想禁锢影响，红卫兵、"造反派"以穿草绿色仿军装为"革命"标志，中山装、军便服、两用衫"老三装"和蓝、黑、灰"老三色"则为男女老少之统一服式与色调。

1978年实行改革开放政策以后，人们爱美之举不再被视为追求"资产阶级享乐腐化生活方式"，人民群众不论男女老少，特别是青年男女，越趋讲究穿着打扮，各色各式服饰千姿百态，季节款式各异，时尚潮流翻新很快，民族传统服装重放异彩。牛仔服及长期被封闭之西装，由较富裕人家和公职人员及商人先行穿用，逐步成为城乡许多群众日常穿着。在不少阶层人群之中，穿着各异，各显风韵，有些甚至难于看到同色同式服饰，款式变化之多，更新速度之快，使某些"赶潮族"追逐不及。服装行业大兴，反映出改革开放所产生之社会经济繁荣及人们思想开放风貌。但又随改革开放，国门大开，一些西方不合符国内传统民族审美习俗之奇装异服，也被某些人群青睐，如喇叭裤、超短裙、裸露衣等之类。

五、纺织品经营管理

（一）计划管理、商品管理

1959年，执行国务院批转商业部等6部委《关于商品分级管理办法的报告》规定。棉花、棉布、绸缎3种为国务院管理之一类商品；毛巾、袜子、汗衫背心、棉毛衫裤、卫生衫裤、床单、木纱团、棉毯、呢绒、毛毯、毛线11种为商业部管理之二类商品；其余为三类商品。其中一类、二类称计划商品，共14种。其后又调整为17种，增加化纤布、棉化混纺布等。1981年，执行商业部规定，纺织品主要商品划分：统购统销8种，即棉花、棉布、棉混纺布、涤棉布、汗衫背心、棉毛衫裤、卫生衫裤、床单；计划收购商品5种，即化纤布、呢绒、绸缎、毛巾、毛线；订购4种，即木纱团、线袜、锦纶袜、棉毯。1984年，执行指令性计划和指导性计划两种管理办法，棉布、涤棉布、中长纤维布、呢绒4种为指导性计划，其余为市场调节商品。其后逐渐转变为敞开采购供应。

（二）商品分配、棉布计划分配

1954年以前，执行花纱布公司所下达货源计划，结合境内各地购买力和消费习惯进行分配。实行统购统销后，遵照其规定进行全面合理分配，适当安排各方面需要。其中民众定量用布总体按国家规定标准发给布票，定量偏低时曾于1962年至1963年按农村人口每人增发0.5尺布票，非农业人口增发3.6尺布票；1961年开始，奖售和换购用布执行全国统一规定，7种农副产品实行奖售，其后逐渐增多，1963年达115种（含少数矿产品）；1973年调为54种。1963年起，对粮食、油脂完成统购后所交售部分，实行换购，至1983年，停止奖售换购；临时调剂用布对生育、死亡、结婚、受灾、部门着装等方面特殊需要，作适当补助；工业生产、劳保用品和公共用布，其供应范围较广。1982年以前，除纺织工业生产用布外，全部由商业部门审批供应，1983年开始多渠道供应，其后，逐步敞开采购供应。

其中，三线建设时期，境内修筑贵昆、盘西等铁路，兴建六枝、盘县、水城矿区及水城钢铁厂、水城发电厂、水城水泥厂、盘县化工厂等大中型工业企业，成建制先后调入数十万工人和数万民工，棉布等纺织品供应量急剧增加，省纺织品公司及境内各县纺织品公司，加强供应力量，分派专人负责，安排专项指标，适时组织供应。

（三）物价管理

计划经济时期，市境纺织品历经三次调价。1953年由于片面压缩库存，出现国营商业比重下降以后，根据“城城微利、城乡合理”原则，调整地区差价，境内执行省规定，是年8月1日起调整地区差价，以进货地为准，按地区差率加运杂费计算；1956年，铁路延伸，交通条件改善，贵州对棉纱棉布价格进行全面审查调整，按省所掌握40多种商品计算，棉布下调3.81%，每市尺零售价下调1.5分至3分，棉纱平均下调3.6%；黔桂铁路全线通车后，六盘水境纺织品价格相应调低0.5%至1.5%。

贵州省分别于1967年4月和1976年1月，调整棉布和针织品销售价格，实行全省统一价格。棉纱亦于1977年1月执行全省一价，采取产地对二级站一道环节安排地区差价，经营管理按全国规定计算，运杂费按实际测算。市境纺织品的销售均按照省的规定执行。

自中华人民共和国建立至改革开放，纺织针织品历经自由交易、统购统销、敞开供应几个阶段，物价始终保持基本稳定。以100元为基数，1950年纺织品零售价为100元，1957年为113.6元，1978为112.9元，1980年为111.3元。

1950年至1988年六盘水棉布、化纤布销售表

表3-3

年份	棉布纯销售（千米）				化纤布纯销售（千米）			
	合计	六枝	盘县	水城	合计	六枝	盘县	水城
1950	692	450	242	—	—	—	—	—
1951	1248	592	656	—	—	—	—	—
1952	2074	673	739	662	—	—	—	—
1953	3290	841	1542	907	—	—	—	—
1954	4114	904	1987	1223	—	—	—	—
1955	4545	1064	2012	1469	—	—	—	—
1956	5081	1093	2311	1677	—	—	—	—
1957	5822	1382	2402	2038	—	—	—	—
1958	6035	1140	2510	2385	—	—	—	—
1959	8451	2304	2722	3425	—	—	—	—
1960	11174	1915	2265	6994	—	—	—	—
1961	2041	550	806	685	—	—	—	—
1962	2328	473	907	948	—	—	—	—
1963	2264	522	961	781	—	—	—	—
1964	2561	970	1356	235	—	—	—	—
1965	5105	1174	1749	2182	145	1	—	144
1966	6746	1742	2694	2310	302	16	134	152
1967	7958	1945	3353	2660	370	67	142	161
1968	6728	2372	2107	2249	405	85	150	170
1969	7236	2716	2117	2403	328	83	115	130
1970	11964	2991	4203	4770	336	88	116	132
1971	12470	2959	4455	5056	581	86	232	263
1972	10745	3066	3597	4082	594	127	219	248
1973	15678	3079	3222	9377	630	135	232	263
1974	10127	2765	3775	3587	575	162	191	222

续表3-3

年　份	棉布纯销售(千米)				化纤布纯销售(千米)			
	合　计	六　枝	盘　县	水　城	合　计	六　枝	盘　县	水　城
1975	9405	2508	3500	3397	499	134	162	203
1976	9389	2744	3660	2985	438	103	149	186
1977	10223	2602	3624	3997	479	98	140	241
1978	12387	2043	3854	6490	432	141	95	196
1979	10947	2482	4228	4237	304	104	77	123
1980	10920	2943	3861	4116	233	72	59	102
1981	11513	3280	3968	4265	254	89	112	53
1982	11269	2569	3790	4910	250	58	102	90
1983	8229	1849	3301	3079	452	77	218	157
1984	8813	1817	3221	3775	353	89	123	141
1985	11401	1912	4914	4575	472	104	181	187
1986	5641	1696	1592	2353	297	95	100	102
1987	4444	982	1408	2054	298	64	82	152
1988	4284	696	1609	1979	367	38	130	199

说明：化纤布于1965年后方开始大量销售，故以前无统计

第三节　五金交电化工

1949年以前，市境经济以农业生产为主，零星有一些采矿业，基本没有五金交电化工产品的经营情况。农业生产所用的农具多由本地铁匠打制，多为上门购买，少数拿到集市上进行交易；采矿业所用的五金交电化工产品多到外地购买。1965年，市境三线建设铺开后，五金交电化工产品需求量急增，除企业自身根据需求从外地调进外，各县亦成立相应经营部门，经营五金交电化工产品。1978年改革开放后，五金交电化工产品经营逐步转变为市场经济行为，多转变为个体私营。进入21世纪，随着社会经济的发展以及房地产等行业 的兴起，五金交电化工产品经营变得更加专业、丰富和繁荣。

一、五金商品经营

中华人民共和国成立前，六盘水境随农业、手工业发展，尤以矿业比较发达，五金商品生产经营相应兴起。今境内尚有打铁寨、打铁营、拉丝营等历史地名，产品有铧口、铁锅、菜刀、斧头、锄头及各种铁制家庭用具，多在农具集市上销售，城镇多由土杂店铺和货摊兼售。

20世纪50年代初期，省内仅有省五金交电化工公司，六盘水境各县未设有分支机构，由各县贸易或百货公司经营。其中，亦将部分商品提供给供销社和私商经营。1952年“三反”“五反”运动时，规定所有私商必须在国营商业进货，不许在农村收购产品，在价格上缩小地区差价和批零差价。其后，采取经销、代销等方式，组织合作和公私合营经销，至1956年，完成对私改造工作。1978年改革开放后，除国营、合作商业经营五交化商品外，私营商业大量兴起经营，形成私营五交化行业，店铺遍及市、县各主要街道及农村集镇，其中，由湖南人在境内经商者所经营居多。

20世纪50年代初期，境内五金商品经营，由于是时境内工业尚不发达，黑色和有色金属及机械仪表等五大类商品基本未开展经营，多为工具类等小五金类。且多从苏联和东欧社会主义国家进口分配而来。至1955年，才逐渐为国产和地方产品代替。

第一个五年计划初期，随着计划分配制度加强，多属原材料逐步转为物资分配。1964年，执行中国五金机械公司制订之商品经营范围和各级企业经营分工规定，经营范围从生产资料发展到经营通用、民用商品为主，并从以进口为主发展到以国产品为主。1965年后，经营范围才比较稳定。

1958年，为适应“大跃进”提出“大购大销”口号需要，购进商品猛增，一般为1956年之1至3倍左右，又“大销”不完，造成严重积压。

1959年至1961年“三年经济困难”时期，市场五金商品奇缺。货源充裕者，敞开供应；货源不足者，保证重点，兼顾一般；货源紧张者，保证重点，减少一般。并执行上级规定，各县公司不准直接向外地采购，必须经二级站批准或由二级站组织进货。

1966年1月起，五金商品管理更加严格。马铁零件、消防栓、普通丝扣、阀门、卫生零件、千斤顶、铁滑车、新产品锉刀、钢板、梅花扳手、锅炉暖气零件等19个品种商品，集中由二级站和贵阳市各商店经营。六盘水境各县，直接到此规定处进货，从而经营渠道受到一定限制。

“文化大革命”后期，仍继续执行“统一计划，分级管理”原则。到1979年实行改革开放后，经营管理才有重大变化，逐步允许直接向二级站进货，或向省外进货，亦允许工业自销，从而形成市场开放之局面。

经营商品，涉及金属原材料、机械、通用民用五金器材工具等。主要有黑色金属、有色金属、机械仪表、起重工具（3吨至50吨油压千斤顶）、手拉葫芦、电动葫芦、铁滑车、钢绳、绳卡、花蓝螺丝、建筑五金、切削、研磨测量、钣钳、木工等工具、元钉、铁丝、合页、插销、铁锹、十字锹、铁锤、榔头、凿子、刀子、锯子、斧子、锉刀、钢丝刷、铁沙布、台秤、磅秤、扳手、螺丝、水龙头等等。

二、交电商品经营

1949年前，境内交通不发达，仅盘县通公路，过境汽车亦少，只有少量马车作运输。交通类商品，仅有少量内外胎和汽车小零件及马车用具销售。电力工业全属空白，而无电器商品经营。

中华人民共和国建立后，随交通及电力工业发展，始逐步有交电商品经营。五交化公司未建立前，各县交电商品，由百货公司和供销合作社兼营。

1950年至1952年，经营商品以生产资料为主。1953年至1957年第一个五年计划期间，计划商品中之生产资料，由企业报计划，经省公司平衡安排供应。大路商品，向小商小贩开展批发，实行经销代销。对地方产品，实行统购包销和选购定购办法进货。

其后，随经济建设发展，经营之交电商品急剧增加。1954年省公司将交电商品分为14类，一律统一编号记账，开票统计，储存商品，加强管理，严格检验商品质量。

1958年至1962年第二个五年计划期间，交电商品主要遵循三条供应原则，即货源充裕者，敞开供应；货源不足者，保证重点，兼顾一般；货源紧张者，保证重点，减少一般。其中，收音机、电灯泡等商品，制订适当比例进行分配；自行车、电子管收音机、40瓦以下灯泡，安排专项指标，凭票或高价供应。

1953年至1985年，购销逐年增大，其中“大跃进”时期库存积压，造成大量损失。随着群众购买力提高，民国年间高不可攀被称为“洋马儿”之自行车，成为许多人之代步工具。又随各县电力工业兴起，结束了夜间“打黑”和油灯、松枝照明历史，电灯基本闪亮到城乡家家户户。从而，自行车和灯泡又成为主要经营商品之一。20世纪70年代，仅有少量8至18英寸黑白电视机销售。

1978年国家实施改革开放政策后，计划商品逐渐减少，允许商业企业自行选购，工业企业自销。1980年，不再将地方产品纳入计划统一分配和调拨，可向生产厂直接订购选购商品，进而敞开购销。

80年代起，洗衣机、21英寸以上彩色电视机、电冰箱等各种家用电器逐步大量进入城乡居民家庭。家用电器专营商店，各县城区主要街道均有开设，市中心城区，则有国鼎、红华、苏宁、百联等多家大型家用电器专营商场及各大商场之专营部。

三、化工商品经营

1949年前，境内民众尤其是少数民族，多种植靛蓝，用以制作染料，多供自用，多余部分则作商品出售，城内和集市货摊，经营有少量红、绿、青染料。境内许多地区，产有五倍子、桐油、松香等，亦多作化工原料出售。境内部分山区，广植漆树，所产生漆，成为境内市场民用重要商品之一，亦为一重要外销商品。民国年间，郎岱所产雄黄，畅销昆明等省外地区，也系境内主要外销商品之一。境内民众以草木灰提碱，供制作食品和洗涤之用，亦将所产纯碱出售。境内溶洞甚多，往往将洞内硝土熬硝出售，亦将其制作火药。此等，为境内化工产品使用和交易之开启情况。

市境未成立五交化专业公司前，化工商品系由物资、土产、供销社等部门兼营，商品绝大多数为工业原料。20世纪50年代，计划商品由化工贸易局根据指标进行内部分配统配部管商品，实行自下而上申请及自上而下分配制度。1961年，为加强化工危险品管理，实行凭证经营采购办法，对高锰酸钾、漂白粉等小量消费品种，直接向省公司购买。1970年以后，由省公司会同有关单位安排生产，组织供应。80年代后，实行全面开放供应办法。

先后所经营主要化工商品，有橡胶、油漆、染料、九红十八绿、铁红粉、硫酸、硝酸、盐酸、烧碱、纯碱、石腊、硫磺、水玻璃、松香、松节油、薄荷油、樟脑、香精、重晶石、聚乙烯、沥青、制冷剂等。

四、经营管理

计划管理未设专营机构前，由兼营部门执行省公司计划管理规定。

第二个五年计划后期至第五个五年计划末期，五交化计划商品为69种。1958年，69种计划商品由商业部管理。省内计划，由各级商业行政部门管理。境内各县，执行省公司所下达综合平衡后之“条块结合”流转计划。

1980年，取消统购包销制度，实行“计划分配和自由购销结合”管理办法。1982年，实行“指令性计划与指导性计划相结合”管理办法。指令性计划商品，有元钉、镀锌铅丝、自行车、灯泡、硫磺块5种；指导性计划有33种。指令性计划商品购、销、调、存之全部指标，由商业行政部门管理。收购调拨指标，由专业公司编制，逐级上报下达执行。其后，逐步过渡为全面自由购销，其中，危险化工商品则实行安全监控措施，保证运输和仓储之安全。

（一）统计管理

20世纪50年代初及第一个五年计划期间，统计管理高度集中，旨在贯彻对私改造和稳定市场政策，各县报表送省公司、县商业局、统计局。1952年，规定统计商品五金类59种，机械类36种，电工类26种，西药类22种，共143种。1958年，统计商品有五金器材和仪表类86种，建筑器材类17种，交通器材类63种，油漆颜料类8种，共174种。报表有总值表、商品表、年末库存商品调查表、商业企业结构人员表、统计报表等。1978年，不再填报总值表，商品表有52种，基层报表填报7种。1983年，商业、供销并为一套报表。1985年，二级站下放后，统计报表中，基层报表只填报15种商品。其后，改革为按各县统计部门规定项目填报。

（二）物价管理

20世纪50年代初期，各县经营五交化企业，执行西南区公司所制订价格，对个体、私营企业经营五交化商品价格未作管理。1954年后方对其进行管理。西南区公司撤销后，执行省商业行政部门所制订价格。自1959年起，市境五金交电化工商品物价基本稳定，对经营商品，执行进销差4%至5%，地区差1%至2%，对私改造完成后，地区差扩大到3%至5%。1965年，按照物资部门价格定价，地区差加2%，内部调拨扣1.5%，1966年增加到2%，1968年至1976年又增加到2.6%。1977年后，又恢复执行由五交化部门作价办法。1978年后，缩小省管计划商品范围，开放小商品价格制订权限。至1984年，省管价格商品9个，地区管价格商品26个。生产厂家亦可制订产品试销期价格和非国家安排生产调拨商品等出厂价格。省内放开价格之五交化小商品，五金类有49种，交电类54种，化工类7种，价格按照省规定差价及费用标准，由各企业自行制订。根据货物运价调整，五交化商品价格进行变动。省内产品，按汽车运价计算；各县公司，按主要运输工具计算；区乡市场价，由各县商业局、供销社核定。五交化商品恢复城乡差价，进销差价。境内各县，执行贵州省制订作价标准。

五交化商品内部调拨作价扣率表

表3-4　　单位:(%)

		产地站(司)调给销地二级站	二级站调给县、市公司	调给供销社转手批发部分	调给零售单位或基层社零售部分
五金	批零二价商品	8	5	5	批发价
	批零一价商品	11	9	9	7
交电	批零二价商品	8	5	5	批发价
	批零一价商品	11	9	9	7
	进口摩托车	12	8	-	6
家电	半导体收音机	10	9	9	7
	进口电视机	13	10	10	7
	国产电视机	11	9	9	7
	省产电视机	11	10	10	8
	进口洗衣机(批零二价)	8	5	5	批发价
	进口电冰箱(批零二价)	协商作价	协商作价	协商作价	协商作价
	其他批零二价	8	5	5	批发价
	其他批零一价	11	9	9	7
化工	省外产品(批零二价)	2	2	2	批发价
	省内产品(批零二价)	调省外扣3%	3	3	批发价
	直接性袋包染料	调省内扣4%	20	16	13

第四节　糖烟酒

1949年前，境内所经营糖烟酒商品，多属食品杂货行业兼营，单独经营糖烟酒商品坐商甚少，郎岱县、盘县、水城县城内各有数家，农村集市全为摊贩所营。新中国成立后，市境逐步规范糖烟酒经营，1953年至1957年，卷烟行业实行包销，酒类实行专卖，产销均纳入国家计划，代销店延伸到农村集市。1959年，对城乡居民实行凭证凭票定量供应。1961年，对酒类、食糖及糖制品实行高价敞开供应。1978年实行改革开放后，糖烟酒商品完全敞开供应。

一、食糖经营

境内食糖货源，大部分从云南、广西、四川购进。省内采购以土糖为主。1957年8月，规定土糖为国家统一收购商品，非国家委托商店和商贩，一律不准收购。1961年1月，土糖调为二类物资，由国营商业通过合同进行派购。1982年起，省政府将其列为三类商品，执行多种经营成分、多条流通渠道少环节流通体制。国营商业委托供销社购土糖，合理安排购留比例，为9：1。1982年后，由农民自愿出售，奖售化肥、粮食，一般为收购一吨甘蔗，奖励化肥10公斤，粮食100公斤。境内种植甘蔗地区和所产土糖不多，收购量不大。

1949年前，糕点、杂糖、白糖、红糖等类食糖，被视为高档食品，仅富裕人家不时购买，特别是农村，多数人无力问津，自产或偶尔购买点蜂蜜，而当精贵之物，食糖消费水平极低。民众多从市面购买熬糖人用玉米所熬制加工之“麻汤糖”“窝丝糖”“核桃糖”等类食糖。

1949年后，消费量逐渐增长，1953至1957年，人均消费水平由0.25公斤升至0.67公斤。由于“大跃进”和三年困难时期影响所致，1960年，人均消费水平下降至0.45公斤，很多地方难见食糖踪迹，甚至连找少许作调味和药用亦极为困难。1961至1965年，国家采取措施大量进口食糖。境内各地出现相当数量“古巴糖”（白糖）和“伊拉克蜜枣”供应，人们相告争购，又开展高价糖果和食糖供应，价格比平价高3至4倍。食糖供应逐渐回升，1965年，人均消费达0.99公斤；1975年，升至1.18公斤；1985年，达1.63公斤。1978年后，随处可卖，各类食糖应有尽有，消费量大增。特别逢春节，各地城乡商场和一些街市，摆起长列食糖货摊。平时，有的人甚至怕吃糖过量而致病，社会上又出现“无糖食品”。

食糖供应遵循“统筹兼顾，保证重点，照顾必要，安排一般”原则。1949至1958年，实行平价敞开供应。1959年，开始采取凭证不定量供应。1960年起，于县城实行凭票定量供应。1965年起，凭票定量供应范围扩大到农村，农村每户每月供应0.25公斤，适逢春节、端阳等节日，临时增加，一直延续到1978年。

1979年后，各县糖食制品产业逐步增加，各种糕点厂遍及各县城乡，市中心城区建有六盘水市食品总厂，各县亦分布有食品生产厂商。尤其是到了中秋节，各厂商生产黔式、广式等各式月饼，有火腿、五仁、洗沙、叉烧、玫瑰、白糖、枣仁、水果、水晶等等品种，加上昆明、贵阳、重庆、广州、上海等地月饼大量进入境内市场，月饼成为家家必备食品，人均在2至3斤左右。春节、中秋等节日糕点销售量，占全年销量40%左右。

1980年后，糖食产品结构逐渐向营养、卫生及注重包装等方面发展，并从城市发展到农村，农村成为其销售重要市场，并进入主食领域，继而出现儿童食品、中老年食品、早餐食品等等。

二、卷烟经营

境内为烟叶主产区，尤以盘县、水城烤烟著名，民国年间种植已达相当规模，时称“美烟”。民国时期各县城和农村集镇和集市有少量卷烟销售，多为上海所产，有部分为美国卷烟。市场上销售的卷烟有“美丽”“白姑娘”“白金龙”“老刀”“海盗”“大前门”“骆驼”等品牌。各县亦销售本地用手工卷烟机所卷的本地卷烟。

20世纪50年代初期，卷烟批发业务由私营企业掌握，百货公司只经销部分厂所产卷烟，零售多为私营店铺和摊贩经营。1953年至1957年，卷烟产销纳入国家计划，国有商业机构对省内卷烟厂产品实行包销，批发机构下延到区乡集镇，在农村发展一批代销店。1960年后，烟叶和卷烟生产量大减，市场供应紧张，各县商业部门采取凭票凭证供应办法。1965年，烟叶与卷烟产量回升，又取消票证敞开供应。“文化大革命”期间，卷烟生产又下降，供应又趋紧张，又一度恢复凭票证供应。1979年后，卷烟市场兴旺，境内各地城乡卷烟经营店铺和摊柜相当普遍。

20世纪70年代以前，市境所售卷烟均为无过滤嘴卷烟。70年代末始销售过滤嘴卷烟。市场上销售的卷烟省内牌子有“红步兵”“向阳花”“朝阳桥”“合作”“蓝雁”“金狮”“乌江”“甲秀”“云雾山”“圣火”“驰牌”“黄果树”“花溪”“天麻”“杜仲”“遵义”“长征”“贵烟”等，省外烟除“中华”“大前门”等牌子外，多为云南卷烟，主要有“金沙江”“大重九”“春城”“石林”“阿诗玛”“玉溪”“红塔山”“茶花”“红山茶”“红梅”“红河”“云烟”等品牌，有的比省内卷烟行销，进口卷烟有“555”“万宝路”“良友”等品牌。

三、酒类经营

境内酿酒历史悠久，尤以各少数民族热情好客，多自行酿酒招待宾客和自食。其中，彝族咂酒、布依族水花酒享有盛名。城乡居民亦多酿酒自食与待客，部分人则以酿酒为业，各县城均开设酿酒作坊，产品系俗称“大酌酒”者多，一次产数百斤。其余多为小量酿造，俗称“小酌酒”或“小缸酒”，每缸出酒30市斤至50市斤左右。

解放后，各县先后兴办酒厂，酒产量大幅度增长。各县遂成立专卖公司，对酒类实行专卖。1958年搞“大跃进”运动，继而经三年经济困难时期，粮食产量锐减，酒类生产急剧下降。1960年，粮食供应困难，酒类生产降至最低点，几乎无粮酿酒，以致用青冈籽和其他野生植物作代用品酿酒，供应极度紧张。平时连吃饱饭都成问题，人们更无饮酒奢望，酒类销售近乎停顿。各县遂实行凭票证供应，每季每人不到半市斤。1962年至1965年，工农业生产逐步恢复，酿酒用粮增加，酒产量和销售开始回升。“文化大革命”期间，酒类生产销售又下降，又复用凭票证供应，每月或每季亦仅半市斤左右，且只向工矿职工和城市居民供应。

1978年以后，实行改革开放，酒类市场日趋繁荣，各县城乡普遍销酒，形成“无酒不待客”的社会风俗。

境内各地城乡，群众大多饮用当地所产散酒，本地瓶装酒较少，其中较为有名的酒有六枝九龙液，水城龙场酒、土桥酒等。瓶装酒以省产酒居多，先后有平坝窖酒、安酒、习酒、湄潭窖酒、金沙窖酒、方酒、习酒、董酒、青酒、茅台酒以及品类众多的其他茅台系列酒。省外品牌先后有沱牌酒、尖庄、郎酒、剑南春、泸州大曲、五粮液等。其他如晋酒竹叶青、汾酒、京酒二锅头等亦有销售。20世纪五六十年代，亦有滇酒杨林肥酒等销售。鲁酒孔府家酒、孔府宴酒于20世纪90年代亦一度进入境内市场。

四、经营管理

（一）物价管理

1. 食糖价格

省际间食糖调拨价，归国家物价局管理；县以上食糖销售价和省内红糖购销价，由省物价局和商业厅管理；县以下食糖销售价，由县物价局、商业局、供销社管理。食糖价格长期较稳定，变动幅度不大。1965年所核定省际间调出价为进口加工白糖，每吨1250元；广西一级白糖，每吨1170元；云南一级白糖与广西同价加20元运杂费；古巴白糖，每吨790元；广西赤砂糖，每吨930元；黑龙江白糖，每吨1250元。贵阳市一级白糖批发价每吨1356元。六盘水境各县地区差率，以贵阳为中心，根据商品流向，结合邻省、邻县销售价，按分级管理权限确定。批零差率为；机制白糖、进口原糖、冰糖为15%；赤砂糖、红糖为14%；糖精为12%至15%。

2. 卷烟价格

卷烟价格由省物价局管理。卷烟购销差率为4.5%，系统内调出价按产地批发价倒扣2.5%。1958年起实行三类价格区，一类区为产地及离产地30公里范围内，执行产地价；二类区为地、州、市、县所在地及其5公里范围内，销价高于产地价每小包1分；三类区为县城5公里以外乡村，销售价高于产地每小包2分。1966年起，实行两类价格区。1981年11月，又恢复三类价格区。从上海调入的卷烟，按上海零售价每小包加3分定价，其他省调入卷烟，产地零售价每小包加2分定价。市境卷烟价格均按上述规定执行，1978年以后价格逐步放宽。

3. 酒类价格

茅台酒销售价格，贵阳市和产地仁怀，由商业部管理；其余省内外全国名酒、省产地方名酒产地价格和各地州市销售价格，由省物价局和商业厅管理。购销差率，散装酒9%，瓶装酒11%，茅台酒16%。地区差价，散装酒县城之间每50公斤不得超过3元；县城与区乡之间每50公斤不得超过1至3元；省产瓶装酒由产地调地州市加综合差率2%；由一级站转三级站加1%；省外瓶装酒，大中城市城差率为5%，中小城市城差率为2%。批零差价，散装酒为11%，省产瓶装酒为10%，各种名酒12%。境内遵照执行上述规定。

（二）经济核算

1952年起，商品流转计划由总公司下达，省公司根据所下达计划编制全省各分区计划，由商业行政部门与专业公司双线下达。财务管理执行贸易金库制，资金统收统支。1953年至1959年，商业管理机构和经营机构分设，按经济区域设置批发站，改变商品统一调拨制度，实行分级管理，各级建立起商品买卖关系，停止贸易金库制度，所有商业企业均实行经济核算制。1958年至1961年实行政企合一，撤销专业公司，对商品实行分类分级管理，食糖、卷烟、名酒均划为第一类商品，由国务院管理，财务计划由各级商业行政主管部门下达到企业。1962年至1965年，恢复糖烟酒公司，商品流转计划实行双轨制。资金管理，由各公司和商业厅逐级核定。利润解缴，二级、三级企业和零售企业，全部实行中央与地方全额分成。财务计划仍由商业行政主管部门下达到企业。境内遵照执行上述规定。

“文化大革命”开始后，贵州未撤销专业公司，商品流转计划管理和财务管理，仍保持过去办法。

1979年实行改革开放以后，发展集体、个体商业，恢复农村集市贸易与城市农贸市场，改变商业对工业品统购包销制度，逐步放宽购销市场，改上交利润为所得税。非公糖烟酒商品批发与零售企业呈大发展状况，遍及城乡各街道和集镇集市。

1950年至1988年六盘水食糖、卷烟、酒类销售表

表3-5

年份	食糖纯销售（吨）				卷烟纯销售（箱）				酒纯销售（吨）			
	合计	六枝	盘县	水城	合计	六枝	盘县	水城	合计	六枝	盘县	水城
1950	—	—	—	—	250	79	165	6	170	80	90	—

续表3-5

年份	食糖纯销售(吨)				卷烟纯销售(箱)				酒纯销售(吨)			
	合计	六枝	盘县	水城	合计	六枝	盘县	水城	合计	六枝	盘县	水城
1951	—	—	—	—	376	112	256	8	105	90	185	—
1952	97	30	55	12	564	196	358	10	361	110	220	31
1953	114	30	65	19	695	221	443	31	455	150	265	40
1954	161	35	95	31	976	225	609	142	498	155	295	48
1955	217	40	140	37	1228	208	775	245	569	165	345	59
1956	184	45	95	44	1197	282	546	369	658	205	315	138
1957	265	50	95	120	1785	371	691	723	895	280	455	160
1958	343	65	140	138	2115	423	842	850	810	255	360	195
1959	527	180	175	172	3234	830	1239	1165	646	120	355	171
1960	280	130	65	85	4368	1150	1238	1980	617	145	170	302
1961	639	185	250	204	1991	656	556	779	153	55	75	23
1962	544	150	230	164	2007	770	816	421	263	95	140	28
1963	586	175	255	156	2346	589	692	1065	712	185	385	142
1964	386	130	145	111	2598	945	734	919	831	250	385	196
1965	749	335	175	239	5114	1667	626	2821	1507	455	505	547
1966	1115	455	405	255	4910	1586	1424	1900	1645	540	600	505
1967	1373	450	585	338	6569	1670	2476	2423	1996	635	880	481
1968	1240	390	545	305	7789	1793	2977	3019	1852	475	840	537
1969	1924	465	420	1039	7270	1710	1799	3761	1705	575	530	600
1970	2279	420	570	1289	8054	1648	1721	4685	1545	400	475	670
1971	2698	680	810	1208	12918	2450	4422	6046	2420	570	605	1245
1972	2233	560	620	1053	12107	1742	4724	5641	2442	525	695	1222
1973	2446	470	715	1261	12874	2240	3484	7150	1679	365	585	729
1974	2675	660	795	1220	5342	1621	1704	2016	2007	550	680	777
1975	2016	620	710	686	7751	2413	3126	2212	2364	685	635	1044
1976	1771	454	680	546	8328	1982	2775	3571	2751	745	690	1316
1977	2234	570	825	839	11837	2553	3930	5354	3057	705	900	1452
1978	3011	855	1335	821	14905	3171	5069	6665	3498	785	1105	1608

续表3-5

年份	食糖纯销售(吨)				卷烟纯销售(箱)				酒纯销售(吨)			
	合计	六枝	盘县	水城	合计	六枝	盘县	水城	合计	六枝	盘县	水城
1979	2665	597	1131	937	15934	3391	7633	4910	3722	666	1986	1070
1980	2273	603	1144	526	17674	2880	7033	7761	3193	605	1462	1126
1981	2220	609	1156	455	16132	3485	6480	6167	2320	544	594	1182
1982	2152	348	951	853	17465	4185	5971	7309	2119	555	693	871
1983	2134	519	827	788	18679	3626	7194	7859	2774	610	916	1248
1984	2248	298	910	1040	20810	4421	6506	9883	2612	562	794	1256
1985	1975	506	599	870	24597	4160	10227	10210	2653	586	684	1383
1986	2610	608	462	1540	22926	2902	10858	9166	2828	445	694	1689
1987	2671	588	717	1366	22664	4266	9260	9138	3473	464	822	2187
1988	2718	446	1133	1139	26609	5849	11143	9617	3105	480	800	1825

第五节　食　品

食品业主要经营肉食、禽蛋，肉类以猪肉为主。1949年前，饲养生猪不多，肉食由私家屠户经营，猪肉销量少，多为城镇居民购买，农村则逢赶集时有一两案猪肉销售，较富有人家多各自养有“过年猪”以解决肉食所需。禽蛋多由农村生产供给。

1950年后，各县人民政府针对肉食禽蛋生产和消费不断发展情况，成立国营食品公司。在经营期间，积极促进禽蛋生产，扩大商品货源，保证供应、出口及外调。执行国家食品购销政策，有计划分配商品，兼顾城乡生产生活需要组织调拨，确保城市和工矿区肉食需求。1979年后，肉食禽蛋销售市场开放，后国营食品经营比重逐步减少。

一、生猪经营

(一)饲养发展

1956年前，实行私有私养。1956年7月，根据“私有、私养、公助”精神，帮助养猪户制订生产计划，发展公猪、母猪，调剂仔猪，以提供猪源。适当提高生猪收购价，以提高农民养猪积极性。1958年至1960年，执行“公养私养并举、公养为主、私养为辅”方针，大办集体养猪场，提倡公社、大队、生产队三级养猪，行办百头、千头、万头养猪场，所计生猪数，多为虚报浮夸数。1960年，粮食锐减，人们要吃饱饭已成问题，哪有饲料养猪，猪栏几乎无猪。1961年至1965年，转为执行“公养私养并举，以私养为主”方针。1961年，提高生猪收购价，实行肥猪奖售粮食和工业品政策，发展母猪生产。食品站饲养公猪，免费给饲养户配种，廉价提供良种仔猪，并采取加强防疫及给予养猪户有关帮助等措施。自1962年起，生猪饲养量上升。“文化大革命”时期，大批“三自一包”等所谓资本主义倾向，社员养猪受限制，生猪产量又下降。1970年至1976年，执行“积极发展集体养猪，继续鼓励社员养猪”方针。1971年，对集体和养猪户发放仔猪贷款。1973年，对生产队集体所养母猪，每产一窝仔猪，补助饲料15公斤，对社员家庭所养者，每产一窝补助10公斤。还规定生产队按社员养猪存栏头数，每头划给一至二分地种植饲料。社员交售肥猪，除国家奖售外，有条件生产队再补助25至30公斤饲料粮，并组织化肥奖售予养猪户。

1978年，遵循中共十一届三中全会制订的发展农业生产文件精神，继续鼓励社员家庭和集体发展养畜业。执行贵州相应规定，社员养猪，原则上划给饲料地，按一头猪一分地，公、母猪一头二分地。集体养猪，首先办好养猪场，主要饲养公、母猪，实现队繁队养，户繁户养。农村实行联产承包责任制后，集体养猪解体，逐渐出现养猪专业户和重点户，农户家庭养猪普遍增多。

（二）组织收购

派养派购。1955年，执行全国财经会议决定，在生猪生产区实行派购政策，同时实行派养。每一农户派养生猪1至1.5头，按照计划，由区、乡向生产队签订采购合同，收购人员分片包干负责完成。农户在完成派购任务后，剩余肥猪可自行处理，对交猪派购户，优先供应一定数量猪肉、猪油。

统一收购。1957年8月，执行国务院统一收购物资中规定，肥猪列入统一收购品种之一，实行“由食品公司统一收购或者委托供销合作社收购”政策，其他商业单位、商贩及机关、团体、学校、部队、工矿、企业等单位，均不得收购。

合同收购。1958年，生猪经营实行大购大销，只要合符收购规格，有卖必一律包收。食品经营部门和农业社签订分期和定期收购合同，派员深入区乡、社队和农户突击收购。由于突击收购集中圈养和运送，往往产生掉膘、生病、死亡等情况，损耗极大。1960年，对生猪实行合同收购，采取“任务交底，签订到队，超额鼓励”办法，损耗有所减少。

按购留比例派购。由于1959年以后的经济困难时期影响所致，养猪户生活相当困难，养猪能力和积极性大减，生猪产量急剧下降。为给予养猪户食用猪肉、油适当照顾，1961年，执行贵州省生猪派购放宽规定，采取“收购一部分，留给农民一部分，所留下部分可以自宰自食”办法。社员所养，国家收购50%，留50%给社员自行处理；集体所养，国家收购75%，留下25%给社队自行处理；其他单位、部门自行所养，自养自食。用此办法，以鼓励养猪，促进生猪产量增加。

1962年，食品部门收购肥猪，除奖售粮食外，还实行综合奖售工业品办法，其中有紧销商品棉絮、胶鞋等。1963年，肥猪收购奖售，每头60公斤毛重，奖售粮食60公斤，超重者按规定比例照加奖售粮食及有关工业品。1964年，随社会经济情况好转，工业品增多，逐步降低工业品奖售标准，粮食奖售基本不变。生猪收购量比1960年增加3倍多。

计划收购。1965年，根据“及时收购，积极推销，生产做活，活而不乱”原则，执行计划收购，当年计划收购生猪数较上年上升。其后受“文化大革命”影响，生猪收购量迅速下降，境内处三线建设地区，供应量大，由省外调入以补充不足。

购留派购。1971年，实行购留派购政策，农民饲养“购五留五”，集体饲养“购六留四”，派购任务分配到公社，由生产队组织交售。城镇居民饲养“购五留五”。同时，继续执行奖售政策，收购一头65公斤肥猪，奖售粮食25公斤，布票2尺，每超过0.5公斤，奖售粮食0.25公斤。养猪户每交售一头肥猪，供应猪肉1.5至2.5公斤。1975年，重申“购五留五”政策不变，计划到社，派购到队。

1978年改革开放后，生猪收购政策逐步放宽。1979年改革初期，仍实行“购五留五”派购政策。社员完成交售任务后，剩余猪肉允许上市出售，肉食经营出现个体屠宰商户。国家收购一头65公斤生猪，奖售粮食25公斤，标准化肥25公斤（化肥归生产队，由队售予其粮食40公斤）。1980年，推行购售结合合同，区食品站与公社或大队、生产队根据派购任务订立合同，按合同内容执行。农村实行联产承包经营责任制后，农业生产管理制度发生变化，商业部门规定不按规定期限交售生猪的，过时交售一头肥猪，比在市场出售收入要低20元左右。尽管如此，派购任务仍难于落实到户，个体屠商以浮动价收购和销售生猪，国有食品部门生猪收购量下降。1982年，为适应多渠道收购形式，派购既可“购五”，也可包干派购，化肥直接奖售给养猪户。同时加强合同签订工作，合同兑现率提高。1984年，生猪多渠道经营进一步发展，国营食品部门收购量又趋下降。1985年1月，国务院《关于进一步活跃农村经济十项政策》中规定，生猪也要逐步取消派购，自由上市，自由交易，随行就市，按质论价。全市从4月1日起，取消生猪派购规定，放开肉食市场，农民可以自由出售肥猪，进城卖肉。供销合作社、有证商贩可以自由运销生猪，国营食品部门收购生猪实行指导价。其后，生猪和肉食销售，多由私商经营。国营食品部门，在肉食紧张、肉价上涨时，按市财政补贴规定，组织肉食上市按平价供应，发挥肉食调剂补充和平抑肉价作用。

（三）市场供应

1949年前，境内肉食，除自养自食者外，其余均由私商屠户经营。且消费水平低，每人年均消费3公斤左右，贫苦人家，终年难见油肉。中华人民共和国成立后，人民生活水平逐渐提高，每人年均肉食消费逐步增大，境内执行国家肉食经营政策，采取如下办法。

20世纪50年代，国营食品部门成立初期，肉食较充裕，群众消费量尚不高。市场肉食供应为“自由购买”。不分城乡，不定数量，不限品种，群众根据其需要，不受限制而在市场任意选购，市场繁荣。

1955年，市境三县生猪收购量下降，货源不足以自由购买，实行控制供应办法。对外宾、专家、住院病人、托儿所儿童、高温高空、井下作业者、旅客等足额供应；对厂矿、机关、团体、部队、学校等单位适当供应；对饮食业、加工业，在适当维持营业原则下，根据货源情况进行供应；对普通市民，根据货源情况，实行限量供应或分区轮流供应。1957年，生猪收购略有上升，但供应仍紧张。对城市，视货源情况，划片区轮流分期供应一定数量；对农村养猪户完成收购任务后所剩生猪，可自宰自食或自宰分食，亦可卖给国家，若卖给国家则发4至7.5公斤的购肉凭证并优先供应；对少数民族养猪户卖给国家的生猪，屠宰后还留给头、脚和肚杂。

1958年“大跃进”运动开始，市境三县生猪生产受到冲击，加上大炼钢铁，肉食消费量增加及出口外调量大，造成肉食供应紧张状况。市境实行定量供应办法，地、州、市以上城市凭票定量供应；饮食服务业，掌握供应；对重体力劳动者、工矿区及地质勘探人员保证供应。城镇居民每月每人0.5公斤，节日酌增0.25公斤。1960年，生猪货源十分困难，供应量不断减少，国有商业部门有时甚至无肉供应。三县国有商业部门在保证出口和外调的同时，本着“瞻前顾后、细水长流、保证特需、平日不断”原则安排供应。1961年，城镇人口年平均消费猪肉量降至每人1公斤左右。

1962年起，实行国民经济调整方针，生猪收购逐步好转，供应逐步放开，随着肉源的不断丰富，国营食品部门大幅度增加供应数量。1964年年初，市境三县采取“死定量活供应”办法，5月起陆续开始放开购销，至年底各地均敞开供应。1965年，城镇居民每人年平均消费猪肉近20公斤。

“文化大革命”开始后，生猪生产和食品经营受到严重冲击，又由敞开供应改为定量供应，首先保证厂矿员工和劳保特需。但供应时断时续，凭票购肉者往往排成长队，若遇好肉或节日，有的甚至隔夜排队守候购买。为弥补货源不足现象，1967年至1979年，国营食品部门年年从省外调入冻肉供应。

1983年，在继续执行生猪派购和定量供应同时，逐步开展议购议销，价格随行就市，经营方式灵活多样，进城、出县、出省不受限制。1984年，开展议购议销地区进一步扩大。此间，市场所供应猪肉，既有凭票证定量供应之“平价肉”，又有按市场价格自由购买之“议价肉”，市场猪肉营销呈现宽松活跃情势。

1985年4月，生猪购销放开后，境内执行贵州省采取“随行就市和计划调节相结合”办法供应猪肉，取消定量供应，对非农业人口给予一定肉食定额补贴。市场肉价随国营商业所供应情况而波动上涨或下跌。肉价略有上涨，而基本稳定，在相当长一段时期内，食品部门价格每市斤在1.7元左右，市价则保持略高于1.7元至2元之间。

从1955年开始实行派养派购，至1985年取消定量供应，30年间，农民在与同向国家交售粮食及有关农产品等方面，向国家交售大量肥猪，为国家分担肉食供应不足之重担，对国家经济建设和满足人民肉食需求作了重大贡献。

市境商业部门主要经营生猪及肉食购销，菜牛、菜羊等经营及猪肉加工，多由外贸部门进行。

二、蛋禽经营

（一）收购

1949年前，境内蛋禽销售，为农民生活添补零星开支主要来源之一。农户分散自养自产自销，一般人家，多为三五只鸡或鸭，鸡居多数，而产量少。除自食外，多在集市上出售，通称“换几个盐巴钱”。亦有商贩走村串寨或在集市上收购，以贩运往城镇销售，所购销量亦不大。

20世纪50年代初期，对家禽和鲜蛋采取自由购销政策，由私商经营。1954年，国营食品公司成立后，由于家禽产量大，且涉及地区广、饲养户多，国营食品部门经营力量不足，遂根据鲜活商品特点，除节日作部分调剂外，鼓励城乡小商小贩积极经营，以适应人民生活需要。对鲜蛋，亦鼓励其积极从事购销。国营食品部门根据需要和可能，量销为购，经营量不大。其后，随着对鲜蛋量不断增加，逐步扩大经营。

1961年，对鲜蛋实行订购，农村大队、生产队、社员及城镇居民所养生蛋之母鸡（鸭），一年人均订购鲜蛋10个，公社养禽场所生产鲜蛋，除留种外，国家收购70%；机关、团体、学校、部队、厂矿、企业、城乡食堂等饲养所产鲜蛋，自养自食，不分配交售任务，若有剩余，可出售给国家；国营养禽场所生产鲜蛋，除留种外，国家收购80%。收购家禽实行奖售政策后，交售活鸡，每交售1市斤奖售粮食1.5市斤；交售活鸭，每交售0.5市斤，奖售粮食1.5市斤。所收购家禽，以当地加工为主，调供部分活禽。收购在市场采取自由成交方式，集市价格接近或低于牌价，由食品部门直接收购，或委托供销合作社代购。有冷库设备地区，及时调至冷库加工成冻禽。

1962年，根据是时产蛋母鸡数量，将订购任务落到生产队，按鸡订购鲜蛋。同时实行奖售政策，每售10个鲜蛋，奖售粮食0.5市斤、白糖0.5市斤，有的则奖售糕点，还根据工业库存情况优先供应一些电池、火柴、口杯、肥皂、棉线、小毛巾等。采取入场收购，串乡串寨收购，开小型交流会等办法，方便养鸡者交售，或委托供销合作社代购。1964年，改为国营食品部门在县城收购，广大农村主要依靠供销合作社代购。

1964年，家禽饲养恢复和发展较快，禽蛋产量增多，旺季鲜蛋上市量大，收购量多，货源充裕，供应有余。

境内蛋禽生产分散，收购零星。根据其特点，1972年规定在交通沿线主要集镇和工矿集中地区及与省外接壤毗邻地区，蛋禽牌价市价悬殊而收购有困难时，经县批准，可以实行派购，将收购计划布置到生产队，由队组织交售。牌价与市价相差不大，易于收购地区，则组织力量，铺开网点，积极收购。国家收购集体所交售鸭蛋，每交售1市斤，奖售粮食0.5市斤。

1974年，养有家禽农户，每户派购家禽1至2只，鲜蛋1.5至2.5公斤，完成派购任务同时，允许进入集市交易。1975年至1976年，继续实行派购，每农户派购鲜蛋1.5至2.5公斤。城市工矿交通沿线，对家禽亦实行派购，每农户派购家禽1至2只，任务逐级落实到生产队，分派到户。由于“文化大革命”影响，养禽量下降，平均每户仅养2只左右，禽蛋收购量下降。

“文化大革命”结束后，为促进家禽生产发展，鼓励社员养鸡、鸭、鹅，积极促进集体棚鸭恢复发展。对家禽经营，国营食品部门按照“收得进、卖得出、不赔钱”原则，由各地自行定价进行购销。

1978年至1984年，鲜蛋继续实行派购，收购1市斤，奖售粮食0.5市斤。1980年，改为“货源丰富地区多派、货源少地区少派或不派”之办法。1983年，对鲜蛋实行计划收购，国营食品部门在完成收购计划后，可开展议价议销，鲜蛋收购量上升。1985年，禽蛋经营放开购销，生产、销售两旺，主要由非公商贩进行经营，价格随市场供需而定，货源充裕，任意选择购买。

（二）供应

20世纪50年代中期，各县国营食品公司成立后，以安排好节日市场供应为主。1958年下半年后，城市鲜蛋供应紧张，主要保证特需供应。1961年，鲜蛋货源更趋紧缺，供应仍优先保证特需供应，各县城在留成中自行安排，逢节日每人供应2个左右，平时每月每人1个左右，有时无蛋供应。

1962年，开放集市贸易，自由购销家禽，供应紧张情况渐趋缓解。1963年，按照“低于市价，高于牌价”原则供应鲜蛋。随着上市鲜蛋增多情势，牌价、市价接近，鲜蛋由定量供应改为保证特需，平时不定量不凭票，议价敞开销售，旺季多销，淡季少供。为方便买卖，减少翻动所造成破损，将原按数个销售改为称重销售。1965年，购销更趋好转，“文化大革命”后又趋下降。1967年后，鲜蛋供应又恢复，首先保证特需，而后根据货源情况，逢节日采取凭证定量办法供应。

1978年后，鲜蛋供应结合货源情况进行，对家禽继续实行议购议销规定。1979年，调整鲜蛋收购价后，收购量增加，货源充足。国营食品部门在收购旺季多销少存，随到随销，若存货量大，则及时组织安排储存和加工。同时在城镇、工矿区增设零售网点，送货上门，服务到厂。而后，随市场经济发展，鲜蛋收购量渐趋下降，1985年，鲜蛋经营放开，私商所经营鲜蛋购销店摊应运而生，遍及城乡各地，货源充足，市场活跃，任凭选购。

三、经营管理

（一）计划管理

国营食品公司所经营生猪、家禽、鲜蛋等商品，按季制订商品流转计划。其中主要安排收购调拨指标，在一段时间内，还安排销售计划指标。其中省外调拨，根据商业部所平衡下达计划安排；省内调拨，根据有关地区生产情况，由省具体安排。计划核定后，由省食品公司逐级下达到地、州、市、县食品公司和区食品站执行。境内各县，按此规定执行。后随生猪、家禽、鲜蛋先后实行议购议销，所经营商品不再编制计划。1985年，生猪等放开经营后，为便于肉食等调节供应，仍制订购销调拨计划。

计划执行中，购销数量起伏较大。1955年至1958年，生猪收购逐步上升。1959年至

1961年，值经济困难时期，饲料缺乏，生猪等生产急剧下降，猪、禽、蛋收购和销售量亦随之大幅度下降，肉食等供应发生很大困难。1959年，各县每人每月猪肉供应量仅为1市两，有时甚至为零。随着贯彻国家“调整、巩固、充实、提高”方针，国民经济趋于好转。1962年起，生猪等购销量逐年上升。1965年，在平价敞开供应基础上扩大推销。1966年，为历史上购销量最大年份。“文化大革命”中，食品商业受到严重冲击，所收购生猪质量很差，每头生猪平均出肉量，由1965年50公斤下降为35至40公斤，肉食供应处于紧张状态。1978年12月后，实行改革开放政策后，肉食禽蛋等经营政策逐步放开。由于农民可以自由上市出售猪肉禽蛋等产品，以及实行多渠道经营，国营食品部门收购逐渐下降。1985年生猪等经营放开后，购销量下降更大。境内生猪等生产还不足以满足市场所需，为保证人民肉食需要，还年年从省外调入活猪、冻肉、肉制品充实市场供应。

（二）价格管理

食品价格，亦按照商品价格管理权限进行。放开经营前，商业部直接管理县城以上生猪、家禽、鲜蛋等市场平均收购价，省食品公司据此规定全省价格水平，制订地、州、市县所在地销售价，经省商业厅核定下达执行。境内各县，执行省商业厅下达之价格，执行中，购销价曾多次调整。

1. 生猪购销价

1949年前，系私商经营，无购销价格规定，由市场需求情况而随行就市。中华人民共和国成立后，生猪收购，在贯彻“稳定市场、稳定物价”方针指导下，按照等价交换原则，以猪粮比价为中心，结合不同地区不同时期生猪供求情况而安排核定，主要进行过几次调整。

1956年，县以上市场生猪平均收购价，由原来每50公斤毛重25.81元提高到30.59元，提高幅度为18.52%。1961年，根据粮食收购价提高情况作相应提高，生猪每50公斤毛重，由原来33.94元调整为43元，提高26.7%。1973年，县以上市场每50公斤标准级生猪（毛重65.5至75公斤），收购价由45.9元提高到47.65元，上调3.8%。

以上生猪收购价虽几度提高，但仍显偏低。为解决此长期存在问题，缩小工农业产品间比价。1979年4月1日起，执行全省生猪（二级）收购价，平均每50公斤毛重提高到62.05元，提高30.22%。并规定一级猪（毛重75.5公斤至79公斤）价格比二级猪（毛重65.5公斤至75公斤）价格加5%。特级猪（毛重90.5公斤以上）价格比一级猪加6%。三级猪（毛重50公斤至65公斤）价格按二级猪价格95%作价。1985年4月1日，取消生猪派购，实行收购指导价。

生猪销售价，按照“以生猪收购价为基础、将收购价与销售之间购销差额率尽量缩小”

原则进行。为保障生产者和消费者利益，随着生猪收购价调整，销售价亦相应进行几次调整。其中，于1979年4月1日调整生猪收购价时，未随之调整猪肉销售价，从而使生猪经营亏损增大。为减少亏损，县城和农村食品部门，实行当地收购当地销售办法，保持保本并有微利，而又产生地区之间供应不平衡问题。于1979年11月1日执行省调整猪肉销售价政策，县城以上市场，平均二级带骨猪肉由每50公斤68.7元调整为95.8元，提高辐度为39.46%。在其销售价调整同时，国家对职工实行副食品价格补贴办法，猪肉零售价提高部分，职工从其补贴中得到补偿，以利调价推行。

2. 蛋禽购销价

鲜蛋收购价，根据不同时期政治经济形势要求及鲜蛋经营任务变化而定，曾进行几次调整。1973年，执行省规定，市场平均收购价，每50公斤由原来60.13元调整为65.13元，提高8.32%。1979年3月，又调整为84.78元，提高30.17%。

由于鲜蛋生产季节性强，为调节季节需求，在有些年度中，曾根据上市收购情况实行季节差价。

随收购价格调整差价，鲜蛋销售价格亦随而进行调整。1979年11月1日，执行省规定，平均每50公斤鲜蛋由原来的75.61元调整为99.71元，提高31.87%。1985年鲜蛋经营放开后，购销价格随行就市。

在计划经济时期，商业部门对家禽购销价格的把握主要根据“购得进、销得出、不赔钱”原则进行。在议购议销期间，价格随行就市。

（三）储运

生猪、禽蛋等商品在运输储存过程中存在特殊性，尤以活畜活禽和鲜肉鲜蛋及其制品，容易发生掉膘、生病、死亡和变质现象，因此国营食品公司自成立后不断加强设备设施建设，建立冷库、修建仓库，购置车辆，修建畜圈，最大程度地预防生鲜食品的质变。

生猪、蛋禽调拨，系由县、区调省和六盘水地区（市）所在地供应。调拨中，实行划区调拨，根据各县商品猪产量、供应需求量和上调任务等情况，结合交通条件和历史所形成各县间自然流向情况，划定一些县调生猪，由县、区直接调省和六盘水地区（市），以减少中转环节，缩短运输里程，减少损耗，降低成本。市、县冷库逐步修建后，又结合冷库设置情况，指定较近符合流转方向县、区调往冷库加工冻肉调供。

根据鲜蛋收购分散零星特点，开展直线运输，采取定车约时和约配装点办法，力争快收快调。推行“包装牢固、填充物柔软、装卸细心”等办法，以减少破损。

在储存中，强调防漏防潮，将究通风，保持适宜温度，并注意防止鼠害，以防变质损耗。各级公司和食品站，订有严密储存工作责任制度。

四、经济效益

国营食品公司财务管理体制曾几经改变，由省公司统一核算改由县级当地商业局核算，再改为省食品公司系统专业核算。1973年至1985年放开经营前，基本实行专业核算，分级管理，企业所实现利润，就地缴库，所出现亏损，就地弥补。超计划亏损，由企业检查原因，提出改进措施，先后采取逐级转报和直接上报省食品公司办法进行平衡弥补。

经营管理上，力求减少以至杜绝非政策性亏损，或将政策性亏损降至最低限度。除改善调运、仓储、降低死亡、掉膘损失和减少运输费用外。改进经营方式，扩大直接收购，降低经营成本。推行出肉率定等、毛重计价等办法，提高生猪收购质量，增加出肉率。推行分等级分部位卖肉，按质计价，适应消费需要。扩大猪肉副产品利用率，增加收入。1965年，推行借鉴浙江省东阳、义乌经营生猪经验，组织推行"上门看猪、合格发证、约时定点、预约收购"办法，改变过去"占用人员多、需要设备多、计划性不强、天天等货上门收购"办法，推行县内所供应猪肉"就地收购、就地宰杀、就地供应"的"三就"办法，改变过去先收肥猪养存，卖时再宰杀办法。节约饲料费和运费，减少亏损。是年，食品公司系统平均每头生猪亏损下降为13.4元，比1962年31.35元减亏17.95元。1966年，每头猪亏损又下降为4.27元。1967年至1986年，每头亏损一直在10至30元之间升降。其中，1984年为20.73元，1985年为27.69元。

所经营菜羊、鲜蛋，基本上亦属亏损产品。食品公司系统平均每头菜羊亏损额，1977年最低为4.45元，1984年最高为14.29元。每市担鲜蛋亏损额，1978年最低，为16.76元。菜牛和家禽经营，有盈有亏。其中菜牛，1982年每头亏损28.72元；1983年每头盈利13.91元。家禽，1983年，每只盈利0.84元；1984年，每只盈利0.39元。

1950年至1988年六盘水生猪和猪肉购销表

表3-6　　　　单位：吨

年份	猪和猪肉纯购进				猪和猪肉纯销售			
	合计	六枝	盘县	水城	合计	六枝	盘县	水城
1950	—	—	—	—	488	310	93	85

续表3-6

年份	猪和猪肉纯购进				猪和猪肉纯销售			
	合计	六枝	盘县	水城	合计	六枝	盘县	水城
1951	—	—	—	—	695	350	180	165
1952	—	—	—	—	820	450	193	177
1953	1625	37	261	1327	1041	510	277	254
1954	2278	195	740	1343	1149	525	325	299
1955	2041	274	407	1360	1821	490	693	638
1956	2123	220	527	1376	1460	525	487	448
1957	3459	731	1335	1393	1414	585	432	397
1958	5256	1247	2400	1609	1209	600	317	292
1959	4926	1142	1959	1825	1768	415	625	728
1960	2317	759	1071	487	914	390	320	204
1961	430	84	305	41	186	60	95	31
1962	1052	275	563	214	229	75	125	29
1963	2107	460	1144	503	765	255	225	285
1964	4021	1004	2011	1006	1864	780	510	574
1965	5123	1150	2416	1557	5352	2110	740	2502
1966	5161	1839	2018	1304	5918	1850	1380	2688
1967	4480	1048	1591	1841	5284	1600	1150	2534
1968	3877	940	1295	1642	4467	1250	1075	2142
1969	3314	664	1186	1464	4764	1200	615	2949
1970	4043	1500	1238	1305	4523	1150	925	2448
1971	4858	1873	1821	1164	4295	1175	1725	1395
1972	4261	1788	1326	1147	4862	1000	1945	1917
1973	4296	1584	1716	996	5188	1040	1895	2253
1974	4932	1270	2187	1475	4512	1010	1775	1727
1975	4887	1227	1899	1761	4467	1150	1695	1622
1976	3954	805	1594	1555	4351	1000	1375	1976
1977	5020	1315	1903	1802	5265	1065	1785	2415
1978	5087	1047	1955	2085	4823	995	1970	1858
1979	4339	1299	1148	1892	5359	1266	1329	2764

续表3-6

年份	猪和猪肉纯购进				猪和猪肉纯销售			
	合计	六枝	盘县	水城	合计	六枝	盘县	水城
1980	1584	263	214	1107	5443	1287	1679	2477
1981	3640	887	1069	1684	5001	1482	1230	2289
1982	4578	953	1896	1729	5297	1423	1624	2250
1983	4194	985	1520	1689	5948	1608	1622	2718
1984	2866	588	757	1521	3841	1201	762	1878
1985	1271	436	632	203	2442	839	407	1196
1986	2586	668	1827	91	4835	1376	1402	2057
1987	1565	610	739	216	4343	1471	746	2126
1988	1598	971	442	185	2851	1018	463	1370

第六节　民族贸易

六盘水境为多民族地区，居住有苗、彝、布依、仡佬、回、白、水等少族民族和穿青人、蔡家人等，呈现大杂居、小聚居态势。各少数民族，具有其生活习俗与文化风情，而有较特殊商品需求习惯。1949年前，境内少数民族地区经济文化落后。民族地区商业亦相应落后，多数地区尚处自然经济形态，主要通过集市进行商品交易，由私营商贩经营。市场所交换商品，多为粮食、畜禽、农副产品、山货及铁、木、竹器具，有少量食盐、布匹和日用百货，均靠商贩从外地运来。少数民族所自有产品价格低，所购入商品价格高，深受商业盘剥，“头猪段布”“斗米斤盐”现象普遍存在，不等价交换交易情况严重。

中华人民共和国成立后，人民政府致力发展民族地区经济，大力发展民族贸易，在民族地区实行“不赔不赚、有赔有赚、以赚补赔”民族贸易政策。民族贸易部门大力收购农副土特产品，沟通城乡物资交流，民族贸易购销业务不断扩大。1979年执行改革开放政策，实行“多种经济成份、多条流通渠道、多种经营方式、少环节开放式”商品流通体制，坚持作好所主营民族用品和专项商品经营工作，努力为少数民地区民族贸易工作服务。

一、机构建立和发展

人民政府建立初期，民族贸易工作系采取随军贸易方式。当时土匪骚扰严重，贸易部门配合人民解放军武装护送物资，运送大量食盐供应少数民族地区。1952年，境内各县民族贸易公司先后建立。分别组织贸易小组，深入边远山区，供应食盐、布料、针线等少数民族所需生活必需品，并大力收购少数民族地区农副土特产品，开辟民族贸易购销渠道。1958年，由于“左”倾思潮影响，否认民族工作长期性和重要性，抹杀民族差别存在，忽视民族贸易地位和作用，民族贸易机构被撤销，许多少数民族特需商品被挤掉。

1962年，纠正1958年民族贸易工作所出现之错误，随后，各县民族贸易机构得以恢复。开始对一部分边远县民贸企业在资金、利润、价格上执行照顾政策，对民族特需商品生产及时安排。1966年，“文化大革命”开始，少数民族风俗习惯被视为“四旧”之列，某些少数民族特需商品被列为“封、资、修”产品，民族贸易企业又被撤销，有的并入纺织品公司，有的并入百货公司。“文化大革命”结束后，民族贸易工作重新得到重视，少数民族特需商品生产逐步恢复。1976年，各县相继恢复和建立民贸专营机构。1984年，建立六盘水市民族贸易公司。

继后，执行国家对县级民贸机构设置调整原则，少数民族人口较多、民族特点比较显著之自治县或民族县相继成立县民族贸易公司；少数民族聚居面大，城市工矿区人口较多之县，设立民族商店；民族杂居县，由百货、纺织品公司负责组织民族用品货源及供应，设立民族用品门市部或专柜；少数民族聚居集镇，设立民族商店。境内各县，遵照上述规定执行。

二、主要经营品种

民族特需商品为各民族商店主营商品，系由轻工业部、商业部、纺织工业部所管理82种民族特需商品。其中主要有各色绸锻、花边、绉帕、精纺绣花线、蚕丝花线、排须、爱丽纱、纱织头巾、丝线、板绫、各种被面、电光片、羊皮金、水银珠、银饰、蜡染、布伞、服饰、响铜乐器、铜器、高压锅等等。

专项照顾商品主要由省内安排生产，产销直接挂钩，经商业部批准，由省民贸公司向中央有关一级站进货。其中，主要有白银、棉纱、自行车、缝纫机、国产手表、收音机、大红棉毯、各种毛巾等等。

凡为少数民族所需要品种，执行由民族贸易公司提出计划、向主管公司进货、按计划分配办法，调拨予各少数民族地区。其中，主要有平绒、精丝绸、线吱贡、元羽绒、元灯心绒、酞青色布、什色布。其他类小商品由各经营单位根据市场需要自行选购。花色品种繁多，成百上千，具有与一般商业公司所经营不同特色。

三、商品购销情况

（一）商品购进

民族特需商品批量较小，而花色品种繁多，地区性强。1966年以前，其少数商品由当地就地取材、就地生产、就地供应。绝大部分品种，由各民贸二级站统一收购调拨，经营品种共100多种，1000多个花色，其中省内品种达40%左右。计划收购品种有丝绸、花边、丝线、绉帕等。

大部分品种，长期由商业二级站统购包销，生产不稳定，花色品种少，产品不对路，不能满足少数民族群众要求。20世纪70年代，一些民族商品生产厂开始直接同销地三级批发商店挂钩，并改变过去生产单一化作法，派出业务、设计人员深入少数民族聚居村寨，搜集民族民间花样图案，生产花样品种不断增多。

1978年中共十一届三中全会召开后，除指令性专项照顾商品继续执行分配调拨外，其他商品全部放开，实行产销直接见面。在发挥民族贸易主渠道同时，亦积极依靠集体、个体商业开展民族特需商品经营。

（二）商品销售

人民政府成立后，少数民族特需商品消费水平不断提高，销售额逐年上升。1956年，特需商品供应达1200种。1978年实行改革开放后，销售放开，民族特需商品销售增长更快，不少商业店铺均兼营民族特需商品，各县城乡出现许多经营民族特需商品店铺和摊贩。其中销售的几种主要民族特需商品情况如下。

素软缎：主要系苗族、布依族、水族用于缝制盛装及鞋帽和作背扇底料用，需求面广，而量不大，主要靠上海、杭州、江苏供货。

素库缎：又称上三纺缎，主要系苗族、水族等用于裹衣边、裤边、背扇边和作绣花底料。素库缎织造工艺和质量要求高，加之工商实行一价，商业经营倒挂贴钱。工业不愿生产，商业不愿经营，市场供应时断时续。

克丽缎：主要为苗族用于镶裙和男性老年人缝衣。以元青品蓝为主，用量多，历年销售量较大。“文化大革命”期间，曾一度中断生产和供应。1973年后，生产逐渐恢复好转，市场供应有所缓和，但因产量小，计划分配调入少，仍供不应求。

朝阳缎、九霞缎、织锦缎：主要为少数民族用以作衣着配料，需求量不大，但系必供商品。省内不产，省外产量小，出口任务大，货源紧缺，供不应求。

被面、软缎背面、线绨被面：以少数民族需求为主，年销量较大；软缎被面，社会存量较多，销量亦大。

金丝绒：为少数民族用于作袖筒、围腰片等配料以及做锦旗、幕布、窗帘及装饰品等用。省内不产，由上海、浙江供货。

花边：主要为苗族、布依族、彝族、水族等用作镶衣边、裤脚边、帽边、背扇边等，供应量较大，亦为必供商品。

绉帕：主要为苗族、布依族、彝族等以及部分汉族用以包头作装饰和防寒，销售面较广，销量亦较大。

纱织领巾、裹腿、民族腰带、背扇带：销售面较广，量不大，由商业部下达指标，各地安排生产供应。

爱丽纱、排须、羊皮金、料器、水银珠、海南贝壳：均属衣着装饰用品，规格色泽品种多，销售面广，但量不大。

（三）饰品加工

少数民族饰品，大多由本民族银匠自制，艺术价值很高。其成品分粗细两种，大件如实心扣环项链、项圈、手镯等，用银分量大，少部分亦有铜制，一般不需精工制作。小件要求精工制作，费银少而工艺复杂，有围腰链、项链、银冠、银雀、银披扇等。银饰品造型图案丰富多彩，其中显示出少数民族人民聪明智慧和才干，反映其生活和愿望。一般可分为7大类，有100多个品种，500多个花样，并随着社会经济发展，不断丰富创新。市境销售的主要有以下少数民族饰品。

头饰：主要有银角、银花、银雀、银坠、银冠等。

项饰（项圈）：分泡项圈、扭项圈、龙项圈和项链等。

手饰：分手镯和戒指等。

耳饰：有龙耳环、絮环、泡耳环等。

盛装饰：有银片、银泡、银铃、银絮、银扣等。

胸饰：主要有亚领等。由银缀铸成，约厚二毫米半圆异形状空心银制品，雕缀有各种纹饰，并附有银絮和吊铃，用银链吊连于胸前，为银饰重要部件之一。

童帽饰：主要为银质铸雕成，有八仙、十八罗汉、观音等形象，亦有福寿、吉祥等字样和其他图形。

中华人民共和国成立后，国家对少数民族饰品供应十分重视，每年均有专项安排照顾，供应情况较好，尽力满足少数民族所需。“文化大革命”中，少数民族饰品被批判，遭到封存禁用，工业停止生产，商业停止供应。“文化大革命”结束后，银饰品加工、供应相继得以恢复发展。从1973年起，中央对贵州白银用于制作银饰安排，除临时所增加指标外，每年均以白银100万克作为基数予以安排照顾，分配指标居全国第二位，全省各地、州、市所分配比例中，六盘水市占0.52%。

四、照顾性商品

中华人民共和国成立后，执行国家规定，凡全国人民共同所需之工业品，在分配上优先照顾少数民族地区。从1962年开始，对民族地区有些主要商品供应，还实行专项照顾办法，其专项照顾品种，根据各时期市场供应情况而定。

1962年，专项照顾商品有棉花、棉纱、胶鞋、食糖、海带、铝锅、铝壶以及丝绸、茶叶等。

1973年，专项照顾商品有茶叶、食糖、丝绸、热水瓶、肥皂、手摇缝衣机、铝壶、铝锅、电池、半导体收音机、铁丝、元钉、电灯泡等。

1982年至1985年，专项照顾商品有自行车，缝纫机、手表、绸缎等。

五、照顾性政策

1962年8月，贵州省民族贸易工作会议确定，凡实行民族区域自治地区以及少数民族人口占60%以上地区，均定为民族贸易地区。在全省所划定34个民族贸易县中，六盘水境盘县为其中之一。

20世纪50年代初期，国家拨给民族贸易企业自有资金，不计利息，利润全部留给企业。其企业对农副产品经营，实行不赔不赚原则，运杂费由国家补贴。1963年1月，商业部、财政部根据中共中央、国务院所批准《关于第三次民族贸易工作会议情况的报告》精神，正式明确规定，对边远山区、边远牧区民族贸易企业，在资金、利润和价格补贴三个方面予以照顾，简称“三项照顾”政策。对交通很不方便、商品在途时间长、资金周转很慢、流转费用很大之边远山区和边远牧区民族贸易企业，由商业部拨给较多自有资金。零售企业自有资金，定为占流动资金80%，其余20%由银行贷款解决；批发企业自有资金，定为占流动资金50%，其余50%由银行贷款解决。民族贸易企业利润留成比例，定为20%。从1980年起，由20%提高到50%。对交通不便边远山区部分主要农副土特产品，实行最低保护价办法。对食盐、煤油、火柴等部分主要工业品和茶叶，实行最高限价办法，因实行此办法而所产生亏损，由国家财政给予必要补贴。

1963年，由省商业厅、财政厅联合上报，经省政府批准，全省22个县享受"三项照顾"政策，市境水城县为其中之一。1981年，省政府批准将享受"三项照顾"政策的县扩大为52个，市境增加盘县特区和六枝特区。

1981年，中国人民银行对民族贸易和民族用品生产企业给予低息贷款照顾，凡属"三项照顾"享受"三项照顾"政策的县，中药材（或医药）公司、供销社，资金不足、经营确有困难者，银行给予低息货款照顾，按月利息3.3%计算；对少数民族聚居地方生产量小、工艺复杂、利润低之集体所有制手工业贷款，按月利息3%计算，此项政策从是年第三季度起执行。

六、经营管理

（一）计划管理

1. 省外产品

丝绸等计划商品，执行自上而下分配办法。省民贸公司根据中国丝绸公司或商业部所下达指标，编制和下达各地、州、市分公司调拨计划，再由各分公司向省外各供货单位衔接花色品种，签订购进合同，按经济区划组织供应。

自行车、缝纫机、国产手表等专项照顾商品，由省商业厅授权，省民贸公司根据商业部所下达分配指标统一安排，按享受"三项照顾"政策的52个县少数民族人口数及购买力情况，提出行政区划分配数，经商业厅审定下达到各地、州、市商业局，按经济区划组织供应。六盘水境水城特区、六枝特区、盘县特区，均列入省民族贸易公司所直供27个县之列。

上海花边由省公司提出分配方案，所调入地、州、市分公司衔接花色品种，签订供货合同。成都花边由地、州、市分公司根据当地少数民族需要，直接向有关站签订调入合同。

大红毛毯以及66、63毛巾等指导性商品，由省民贸公司根据所分配下达指标，分配各地调拨计划，同需调入分公司向有关站签订供货合同，调供予其各自直供县供应。

精纺绣花线、爱丽纱、排纱、水银珠、电光片等开放式商品，由各调入地、州、市分公司根据当地市场需要，向省外有关单位直接签订供货合同。

2. 省内产品

遵义丝绸厂产品，由省公司和遵义地区纺织品公司与工业部门衔接收购计划，遵义地区纺织品公司统一收购调拨。各地、州、市分公司，根据省公司所下达计划，与遵义地区纺织品公司衔接花色品种签订供货合同。为减少中间环节，1985年后，改为省内各二级站直接与生产厂家签订进货合同，并按经济区划供应各县。花边、丝绸、绉帕、排须、板绫、民族布料等商品，由各地民贸公司根据当地需要，直接向生产单位进货。民族纱制品、布制品，由各地根据需要品种，就地加工供应。

3. 专项用银管理

因银饰品用面广、用量大，供需矛盾比较突出，故分配按照“专项专用”原则，根据不同地区不同民族所需要特点，统筹兼顾，合理安排。

（1）计划控制

白银由省按照国家分配予省内指标，会同有关部门联合下达各地，各地将指标逐级分配落实到县，由县按照加工品种和件数，将分配指标落实到区、乡。所分配到各地的白银指标，必须按规定时间及时办理提取手续，逾期不提者，作放弃处理，由省统一调剂安排，不许出售白银原料和擅自削价处理银饰产品。白银由省人民银行负责供应，各地提取银料，持单位介绍和分配计划指标，到省民贸公司办理提银手续。

（2）加工管理

银饰品加工安排，采取“集中加工和分片定点加工结合”办法，管理严格。凡属大件通用品种和挂丝压片产品，执行统一由贵阳无线电厂加工生产规定，规格式样由各县提供，省民贸公司衔接安排。产品按签订合同和分配予各县指标，分期分批调给。工艺要求高、地区性强的特殊品种，由各地民贸公司组织当地技术较高艺人到城镇从事常年性或季节性加工。所雇用匠人须经当地银行和工商部门批准，发给营业执照，按月按季按品种数量结算银料，成色和耗银率由当地银行负责检验和审查，防止掺杂掺假和营私舞弊。要求各地逐步走向集中划片定点组织生产，已恢复建立之生产点，不得任意扩大生产，严格履行合同，生产适销对路产品。对于更新产品，提高工艺，坚持以小件为主，对大件严加控制。对所加工产品，均要制订产品质量标准，申请注册商标，严格检验制度。

(3)分配和供应

各地所加工成品，按品种、件数连同票证，分配落实到区、乡，由乡分配到村，通过群众评议，凭票购买。票证由县民委、银行、商业部门统一印发。根据所加工品种、件数、由县民贸公司实行定点供应，过期作废。

供应对象和范围，按照“专项专用”原则，只限于供应少数民族群众，不准挪作他用，不准层层截留，严禁拉关系，开后门。广泛向群众宣传，优惠供应民族金银饰品，是共产党和人民政府对少数民族关怀和照顾。所有银饰品，只能自购自用，严禁转手倒卖，违者依法论处。

婚事需要品种，由于耗量大，工艺要求高，难于批量生产供应。而由各地、州、市适当组织加工一些品种，以解决其实际需要。经当地群众评议，凭结婚证发票供应。

银饰销售，统一由县民族贸易公司经销和供应，不逐级下分，由销售部门指定地点供应，生产部门和银匠不准自销。

(4)节约代用

在使用银饰品习惯已有所改变前提下，逐步以铜制品或其他金属制品作代用，组织加工一些物美价廉金属制品进行供应。

代用产品所需原材料，由加工供应单位提出计划，报省民贸公司汇总，向有关物资部门申请平衡安排。

所加工供应品种，采取“先易后难、先简后繁”办法进行，逐步扩大花色品种，防止积压和浪费。

代用金属制品，按照国家价格政策，合理制订销售价格，经当地物价部门批准后执行。让群众自由选购，不准硬性搭配和弄虚作假，损害群众利益。

(二)物价管理

1. 物价政策

1949年前，少数民族地区长期存在工农业产品之间不等价交换现象，政府当局没有物价调控行政措施，任其自行自由作价，少数民族深受不法商人盘剥。中华人民共和国成立后，国家对少数民族地区实行工农业产品等价交换或近乎等价交换政策，提高农副产品收购价的同时，对边远山区少数民族地区农副产品相应再增加收购价格、供应工业品相应再降低价格，还实行多种形式价格补贴办法，使少数民族地区切实享受到国家物价优惠政策。

1951年起，市境执行国家物价优惠政策，在少数民族部分地区，特别是地理条件较差而人民生活比较困难地区，国营企业对食盐、煤油等商品经营即使发生亏损，也以较低价格保证少数民族地区商品供应。

1952年，进一步执行国家规定，民贸公司在边远山区、牧区经营中，分别不同商品，采取“有赔有赚、不赔不赚、以赚补贴”原则，确保少数民族地区商品供应。

1958年，对交通不便边远山区和牧区所销售工业品，如食盐、煤油、火柴、茶叶等，实行最高限价（保护价）供应，对所收购部分主要农副产品实行最低保护价收购，由此而产生的亏损作为政策性亏损，由国家财政给予补贴。

1965年9月，根据国家“对深山区和边远地区某些产品，可以实行必要价格补贴”的规定，六盘水境盘县为贵州省实行补贴的34个县之一，补贴品种有青冈仁、白构皮、青藤、五倍子、五倍壳、土茯苓片、龙须草、红根皮、白蒜片、野百合、棕夹板、乌梅、白芨、百部、香附子、夏枯球、丹参、何首乌、通草、益母草、杂骨、破布、破布鞋及底、废麻制品、废铜、废铁26个品种，同时还实行运费补贴，进一步促进了少数民族边远地区中药材和农副土特产品的收购工作。

通过贯彻执行国家物价调整政策，市境三县工农业产品比价逐步缩小，1956年工农业产品比价缩小22.5%。1949年与1958年几种工农业产品交换比例变化情况为：中大米1949年50公斤换食盐6公斤或白布23尺，1958年100斤换食盐24.5公斤或白布30尺；烤烟1949年50公斤换食盐43.5公斤或白布147尺，1958年50公斤换食盐101公斤或白布199尺；油菜籽1949年50公斤换食盐32.5公斤或白布64尺，1958年50公斤换食盐139公斤或白布172尺；桐籽1949年50公斤换食盐32.5公斤或白布106尺，1958年50公斤换食盐150公斤或白布186尺。

2. 价格优惠政策

对向少数民族地区所供商品，境内民贸部门自建立起一向贯彻执行国家对其价格照顾规定，将国家对民贸公司实行价格优惠商品，转而对少数民族实行优惠供应。

1962年9月，根据商业部《关于对民族贸易公司给予内部调拨作价折扣优待问题的通知》精神，规定全省国营商业系统各专业公司对民族贸易公司供应商品之零售部分，按批发牌价折扣给予优待。同时还强调其对民族贸易公司所供应商品，不能因零售部分给予优待而多搭配滞销商品，民族贸易公司对兼营公司供应的民族特需商品零售部分，同样按批发价折扣给予作价。

1973年4月，国家对金银价格作一次调整，对所供应少数民族制作饰品的白银，由每两8.75元降为3.44元（每克0.11元），比工业品用银低27.3%。

1980年，贯彻执行贵州对银饰品供应规定，专项供应加工少数民族配用金银首饰金银配售价格，维持现价不动；所供应少数民族首饰销售价格，一律不作变动；所专项安排供应少数民族金银首饰，只供应少数民族，防止套购和外流。

（三）经济核算

由于境内民族贸易具有若干特殊性，各民族聚居地区，汉族人口占一半左右，社会商品流转额所占比例较低，交通不便，商品流转费用高，民族特需商品品种较多，花色品种复杂，批量小，地区性强，经营难度大，从而影响商品购销和集散，且网点分散，服务范围大，致使管理费较高等。市、县有关部门针对民族贸易的特殊性，采取若干经济核算措施，以保障民族贸易的正常发展。

1978年实行改革开放后，民族贸易部门进一步加强经济核算工作，采取“一业为主、多种经营、加强横向联系、疏通流通渠道”的措施。在工业品和民族特需用品采购供应方面，从提高社会经济效益出发，将扩大组织地方货源与合理组织区外商品流通相结合，有条件地区，逐步作到以地方货源为主，区外货源为辅，引导地方工业发挥优势。然而境内工业能源、钢铁、电力、建材又占主要地位，地方工业相对薄弱，难于开展经济核算和流转运输等费用核算，以降低购入成本。在农副产品购销方式上，采取积极收购与开拓销路相结合，做好民族特需商品生产各个环节中服务工作，帮助解决原料、种子和产品销路，提供信息，扩大民族贸易资金积累，增加企业经济效益。在运输方面，根据少数民族地区交通线长、运程远、运费高、商品在途时间长、资金占用大、利息支付多等特点，结合山区具体情况，选择合理运输路线、运输方式和运输工具，以降低运输成本。

20世纪90年代后，少族民族在商品特需习惯品种等方面逐渐产生变化，加之市场经济进一步发展，非公经济经营竞争加大，国营民贸企业经营效益减退，市及境内各县国营民贸企业有的改制，有的靠出租经营场所租金维持职工基本生活。

第七节　食　盐

一、盐务机构沿革

20世纪初期，贵州盐务机构为“西南区贵州省盐务运销局”。1949年年底，省军事管制委员会财政接管部派军代表接管原川康区盐务管理局贵州盐务管理分局，省内各地盐务机构相继建立。1950年6月，西南区贵州盐业分公司成立，与省盐务局合署办公，盐务局以办运输和税收为主，盐业公司以经营销售为主。1950年7月，盐务工作恢复正常秩序，充裕库存，解决盐荒，稳定市场。市境各县盐务机构积极配合上级盐务机构开展工作。市境郎岱县、盘县、水城县盐业机构分别属安顺、兴义、毕节盐务分局（盐业支公司）管辖，在公路干线及交通枢纽地区设销盐店。

1950年年底，全省建成食盐分销店74处，六盘水境内之郎岱、盘县、水城分销店为其中之3处。各地食盐分销店工作人员3至7人，其工资、经费、办公费由盐业公司自行负担。又分别在各食盐分销店下设食盐代销店。1951年，将原设在各镇区销盐店移到各县城，1952年，仍遵照既定原则，每县设机构1个，一律统称县盐业公司。

1954年，贵州盐业机构进行调整和改名称，县级盐业机构统称为“盐县商店”。

1958年，“大跃进”形势所趋，管理体制变化，过去所建运销机构全部解体，撤并后由当地副食品烟酒等行业经营，弱化盐务专业管理，不讲核算，损耗极大，利润下降。1960年，经济困难时期，食盐生产同受影响，产运销失调，盐源缺乏，供应紧张。迫不得已，实行凭证定量供应，恢复盐业专业管理。

1961年3月，重新建立贵州省商业厅盐务运销局，六盘水境各县，亦随省内各县相应建立盐务专业机构，加强机构和制度建设，采取一系列紧急调运措施，使食盐逐步转为敞开供应，缓解食盐紧张状况，尽力满足人民生活食盐所需。

1963年，恢复专业核算，合理组织商品流通，降低食盐流通费用。

1964年，中央试办全国性盐业托拉斯企业管理，将生产和运销企业之人财物及产供销统一管理。1966年“文化大革命”开始，盐业托拉斯企业管理受到批判，被当作资本主义管理方式，导致盐业工作瘫痪，又出现食盐供应紧张局面。

1972年，省商业局恢复为商业厅后，着手进行盐业整顿，六盘水境各特区，也相继恢复盐业公司。

二、食盐调拨

1950年，执行全省首届盐务会议关于贯彻中央统一盐政精神，初行“以销配运、在场交厅”制，按核定盐额，直接在场提运。1952年，实行“统一计划、分配调拨、在岸交厅、分段负责”制。1953年，仍实行“口岸交厅”制度。

1955年起，购销关系进行一次较大改变，实行“产销挂钩、直接调拨、直接结算”制度。1958年，执行食盐为部统一分配物资规定，凡需食盐部门、单位，由省提出所需食盐申请，由食品工业部作平衡后进行分配，再由省分配到各地。1958年起，各调进区所调入盐源情势紧张，加之“大跃进”“钢铁上马”，盐业受到冲击，盐运阻滞，食盐购销十分紧张。1959年起，食盐分配调拨计划由国家统计核定下达，食盐被列为关系国计民生之一类商品。食盐调拨运输严格按规定流向范围办理，执行贵州具体规定，各级经营单位所需食盐，统一向省商业厅主管盐业部门提出申请，经综合平衡后报请中央核定下达，合理调度，严格执行。1962年，调入盐量增加，购销紧张情况有所缓解。

1965年后，滇黔（贵昆）等铁路相继通车，运费下降，购销情况进一步好转。1977年后，盐业经营执行“加速发展生产，增购增销，逐步增加储备，保证充分供应”方针。1979年以后，年年增购和超销。

三、市场供应

民国时期，食盐销区划分，系按是时盐源及交通运输条件安排。今六盘水境各县，郎岱、水城为川盐销区，主销川盐，兼销花盐；盘县为滇盐销区，主销滇盐，有时兼销川盐。

1949年后，国营盐业部门贯彻“充分保证供应”政策，批发业务由国营盐业公司掌握，盐业对私改造主要对象为私营零售商贩。

1953年，为配合将盐种“改巴盐销花盐”工作，鼓励私商深入边远地区推销花盐，将花盐批零差率由13%～15%扩大为13%～17%，批发起点由10～15市斤增加至30～50市斤，适当缩小盐业公司零售业务。

1953年年底，对盐业私营零售商贩进行社会主义改造。1955年，针对有些私商歇业后发生失业或半失业现象，本着“先安排、后改造”精神，根据“转性质、不转行业”归口原则，充分利用私商资金、人员、经营能力，其营业额达到“旺季有余、淡季能维持”程度。1956年，境内私营盐业完成全行业社会主义改造，盐业私商分别转入国营盐业门部、公私合营商店、合作商店、合作小组、代销店从业。

1953年，供销合作社逐批成立后，食盐批发业务由国营盐业公司掌握，零售业务由供销合作社经营，在合作社供应不到之地，继续保留盐业代销店。1955年2月起，所调给合作社食盐，按当地批发价9.5折优待，明确县以上市场原则上由盐县公司负责，区乡初级市场由合作社负责；批发脱销由盐业公司负责，批发有盐零售脱销由零售部门负责。国合分工后，双方建立联系制度，国营盐业部门给予供销社诸多扶持帮助，运用“合同制经营”方式，将盐业购、销、调、存及付款内容，通过盐业公司、合作社、运输部门、信用社四家共同协商后，用四方合同形式固定下来，进一步密切国合分工经营关系。1957年，合作社经营食盐比重，已占全部销量之80%，成为食盐销往农村之主要渠道。

随后，食盐面向农村销量大幅度增长。以1950年销量为基数，1953年销量为316%；“一五”期间，以年均10%左右增量递增。1956年，采取各种方式继续扩大销售。

1957年，食盐实行正常计划供应后，发生“食盐要计划供应”谣传，出现抢购现象，有些地区一度确有脱销情况。盐业公司一边开展辟谣宣传，一边开仓放销，大量供应，大力组织调运，从而避免了抢购现象。

1960年，由于原盐减产，调运困难。随即贯彻执行中央“确保食用盐供应，然后分别先后缓急安排其他用盐，控制销售”方针，采取凭证定量供应办法，为时两年。1963年，食盐产销形势好转，取消定量，恢复敞开供应。1966年“文化大革命”开始后，其中相当长一段时期，运输时有中断，盐源紧缺，坐吃库存，供应紧张，部分地区复行定量供应办法，动用战备食盐以满足需要，缓解了紧张局面。

农业、牧业用盐减税供应，凡属规定使用范围用盐单位，须先提出用盐计划，由盐业部门按照既定规章，核定供应数量。属于酸碱类、冶金、油脂肥皂、制革、染料、制冷、玻璃、医药8类工业免税供应，一般工业用盐按全税供应。

为防止地方缺碘性甲状腺疾病，从1965年起，实行普遍供应“加碘盐”办法，加碘不加价，并规定非碘盐不准出仓，不准销售，凡销售非碘盐者，照章严格查处。

境内为少数民族聚居地区。1949年前，民众吃盐极为困难，经受盐价昂贵之苦，而少数民族地区尤甚。人民政府成立后，按照中央民族政策，极力作好民族地区食盐供应。在民族地区，普遍设立销盐机构，吸收培养少数民族盐业干部；优先照顾少数民族地区民工运盐，运费在规定之内提高20%；让利供应，20世纪50年代，对核定少数民族地区食盐售价，其方针为“不赔不赚、少赔少赚”，在民族聚居人口占70%以上地区，可舍去利润一半，占90%以上地区则不计利润，甚至实行补贴政策。

据调查，1952年，少数民族地区人均食盐6市斤左右，比1950年增加3倍。其中郎岱为6市斤～6.9市斤，盘县为12市斤～12.3市斤，水城为9.3市斤～10.8市斤。

四、食盐储存

六盘水境各县所销售食盐，均系调运而来，储存至关重要。1949年前，境内主要集散地点，均存有常年储备盐，名为“常平盐”，按较严密办法存管，专仓储存备用。中华人民共和国建立后，20世纪50年代，各县遵照规定，在批发环节定额储备经营盐，以保证食盐充足供应。60年代，根据地区任务大小、距离产盐区远近、交通条件和运盐季节限制等不同情况，制订库存定额。一般要求批发环节按销盐量存足半年，零售环节存盐3个月。随销随补，保持定额，对超额部分，作代保管处理。

1979年，供销合作社按上级有关要求，保持食盐合理库存，一般安排3个月库存定额，按所供应范围实际人口每人每月1市斤计算；基层社距批发点近者，可按2个月定额储备；距批发点较远而交通不便山区，可按4个月定额储备。此定额至1985年后，仍继续执行。六盘水市全市各供销基层社所库存定额量，平均可销售达3个月左右。

1985年，全省分地区库存定额量中，六盘水为7000吨。其外，为切实保证食盐供应，按国家规定，还储备有相当数量“移储平衡储备盐”（一度称“战备盐”）。

五、经营管理

（一）价格管理

民国时期，食盐实行专卖，食盐仓价由盐务总局分区核定，随成本增减情况随时调整，非经核准，不能变更。每凡仓价调整，必须同时核改零售价，规定分区各县当局督促商人按价销售，并将零售价公布于售盐处所，监督执行。民国35年（1946年），专卖停办，仓盐价仍由盐务机关核定，零售价则免于核定，由商人自由销售。

专卖期间，零售盐价虽经核定，但由于币值时常变化，市价多未能执行。1949年11月，川盐趸售价一般每担40万元（法币）左右，零售价每市斤4800元左右（折合银元4角8分左右）。

1950年，六盘水境执行西南区盐务会议决定，“岸价服从场价、场价岸价互相配合”。以平稳盐价，稳定市场。是年1至4月，因产销之间发生成本未取得联系协调，食盐价格一度发生波动，一日数涨。5月，西南局规定，盐价由盐业公司挂牌，多次调低盐价。私商跌价倾销，是时趸售价由最高每担82万余元（折合新人民币82元）逐渐降低到20万元（折合新人民币20元），农民从最高45公斤大米换1公斤盐，降到最低5公斤大米换1公斤盐。其后，食盐销售面向农村，为鼓励私商积极经营，是年6月，重新核定合法利润，调整公私关系，运销管理随之加强，盐价逐步平稳。

1951年，市境食盐牌价（批发价）先后调整了7次，第一次至第四次为逐步下降，第五次至第七次平均下降11.25%。1951年1月，盐价最高为每担41.04万元（旧币），最低为21.5万元（旧币）。而同时期米价则上调22.22%至140%，年初盐米交换比率为1∶44.7至1∶12.97，到年底已降为1:29.3至1:5.06。郎岱县、盘县、水城县所供盐点每担按平均牌价（批发价）进盐，安顺所批发川盐每担为21.5万元（旧币），兴义所批发滇盐每担为21万元（旧币），毕节所批发川盐每担为20万元（旧币）。

1953年，为了衔接毗邻地区差价，全年普遍小幅度降价3次。

1956年4月，贯彻省政府决定，全面下调盐价，平均下调3.93%，以配合全省工农业产品价格调整。

1957年3月，邻省盐价调整，相应调低0.82%，市境供盐点主销盐种价格为：安顺花盐，批发价每担16.5元，零售每市斤0.19元；兴义锅盐，批发价每担20元，零售每市斤0.23元；毕节桥巴盐，批发价每担19.3元，零售每市斤0.25元。此价稳定了较长时期。

1978年，执行国家所规定限价，市境食盐从每市斤0.17元降至0.15元，此价至20世纪80年代基本未变动。1979年实行改革开放后，盐价逐步放开，20世纪90年代至2008年，盐价每市斤在0.5元～1元之间。

（二）经济核算

1953年4月起，将企业资金有计划地逐级下放。1954年，在清产核资、摸清家底基础上，将盐业经营资金和信贷指标全部下放给各专区公司，并将专区内“分段拨交办法”改为“移库办法”，对重点县盐店实行会计独立核算。1956年，全面贯彻会计制度，所有会计独立核算单位均实行记帐凭单制，推行新商业放款办法，取消使用商业信用，开始托收承付结算制度，改进商品抄报办法。

“一五”时期，盐业部门按照“经济核算、厉行节约、克服浪费、改善经营管理”规定经营，全面超额完成国家所下达运销计划，且购大于销。

“二五”时期即调整时期，由于盐产下降而销量增加，盐源紧缺，实行“控制销售、保证重点、照顾一般。”办法。由于贯彻“调整、巩固、充实、提高”八字方针结果，盐业产销形势很快好转，购销均逐年上升。

“文化大革命”时期，盐业机构大撤大并，逐级下放，管理分散，食盐运输时续时停，形成坐吃库存局面。

“五五”时期，其中1976年，正值“文化大革命”后期，由于铁路不能正常接车，部分产盐区有盐发不出来，购销距离拉大，库存急剧下降，市场发生抢购食盐现象。境内甚至出现水城特区杨梅、发耳两区乡有人用3公斤花生或3公斤玉米换1公斤盐情况，部分地区黑市盐价涨到每市斤0.8元，超过国家牌价4倍以上。1977年，贯彻落实轻工部“加速发展生产、合理安排销售、逐步增加储备、保证充分供应”措施后，购进量上升。1978年，进一步加强调运工作，市场供应得以平稳。

1979年实行改革开放后，盐业市场开放，购销两旺，市场持续稳定发展。

1950年至1988年六盘水食盐购销表

表3-7　　单位：吨

年份	食盐纯购进	食盐纯销售			
		合计	六枝	盘县	水城
1950	—	658	155	475	28
1951	—	870	320	510	40
1952	—	1363	470	835	58
1953	—	2001	520	1130	351
1954	—	2993	600	1290	1103
1955	—	3381	615	1470	1296
1956	—	3626	640	1615	1371
1957	—	3848	645	1670	1533
1958	—	3933	565	1785	1583
1959	—	5539	1135	2425	1979
1960	—	7826	2060	2525	3241
1961	—	7147	2220	2470	2457
1962	—	4649	1230	1965	1454
1963	—	4697	1160	2215	1322
1964	—	5373	1430	2180	1763
1965	—	6145	1580	2335	2230
1966	—	6734	2030	2605	2099
1967	—	8119	1920	3230	2969
1968	—	8056	1970	3140	2946

续表3-7

年　份	食盐纯购进	食盐纯销售			
		合　计	六　枝	盘　县	水　城
1969	—	10445	2200	2255	5990
1970	—	11847	2250	2390	7207
1971	—	13437	2270	3560	7607
1972	—	13883	2450	4045	7388
1973	—	15486	2315	3550	9621
1974	1135	8466	1901	3895	2720
1975	703	9104	2065	4895	2144
1976	1056	12208	2890	5495	3823
1977	5097	8529	2065	4120	2344
1978	538	10413	2500	5460	2453
1979	—	10982	2310	4782	3890
1980	—	10057	2461	4036	3560
1981	215	12912	2997	5727	4188
1982	3194	10022	2287	3025	4710
1983	198	11638	2485	4759	4394
1984	116	12168	2581	4809	4778
1985	221	12447	2985	4867	4595
1986	—	14313	3566	5893	4854
1987	—	13576	3465	5311	4797
1988	—	18316	4422	8005	5888

第八节　饮食服务

一、概况

20世纪50年代初期，饮食服务行业属私人经营，部分饮食服务企业，由公安部门接办或监办，如旅店和刊刻等业。人民政府对饮食服务行业进行扶持，组织生产自救。

1956年，为进一步发展饮食服务行业，采取一系列措施，首先对饮食服务行业所需主要原料如粮、油、肉、糖等实行计划分配，以保证供应数量和其价格稳定，增加了一批饮食网点。对私营服务业进行社会主义改造完成后，饮食业为国营食堂、公私合营食堂和合作食堂代替。旅馆业亦主要由国营旅社、公私合营旅社和合作旅店经营。

1958年，饮食服务行业亦随之开展“大跃进”，千方面计开辟资源，节约资源，挖掘各方面潜力，满足人民群众需要。贯彻中央“一手抓生产、一手抓生活”方针，许多地区提出“哪里有生产、就服务到哪里、哪里需要、就供应到哪里”。服务宗旨，各地组织人员上山下乡，到田间、到工地、到炉旁、到矿井服务。各地组织随行服务站昼夜服务。饮食服务系统还进行技术革新、技术革命，改造设备、工具，提高技术，增加花色品种，实行包点、包人、包服务“三包”，实现炊具半机械化，推广主食增量，改用节煤炉灶，开展养猪、养禽、种菜。组织民办服务事业，面向广大群众，照顾多种需要，在革新中采取大中小相结合，提出饮食业兼正餐、早餐，旅店业增加床位和通铺，兼办食堂、理发店、洗衣店等，浴池业延长时间，洗染业翻新补旧，形成网点遍布、人员大增局面。

1959年至1961年经济困难时期，饮服业供需紧张，尤以饮食业突出，凭票供应，食堂饭店往往出现排长队买票、抬饭菜、候坐位的情况。食堂饭店还分为设凭票供应的“平价饭馆”和不凭票供应的“高价饭馆”，旅馆业旅客骤减，饮食服务业随之萧条。

1962年至1965年，经济逐步恢复，饮食服务业日趋好转。

“文化大革命”中，饮食服务业受到冲击，技术力量被削弱。不少地方风味名食被取消，服务质量降低。生意萧条，职工减少，有的合作小组自行解散。

1978年后，饮服业迎来大发展时期，国营饮食服务企业实行改制，私营饮服企业大兴。市中心城区和各县县城及集镇内，大酒店、旅馆、理发店、洗染店等企业比比皆是，饮食服务行业小店和摊店，遍布各处城乡街道，数以万计。

二、行业管理

（一）价格管理

1949年至1956年，因饮食服务业主要仍由私人经营，价格仍由私营业主自行制订，按行业中自然所形成餐厅、餐馆、饭店、三合馆、摊点五个等级之各类型店区分定价。其中旅社分为旅馆、旅社、旅店、鸡毛店四等。浴室、照相、洗染等业，根据设备、资金、人员多少而自然分成上、中、下三等。

1956年，市境饮食、旅社、浴室、照相、洗染业分别形成国营店、公私合营店、合作店（小组）、个体摊贩四类。此时期，价格由服务局、物价局统一管理，并制订统一规格、质量、售价、毛利等标准。

1957年起，由县服务局会同县饮服公司制订，一般规定综合毛利为33%左右。

自1979年起，各县随行就市进行定价。

旅社业收费标准，1956年以前，价格仍按照习惯等级，由同业公会决定。对私改造后，一般分为甲、乙、丙、丁、戊五个等级，收费标准由工商、物价部门根据其房屋结构、房间面积、设备条件等进行规定。

理发业收费标准，1950年至1956年，由同业公会规定。一般男性理发一次3000元旧币左右（折合新币0.3元）。

继后，价格一直由商业、物价部门核定。改革开放后，价格逐渐随行就市。2000年，一般理男发3元左右，理女发5至8元。2008年，一般理男发5元，理女发10元左右，若烫发做花均在100元以上。

照相，随市场经济发展，逐步变化提高。20世纪50年代，一般2寸黑白相，在1万元（旧币折合新币1元）以下。改革开放后，价格逐渐随行就市，至2008年，一般二寸彩照8元左右，结婚豪华套相等，达2000元至3000元以上不等。

（二）经济效益

1958年至1965年，饮食服务业营业收入总合提高8%，其中饮食业反而下降0.05%。1978年后，各方面均发生较大变化，其中，尤以饮食业较大，主要分散在各企业业主手中，营业额大增。2008年，中等宴席一般在188元至258元之间，有的酒家，一次承包宴席一般在20至30桌左右。

1950年至1988年六盘水饮食业零售情况表

表3-8　　单位：万元

年份	饮食业零售额				其中国营饮食业零售额			
	合计	六枝	盘县	水城	合计	六枝	盘县	水城
1950	30	9	9	12	—	—	—	—
1951	31	9	14	8	—	—	—	—
1952	37	9	15	13	1	—	—	1
1953	36	9	17	10	3	—	—	3

续表3-8

年份	饮食业零售额				其中国营饮食业零售额			
	合计	六枝	盘县	水城	合计	六枝	盘县	水城
1954	34	9	16	9	3	1	—	2
1955	54	9	32	13	5	2	—	3
1956	69	10	36	23	20	1	14	5
1957	86	10	41	35	26	1	16	9
1958	101	11	56	34	44	9	23	12
1959	100	29	28	43	29	13	—	16
1960	93	33	24	36	24	11	—	13
1961	77	32	23	22	23	14	—	9
1962	105	40	41	24	28	7	10	11
1963	133	39	51	43	48	11	25	12
1964	154	49	45	60	65	30	19	16
1965	206	69	72	65	93	31	20	42
1966	271	66	73	132	112	36	23	53
1967	297	67	84	146	122	32	50	40
1968	253	61	89	103	148	35	46	67
1969	398	64	360	74	267	35	182	50
1970	293	65	169	59	144	33	75	36
1971	263	68	167	28	121	42	68	11
1972	242	67	91	84	162	41	62	59
1973	200	63	75	62	110	37	34	39
1974	189	69	30	90	129	36	30	63
1975	237	77	105	55	168	48	73	47
1976	208	77	79	52	112	43	34	35
1977	194	80	63	51	146	42	55	49
1978	252	90	104	58	158	45	62	51
1979	291	91	112	88	175	48	65	62
1980	409	126	104	179	174	52	45	77
1981	363	62	118	183	114	39	46	29
1982	454	86	173	195	128	47	33	48
1983	483	80	205	198	102	28	35	39

续表3-8

年 份	饮食业零售额				其中国营饮食业零售额			
	合 计	六 枝	盘 县	水 城	合 计	六 枝	盘 县	水 城
1984	732	117	324	291	151	11	60	80
1985	813	124	349	340	130	16	46	68
1986	1449	254	720	475	131	17	47	67
1987	1666	271	611	784	105	20	21	64
1988	1773	288	490	995	138	20	23	95

附：地方名特食品（产品）选录

一、水城羊肉粉

全市各县盛行，系境内居民早餐主食之一，亦系餐馆出售之一著名小吃，以水城羊肉粉最为甚名。系一种以大米压抽成之米粉条、清炖之鲜羊肉原汤、黑山羊肉片、羊杂为主料，配以三合油、油辣椒、花椒粉、味精、盐、香菜食用，味美可口。

特点：羊肉细嫩化渣，无腥味；米粉雪白；汤味鲜淳，鲜香辣烫。

制作要领：将黑山羊肉洗净、剔骨，带皮肉切大块放入清水锅中，加适量干辣椒、老姜、陈皮、甘草、冰糖、料酒等，用大火煮沸，去浮沫后改用小火炖熟，捞出凉后切成薄片。米粉装入碗中倒入网勺内，放入沸水锅中烫透，捞出装入碗内，放入适量羊肉，舀入沸腾原汁汤，加入精盐、味精、花椒粉、香菜，三合油烧热冲入碗内即成。

制作中，逐渐摸索出用芫荽和蒜等配料及药物避膻之方法，羊肉粉生意遂之开始红火起来。滚烫之羊肉汤，火辣辣之油辣椒，细腻之肉片，再配以白玉般米线，一碗羊肉粉，直叫吃粉人感到热气爽身，意犹未尽。羊肉粉在汤味调制过程中，也各有不同配方，味道不完全一样。羊肉粉馆中，以场坝“尝回头”羊肉粉馆最为有名，在市中心地区先后衍生出若干个分店，凡打这个招牌者，招牌名转让费即达几万元之多。另外，名店繁多，其市中心区之清香羊肉粉也别具特色，所熬制之辣椒油与“尝回头”所制恰好相反。“尝同头”以“粗辣椒油”取胜，其则以“细辣椒油”取胜。早晨到这些店吃早餐常要排队等候。再有，德坞马姚公路旁之向佳羊肉粉馆，所用羊肉质纯，不参杂其他肉类作假，生意也毫不逊色，不少人在双休日驱车前往一饱口福。原汁原味，汤鲜肉鲜，一直被人们所钟爱。在省内其他县、市和省外，已开设不少“水城羊肉粉”店，使此一特色食品驰名外地，深受消费者喜爱。

二、羊汤锅

六盘水特色火锅，系六盘水境黑山羊肉制作而成，肉质地鲜嫩，营养丰富，优于别地羊肉。羊汤锅历史悠久，很早以前，境内就盛行制作羊汤锅食用。特别是赶集日，提早收拾炊具，在集市上选择适合之地，支起锅罐，升起篝火，熬炖羊肉，设摊迎纳顾客。以带皮带骨羊肉为主料，配以白酒、胡萝卜、鸡精、生姜、香料等烹制而成。汤鲜味醇，肉软扒糯。

制作要领：将羊肉砍切成块，羊肚、羊肠等羊杂切成块、节入锅焯水，漂入清水中待用；砂锅加清水置火上，倒入漂好之羊肉、生姜、白酒、胡萝卜、再将沙仁、肉桂、白芷、白果等20多味名贵中药和山珍按特制配方适量配制之香料包配入，一道熬制。用大火烧开，小火慢炖，鼎中飘出阵阵扑鼻香味，待八成熟时放入盐、鸡精，炖至熟透。曾多次用以参加过苗族跳花节、彝族火把节、凉都消夏文化节、美食节及贵州美食节等美食文化活动品尝比赛。多次获“凉都名优火锅”“贵州名优火锅”等称号。在2005年凉都·六盘水首届消夏文化美食节上，被中国烹饪协会、中国黔菜协会授予“中国特色小吃”称号。

市中心城区德坞已形成“羊汤锅一条街”誉名，其中以“孙记羊汤锅”等店较有名。羊汤锅深受食客喜爱，特别是“冬至”日，供不应求，难求一席之位。羊汤锅已遍及境内各县城，以及许多集镇、集市、旅游景区以及工矿区。

三、水城烙锅

将食物经烙锅烙制成熟食的烹调方法，源于黔西北地区。烙锅为用陶土烧制而成的黑砂锅，中间凸四周凹，周围有裙边，锅的中央有5～10厘米的排气口。使用时将烙锅置于炭火或煤火之上烤热，将菜油擦于锅上，再将食物烙熟，蘸上辣椒蘸料即可食用。这一食法据说始于明代末清代初，有300余年历史。由于烙锅烙制的食物具有味鲜脆香、用料广泛、持续保温、简易方便等特点，故烹调方法一直流传，尤其是改革开放后，烙锅饮食文化逐渐发展至贵州各地，很受广大消费者欢迎，并将这一烹调发展到极致。在选料上已由传统之马铃薯、臭豆腐等增加至数十种，如肉类有猪肉、牛肉、羊肉、羊杂、鸡杂、毛肚等；蔬菜类有土豆、南瓜、黄瓜、芹菜、卷心菜、青辣椒、茄子等；主食类有饵块粑、黄粑、米豆腐、汤圆、蛋炒饭、酸汤饭等。在调味上也十分讲究，配制味型各异之辣椒蘸碟，蘸碟分干碟和蘸水两种。干碟以辣椒面、花椒面、精盐、味精等调制而成；蘸水以辣椒面、花椒面、味精、酱油、醋、腐乳、香葱、精盐、折耳根等兑制而成。就餐时，可根据食物不同而选择不同之调味碟，更能充分体现烙锅特色。烙锅已由黔西北发展到全省，尤以六盘水市规模最大，市区烙锅店数以百计家，其中老字号“全有福”烙锅比较有名，该店1950年开张，历经半个多世纪，不仅经营上规模，而且不断发展创新烙锅的烹调方法。

境内各县均盛行，其中尤以水城烙锅著名。据史记载，起源于明末清初，是时平西王吴三桂调兵攻打水西彝族土司，官兵到达水西后粮草严重不足，官兵饥饿时取来瓦片架在火上烧烫，烤烙马铃薯及其他蔬菜和野味等充饥。不料此无奈之举竟发明了一款美味。随时代发展，最初使用的瓦片逐渐变为圆形陶土烙锅，并不断改良，今又发展为带边之平底生铁烙锅。

其中，以水城八家寨烙锅分店较多，以全有福烙锅规模较大，人们称其为“夜郎一锅容天下”。2003年在首届中国民族菜肴华西美食节获特金奖，2004年，在中国西部国际精品菜肴展示会获特金奖。2010年，被中央电视台评选为中国西部特色饮食，并命名为“西部一绝”。

四、茨冲鸡火锅

以土仔公鸡、猪板油为主料，以糍粑辣椒、豆腐、生姜、大蒜、大葱、蔬菜、泉水等为辅料。

特点：肉质鲜美，香辣爽口，营养价值高。

制作要领：活鸡宰杀去毛、洗净，将鸡肉连同内脏砍成3厘米见方小块，加花椒放入猪板油中炒干捞出；加糍粑辣椒、大蒜、生姜、炒出香味后放入鸡块同炒，再加水、盐煮20分钟左右，加大葱即成。豆腐、蔬菜等随火锅上桌煮食。

原料：土公鸡肉1500克左右，大蒜50克，花椒50克，糍粑辣椒250克，蒜苗100克，盐15克，味精15克，生姜15克，猪板油250克，豆腐250克，各种蔬菜1000克，泉水1000克。

位于大（山哨）烟（堆山）公路水城段茨冲，街上有10多家鸡火锅店，生意兴隆，且外地已有以“茨冲火锅”为名开设之鸡火锅店。

五、堕却清水鱼

贵州名火锅，以草鱼或鲤鱼为主料，以姜、盐、糖、味精、鸡精、胡椒、料酒、豆腐、蔬菜等为辅料。堕却清水鱼源于20世纪90年代初，六枝一小镇堕却用清水煮鱼，制汤考究，其风味独特，遂成为远近闻名之特色火锅。“堕却清水鱼馆”便应市而生。

特点：鱼肉细嫩，汤色鲜亮、味美。

制作要领：活鱼宰杀洗净待用，锅中放入清水煮沸，加入姜、盐、糖、味精、鸡精等调料，再将鱼放入锅中，当鱼肉达到八成熟时，起锅加入大葱、油即可。豆腐、蔬菜、海带等随火锅上桌，配以蘸碟。

六、岩脚面条

起源于清朝中期，深受顾客青睐。产于六枝特区岩脚镇，生产环境独特；岩脚气候多晴炎热，便于面条一次凉晒快干，色泽极好，呈鲜淡黄色；岩脚所涌出龙潭泉水，水质清澈，微带甘甜味，含多种微量元素，取用以和面。构成独具地方特色之两大特色：以本地特产小麦精面粉为主料，龙潭泉水拌和制作而成，使之独具特色风味。

制作时反复拌揉均匀擀压，过去用手工擀压，现用机器碾压，致筋丝绵强后，切成条状，分宽刀、中刀、细刀几种。由于用特有之本地泉水和本地特产之小麦面粉制作，加工精细，煮时不浓水，不断条，不互相粘连，具有香、滑、劲、脆等优点，口感极佳，风格独特，而闻名省内外。

用料考究，主料采用当地特种之优良独特品种小麦所制成之精面粉，食用碘盐、食用碱加配得当。有几种品名：用全麦粉者，为纯麦面条；加鸡蛋者，为鸡蛋面条；加燕麦粉者，为燕麦面条。各具不同口感和营养成份。

七、手工鸡蛋面

境内各县均出产，以盘县城关和六枝岩脚镇所产较著名。以精面粉和鸡蛋为主料，加食用纯碱少许合成面砣，通过人工骑着碗口粗之杆棒跳压，将面跎压成薄片，每杆压一次，均扑一次干面粉，以免粘连，并把薄面片卷成条状，继续用棒跳压。如此反复多次，直至达其要求之薄厚程度（宽面较薄、细面较厚），然后用薄菜刀切成宽、细面条。煮熟食时一般不加汤，谓之“燃面”，配以各种佐料，香脆可口；加鸡汤食之，又是一番风味。

八、辣鸡糯米饭

以上等糯米浸泡一天，上甑子蒸透，将鸡肉砍成小块，炸成七、八成熟捞起，加糍粑辣椒炒熟后，将鸡肉倒入渗水焖炒，等水干后，以特殊配料。再与糯米饭配合上桌，加以鸡坳，胡椒、味精、酱油、葱花等佐料。松软糯绵，香辣可口，为早餐主食之一，各县均有专店和饮食摊销售，有时还需排队候买。

亦可另味作成甜食，配上核桃、花生、芝麻、蜂蜜等，类似八宝饭。

九、富（附）油包子

为传统食品，境内各县均有。小麦面粉经发酵后与食用碱和面，以熟油炒的肉沫及葱花作馅，或以肉、糖、豆沙单独作馅或混合作馅，上蒸笼武火蒸约15至20分钟出笼，酥软泡松之包子即成。

十、粉蒸肉

境内各县在宴席上和家庭宴会上普遍食用，其中盘县所制较有名，其味甜中带咸，极为可口。以黄小米、肋条鲜肉、白砂糖等为主料，参与微量糯米及猪油蒸成。操作过程：将黄小米淘洁净，和上少量糯米，用清水浸泡8小时左右上笼蒸熟。然后加油糖搅拌均匀，再将切成4厘米至6厘米宽、0.5厘米厚左右之片状带皮肋条肉，直盛碗中，肉皮紧贴碗底，亦可用较大容器混装，把拌好之熟小米装入碗或大容器内后，反复入笼蒸透。上桌时将碗装者倒扣盘中，即成美味甘甜之一名菜。

十一、蒸鸡纵

各县均有，以盘县所制较著名，其味清香。此系地方野生菌类之佳品，属“栽无种、撤无秧”自生自长之特殊菌种植物，初秋时节上市，价与猪肉齐驱，用鸡纵以少量鲜肉或火腿蒸汤，即使不加香料，亦别有奇特鲜香味。

十二、盘县辣子鸡

盘县特菜。以当地重量约1500克之“放山鸡”1只为主料，辅以水花酒、盐、醋、姜、蒜等烹制而成。

特点：色泽红润，鸡肉味、辣味相交融，香辣可口。

制作要领：将鸡肉连肉带骨砍成长3.5厘米，宽0.5厘米之条或块，用刀将姜、蒜拍烂，鸡条块用盐、水花酒、醋、生姜腌制好；烧水用中火，下油烧至四成热时，放入腌制好之鸡肉，加入糍粑辣椒和少许糟辣椒、大蒜，炒至水分干时再加入水25克，继续炒至辣香脆时即成。

十三、酥鲫鱼

六盘水特色菜。以威宁草海鲫鱼为主料，配以盐、料酒、醋、姜、糖、葱、味精。

特点：骨酥化渣。

制作要领：将鲫鱼去鳞、鳃、内脏后洗净，用盐、料酒、醋、姜腌制10分钟左右，将锅烧热后放入冷油烧制七成油温时放入鲫鱼，炸成金黄色，再用小火浸炸5至6分钟后捞出。另用猪油将糟辣椒炒出香味后加水500克、糖、醋、葱、味精调好放入炸好之鲫鱼，用小火焖15分钟后扣入碗中上蒸笼蒸1小时即成。

十四、老乡下精肉鲊

六盘水传统菜。始于水城发耳地区布依族之一种传统食品，已有500多年历史。主要采用山区新鲜猪肉为主料，以辣椒、花椒、八角、茴香、食盐等为辅料精制而成。

制作要领：采用猪肉1000克、辣椒150克、花椒3克、茴香3克、八角2克混合加工后放入土坛中，深埋地下6至8个月后可取出食用。可制成鲊肉蒸食，也可爆炒。

十五、生爆烫皮羊肉

六盘水传统菜。以烫皮羊肉为主料，辅以芹菜、精炼红油、花椒、干椒节、蒜、胡椒面、味精、鸡精、香油等适量制作而成。

特点：色泽亮丽，肉质细嫩，麻辣鲜香。

制作要领：烫皮羊肉500克切成片，加入料酒、芡粉，腌渍下锅爆炒出锅起锅下红油，放入干椒节、花椒、豆瓣酱炒出香味，倒入爆炒好的羊肉片、芹菜片，翻炒，调入味料即可。

十六、乌蒙香辣羊排

六盘水特色菜，又名“糍粑羊排”。采用本地特产黑山羊带皮羊排骨为主料，辅以糍粑辣椒、花椒、蒜、色拉油、味精、食盐、胡椒面适量制作而成。

特点：麻辣适宜，骨酥肉鲜，营养丰富。

制作要领：带皮羊排500克焯水，下油爆出待用；另起锅下油，放入糍粑辣椒、花椒、蒜瓣、爆好之羊排，调入味精、鸡精、盐、胡椒面，火炒八成熟放十三香，炒熟即可。

十七、鸡纵白玉卷

六盘水特色菜。以野生鸡纵菌、老冬瓜、老火腿、五花肉为主料，嫩仔姜、青椒、蒜头、大葱、盐、胡椒面为辅制作而成。

特点：肉质细嫩爽口，味道特别鲜美。

制作要领：冬瓜切成长方片，将鸡纵、火腿、仔姜、蒜头切成长短一致粗丝，放在冬瓜片上卷成卷，放入上汤碟中盖上五花肉、葱节、胡椒、蒸20分钟后，用原汤勾兑淋上即成。

十八、干锅牛肉

六盘水特色菜。以牛前腿腱子肉为主料，配以红椒、糟辣椒、糍粑辣椒、山椒、番茄、盐、白萝卜、猪油、鲜花椒叶、鱼香菜等作制而成。

特点：酸鲜咸辣，肉质嫩香，味鲜可口。

制作要领：烧锅于旺火，放入猪油下糍粑辣椒炒待水分干后，再下糟辣椒、红椒、番茄、山椒、盐炒2分钟后，下切成之牛肉、萝卜、花椒叶，加火烧开后，改用中火烧15分钟，放入鱼香菜即成。

十九、迎宾美容蹄

六盘水特色菜。以洗净猪蹄为主料，芦荟、老卤水、冰糖、盐、水花酒、生姜、香料、泉水煮制而成。

特点：色泽红亮，浓香扒糯，养颜。

制作要领：砂锅倒入泉水烧开，依次倒入老卤水、冰糖、盐、生姜、水花酒。用大火烧开，放入猪蹄，再盖上锅盖，改用微火，6小时视猪蹄老嫩，刀改装盘即可。

二十、富硒茶

境内各县均盛产富硒茶。其中六枝“乌蒙剑”、盘县“碧云剑”、水城“依天剑”被誉为境内茶中名品“三剑客”。各县分别产有“乌蒙春”“碧云春”“水城春”系列名茶。“水城春”茶与其他系列名茶均含有机硒和十余种人体必需之微量元素，品质优良，风味独特，汤色黄绿明亮，滋味浓醇鲜爽，叶底嫩绿匀亮。

常饮此茶，有利于防治心脏病、高血压、糖尿病等，延缓人体衰老，增强视力，是一种天然绿色食品，质量上乘。

“水城春”茶是水城县茶叶发展有限公司开发生产之茶叶精品。水城县茶叶有限公司，于1998年10月组建成立。已建成名优茶园4500亩，以及相配套之名优茶加工厂(占地十亩)。加工能力年均达到150吨，在市中心区开设了门市和茶屋网吧，开发的“倚天剑”“神州香”等春意牌“水城春”天然富硒茶系列产品，深受消费者青睐。

公司之茶叶基地，建在具有亚热带高原季风气候之水城县杨梅乡，是全国继陕西紫阳、湖北恩施的第三个富硒茶产地，所产茶叶经贵州地化所化验富含有机硒，是利于人体健康的之绿色饮用茶。占地十亩之名优茶加工厂，坐落在水城县杨梅林杨林区内，环境幽雅别致，犹如休闲度假村庄。名优手工制茶车间和机制炒茶车间有机结合，具有3万担茶叶加工能力。

其他各县，均建有茶叶生产基地和茶叶加工厂。

二十一、水城老姜汤

系水城姜业发展有限公司研发之特色旅游产品，其“山明”牌姜茶倍受消费者青睐。以北盘江河谷生产之水城小黄姜为原料，经中科院地球化学研究所测定，水城姜含精油0.72%，姜辣素2.85%，硒0.8至1.5ppm，营养功能成份居全国之首，属世界名姜之一。“山明”姜茶采用超低温工艺进行生姜有效成份提取加工，最大限度地保留了水城生姜之姜精油、姜辣素等活性成份，严格执行国家有关食品生产各种标准和规定，不添加防腐剂等化学物质，为纯天然绿色食品。具有解毒消炎、祛风去湿、暖胃止呕、驱寒活血等作用，对预防感冒、消除体内垃圾、养容延年、解酒、晕车晕船和产妇康复有特别作用。饮之生津，开胃健脾，实为家居、旅游必备滋养饮品。

第四章　市属国有商业企业

中华人民共和国建立前，境内商业经营多为私商所开设店铺，而多居于郎岱、盘县、水城县城，且数量不多，规模较小，另有相当数量货摊和货郎担，分布于三县城乡。此外，有少量官办或商办之食盐经销店等，分设于三县，亦多居县城和少数农村集镇。

中华人民共和国建立后，三县人民政府成立，安顺、兴义、毕节专区商业部门分别在郎岱、盘县、水城兴建国有商业企业。初期向各县派出推销组，继而各县建立贸易公司。后逐步建立起各县百货公司、纺织品公司、五金交电化工公司、糖烟酒公司、食品公司、蔬菜水产公司、盐业公司、民族贸易公司、饮食服务公司等商业企业。三线建设期间，各公司分别在各厂矿区内兴建经营网点，为支援铁路和工矿建设提供服务，企业进一步发展。六盘水建市后，又相应建立起上述企业之市属商业企业。进入改革开放时期后，各公司进行体制改革，进入新发展历程。其中，有的公司由于不适应市场经济之剧烈竞争，经营管理不善而停业或解制。

第一节　六盘水市百货公司

一、基本概况

企业系沿原水城县百货公司（后为水城特区百货公司）扩建而成。1950年9月，毕节专区派张呈跃、戴定源到水城筹建“国营贵州省贸易公司毕节分公司水城贸易小组”。1951年5月，又派王清沛、李祥达等人充实贸易小组，负责人为张呈跃。开设贸易商店，以批发棉纱为主，兼营其他商品，办公地址位于水城县老城内，年销售额20万元左右。1952年，成立水城县供销合作联社，后店社合并。

1953年，执行国务院规定“国营和地方国营的产品，由国营商业收购；私营企业的加工订货，要通过国营有计划的进行，手工业产品由合作社商业收购”。1954年，国营商业与合作社商业第二次分工，国营商业负责城市市场领导，合作社商业负责农村市场领导。1956年，成立水城县百货公司，地址在水城场坝。

1958年，副食、糖烟酒、饮食服务等公司合并，成立水城县服务局，国营商业与合作社商业再次合并，成立第一、第二商业局。县百货公司改为“百货经理部”，各区供销社改称“人民公社商店”。

1961年10月，国营商业与合作社商业又一次分家，各专业公司重新成立，恢复“县百货公司”。

1966年，由省和毕节地区派人在水城汪家寨成立“水城矿区贸易公司”，进行综合经营业务，其中百货占销售总额20%，后又改为“水城特区贸易公司”，并在老鹰山、小河边、37处、卢家沟、红桥、汪家寨、大湾、水帘洞等地设立贸易商店。

1970年六盘水地区百货公司成立，1978年更名为贵州省百货公司六盘水分公司，后更名为六盘水市百货公司。公司注册地址为六盘水市民族路1号，注册资金325万元，注册类型为国有企业，经营日用百货、文化用品、服装鞋帽、针纺织品、五金交电、糖酒副食、通讯器材等。公司职工总数为228人，其中在册职工181人（在岗职工48人，内退99人，不假外出26人，挂靠8人），退休职工47人。

1971年，水城特区贸易公司与水城县百货公司合并，称为水城特区百货公司，公司设于水城黄土坡。水城县商业局设于老鹰山、小河边、水泥厂、黄岩脚、大河边、汪家寨、大湾、观音山、水钢等地商店划归特区百货公司领导，职工增至881人，公司本部在场坝、老城、钟山设有3个百货商店。

水城县百货公司时期，负责人先后有张呈跃、熊香涛，历任经理有王希德、熊香涛、王魁生、张顺荣，历任副经理有熊香涛、孙淑芬（女）、王海、韦世科、王惠明、刘会林、吕佐唐、汪克珍（女）；水城矿区贸易公司负责人为郭应龙；水城特区百货公司时期，负责人先后有孙庆贺、张顺荣、吕佐唐、王希德、鹿世发，经理李仁杰，历任副经理有汪克珍（女）、吴绍荣；六盘水地区百货公司时期，经理朱积忠，历任副经理有刘兴祥、陈志初、孙玉跃；六盘水市百货公司时期，历任经理有李仁杰、刘静波、谢家森、郑德贵、张春华（女），历任副经理有谢家森、邓仁望、毛道平、袁仁、严元庆、蔡玲（女）、罗荣（女）、张春华（女）、孔繁波、徐天明、王忠明。

市百货公司自成立后，始终注重商品质量和服务质量，靠质量赢得了信誉，求得了发展。进入20世纪90年代，非公有制经济迅速崛起，市场竞争日趋激烈。为适应市场经济发展，公司不断调整经营结构和经营方式，实现商品经营逐步退出，形成以租赁经营为主，职工承包经营、引资嫁接和国有民营相结合的经营格局，探索出国有商贸企业改革与发展的新路子。通过调整经营结构和经营方式，公司盘活了存量资产，保证了国有资产保值增值，稳定了职工队伍，经济效益稳步提高，经济实力逐步壮大，取得了较好的经济效益和社会效益，成为市商贸企业中的重点发展企业。公司1992年获国家“全国文明经营示范单位”称号；1997年获国家“青年文明号”集体称号；1998年后连年获“市级文明单位”“百城万店无假货先进示范单位”等荣誉；2001年后连续被市消协评为“诚信单位”。公司金银珠宝首饰经营实力较强，百货商场稳步发展，与民营资本合作的科技电脑城已初具规模，百货公司“老字号”信誉犹存。

二、经营情况

1998年以前，属于正常经营时期。主营大小百货，批零兼营。在计划经济时期，为保障人民群众生产生活、为社会主义建设事业作出过积极贡献。实现之利润全部上缴财政，企业没有结余，在长期经营过程中遗留下来之有问题商品得不到消化，使企业长期负重经营。进入市场经济后，国有商业企业之体制问题、人员臃肿问题、设施陈旧问题、资金短缺等问题暴露突出。1998年开始出现严重亏损。

至2002年，公司无力再继续从事经营，决定将商品经营转向物业经营。为解决富余职工安置问题，召开职工代表大会，讨论关于实行职工内部退养规定，按照其实施办法，根据不同年龄段，给予不同生活费。35岁以下员工按基本工资40%发给生活费，36至45岁员工按基本工资70%发给生活费，45岁以上员工按基本工资80%发给生活费，在公司工作满30年职工按基本工资90%发给生活费。鼓励年轻人在公司各联营部门上岗，大部分职工选择了内部退养。解决了公司富余人员问题后，公司又对部分办公经营场所进行招商，引入科技电脑城、布依酒楼、欧化家具广场等商家，通过收取房租等维持公司运转。

三、职工收入情况

2004年，在岗职工月平均工资1290元，内退职工月平均生活费495元，退休职工月平均津贴177.58元（退休工资由社保局发放）。

四、资产情况

2004年，公司办公楼（民族路1号）土地面积820.78平方米，房屋面积2444.96平方米。其中一至三楼为经营区，面积1833.72平方米；四楼为办公区，面积611.24平方米。

百货商场（钟山西路44号），房屋面积1至2层1758平方米。

1号楼（康乐南路东侧）土地面积2270.837平方米，房屋面积745.56平方米；6、7、8号楼（康东南路东侧）土地面积4249.38平方米，房屋面积8355平方米；简易平房（康乐南路西侧）土地面积1193.49平方米。

合计土地面积8534.49平方米，房屋面积13303.52平方米（包括房屋所占面积）。

公司资产总额1648万元，其中应收账款74万元属呆、坏账，无法收回；其他应收款52万元亦属呆、坏账，无法收回；存货87万元作多次打折处理。长期投资6.4万元，为公司购买之国库券和市商务局协调作办理银行货款抵押处理。固定资产价值989万元，是公司实有资产账面价值，未进行市场评估。递延资产52万元。负债总额883万元。

第二节　六盘水市纺织品公司

一、基本概况

六盘水市纺织品公司前身为水城特区纺织品公司，水城特区纺织品公司前身为水城特区百货公司，1980年1月，根据水城特区商业局行业调整指示精神，水城特区纺织品公司从百货公司分出，设专业公司，进行商品分口管理经营，为具有独立法人实体公司。

1980年1月，水城特区纺织品公司由吕左唐任经理，黄述全任副经理，职能课室有业务股、政工股、总务股、财会股、保卫股、物价股、工会，有职工32人，并分管老城棉布店，该店有职工23人。

1985年，水城特区纺织品公司与市纺织品公司合并成立六盘水市纺织品公司。

1982年至1985年3月，公司由黄述权任经理，姚守烟任副经理，公司职能课室为政工股、业务股、总务股、储运股、保卫股、物价股，有小商品批发部3个点，主要为批零兼营，并管理老城棉布店，公司有职工38人，老城棉布店有职工21人。

1983年8月，水城特区纺织品公司物价股股长经济师王英被评载入《全国物价系统先进集体、先进工作者名册》。1983年12月，被贵州省人民政府决定授予“贵州省劳动模范”称号。1987年1月，被中共六盘水市直属机关委员会评为优秀共产党员。王英先进事迹《小小价码笺上的事故》（报告文学）被刊登在贵州日报上。王英将其积累的工作经验，加以系统总结成文，为水城特区商业局物价训练班撰写讲义《物价基础知识》《棉布作价方法》《丝绸作价方法》《棉布牌价快速查对表》等。

1985年5月，水城特区纺织品公司与市纺织品公司合并成立六盘水市纺织品公司后，由曲永富任公司法人代表、经理，副经理有陈家华、王洪钧、王时利、喻定英。职能课室有业务课、人秘课、财会课、物价课、办公室、储运课、保卫课、工会。公司本部有职工92人，退休职工28人。

1986年4月，原汪家寨矿区商店、水钢矿区商店、大湾矿区商店、水泥厂矿区商店、老城百货店和老城棉布店划归市纺织品公司管理，6个基层商店，有职工220人。加上公司本部职工，共有职工312人，退休职工76人。

1986年，公司进行母体裂变改革，以原来专营课室成立3个子公司，即劳保采购供应站、针棉织品分公司和呢绒绸布分公司。自1998年3月起，公司退出市场，90%的职工下岗自谋职业。

二、公司经营情况

1980年1月至12月，主要经营针织、纺织、呢绒、绸布、劳保专用品、日用百货等共3600多个品种。计划经济时期，为独家经营，主要对水城境居民和各厂矿供应有关商品。当时棉布实行凭布票供应，每人一年发给布票1丈5尺7寸。发给居民之布票使用收回后进行烧毁，下一年重新制发，实行定量供应。劳保用品，按计划规定发给，肥皂、洗衣粉进行批条供应。从1980至1986年平均销售品种为3760个，平均年销售量为1732.7万元。1985年，劳保专用品主要对各厂矿企业实行供应，有关针织、纺织、呢绒、百货日用品，均对各商店、商场、各区乡供销社供货。

1962至1965年，未和百货公司分家之前，为支援三线建设，原水城县百货公司在水城各厂矿企业建立配套设施，相应设立基层商店，向厂矿企业职工供应日用商品，方便职工生活，为支援三线建设作了贡献。

1985至1989年，由于市场竞争日益激烈，逐步出现个体经营户，公司经营销售商品受到冲击。在此期间，20世纪80年代末期，纺织行业亏损年年递增。1986至1988年年平均销售量下降185.9万元；1989年至1993年年平均销售76.2万元，而且有112.37万元商品实行送货上门，运往各区乡供销社，其后货款未收回一分，各矿区商店相应全部停业。

1988年5月，市纺织品公司已难维济，公司进行母体裂变改革，成立六盘水新创劳保用品采供站，曲永富兼经理；成立针棉织品分公司，周红昌任经理；成立呢绒绸布分公司，喻定英任经理。从而母体分裂新成立3个子公司，所有资金商品全部划分给3个子公司。然而母公司基本成了空壳，成立3个分公司后，人员基本由原专业科室人员组成，1988年至1995年，3个子公司在市场上勉强维持到2000年。

（一）劳保用品采供站

经营地址在钟山西路原市工商局一楼，场地是租用。机构有经理室、财务、业务、仓库、门市部，主要为批零兼营，经营劳保用品有1300多个品种，职工11人。1988年至1992年，年均销售额53.2万元。到1993年，随着市场个体劳保商店不断出现，加之管理不善，从1994年开始经营亏损，到1995年至2000年只能维持职工工资。到2003年至2007年，由于缴不起租金，只能关门停业，所剩商品全部削价处理，所卖货款未交总公司。

（二）针棉织品分公司

经营场地在总公司二楼，由原针织经营部人员组成，机构有财务、物价、统计、仓库四个课室，主要以批发为主，经营品种有1423个。到2000年，所剩商品只靠摆外摊销售，基本维持其11个人员之生活费。1999年，销售额仅43.5万元。2000年，已无法维持11人之生活费。于2003年，所剩商品全部削价处理，货款未交总公司。

（三）呢绸布分公司

经营场地在公司一楼，由原纺织品经营部人员组成，有职工10人，机构有业务、财会、物价、统计四个课室。1989年至1992年，主要经营品种1212个，年销售额均在45.2万元左右。到1993年至1997年，所销售商品货款只能维持10名职工基本生活费。1999年停业，人员全部下岗。2004年12月，所剩商品一次性削价处理，货款未交总公司。

3个子公司相继倒闭后，所有人员全部划回总公司，所剩商品卖空吃空，仅剩人员划归总公司。

三、企业经营情况

1993年，由于国家政策性产业调整，竞争日益激烈，全国纺织行业大范围滑坡，亏损年年递增，纺织行业步入低谷。国家银根紧缩，许多基层零售商店和农村供销社所欠市纺织品公司货款无力偿还，企业有112.37万元货款未收回，约1996至1998年，公司经营非常困难。1998年3月后，公司已无能力发放职工工资或生活费，90%职工下岗自谋职业。其后，职工养老保险金、医疗保险金、失业保险金全部脱保，属特困企业之一。

市纺织品公司在举步维艰、账面无资金的情况下，经市招商局引荐，于1999年6月与贵阳新国道联营成立六盘水新国道超级市场。用原市纺织品公司仓库场地进行改造，建立商场约3000平方米，主要以技改资金95万元设立超市机构，于2000年1月1日开业。贵阳新国道占股份为51%，市纺织品公司占股份49%，贵阳新国道属于控股方。当时按签约合同规定，贵阳方必须配送货物500万元商品，主要经营副食品、土特产品、休闲食品、服装、日用百货、玻璃器具、纸品等15600多个品种，属于六盘水第一家现代化电脑系统操控超级市场。机构设置有总经理室、副总经理室，由市纺司曲永富任总经理，贵阳方王立平任副总经理，市纺司喻定英任副总经理。下设行政部、保安部、采购部、团购部、财务部、系统部、办公室、商场基层管理人员有主管8人、组长12人，有收银员8人，有促销员、理货员、保洁员45人。超市有限公司实行层层管理，有员工92人。

2000年1月开业至2月，贵阳方实际配送商品仅150万元左右，商品未按协定配足。1至2月每天销售金额为15万元；到3月（基本未配货）每天销售下降到5万元左右；到4、5月份，原有商品已基本卖空一半，每天销售不足2万元；到六七月份，卖场70%货架无商品，每天销售不足1万元；到八九月份，所剩商品还不如个体小门面商品多，每天销售200元；到10、11月份已无商品销售，账面上只剩50多万元过期和残损变质商品。从5月份起，已有43人辞职；六七月份，员工只剩20人；到八九月份，外聘员工全部辞职；因从4月份基本就开不出员工工资，到11月份，只剩市纺司老职工8人。12月，由于贵阳新国道支付不了供货商货款，发生哄抢事件，直接波及到六盘水新国道超市，大部分货架物品设施被供货商打砸、抢走、丢失和损坏，剩余50万元左右变质商品被贵阳方面全部拖走，仅剩一片废墟，从此宣告破产。六盘水新国道超市从而成为历史经营最失败事件。

继后，公司主要靠门面、房屋出租维持运转，分管所属二级法人独立核算单位6个，其中4个矿区商店（汪家寨矿区商店、水钢矿区商店、大湾矿区商店、水泥厂矿区商店）均属20世纪60年代矿山配套服务设施，于1985年6月划归市纺织品公司管理。

公司所属老城棉布店、老城百货店是20世纪60年代的老店，属公私合营商店。70年代转为国营商店，80年代划归市纺司管理。

以上6个商店，在计划经济时期曾为国家作出过重要贡献，由于市场经济竞争日益激烈，6个基层商店于1986年全部退出市场，无商品经营，90%职工自谋职业。其中水泥厂商店、老城棉布店、老城百货店已无机构设置，均属公司代管。

四、公司及各基层所属企业资产情况

2004年，公司对面原老办公室，面积570平方米（属危房）；康乐南路北上侧有空地1500平方米（长年闲置）；康乐南路北上侧有职工家属楼三幢（房改房，系20世纪80年代修建）；原大湾矿区商店有土地3208.87平方米（属原边远矿区，未开发）；康乐南路织福大楼（公司占比30%，面积1934.36平方米）；原水钢矿区商店后面有1幢仓库，面积783.75平方米）；原大湾矿区商店家属楼1栋及旅社，面积1019.25平方米（3次受洪水冲击，已成危房）；原老城棉布店，面积74平方米）；原老城百货店，面积87平方米。

五、职工情况

2004年，职工总数（包括所属基层商店及所有退休人数）301人，在册职工170人（在岗职工36人，下岗职工134人），退休职工131人。其中公司本部在册职工50人（在岗职工7人，下岗职工43人），退休职工43人；原水钢矿区商店，在册职工45人（在岗职工4人，下岗职工41人），退休职工32人；原汪家寨矿区商店，在册职工44人（在岗职工9人，下岗职工35人），退休职工36人；原水泥厂商店，在册职工2人（在岗职工2人），退休职工3人；原老城棉布店，在册职工9人（在岗职工3人，下岗职工6人），退休职工8人；原老城百货店，在册职工8人（在岗职工3人，下岗职工5人），退休职工3人。

公司自1998年3月起退出市场，职工工资和基本生活费仅靠房屋租金维持。

六、资产情况

2004年，公司资产总额904.25万元，其中应收账款净额331.33万元（已属呆、坏账，无法收回）；其他应收款43.771万元（已属呆、坏账，无法收回）；固定资产净值351.4万元，为公司资产账面价值，后期未进行市场评估。

第三节　六盘水市五交化公司

一、公司基本情况

六盘水市五交化公司前身系水城特区五金交电化工原料公司，与原水城县五金公司合并组建于1978年，属国有企业。

1978年建市后改为六盘水市五金交化公司，内设人事科、物价统计科、财务科、业务科。

家用电器维修站由袁从万负责，门市部经营五金、交电、家电、化工原料，品种达千余种。经营场所、办公地点位于向阳南路。

1984年，公司经过整改，统一领导，分级管理，专业划细，拓展业务。公司办公室搬至三楼办公，业务部在原工业品贸易中心办公，零售门市部设在今五交化公司一楼。扩大了经营范围，年销售彩电1000余台，自行车1500辆，进口冰箱200台，全公司职工118人。

1987年，公司作为市财贸系统经营承包试点单位，8月正式签订经营承包合同，承包人为王显光（经理）、江祖义（副经理），公司设人秘科、计统科、物价科、财务科、保卫科、工会。

至1990年，遵照国务院关于商业体制改革精神，公司制订了“统一领导、逐级承包”办法，新增水西批发部、钟山批发部、采购供应站、公司批发部、公司专营部5个承包经营点网点，公司年平均销售额1943万元，实现年平均利润35万元，当年上缴税费14万元。

2008年公司有职工92人，经理陆士辉。公司设经理办公室、副经理办公室、支部办公室、公司办公室、财务室、工会。

公司1972年成立时称六盘水地区五交化公司。1978年六盘水建市，机构随市建置更名为六盘水市五交化公司。注册名称六盘水市五交化公司；地址钟山西路55号；法人代表陆士辉；注册资金151万元；经济性质国有；经营范围为批零兼营、主营五金、交电、化工商品。

原六盘水市纺织品公司中心商店，经市商务局下文于1996年划归市五交化公司管理。1996年至2007年间，实行独立法人制度（法人代表范志远，独立核算）。由于中心商店与五交化公司主要资产同处一栋楼内，为便于公司管理，2007年将中心商店与五交化公司统一核算，不再实行独立核算制度。

原六盘水市饮食服务公司红岩商店，经市商务局下文于1992年划归市五交化公司管理，更名为六盘水市五交化公司第一分公司，实行独立法人制度（法人代表程宝柱，独立核算）。2001年市政府对汪水路进行改造，将其主要资产兰德宾馆拆除。（该公司情况特殊、人员较多、经济负担沉重）

二、职工情况

职工总数167人。其中在册职工106人（在岗职工13人，下岗职工93人），退休职工61人。在岗职工平均月工资1181元，下岗职工平均生活费423元，退休职工平均月生活津贴135元（社保局另发退休工资）。

三、经营情况

1998年以前，属于正常经营。主营项目有五金、交电、化工产品，批零兼营。计划经济时期，公司属于国有三级批发企业，在此期间，公司主要批发对象是水城钢铁公司、水城矿务局、六枝矿务局、盘江矿务局。

公司发生经营困难主要原因有两点：其一，为保证各生产企业之正常生产，公司将为其储备生产设备配件及生产辅助材料。由于生产技术和生产设备不断更新，公司所储备物资中有部分成为呆滞商品，随着历年过时商品沉积，流动资金出现周转困难，而又要满足市场供应需要，只有不断增加商品贷款（主要是用库存商品作为抵押）来补充流动资金不足，以进行商品储备。其二，在1992年至1998年已进入市场经济时期，各大企业之间三角债问题凸显，虽经有关部门多次进行清理，但效果极不明显。在此期间，水城钢铁公司和水城矿务局系统经常欠公司货款高达600万元，致使公司资金周转极为困难。到1998年时，公司已无力按时偿还银行贷款，而随着各家银行体制改革，已不再为商业企业提供只靠库存商品作为担保之银行借款。故银行对公司提起诉讼，经法院审理判决强制执行，拍卖了公司大部分库存商品，迫使公司停止业务经营。公司只留下部分人员在岗处理日常事务，大部分职工下岗自谋职业。

自1999年起，公司主要靠出租门面及仓库，收取租金维持公司在岗人员工资和基本生活费。

四、资产情况

土地情况：土地面积6830.02平方米（共分为四块），其中办理土地出让手面积578.44平方米，属于划拨土地面积6251.58平方米。钟山西路55号办公楼土地面积578.44平方米；钟山西路卫民巷九十四仓库土地面积2467.30平方米；场坝菜园路仓库土地面积2058.02平方米；建设西路建兴巷职工宿舍土地面积1726.26平方米。

房屋情况：房产面积13888.61平方米，其中出售给职工3612.66平方米，属公司房产10275.95平方米。办公楼位于钟山西路55号，房产面积2500.97平方米；九十四仓库位于钟山西路卫民巷，房产面积3023.19平方米；场坝仓库位于场坝菜园路，房产面积2653.15平方米；职工宿舍位于建设西路建兴巷，房产面积5711.30平方米。

公司资产总额2299万元，其中应收账款1020万元（属呆、坏账，无法收回）。其中有部分属于公司内部各企业之间相互挂账。其他应收款120万元（属呆、坏账，无法收回）。

第四节　六盘水市糖业烟酒公司

一、基本概况

1949年后，市境逐步建立起国营糖烟酒经营机构。1952年，贵州省贸易公司在水城设立专卖推销组，办公地点在场坝钟山街陈家房屋内，依居堂任经理，职工有6人。

1953年，水城县糖酒专卖公司成立，依居堂仍任经理，赵银龙任指导员，徐国喜任会计。1957年，水城县糖酒专卖公司改名为水城县副食品经营部，张顺荣任经理，周华照任指导员。1959年起，值全国经济困难时期，糖酒经营基本停止，食品、蔬菜、盐业3家公司合并。1963年第三季度，恢复水城县副食品经营部，周华照任经理，孙吉庆任指导员。1965年9月，水城矿区贸易公司成立，下设百货批发部和蔬菜商店，蔬菜商店经营蔬菜、糖酒、副食等；蔬菜商店负责人顾喜，糖酒业务由赵逢源负责。1971年春，水城矿区与水城县合并成立水城特区，合并后正式设立水城特区食品公司，下设食品和糖酒两个业务组；经理顾喜，副经理周华照，会计赵景堂，食品组长杨继昌，糖酒组长赵逢源。

1972年1月，六盘水地区糖业烟酒公司成立，谢福元、郭玉龙先后任经理。1975年郭玉龙调地区供销社任副主任后，由杨继昌任经理兼党支部书记。

1973年，水城特区食品公司分为两个公司，糖烟酒业务经营从食品公司分出，水城特区糖业烟酒公司正式成立，经理李明德，副经理赵逢源。

1984年1月，实行烟草专卖，糖烟酒业务分家，成立六盘水市烟草分公司。由糖酒公司划分17名职工给烟草公司，同时划给烟草公司固定资产8.11万元，库存资金（卷烟商品）71.2万元，流动资金21.3万元，福利基金0.34万元，更新改造资金2.5万元，利润留成2万元。

1984年2月，六盘水市糖酒公司和水城特区糖酒公司合并成立六盘水市糖酒公司，杨继昌任经理，毛道平任副经理，第三季度增任肖富泉为副经理。1985年10月，毛道平调市百货公司。1986年1月，肖富泉接任公司经理直至1991年1月调离，由姚守烟任经理至2001年。1984年至2001年，公司历任副经理有毛道平、段正礼、张绵华、吴绍贵、孙桂兰、李淑芬、张开明。

公司内设机构有业务课、财会课、人事课、办公室、统计课、小商品批发部、审计课、食品检验课、物价课、糖业副食课、酒课、基建储运课、酒类专业课、保卫课、仓库。

公司自创立后经营机构历经多次变更，从最初专卖推销组、专卖公司、副食品经理部，到矿区贸易公司蔬菜商店糖酒组、食品公司糖酒组，到水城特区糖业烟酒公司，最后市、特公司合并为六盘水市糖业烟酒公司。职工由最初6人增至160多人，企业资产增加到1000多万元。在公司发展中，有几位主要领导对其公司业务经营有较大影响。

李明德，1973年起任水城特区糖业烟酒公司首任经理。此前，公司位于七十三处片区仓库，属省煤炭建安公司所有，由水城矿务局使用。特区公司1962年2月和1970年12月分别向水城矿务局租用12.882亩和0.620亩土地，共计13.442亩。李明德引领职工积极争取，经过3年努力，1976年10月25日，省财政局行文同意水城矿务局将原省煤炭建安公司仓库房屋、土地等固定资产无偿调拨给水城特区糖业烟酒公司。公司以此为依托，发展壮大了批发、经营业务。1991年建成之公司新办公大楼（食糖密封仓）以及1996年进行引资开发均系用此片土地。

杨继昌，1975年至1984年任市糖酒公司经理，系市、特公司合并为六盘水市糖业烟酒公司后之首任经理。由于其开拓经营，1979年，为了发展糖酒零售经营，市糖酒公司拟在黄土坡建专营门市部及办公楼，经向水城特区城关镇城关公社红岩二队征用蔬菜地6.5亩，支付土地补偿费7020元。因当时市糖酒公司职工较少，加上建筑拨款不能及时到位，无法满足市规划局最低修六层楼高要求，于是专营门市综合楼系与石油公司合建，一楼为门市部，二至六楼为两家公司职工住宅。专营门市综合楼和办公楼建成后，公司于1984年4月成立了中心商店，从事零售经营，并为合并后公司续建职工住宅预留了土地。杨继昌退休后，为了做好传帮带工作，继续留任公司党支部书记一年多，直至1986年1月交班给肖富泉。

毛道平，1978年至1984年任水城特区糖业烟酒公司经理，1984年至1985任市糖业烟酒公司副经理。多方设法为职工修建住房。1979年，公司利用特区商业局购买之原国家建委三局五公司所属办公楼宿舍间空地，修建一幢宿舍，于1982年初建成，即现建设西路20号附1号家属楼。

肖富泉，1986年1月至1991年1月任公司经理，系首任实行承包经营责任制经理。1987年至1990年，实行经理承包经营责任制后4年中，公司经济效益逐年转好，固定资产也有较大幅度增加，职工福利也有所改善。

1990年与1987年相比，职工年工资总额由11.4万元上升到22.86万元，人均年工资由1321元上升到2593元。4年间固定资产增加135.3万元。其中新增官厅批发部综合楼1幢（面积1800平方米，投资41.4万元）；建设路商业门面1幢（面积262平方米，投资5.1万元）；食糖密封库综合楼1幢（面积2889平方米，预算投资120万元，已投资80万元）；航天牌双排座汽车1辆（价值8.8万元）。

公司因承包经营业绩突出，多次受到上级部门表彰，1987年获市政府授予先进单位称号，1989年获市商委授予先进单位称号。

二、经营情况

1952年，经营方式为指定摊点进行经营，运输方式为人背马驮。经营品种有泸州大曲、二曲、三曲、安顺大曲、食糖。销售瓶装酒9600瓶，散酒13.2吨，食糖6吨。销售额3.6万元，利润0.36万元。

1953年至1956年。进货地为水城产散酒、泸州产散酒、兴义白糖、云南红糖、广西赤砂糖。年销售瓶装酒13200瓶，散酒54吨，食糖150吨。年销售额7.2万元，年利润1.5万元。

1957年至1958年。销售食糖264吨（计划内调入144吨，计划外调入120吨），包括古巴糖和红糖，实行凭票计划供应；销售本地产散酒24吨，泸州产散酒21吨，瓶装酒60吨（计划内24吨，计划外36吨，品种包括泸州老窖系列酒、安顺大曲等）。年利润10万元左右。

1959年至1962年。销售散酒6吨，瓶装酒2400瓶，食糖24吨。供应模式为凭单位介绍信销售。

1963年至1965年。销售食糖计划内200吨、计划外70吨（其中云南红糖30吨、广西赤砂糖20吨、兴义红糖20吨）；销售本地产散酒60吨，大方、毕节、四川调入散酒150吨，瓶装酒50吨，基本满足市场供应。场坝和老城各设一个副食品经营专卖门市部，场坝由罗正明、何大荣负责，老城由李维珍负责。

1966年水城县副食品经营部经营情况：（1）食糖。白糖180吨，红糖36吨，古巴糖72吨。保证青冈林场（水钢）劳保用糖120吨，食品厂用糖36吨，余下24吨凭票供应居民，不足部分以红糖和古巴糖供应。白糖由云南计划调入120至150吨，红糖由兴义、晴隆调入，古巴糖由广西调入。（2）酒类。本地产散酒10吨，供应厂矿，外地议价调入散酒15吨，供应市场；计划内瓶装高中级酒20吨，计划外瓶装酒15吨，主要是泸州老窖系列、五粮液、尖庄等，凭票供应。年销售额200万元，实现利润15万元至20万元。

1966年至1970年水城矿区蔬菜商店糖酒经营情况：（1）每年销售食糖为600吨，利润20万元。由云南计划内调入白糖400吨，不足部分由云南计划外调入砂糖、碗儿糖、红糖200吨。（2）每年销售散酒为350吨，其中计划内调入150吨，计划外由大方县调入30吨，毕节调入40吨，贵阳调入40吨，仁怀调入散茅台酒20吨。瓶装酒计划内调入680件，其中包括匀酒100件，泉酒100件，习水大曲120件，金沙窖酒120件，茅台酒100件，泸州老窖系列酒50件，五粮液15件，汾酒25件，西凤酒25件，竹叶青25件（计划外还有部分瓶装酒调入）。当时因矿区工人工资较低，为满足消费者需求，有时将瓶装茅台酒拆零销售，3.8元一瓶的茅台酒拆零后只能卖得3.5元。

1967年至1970年，因市境三线建设的开展，支援铁路建设人员大量增加，水城县副食品经营部设14个经营网点，保障物资供给。食糖年销售300吨，其中由云南计划内调入250吨，计划外调入50吨，凭票供应；白酒150吨，其中本地产100吨，毕节调入30吨，河南调入代粮酒20吨。同时销售小商品30万元。年销售额达300万元。

1971年至1973年，矿区和水城县合并，成立水城特区食品公司后经营情况：（1）年销售食糖840吨，其中计划内调入720吨，计划外调入红糖、古巴糖120吨。云南占计划之70%，广西占30%。（2）销售计划内散酒1000吨，其中本地产粮食酒200吨，外地调入代粮散酒800吨。计划内瓶装白酒100吨，包括匀酒250件，泉酒150件，习水大曲300件，金沙窖酒300件，茅台酒100件，泸州老窖系列酒250件，五粮液、尖庄100件，汾酒40件，西凤酒40件，竹叶青40件。计划外调入河南地瓜酒、山东三花酒、安徽葡萄酒搭配供应。经营利润中，有部分用于改善职工住宅和福利。

1973年，糖烟酒业务从水城特区食品公司分出，正式成立水城特区糖业烟酒公司。1973年至1984年，食糖供应随购买力不断上升，供应方式也从凭票与放开供应相结合，逐步向放开供应过渡，市场销售一直稳定在1000吨至1500吨之间。糖源来自广西、云南、兴义等地。1976年以后，白砂糖产量大幅提高，红糖和古巴糖渐渐被消费者冷落，退出主流市场供应。

1973年特区公司成立时，酒类经营由公司专营，以保证劳保用酒为主，对居民仍凭票供应。年销售量在2600吨至2900吨之间，包括散白酒2000吨至2300吨，瓶装白酒500吨左右，中级酒100吨。其中中高级酒由计划调入，散白酒和瓶装白酒派人向厂家计划外调入。计划外酒类散白酒从本地土桥、黄土坡酒厂购进600吨至800吨，湖南米酒600吨至700吨，山东三花酒750吨至800吨；瓶装白酒购进广东敖丰大曲、阳江大曲250吨，河南二锅头100吨，湖南汨罗酒100吨，山东三花酒50吨。

1984年，市、特公司合并为六盘水市糖酒公司（烟草已实行专卖），在合并之前，市公司经营业务少，主要是负责行政管理，按月、季、年度汇总3个特区专业公司经营收支情况报表，上报省商业厅和省专业公司。

1984年至1986年，公司商品销售、利润、税金等各项指标均完成较好，职工福利也得到大幅改善，为职工新增住宅楼2000多平方米，解决了职工住房问题。

年销售食糖1200吨，其中计划内1000吨，计划外200吨（主要进货地云南800吨，广西400吨）。年销售白酒（包括瓶装酒）900吨至1000吨，有色酒（包括啤酒、葡萄酒、香槟酒）400吨。此外，还有部分小商品销售。

1984年至1986年六盘水市糖酒公司经营情况表

表4－1

项　目	1984年	1985年	1986年
销售额（万元）	916	1076	1051
销售毛利（万元）	112	121	126
利润总额（万元）	35.2	37.1	32.4
税金（万元）	6	6.3	16.2
职工人数（人）	140	124	124

1987年至1990年，公司实行经理承包经营责任制，由肖富泉任经理，张绵华任副经

理。1987年国家对控制商品放开，计划内商品实行指令性价格，计划外商品实行指导性价格。食糖销售1987年为994吨，1988年为1125吨，1989年为1000吨，1990年为1800吨。酒类进货地主要是四川、湖北、湖南和六枝酒厂、水城黄土坡酒厂等，其中中高档酒占2%，一般瓶装酒占40%至50%，散白酒占50%至60%；酒类销售1987年为792吨、1988年为892吨、1989年为900吨、1990年为900吨，平均毛利率达到16%；有色酒类每年销售300多吨，包括山东烟台、荣城啤酒120吨，河南麦精汽酒120吨，香槟酒60吨，其他葡萄酒20至30吨。

1987年至1990年市糖酒公司经营情况表

表4-2　　　　单位：万元

项　目	1987年	1988年	1989年	1990年
商品销售额	983.10	1111.90	1153.60	893.30
毛利	139.50	176	191.20	129.90
销售税金	17.23	24.73	24.54	16.85
净利润	36.68	54.84	55.55	7.65

1990年，市人民政府下发《关于加强酒类专卖管理的通告》(以下简称《通告》)，成立市酒类专卖管理局。在市糖酒公司实行一套人员两块牌子管理措施，才庆国任酒类专卖科科长。依照《通告》精神，具有批发经营权之经营者才能从外地调入酒类商品，个体私营经营户只能从事酒类零售业务。从1990年下半年起，专卖科联合市工商、质检等部门对市场进行全面检查，查扣了一批未经许可从外地调入之酒类酒品，使糖酒公司之酒类经营主渠道优势得到充分发挥，酒类销售额从1990年49万元，增加到1991年225万元，1992年增加到322万元。而公司销售总额也从101万元分别增加到1991年496万元和1992年613万元。企业知名度有较大提高。随着新办公大楼(一楼为食糖密封库)建成，公司固定资产由196万元增加到302万元。当时省内酒类商品大多从省糖酒公司和遵义地区糖酒公司进货，有的直接从厂家进货，如珍酒、习酒、匀酒、平坝大曲、九龙液、毕节大曲等。而省外酒一般从厂家进货，如泸州老窖、烟台啤酒、麦精汽酒、葡萄酒等。白糖一般由云南调入。当时销售渠道比较完善，市内各零售企业、个体经营户、厂矿供应科均从市糖酒公司进货，而公司也组织人员每星期下乡送货二、三次。

1992年，国家要求继续深化经济体制改革，打破条块分割，建立全国统一大市场。当年底酒类专卖管理工作全面停止，撤销酒类专卖科，糖酒公司国有主渠道政策优势改变。1993

年酒类销售猛降至126万元，销售总额也从1992年613万元降至295万元。

1994年至1998年，个体、私营经济实力不断增强，商家可以从贵阳整车调入商品从事批发业务，并且还把进货渠道进一步延伸至厂家。因其在流通费用、人员工资及税收（以定额税为主）等方面的负担远远低于国营的市糖酒公司，在价格上占有绝对优势，开始与公司争夺市场。而公司受体制机制束缚，价格形成机制无竞争力，逐渐失去了普通商品市场，依靠大宗商品经营还有一定优势而勉强维持。首先是白糖，当时国家实行白糖储备制度，给予公司贷款贴息，一段时间还加强了白糖流通管理，禁止个体经营户从外地进糖，后随着储备制度的取消，贷款贴息亦无，白糖市场也失去。公司经营得较好的商品之一烟台啤酒（公司系六盘水唯一经销商，威宁、纳雍、赫章均由公司供应），后来随着重庆山城啤酒集团兼并六盘水啤酒厂，烟台啤酒被挤出市场。公司经营得较好的商品之一麦精汽酒也随着饮料市场的多元化发展，也自动退出市场。金龙鱼油，最初选择市糖酒公司作为经销商，每箱有10多元利润，后来因个体商户介入经销，利润降至2至3元，最终无利可获而放弃。桂林洗衣粉，原来与市糖酒公司有良好合作关系，每年销几个车皮商品，后来受个体商户冲击，销量逐步减少。凡此等等，公司经营品种越来越少，销售额逐年下降，从1994年600多万元降至1998年的300多万元。

因经营困难，无法偿还到期银行贷款利息，只得新增贷款以偿还利息，加上当时贷款利率较高，每年需付利息近40万元。到1998年时，贷款本息已欠600多万元，负债累累，经营极其艰难。

1998年8月，因替红岩矿产经营部担保贷款20万元一事被中行起诉至法院，判承担连带清偿责任，法院强制执行收走现金12.85万元、白酒、葡萄酒23个品种1056件，折款21.57万元，合计被执行34.42万元。更使公司业务经营举步维艰。

1999年至2001年，除公司业务、财会、办公室少部分人员在岗勉强维持和处理公司有关事务外，多数人处于待岗、下岗状态，公司只能靠收取之房租费或做点零星生意，发给职工70%生活费，有时还不能按时发放。3年销售额分别为158万元、66万元和13万元。

由于诸多原因，到2001年年底，公司基本歇业，依靠门面、仓库租金发放职工生活费。

三、公司分支机构

公司从1984年起，先后成立中心商店、官厅批发部、振兴商场、多经公司4个分支机构。

中心商店于1984年4月成立，位于钟山西路54号，营业面积约685平方米，主要从事零售经营业务，为公司经营得最好的分支机构。中心商店为独立核算单位，自主经营，自负盈亏，人员较多（占公司总人数的40%至50%）。商店依靠职工努力，创造了较好经营业绩，多次受到上级部门表彰。在整个公司中，工资、福利较好，负债率最低。1997年年底，随着竞争日趋激烈，商店感到自主经营比较困难，遂将100平方米营业厅改造为门面对外出租，个体人员承租经营食品超市，取得较好经济效益，缓解了商店资金压力。后来又相继将柜台出租或承包给个人经营，所收取租金，除维持商店正常运转外，还偿还部分银行贷款。至2001年年底，商店经营正常，负债逐年下降。

官厅批发部成立于1985年，位于官厅老城路口附近，从事批发兼零售业务。因附近居民较少，零售只一度开展。后维持批发业务，承担老城、场坝、水钢及老鹰山、小河等城乡商品供应任务。作为批发企业，其最早受到来自个体私营经济冲击。1995年以后，就逐步退出市场，仅靠门面租金维持职工很低之生活费，还留下近50万元银行债务由公司偿还。

振兴商场于1991年成立，在公司于七十三处办公楼一、二楼商场经营，1992年元旦节开业。因该地段人流量小，销售急剧下滑，仅维持几个月就停业，留下大量积压商品和数十万银行贷款，营业人员除部分转移到中心商店外，其余下岗，仅领取很低生活费。

多经公司于1993年成立，1995年9月更名为六盘水市钟山经济开发区金钟农业生产资料公司。4至10月开展化肥经营，仅20多天就销售710多吨，实现销售收入122万元，纯利润1.72万元。1996年5月，四川什邡市生产资料公司主动与其联系购买焦炭，并向金钟公司预付10万元货款，由金钟公司方组织货源，发往成都钢铁工业公司轧钢铸造厂。金钟公司依照合同要求之质量，于六七月份共向成都发了17个车皮计1000余吨焦炭。对方收货后以"焦炭质量不合格，烧坏了高炉"等为借口，拒绝付款，致使金钟公司损失27万多元，从而经营陷入困境，贷款本息又只能由市糖酒公司承担。

四、资产情况

土地房产情况：土地总面积约为11000平方米。除原七十三仓库已开发的部分办理了土地转让手续，其余土地均属于划拨。建设西路20号门面及宿舍土地面积为1593.44平方米；原官厅批发部综合楼用地土地面积为1145.55平方米；钟山西路54号地块土地面积约2000平方米；原场坝糕点厂、场坝八仓库、洗马塘宿舍土地因历史原因界限不明，初步测量土地面积约3700平方米；原水钢附属企业一楼门面土地面积约60平方米；七十三老办公楼及仓库土地面积约2500平方米；老城商店门面土地面积约80平方米。房产总面积约

9844.35平方米。

公司职工总人数为172人，在岗职工11人，下岗职工84人，退休职工77人。因公司已多年未开展任何经营业务，主要靠房屋租赁收入维持企业基本开支，在岗职工工资全额发放，待岗职工生活费按原工资的70%发放，每月不足500元者按500元计发，退休职工福利开支人均按每月最低170元发放（退休费由社保局发放）。

第五节　六盘水市食品公司

一、公司基本情况

六盘水市食品公司为水城冷冻库和肉类联合加工厂合并建立的商业企业，1967年水城冷冻库筹建处成立，后国家投资250万元修建水城冷冻库，占地面积25875平方米，地址位于康乐南路14号，负责人张才培。同时水城特区成立冷冻厂，1983年改称为六盘水市肉联厂。

1972年8月，水城冷冻库建成投产，主要生产设施有600吨冷藏库1栋，日结冻能力20吨，班宰生猪200头的屠宰车间和水、电、气配套设施等。1975年后，根据生产需要，先后改扩建屠宰车间，生猪屠宰能力提高到每班500头，并相应配套简易复制车间和生物转筒二转污水处理装置及化验设施等。1978年至1984年，年平均宰猪2.5万头，最高达4.86万头，年平均利润31.5万元，最高达65.34万元。

六盘水市肉联厂（水城冷冻库、水城特区冷冻厂）历任厂长有张彦忠、罗世林、赵臣刚、龙心怀、尹廷寿，历任副厂长有王军（女）、刘绍明、罗朝望、黄国民、龙心怀、尹廷寿、蒋龙。1972年至1974年内设行政科、技术科、财务科、动力车间。1974年至1984年内设财会科、行政科、业务科、技术科、人保科。

1978年，六盘水市食品公司组建成立。下属5个矿区肉食品商店（钟山肉食品商店、场坝肉食品商店、水钢肉食品商店、老鹰山肉食品商店、汪家寨肉食品商店），在三线建设期间为矿务局、水钢、水泥厂等大型企业以及市民肉食品供应提供了保障。

1988年8月，六盘水市食品公司与市肉联厂合并，沿用六盘水市食品公司名称，成为厂司合一企业，注册资金280.5万元，地址位于康乐南路14号楼，职工总数300余人。

六盘水市食品公司历任经理有刘芳椿、黄国民、赵臣刚、尹廷寿、孙祥贵，党支部书记缪祥润，历任副经理有张志诚、杨文学、赵臣刚、蒋龙、杨春明、孙祥贵、陈朝云。公司内设机构有财务科、行政科、技术科、卫检科、政工科、工会。

1992年，生猪放开经营后，根据市场需求，进行技改，增加班宰60至80头牛屠宰分割肉加工生产线和班宰200只烫皮羊生产线各一半。由于委托省食品公司代理冻牛、羊肉出口业务，同年获国家商检总局颁发的出口食品厂、库注册证书，产品主要销往俄罗斯和中国港澳地区及东南沿海城市，营业额达1000余万元。

1996年，清产核资时，企业总资产评估值为1198万元（未含土地价），其中，固定资产907万元，流动资产291万元。

公司注册名称为贵州省六盘水市食品公司，住所钟山区康乐南路14号，法人代表孙祥贵，注册资金280.5万元、经济性质国有，批零兼营，主营肉食及制品、禽蛋制品，兼营副食品、水果、蔬菜、农副产品、零售粮油。

公司主要生产设备由于运转时间较长，磨损严重，加之机械设备属非系列产品，无零配件更换，故存在较大安全隐患。

二、资产情况

资产总额2183.78万元，其中账面资产总额913.78万元，新建房屋待入账资产总额1270万元。实际负债238.57万元。土地面积22267.3平方米，房屋面积7148.86平方米。

所辖单位钟山肉食商店有房屋面积218.10平方米；场坝肉食商店土地1212.70平方米，房屋面积3315.7平方米，莱园路商店80平方米，校场房屋建筑面积3145.70平方米，占地面积1085平方米；水钢肉食商店有房屋面积485.80平方米；老鹰山肉食商店有房屋面积456平方米；汪家寨肉食商店有土地1550平方米，房屋1350平方米。

三、职工情况

职工总人数264人（在册职工140人，退休职工124人）。下属5个肉食商店在册职工39人，退休职工36人。

四、企业经营状况

公司主营业务均未开展，生猪屠宰加工已收归机械化屠宰场，牛羊肉加工因受制冷设备及地理环境制约，加工业务也未开展。企业仅在元旦、春节、中秋、国庆等节日，根据市政府安排，开展鲜、冻猪肉供应工作，平抑物价。公司靠冷库库房、门面出租及土地租赁租金维持公司在职职工基本工资和部分下岗未找到职业职工的基本生活费，待到企业改制再安排下岗职工。

第六节　六盘水市蔬菜水产公司

一、基本情况

六盘水市蔬菜水产公司，系1983年12月将原水城特区蔬菜水产公司与市蔬菜水产公司合并之商业企业。1983年12月以前，行政主管部门属市商业局；1984年至2001年，行政主管部门属市蔬菜水产局；2003年起，行政主管部门属市商务局，其主要经营业务，为作好城乡和工矿区居民蔬菜和副食调味品供应。

三线建设在境内全面开展后，城市特别是工矿区人口剧增，蔬菜供应成为突出问题之一。六盘水境各县（特区），相继成立蔬菜水产公司，为解决当时城乡和工矿区居民蔬菜等供应作出重要贡献。

1965年5月，成立水城县蔬菜水产公司，下设场坝、城内2个门市部，有职工15人。

1966年，水城特区成立蔬菜商店，下设二塘、大湾、小河3个蔬菜商店，有职工8人。1969年6月，水城特区蔬菜商店中，蔬菜与肉食分开经营，成立蔬菜经营小组。

1971年1月，水城西站蔬菜门市部改为水城西站蔬菜水产商店，实行独立核算。是年，场坝、汪家寨、小河、水城西站4个商店在业务上属公司领导，行政上分别由城关镇、大河区、滥坝区、城关区革命委员会领导。全公司有32个门市部，职工275人。

1978年11月，成立水城特区蔬菜水产局，将水城特区蔬菜水产公司并入。1981年2月，撤销水城特区蔬菜水产局，恢复水城特区蔬菜水产公司，仍管辖原有商店及所属厂，全公司共有38个门市部，职工230人。1983年12月，水城特区蔬菜水产公司并入六盘水市蔬菜水产公司。

1978年前，蔬菜水产业务系由市食品公司兼营。1979年，成立六盘水市蔬菜水产公司，下设业务、生产、政保、财会课。李宗申任经理，胡光业任副经理，共有职工6人。经数年经营发展，至1982年，全市经营蔬菜水产企业共有4个（1个市公司，3个特区公司），16个蔬菜商店，40个门市部，职工358人；商办厂5个，职工235人。

市蔬菜水产公司下设鲜菜经营部、副食经营部、联营经营部，各为独立核算单位，3个经营部下设6个门市部，有职工91人。水城西站、场坝、水城钢铁厂、大河、大湾、小河6个基层蔬菜商店直属公司本部，亦各为独立核算单位，共有32个门市部，职工210人。

鲜菜、副食两个经营部，担负市中心城区蔬菜、调味品及有关副食品购销以及淡季、节日供应调剂等工作。联营经营部与云南鲁甸县供销合作社联营经销干菜和土特产品。后因经营管理不善，于1986年停止联营，随之即撤销该机构。

二、经营情况

未开发境内工矿区以前，三县城镇居民较少，主要靠城镇周围农民自余少量蔬菜商品作零星供应。县（特区）、市蔬菜水产公司成立后，开始收购蔬菜供应大量增加之铁路民工、军工和厂矿职工以及城镇居民。蔬菜部门绝大部分职工深入生产第一线，协助菜农发展生产。前期，因购销网点少，国营蔬菜商店只能购销其中一部分蔬菜，大部分由菜农自行销售。

1970年至1978年，为蔬菜生产和购销较好时期。蔬菜供应网点发展到49个，职工达647人，其中国营职工534人。由于厂矿分散，蔬菜经营网点仍不能满足需要。鲜菜大部分由国营蔬菜经营部门收购销售，部分厂矿系通过蔬菜公司安排实行厂队挂钩，由蔬菜生产队直接供应。1975年，国营蔬菜企业收购鲜菜量1922万余公斤，销售1813万公斤。1978年，收购鲜菜2443万余公斤，占总产量之70%，销售2299万余公斤，人均日需蔬菜量为0.25公斤左右。厂矿职工和城镇居民吃菜难问题得以缓解。

1979年年底，六盘水市政府决定在市内3个特区进行试点，学习四川成都市、重庆市、永川县蔬菜经营体制改革和经营管理及蔬菜产销直接见面经验，仍由国营蔬菜店收购鲜菜供应市场，有的由蔬菜队自产自销。其中，因蔬菜队卖菜网点少，一些蔬菜队不执行国家价格，市场菜价上涨，不能满足厂矿职工和城镇居民蔬菜需求，市民曾一度有强烈反映。1980年，全市国营蔬菜部门收购鲜菜仅为1061万余公斤。

1981年年底，纠正自产自销现象，恢复国营公司收购销售。1982年，恢复蔬菜派购，实行粮菜挂钩，以粮换菜。国营蔬菜部门均与生产队签订产销合同。是年，全市收购鲜菜1562万余公斤，同时向省内外调进鲜菜60万公斤，以作节日和淡季调剂供应所需。

1984年7月，随改革开放政策施行，中共六盘水市委下发38号文件，改革蔬菜产销体制，取消蔬菜派购，菜农所产蔬菜自行销售。实行产销直接见面，减少中间环节，允许国营、集体、个体多渠道经销蔬菜。国营公司和商店购销少量当地蔬菜和在外地调菜作余缺调剂，平抑市场菜价，作好节日和淡季供应工作。1984年至1988年，平均每年购进122万多公斤，其中外地调入90万公斤左右。当地所产鲜菜，绝大部分由菜农、小商贩进入市场销售，外地蔬菜多由菜商运入销售。

在经营蔬菜中，国家对国营蔬菜部门所经营鲜菜实行政策性亏损补贴，由财政拨款支付。1978年前，按实际亏损额拨给。1979年后，按每经营1担（50公斤）鲜菜，补贴2.5元。1984至1988年，国营蔬菜公司从当地蔬菜基地购进和在外地调菜，每担补贴6.5元。从1988年起，每担按6.8元补贴。

水产品销售。1965年以后，三线建设工业项目大规模开展，建设人员逐渐增加，水产品需求量随之增大。其货源主要来自江苏、浙江、山东等沿海地区，所购进水产品主要为冻带鱼、冻黄花鱼，次为冻虾、冻墨鱼、墨鱼干、鱿鱼干、虾米等。1972年至1983年12年间，共销售2917余吨，年均在200吨左右。1983年，水产品市场开放，多渠道进货。市内各大厂矿与外省区协作，购进水产品储于自备冷库自用；市肉联厂和六枝、盘县，利用冷藏设备储藏水产品以备调剂供应。水产商贩从外地运进海干水产品和鲜鱼等在市场出售。市内涌现一批水产养殖专业户和企业，在市场出售活鱼等水产品。

六盘水蔬菜加工，原多为各家自行加工自食，主要为干菜、泡菜、酸菜、醃菜之类。为满足人民食用之需，国营蔬菜部门除经营各种调味品和副食品之外，还通过所属商办厂以及组织其他作坊生产大量蔬菜加工产品供应市场。主要有鲜酸菜、干酸菜、盐菜、糟辣椒、泡辣椒、萝卜条、萝卜丝、泡萝卜、马铃薯片、马铃薯粉、大头菜丝、鲜豆豉颗、干豆豉颗、豆豉粑、魔芋片、魔芋豆腐等，品种繁多，成为蔬菜市场必备之商品。

改革开放以后，原在计划经济体制下形成之蔬菜经营及管理体制，购销渠道单一，销售方式集中，销售网点和人员不足，损耗大，加之靠政策性亏损补贴和以粮换菜等予以扶持等原因，不适应与多渠道、多网点灵活供货等特点之市场经济体制急烈竞争，一直处于亏损状态。为进一步搞活企业，主管部门根据工作和经营需要，从1996年起，更换公司领导班子，精简科室，转变经营方式，使公司从1998年开始扭亏略有盈利。

公司历任经理有李宗申、胡光业、刘有训、赵庆隆、傅继中、李光明、谢锡禄、李崇德、肖本朝、张丽萍等，历任副经理有温文魁、高登第、王继超、聂祥贞、张华英、郭晋炬、黄黔河等。公司有职工141人（在岗职工63人，退休78人）。其中具有助理会计师以上职称者5人，大专以上文化程度11人。公司资产总额451万元，其中固定资产325万元，流动资产126万元，负债总额118万元。

公司本着“更新观念、内强素质、外树形象、拓展市场、加快发展”之工作思路，找准市场定位，遵纪守法，诚信经营。按时足额给职工缴纳各项社会保险金，按时足额发放职工工资，员工福利待遇逐步提高，国有资产保值增值，曾获市政府授予“先进集体”称号和“目标考核一等奖”等荣誉。

公司主要经营蔬菜、水产品、副食调味品、农副产品。1995年，根据《六盘水市副食品风险基金管理办法》，要求公司所经营鲜菜日常供应平进平出，节假日期间实行倒挂供应。按市政府“超额供应1市斤给0.1元补贴，少完成1市斤扣0.1元”之规定，全年完成85万公斤销售任务，获20万元政策性补贴。2000年至2002年，因市级机构改革，未明确主管部门，无政策性补贴。

由于市场竞争日益激烈，原所经营的副食调味品已不适应消费者需要。为搞活经营，经多次研究，提出“保住适销对路拳头产品，开辟新品牌”办法。1998年，从山西购进2300件熏醋，在市中心城附近乡镇找到新客户。公司自1997年起，组织业务骨干到大湾、发耳、陡箐、化乐、老鹰山等乡镇，处理原积压之醋、粉条、酱油、味精、瓶装酒等商品，为单位挽回一部分损失。1999年，对民族路大楼批发部进行整顿，加强钟山批发部业务管理，调整钟山农贸市场人员结构，在各门市部推行承包经营。从2000年起，钟山门市部增设两个自选超市，从贵阳、昆明等地购进商品经营，后因受钟山农贸市场拆迁改造影响，效益不好而撤销。随后又撤销其他各网点批发部，不再经营副食调味品业务。

三、公司资产情况

已办证土地面积11269.87平方米，未办证土地面积2000多平方米(处于厂矿区土地)，房屋面积9165.64平方米，资产总额400万元，负债总额108万元。

第七节　六盘水市民族贸易公司

一、企业基本情况

六盘水市民族贸易公司前身系六盘水市工业品贸易中心，成立于1984年年底，隶属于市商业局管理，为批发零售兼营综合商业企业。公司成立初期系由市百货公司、纺织品公司、糖酒公司、五交化公司4个专业公司组成的松散型经营联合体。

公司成立初期总经理（企业法人）李仁杰，副总经理由各专营公司经理担任。内设人事处、财务处、综合处、政策研究室；人事处处长杨继昌，财务处处长肖凤德，综合处处长敬长治，政策研究室负责人张绵华。公司下设办公室、财会一科、二科、保卫科、基建储运科、业务综合科、百货经营部、纺织经营部、五交化经营部、糖酒经营部，将水城之6个矿区商店划归工贸中心管理。经营项目分为十大类上千个品种。由于当时专业公司只是领导参与中心班子，有的尚未到位。实体机构又未合成经营，联合公司各自为政，扯皮之事时有发生，经营管理不适应发展需要。

1985年2月，根据市商业局意见，各专业公司返回各公司，工贸中心正式成为独立经营、自负盈亏的经营实体，于1985年1月4日正式开业，注册资金115万元，地址位于钟山西路，人员从各专业公司和一些外系统抽调。筹集资金394万元，其中财政拨款50万元，自筹流动资金67万元，银行借款260万元。租用营业门市部1500平方米，仓库3600平方米，上级拨给东风货车1辆，旧北京吉普车1辆，三轮摩托车1辆，租用食品公司位于康乐路口三层楼作经营场地，购买综合楼一层作办公室。公司设经理室，总经理李仁杰（法人代表）、副总经理肖凤德、敬长治。内设人秘科、保卫科、财会科、统计科、物价科、审计科、储运科、基层业务科，本部职工人数114人。

二、经营情况

1985年，完成销售额904万元，实现利润26万元，上缴税金7万元。

1986年，将原设科改为课，中心商店原设各科全部撤销，重新设置经理室、党总支书记室、及人秘课、保卫课、财会课、统计课、基层业务课、储运课、物价课。中心本部原设置之4个经营部（五交化经营部、百货经营部、纺织经营部、糖酒经营部）名称不变（课级），增设官厅综合批发部（课级），各矿区商店不变。经理张亚平（总支书记），副经理肖凤德、敬长治。由于计划经济时期进货难，加上市场已出现多家批发商家，市场竞争显现，经过努力，当年销售833万元，实现利润23万元，上缴税金5.8万元。

1987年，由于紧缩银根，资金紧缺，加之计划商品购进不畅，回笼货款困难，同行业竞争激烈，租赁费用过高，销售下滑，全年销售620万元，实现利润19万元，上缴税金4.6万元。由于中心商店领导担负着本部经营及6个矿区商店管理工作，往往造成人少事多现象，管理难度较大。经多次向上级反映，划出6个矿区商店由市局另行安排管理，最终6个矿区商店交由市百货公司、市纺织品公司两家分管。

1988年，市局调整公司班子，由谢家森任工贸中心经理（法人代表），内设经理室、党支部、综合课、财务课、储保课。中心本部之4个经营部不变。中心采取承包经营措施，加强内部管理，严格奖惩制度，当年销售额突破千万元大关，实现税利25万元。被六盘水市政府评为“重合同、守信用”单位，被市商委评为先进企业。

1989年为市工业品贸易中心转折之年。结合六盘水市境民族贸易发展需要，为争取民族地区发展之相关政策，市工业品贸易中心按规定更名为六盘水市民族贸易公司，位于钟山西路74号。随办公营业大楼落成，解决了原工贸中心无经营设施和经营场地的突出问题，在原有机构设置上增设1个零售门市部，增加了民族用品、民族饰品、金银饰品等几百个品种，经营品种达10多大类、1300多个品种，通过完善承包经营责任制，转轨扩大销售，实现销售额1280万元，税利17.7万元。被市工商银行评为一级信用企业，多次被市商委评为先进企业。

1990年，由于市场竞争激烈，出现购销疲软现象，银行贷款困难，加上资金回笼过慢，销售下滑，年销售额仅860万元，税利13万元。

1991年，谢家森调走后由张锦华主持工作，中心经营业务仍处疲软状况，银行催还贷款，购销困难，资金回笼缓慢，同时受“三角债”严重影响，销售额仅完成720万元，税利11万元。

1992年，吴朝明任公司经理（法人代表），机构设置增加多种经营部。由于经营管理混乱等诸多因素，年销售额滑至520万元，出现亏损32万元。

1993年，销售额为480万元，累亏84万元。

1994年，张绵华任经理（法人代表），但由于受市场竞争等因素影响，营销仍然疲软，银行催还货款和“三角债”仍是较大难题，资金难以回笼，销售严重下滑，全年仅完成销售额410万无，累亏100多万元。后通过清产核资，因各区供销社、矿区以及其他单位所欠资金等因素，累亏已达400多万元。

1995年，虽经全员努力，但已无法贷款，无资金注入，仅靠原库存商品销售，全年仅销售380万元。

1996年9月，颜亨平任经理（法人代表），至2002年，由于受整个市场大气候影响，银行无法贷款，后虽在农行贷款50万元，但也是杯水车薪，无济于事。由于无资金注入，加上外欠货款根本无法收回，仅靠处理原库存商品和部分门面出租维持在职人员开支。

1999年至2001年，虽与贵阳华联联营，但仅解决原零售门市部20多名职工就业。每年仅销售300多万元，无任何利润可言，累计亏损600多万元。

三、资产状况

固定资产有6层综合楼1幢，面积3360平方米；民族路有商业门面4个。1994年清产核资后，评估计价280万元，现存资产1270.02万元，其中流动资产980.66万元。

应收款项876.65万元，形成于1990年以前，大部分属于计划经济时期的赊销账及各矿区和基层区社送货下乡货款，已属无法收回的呆坏账。

固定资产原值252.53万元，已提折旧68.65万元，净值为183.88万元。负债总额1471.35万元。

钟山西路76号房产，面积3362.2平方米，占地面积999平方米；民族路8号商业门面4间，面积69.856平方米。

公司在册职工73人（固定职工38人，合同制职工35人），退休人员34人。

第八节　六盘水市饮食服务公司

一、企业基本情况

市饮食服务公司前身为水城县饮食服务公司，隶属原县商业局系统的国营商业企业，成立于1958年。时逢“大跃进”时期，为老县城内之餐饮服务行业。当时由于多家私人餐饮店、面店已不适应社会发展需求，县商业局将其合并，组成公私合营网点，再由政府出面，划定几处经营门市，招收了部分人员，组成早期的水城县饮食服务公司，第一任经理为李宝真。

水城县饮食服务公司成立后，主要面向老城、场坝人民群众服务，经营范围为饮食、旅社、照相、沐浴、理发、洗染等，后为三线建设作出了一定贡献。

水城县饮食服务公司成立后，相继开设3个服务部：（1）老城服务部。1960年至1963年负责人史文杰；资产有城内一食堂、照相馆、一街小面馆、二街小吃店、东门国营旅社、东门浴池、老办公室、新办公室、新桥饭店、官厅澡堂和旅社等组成。(2)场坝服务部。1964年至1968年负责人严显清；资产有场坝国营饭店、旅社、聚友餐馆、小卖部、九街洗染店、八街二食堂、东站小吃店、水钢照相馆、理发店等及洗马塘职工住宅。(3)西站服务部。1969年至1972年负责人陈冠英；资产有综合服务大楼、七十三饭店、西站面馆、旅社、理发、雅座餐厅、小卖部、流动站台服务点等。公司历任经理有李宝真、史文杰、李厚芳、刘兴强、陈冠英、郭天五、许世昌、范子刚、赵宏。

1978年10月，六盘水地区革命委员会行文同意成立六盘水地区蔬菜水产饮食服务公司，办公地点设在向阳南路地区商业局办公楼一楼，负责全地区饮食服务行业管理和财会、统计报表汇总。经费来源为市财政拨款。是年12月，撤销六盘水地区建置成立六盘水市，更改为六盘水市饮食服务公司。公司历任经理有李宗申、田顺根，副经理有郑必栋、张家雄。

1979年12月，公司办公地点从市商业局搬至向阳南路钟山饮食店二楼。同月公司在钟山饮食店一楼成立六盘水市实验小吃店，经营饮食、糖烟酒、日用百货。1989年12月更名为六盘水市新城饭店，经营饮食、旅店、糖烟酒、日用百货、五金交电及理发等。

1983年12月，市人民政府行文调整六盘水市和水城特区商业机构，原水城特区饮食服务公司与市饮食服务公司合并。1984年7月，两家公司正式合并一起办公，办公地点设于市钟山宾馆四楼。12月，钟山宾馆与市饮食服务公司分家，市饮食服务公司办公地点从钟山宾馆搬至向阳南路钟山饮食店三楼。

1983年，由于铁路部门扩建六盘水站及广场，原水城特区西站饮食服务公司服务大楼被拆迁。

1989年，为解决职工再就业问题，在六盘水站对面修建迎宾饭店。1992年，六盘水市饮食服务公司在老城成立六盘水市皮革制品厂。是年，又在迎宾饭店成立六盘水市饮食服务公司矿产经营部，唐德炯任经理，林章愚任副经理。公司内设财会、业务、人事、课室，管理老城服务部、西站服务部、迎宾饭店、皮革厂、红岩商店。1989年后公司历任经理有杨远录、许成山、王忠明，历任副经理有陈世国、唐德炯、王忠明、陈思祥。

1991年，市政府将原市饮食服务公司综合楼有偿转让给中国银行六盘水分行使用。

原公司七十三门面2层，于1995年扩建人民中路被拆迁；迎宾饭店1996年扩建六盘水站广场被拆迁；新城饭店于2000年被拆迁。后在市政府、市经贸委、市财政局、市商务局、市建委等部门支持下，于1996年至1998年，在六盘水火车站对面为公司修建兴龙综合楼，内设财会，业务、人事、老城服务部、兴龙酒店等机构。公司注册名称六盘水市饮食服务公司，地址在六盘水市钟山区龙塘街6号，注册资金90.2万元，经济性质国有。

由于公司成立于计划经济时期，历史遗留问题较多，负担重，加之计划经济向市场经济转轨等诸多因素，公司经营一段时间较为艰难，后在有关部门的大力支持下，经营有所好转。

二、职工情况

职工总数135人，其中在册职工53人（在岗职工9人，下岗职工44人），退休职工82人。在岗职工月平均工资800元，下岗职工月生活费200元，退休职工月平均津贴15元（退休费由社保局发放）。

三、经营状况

1984年以前，属计划经济时期，饮食服务行业的粮油指标为国家计划内供应，企业正常经营。1984年后，国家取消对饮食服务行业粮油政策性供应。1985年后，进入市场经济时期，企业业务逐步下滑，最终至无能力开展业务经营，仅靠部分资产出租以及联营收入维持日常事务工作。

四、资产情况

公司资产总额885.96万元。其中应收账款45.47万元（属呆坏账，无法收回）；其他应收款176.29万元（属呆坏账，无法收回）；其他资产10.46万元（属呆坏账，无法收回）。

公司土地面积11496.55平方米，属于划拨土地。其中西站片区5330.54平方米；老城片区2229.86平方米；场坝片区3190.14平方米；黄土坡片区746.01平方米。

房产面积15888.2平方米。其中，西站职工宿舍、兴龙酒店面积6609.51平方米；老城片区原旅社面积2125.24平方米；场坝片区原职工住房及饭店面积3101.15平方米；黄土坡片区职工住房及营业用房面积4052.30平方米。

公司固定资产净值635.7万元，是公司实有资产账面价值，后期未进行市场评估。负债总额243.79万元。

第九节　六盘水市商业储运公司

一、企业基本情况

1975年7月，由原六盘水地区商业运输车队和原六盘水地区商业机械修配厂合并组建原六盘水地区商业运输站，隶属于原六盘水地区商业局，地址钟山西路74号，土地面积13982.3平方米，其中建筑用地2123.06平方米。注册资金8万元，主要经营汽车运输、汽车配件及汽车修理等。货车10辆，职工45人。运输站历任站长有韩忠良、杜述信，历任党支部书记有张鼎馨、朱积忠，历任副站长有杜述信、张绪东。

运输站主要从事物资运输工作。本着“自主经营，自负盈亏、责任到人、单车核算、班组承包”经营理念开展经营，其后车辆逐年增加至29辆。

1978年12月，六盘水地区建制撤销，成立六盘水市，更名为六盘水市商业运输站。

1978年后，两次自行培训驾驶员10余人。1982年自筹资金修建砖混结构6层2149.5平方米职工住宅楼。1986年又修建砖混结构5层855.10平方米职工住宅楼，解决40名职工住房。

1984年12月，罗永德任副站长主持工作，谷海居任副站长。由于主要领导换人，单位职工一时难以接受，思想混乱，工作受到影响。其间，主要负责人去广州购回三辆旧车，转卖给六枝某单位，职工意见很大，生产经营效益下滑。

1985年7月调整领导班子，杜述信任站长，朱积忠任党支部书记、副站长，谷海居任副站长，此时期主要从事运输、汽车修理、兼塑料管生产，生产经营有盈利。

1989年1月调整班子，王时立任站长，马德良、刘大群任副站长，张兴明任副指导员。

1989年，更名为六盘水市商业储运公司，内设财会科、行政科、人保科、材料科。在此期间，人员有所增加，收支基本持平。

1992年8月，罗怀清任经理。因修建办公楼、经营配件等管理的失误造成损失，公司开始负债125万元。

1994年9月，调整领导班子，徐运宏任经理，张兴明任党支部书记，刘金德任副经理。徐运宏是市商务局派到公司挂职干部，其人事关系仍在市商务局。任期内调进职工22人，至此公司职工增至73人，其中下岗自谋职业职工40人，在岗职工20人。

1998年2月，公司资产总额账面数反映416.31万元，经审计调整为510.9万元。此时公司已是资不抵债状况，职工基本养老金也无钱上缴。

1998年年底，刘金德主持工作，此期间，公司在抓好正常经营，同时与中国华融资产管理公司贵阳办事处签订债务处理协议，进行资产剥离，短期内基本保证在岗职工工资和公司日常业务。

2000年，王普全任经理（2000.7—2005.11），姜述芳（女）任副经理（2000.7—2008），雍福文任副经理（2006—2008）。

二、资产情况

公司集资楼6套546.37平方米；办公室133.49平方米；修理车间385.5平方米；翻砂车间203.64平方米（危房）；简易车库352.68平方米（危房）；油库63.65平方米；配电室40.29平方米；小型汽车修理厂办公室240平方米；车工房及修理间100平方米。房屋总建筑用地面积2142.46平方米。

资产总额417.97万元；应收款126.75万元；应付款56.73万元；企业负债646.23万元。

职工总数66人，在册职工53人（在岗职工10人，下岗职工43人）退休职工13人。

第十节　其他商业企业

一、六盘水市民族饭店

饭店于1985年10月成立，为国有企业，市民委主管。成立时为正科级事业单位，干部编制6人，实行企业管理，市财政拨款，收入上缴市财政，后改为企业单位。饭店位于钟山西路60号；法人代表金旭；注册资金34万元；主要经营住宿及回族餐饮等业务。饭店成立后解决了部分少数民族干部家属和子女就业问题，为民族团结、和谐以及经济发展作出一定贡献。

饭店职工总人数16人。其中在册职工13人，退休3人。月基本工资人均728元，各种补贴人均400元；退休职工人均月津补贴350元（退休费由社保局发放）。

饭店占地594.74平方米，属于划拨土地。房产面积1891.63平方米，属于餐饮、住宿、办公为一体综合楼。

饭店主营餐饮、住宿，兼营糖、烟、酒零售。1985年至1998年期间，经营有所盈利。1999年至2005年期间，原有经营模式已不适应市场经济发展需要，一直处于亏损状态。

二、六盘水市迎宾馆

六盘水市迎宾馆前身为六盘水市政府招待所，成立于1988年。2004年8月重新改造并搬迁至钟山西路49号，同时更名为六盘水市迎宾馆，法人代表朱健洋，注册资金为84.49万元，属于企业管理的事业单位。六盘水市迎宾馆共有客房80间，餐位300余个，主要营业收入系客房和餐饮以及出租会议室。

六盘水市迎宾馆改造后因未决算，房屋资产未划入原政府招待所管理，固定资产未入账，税务部门每年按估算收取房屋土地税42.52万元。改造后的固定资产原招待所和搬迁后新增加部分共170.98万元，改造后之部分未列入其中。招待所于2001年4月购置土地7宗，面积为1557.5平方米。

宾馆在职员工100人（固定职工14人，合同制职工20人），聘用人员66人。退休人员16人。在职固定职工14人及退休人员16人为原市机关食堂事业编制，工资属市财政差额70%拨款。合同制职工20人编制，属市政府招待所事业编制，工资自收自支。外聘人员工资由招待所自行发放。

三、六盘水市钟山宾馆

宾馆于1984年成立，成立时名为六盘水市钟山饭店。1987年更名为六盘水市钟山宾馆，法人代表张正辉，位于钟山西路46号，注册资金255.3万元，经营性质为市直国有企业。

宾馆资产情况为土地面积11448.16平方米，属于划拨土地。资产总额1699万元，其中应收账款14万元（属呆坏账，无法收回）；其他应收款268元（属呆坏账，无法收回）；固定资产净值279万元（属于实有资产账面价值）。

宾馆职工总数128人。其中在册职工93人（在岗职工78人，下岗职工15人），退休职工35人。正常发工资情况下，在岗职工月平均工资800元，最高2000元，最低650元，病假职工按工龄比例发病假工资，下岗职工自谋职业。退休职工月平均津贴227元（退休费由社保局发放）。

宾馆处于负债经营状况，由于宾馆技改后续资金未得到落实，主楼客房技改工程只进行一半，日常营业收入只能维持税收、水电等费用。

第五章　县属国有商业企业

中华人民共和国成立后，六盘水境各县分别建立起一批县属商业企业。其中，1984年1月，六盘水市商业局将原水城县特区百货、糖酒、纺织品、五交化、盐业、民贸、蔬菜水产、饮服等8个公司和水城百货大楼及其原6个矿区商店和4个商办工厂成建制划归市各商业专业公司。其后，水城特区人大代表提出异议，于1986年6月，将盐业、民贸两公司和水城百货大楼划回水城特区。1988年，撤销水城特区。后水城县与钟山区分设，因两县区政府驻地同处市中心城区，而城区内原已建有市和水城县相关商业企业，故钟山区未设立所属商业公司。各公司在计划经济时期，为增加国有经济资财积累促进地方经济发展和保障人民生活日用商品供应及支援三线建设作出过重要贡献。

1978年后，由于体制和经营管理等诸多原因，未能跟上市场经济发展需要，在市场激烈竞争中，大多数企业退出市场，进行改制或解体。

第一节　六枝特区商业企业

一、六枝特区食品公司

成立于20世纪60年代，下设岩脚、新华、新场、木岗、落别、郎岱、中寨、堕却8个食品站及肉食门市部，计划经济时期主要负责特区肉食购销工作。1987年，经特区批准，食品公司与特区冷冻厂合并成立六枝特区食品产销公司。其间，国家每年均给予公司一定计划亏损补贴。20世纪80年代后期，国家取销亏损补贴以后，食品产销公司经营状况每况愈下，冷冻厂及各区食品站先后处于瘫痪状态，职工领不到工资而在外自谋职业。2000年，特区实行生猪定点屠宰，特区食品产销公司按规定建立生猪定点屠宰场，生猪定点屠宰成了公司主要业务，并以此维持公司生存。

公司历任经理有刘得成、李令启、龙作义、雷玉芬（女）、杨克宽、谢从万、郑文科，副经理有龙作义、雷玉芬（女）、杨克宽、谢从万、刘兴华、蔡国利。

二、六枝特区百货公司

六枝特区百货公司创建于20世纪60年代，下设下营盘、六枝、化处3个门市部及罗家寨仓库。1992年，百货公司和纺织品公司合并，改名为民族贸易公司，简称民贸公司。20世纪90年代后期，公司无力经营百货业务，仅靠处理库存商品维持基本运转。进入2000年，库存商品基本处理结束，多数职工自谋职业，公司机关留用人员仅靠收取房租租金维持基本生活费。

公司历任经理有王建华、田应康、纪红连、陈刚，副经理有田应康、纪红连、陈刚、刘大学、周经兰（女）。

三、六枝特区百货大楼经营部

六枝特区百货大楼经营部创建于20世纪60年代，为计划经济时期六枝大型百货零售企业，正常经营至1992年以后，企业经济效益一年不如一年，直至全部退出市场，靠出租门面租金维持在职职工基本生活。

经营部历任经理有郑丽萍(女)、郭庆芬(女)、曹业荣，副经理有郭庆芬(女)、曹业荣、周家华（女）。

四、六枝特区五交化公司

六枝特区五交化公司创建于20世纪60年代，系计划经济时期六枝特区五交化批零兼营唯一企业，正常经营至1992年以后，企业经济效益不好，直至全部退出市场，靠出租门面及仓库租金维持在职职工基本生活费。

公司历任经理有潘发英（女）、潘玉华（女），副经理有潘玉华（女）、黄吉明、张建强。

五、六枝特区饮食服务公司

六枝特区饮食服务公司创建于20世纪60年代，设下营盘、六枝、平寨、红旗4个饭店。改革开放以后，因经营管理不善，公司经营一年不如一年，80年代后期全部退出市场，一直靠出租场地、门面租金维持公司在职职工基本生活费，2003年改制为股份制企业。

公司历任经理有王胜明、卜文伦、陈昌达，副经理有卜文伦、谢善国、宋桂芬（女）、郭应刚。

六、六枝特区糖烟酒公司

六枝特区糖烟酒公司始建于20世纪60年代，曾设有下营盘、六枝、平寨、那克4个门市部。20世纪60年代以后未正常开展业务，仅靠处理库存商品维持。20世纪90年代后期，靠出租门面租金维持在职职工基本生活。2002年改制为股份合作制企业。

公司历任经理有丁明忠、王卫东、吴立辉、陈胜江，副经理有吴立辉、车元学、曹桂萍（女）。

七、六枝特区盐业公司

六枝特区盐业公司始建于20世纪60年代，负责辖区内食盐供应工作。2000年划归贵州省盐业集团公司管理。公司历任经理有王胜明、欧曹平、王正中，副经理有欧曹平、雷元让、赵芬（女）。

八、六枝特区蔬菜公司

六枝特区蔬菜公司始建于20世纪60年代，下设六枝、下营盘、平寨、那克4个蔬菜门市部。改革开放以后停业，靠出租门面租金维持在职职工基本生活费，1997年改制为股份制企业。公司历任经理有龙作义、江吉品、张国兵，副经理有赵明才、黄代云、张国兵。

九、六枝特区纺织品公司

六枝特区纺织品公司始建于20世纪60年代，1992年与六枝特区百货公司合并为六枝特区民族贸易公司。公司历任经理有王光忠、安得顺，副经理有安得顺、黄勤珍（女）。

第二节　盘县商业企业

一、盘县百货公司

始建于1952年6月，建立初期人员只有6人，租用民房开展业务，自有流动资金12.5万元，固定资产12万元。20世纪90年代初，已发展有职工近400人，基层商店8个，拥有固定和流动资产2000万元。经营品种数千个，其中分为大百货类、小百货类、鞋帽类、针织类、五金类、化妆品类、文具类、钟表类、交电类、其他类等10大类商品。1978年至1992年，主营业务销售收入累计达27156万元，完成税金累计690万元，完成利润累计631万元。1993年后，国有商业企业经营逐步衰退。到2002年，百货公司已全部退出市场，公司只靠门面租金维持职工基本生活，仅留经理和财务等几人留守，维持国有资产不流失。

1978年2月，在盘江矿务局土城矿（洒基镇）建立洒基综合商店。

1978年11月，公司所辖公私合营之平街盘棉百商店转为国营商店归盘县百货公司管理。

1979年1月，跃进坡（盘江矿务局水泥厂内）商店正式建立开业。

1979年11月，成立盘县特区纺织品公司，与百货公司分开经营。

1980年3月，盘县特区百货公司老屋基综合商店出席全国商业先代会，获商业部颁发“在社会主义商业工作中成绩优异特予嘉奖”证书。

1981年7月，原棉百商店更名为盘县特区百货公司平街商店。

1983年6月，盘县百货公司在城区解放北路233号建立民贸门市部，同时也经营日用百货及其他商品。

1985年5月，百货公司新建之城关沿河南路7号楼房验收交付使用，占地面积198.21平方米，使用面积1070平方米，一、二层为营业间，六楼为会议室，其他均系各股室办公用。

1992年6月，拆除原百货商场大楼，改建成现百货大楼，政府拨款20万元，其余向公积金管理中心、工商银行、民政局等单位贷款筹建。在改建中，因建筑质量问题，加之资金紧缺，最后勉强将百货大楼建成（尚未验收）。

1995年12月，经多方筹集资金，百货大楼建成使用，于1996年1月26日开业。

1997年6月，由于百货大楼资金不足，难以正常经营，由政府组织贸易局参加招投标，将其承包给个体户马林发，每年交30万元承包费，并逐年增加2万元。

2001年4月，由政府组织，百货公司、纺织品公司、六盘水市制药厂合股成立六盘水药业有限公司，百货公司以长青山所有仓库、土地评估以196万元参股。

2002年7月，盘县政府、经贸局与中国华融资产管理公司贵阳办事处商订债务处理办法，将盘县百货公司原向工商银行贷款380万元本金，利息284.1万元，共664.1万元，由百货公司交38万元"打包"处理还清全部债务。"打包"资金来源，即将五街百货批发部拍卖给"金利担保公司"的28.3万元，职工集资11.7万元。同时，老屋基综合商店原贷款10万元，利息8.34万元，共18.34万元，无偿还能力，已全部"打包"处理。盘县百货公司民贸大楼所欠工商银行贷款本金58.8万元，利息43.47万元，共102.27万元，由大楼交现金4万元"打包"处理，还清全部债务。

公司历任经理有李善元、冯大权、王时立、郭诗俊、杨绍旗、冯伟，副经理有牟超明、陈世兰（女）、郭诗俊、马礼达、宋鼎钰、王正安、兰景国、李永宽、张玉亭、邹琴（女）、朱红（女）、杨贵林、任怀琴（女）。

二、盘县纺织品公司

始建于1952年，原名花纱布公司，1958年与百货公司合并为百货公司，1989年11月，从百货公司分出组建纺织品公司。

建立之初，有干部职工25人，房屋2000平方米，流动资金11万元，固定资产29.6万元。21世纪初已有职工78人，退休人员20人，固定资产213万元。

经营业务，主营棉布、针纺织品、劳保用品3大类。1984年前，纺织品公司主管全县城乡布票分发和供应各类棉布，经营的棉织类商品有棉布、被里被面、床单布、涤纶花呢、弹力呢等，针纺织品类商品有毛巾、枕巾、线、袜子、衬衫、背心、床单、涤平布、毛巾被、汗衫、蚊帐、婴儿衫、棉毛衫裤、T恤衫、童装等，劳保用品类商品有劳保服、工矿鞋、肥皂、手套、口罩、棉纱、围腰、矿工帽等。此外，公司还兼营缝纫机、自行车、运动鞋、雨鞋、香皂、洗衣粉、暖水机、饮水机、文具、皮包、拖鞋、雨伞等商品。

经营管理体制和经营发展情况：

1979年至1983年，干部配备属行政编制。公司只在商品购进上有一定权限，即政企不分，所有权和经营权不分。公司负责全县布票发放，实行"以计划经济为主、市场调节为辅"经营原则，本着支持生产、服务生活、搞活流通、促进消费、提高效益为宗旨，扩大商品供应。

送货下乡为基层百姓服务，组织推销组下乡，全县13个区镇、97个乡，分片包干。下乡推销人员与各区、乡供销社职工一道站柜台和赶场摆摊营业，直接了解广大人民需求，及时组织货源供应。

1964年开始进行三线建设，盘江矿务局建立和所属各矿井相继开工，铁路、公路建设繁忙。纺司肩负着为厂矿服务重任，根据厂矿需求，及时组织货源，重点是劳保用品供应，将货物送到厂矿，方便工人购买。

1984年1月，国家取消布票，实行敞开供应。中共盘县特区党委根据中央精神，将赊销棉絮棉花和棉布任务交给公司。公司干部职工齐心协力，加班加点，积极组织货源，根据各区、镇、乡指标任务，将货及时送到。1984年至1985年两年间，赊销棉絮共210670床，折合棉花632吨，棉布197万米，全面完成赊销任务。因“两棉”赊销向盘县工商银行贷款845万元（根据政策规定挂账停息），而赊销款954万元无法收回，给企业造成历史包袱，无法解决。

1985年，为方便人民群众购买针纺织品，公司在县城沿河南路48号设立展销门市部，营业面积约400平方米。

1989年9月，纺织品公司仓库主任卜国伦由于工作业绩突出，被商业部、国家财贸工会联合授予劳模称号。

1991年，公司常青山仓库保坎倒塌，对仓库造成巨大威胁，公司投入10余万元将保坎修复，保住仓库，并将通往仓库土路修成水泥路面。

1995年2月，为增加公司零售收入，公司将办公室、仓库翻修装饰，成立第二门市部，经营面积为150平方米。

1999年2月，公司全面实行下岗分流措施，请长假、停薪留职、分组承包人员共计30人。

1999年到2004年，展销门市部、零售门市部又连续几年出现亏损，公司将展销门市部分成4个门面，分组承包。

其后，公司基本未开展业务，仅留经理、副经理、会计、出纳、工会主席、仓库保管员共9名，其余人员全部分流。公司每年全靠城关门面和常青山仓库租金收入维持，上班人员只发50%工资。

2007年12月，盘县经贸局与中国长城资产管理公司贵阳办事处签订债权转让合同。将盘县纺织品公司银行贷款本金157.9万元，利息102.59万元，共260.49万元，由公司交58.42万元作“打包”处理，结清债务。

公司历任经理有祁景昆、金榜红、李永宽、谢昌贵、兰景国，副经理有焦保堆、钱顺昌、卜国伦、李永宽、黄生喜、沈命英（女）、万长华、谢昌贵、杨龙芳、李自勤、朱红（女）、闵秋林。

三、盘县五交化公司

盘县五交化公司前身，系原中国五金机械公司贵州省分公司盘县五金交电化工原料公司，成立于1962年8月。为全省县级五金交电化工系统成立较早公司之一，业务、行政、人事隶属盘县商业局领导。下设业务股、财会统计股、仓储股、人秘股。职工27人，第一任经理杜岐山，副经理李家声。主营五金机械、交电、化工原料，兼营农业生产资料及汽、柴油等。

“文化大革命”时期，1969年至1971年上半年，盘县五金公司合并入盘县百货公司。

1971年7月从百货公司分出，更名为盘县特区五交化公司。1972年至1974年3月，上级委派秦道生、王学礼为负责人。1974年6月盘县特区明确王学礼为经理，任职至1984年4月。

继后，盘县财贸部下文将盘县城关公私合营五金商店、城关合作土杂商店划归五金公司直接领导。两个商店均属独立经营、独立核算、自主经营、自负盈亏企业，职工123人。

1979年，成立盘县特区五交化公司中心商店，在城关设4个零售门市部，一门市部在遵义路商业局大楼一层，二门市部在解放南路30号，三门市部在人民中路25号，四门市部在解放南路27号。

经营业务品种繁多，五金10大类，1278个品种规格；交电8大类，1100个品种规格；家电1大类，251个品种规格；化工2大类，131个品种规格；无线电器材，1729个品种规格。

1978年以前，系计划经济统购统销之经营管理体制，实行站级批发、计划分配、对口专营一条龙经营模式。

1978年后，在中共十一届三中全会精神指引下，实施改革开放搞活经济方针，商业系统随之也进行流通体制和多种经营方式改革。

1978年到1983年，五交化商品计划分配、统购统销、站级批发经营体制从原来之100%坐销形式减到75%，其余25%由市场调节。国营、集体、个体均可自行到厂家、省外商家进货。

1984年到1987年，五交化行业所专营之商品，除部分紧俏商品如元钉、石蜡、纯碱、彩电、元丝、电表外，其余商品已全部在市场上自由购销。电视机一类商品，当时在盘县境内只有五交化公司有专营证，实属独家经营。另外在商品核定价格模式上，厂家出厂价到一级站批发价、二级站批发价、三级站批发价到零售价，完全是根据上一级批发价加地差费用等顺加来核定。企业不得定价，也不管市场供需情况，只要是上一级批发购进、计划分配，一概照单照样批发、购进直到流入市场，根本谈不上市场调查、市场需求、市场分析，更不愁商品销路。商家只愁无货，用户就怕采购不到所需用品。

1988年到1993年，取消统购统销制度，商品供应充足，市场竞争激烈。国营、集体、个体自行采购、自行定价、自行销售，国有商业企业只得走向市场。五交化公司实行经营承包，放开经营，年销售额增加。

1994年到1998年，在市场激烈竞争形势下，公司面对税率、利率上调，职工人员增多，费用上升，经营萎缩以及“三角债”各种负担加重等情势，陷入严峻困境。30年来出现首次亏损，应收账款达240万元，有的尚不能收回，企业举步维艰。

1999年到2003年，销售额大幅减少，企业所得已不能维持正常开支，亏损愈来愈大，企业内部实行了经营承包，把任务分解到组，也无济于事。由于销售额达不到180万元，税务部门取消了一般纳税人资格，公司面临退出市场竞争、退出流通领域之境况。

2003年后，五交化公司逐渐退出商品流通领域，仅靠出租门面、仓库维持运转，确保企业资产不流失，稳定企业职工思想，参与改革。2007年，在册职工56人，退休36人；资产总额501万元，负债总值155万元；主营业务收入为零，其他收入22.8万元（房屋租金）。

经营发展情况：

1968年4月，盘县五金公司原所兼营之汽、柴油，交中国石油公司贵州盘县供应站经营。

1980年7月，原城关公私合营五金商店划归盘县五交化公司，财产、资金、人员全部划入公司和中心商店。

1988年至1989年，第一轮实行投标承包经营，罗时炜承包小组4人中标，1990年实现利润34.8万元。

1991年1月，第二轮投标承包，薛盘江承包小组3人中标，1992年实现销售额874.8万元。

1992年12月，公司在红果用20万元购买10亩土地，2002年至2004年分两期合作建房。

2003年，银行贷款250万元及利息36.69万元，合计286.69万元，交40万元“打包”处理，结清债务。公司中心商店欠工行贷款本金46万元，利息7.4万元，合计53.4万元，由于企业无力偿还，也列入“打包”处理，一次性剥离结清债务。五交化公司留守人员10人，中心商店留守人员4人。

公司历任经理有王学礼、周培植、罗时炜、薛盘江、熊显栋，副经理有吴国富、周培植、彭福毅、钱顺昌、李代清、朱大智、韩箭、朱斌、兰景国、李显刚、熊显陈。

1978年至2001年盘县五交化公司人员及经济指标完成情况表

表5-1　　　　金额单位：万元

年　份	职工总数	离退休人数	全员劳动生产率(%)	资产总额	负债总值	主营业务收入	其他收入	税　金	利　润
1978	71	—	7.90	212	145	561	0.2	4.6	26
1979	79	—	5.61	206	126	443	0.3	3.9	18
1980	78	—	5.86	206	126	457	0.3	4.1	16
1981	84	8	5.38	174	100	452	1.1	4.5	14
1982	90	7	5.86	243	161	527	0.6	4.4	17
1983	98	10	6.08	298	202	596	0.8	15.8	23
1984	93	14	6.66	283	174	619	1.9	19	26
1985	93	14	7.78	302	208	724	1	28.8	32
1986	94	14	6.94	348	245	652	5.8	27.5	33
1987	90	15	5.69	319	203	513	1.1	19.6	24
1988	90	18	6.93	371	208	624	0.1	20.9	35
1989	87	18	8.23	396	217	720	2.5	30.7	33
1990	90	18	8.10	405	212	729	2.4	30	35
1991	90	16	9.73	487	280	786	2	31.1	32
1992	96	16	9.11	516	274	875	2.2	32.5	29
1993	98	21	7.51	463	355	736	2.2	24.7	12
1994	93	21	6.84	560	385	636	3.4	5	9
1995	93	24	5.39	586	359	501	1.8	24.4	10
1996	91	24	4.98	665	431	453	0.6	8.9	5.6
1997	93	25	4.12	674	450	383	5.2	22.2	–11
1998	92	29	4.14	693	464	381	11.7	26.2	3
1999	91	29	3.42	654	430	294	6.2	10.4	–5
2000	85	29	2.61	655	444	222	18.1	17.9	–10
2001	79	31	1.44	642	440	114	15.1	2.1	–20

四、盘县糖业烟酒公司

始建于1964年，原名盘县糖业烟酒公司，经营商品种类有糖、烟、酒、盐、糕点、罐头、副食品等兼批发。为盘江矿务局系统各厂矿商店、各乡镇糖烟酒商店、城关镇中心商店批发以上商品。除在公司本部设门市部零售外，还分管北门桥和平街两个公私合营商店。

1978年至1992年，公司逐渐由计划经济经营方式向市场经济经营方式过渡。此15年，公司资产总值4812.37万元，负债总值2411.89万元，主营业务收入合计14480.26万元，税金合计完成219.61万元。其中1989年完成28.16万元，为最高年份，利润合计完成324.62万元，其中1978年完成58.31万元，为经济效益最好年份。1983年，职工总人数251人，其中离退休人员38人。

1984年，国家继续实施经济体制改革政策，计划经济逐步向市场经济转轨，个体经济、集体经济大量进入市场，糖酒公司经营受到前所未有冲击，经济效益下滑，1993年起公司经营逐步陷入困境。

1988年至1993年，实行个人承包经营，这一时期，表面上经济效益有所回升，但实质上公司不适销对路商品逐年积压，承包者得到实惠，而公司却增加了包袱，企业亏损一年比一年增大，负担沉重。公司于1998年10月停止营业，多数职工下岗自谋职业。仅靠出租门面和库房租金（每年有30多万元）上缴职工部分养老保险金和支付留守人员微薄之工资及公司部分费用开支。

经营发展情况：

1978年至1982年，公司由盐业公司、烟草公司、罐头食品厂、盘关糖烟酒商店、火铺糖烟酒商店、红果转运站组成，而后，盐业公司分出。

原糖烟酒公司因办公和营业设施简陋，20世纪80年代初筹建糖烟酒公司大楼，原设计为9层，因资金不足，只修建6层，于1985年完工。

1984年，烟草、糖食厂（后名罐头食品厂）从糖烟酒公司分出，成立烟草专卖公司，由市烟草公司直管。糖食厂划归县商业局管理。火铺糖酒商店和蔬菜公司分家，由县糖酒公司管理。

1998年10月，县糖酒公司由于亏损过大，无法开展经营，停止营业，全体职工下岗自谋职业，公司只留经理、副经理等4人看守。靠出租门面、库房租金缴纳部分养老保险金和支持留守人员工资。

2003年，在县政府和经贸局协调下，糖酒公司用1万元资金“打包”处理，一次性剥离结清工商银行贷款本金60万元、利息27.81万元共87.81万元债务。

公司历任经理有王明富、易世雄、杨龙芳、申贵全、谢国民、王公社，副经理有焦保堆、冯大权、白光斗、钟伦、陈克金、袁定芬（女）、黄忠发、申贵全、何良志、熊显明、王公社、张尧华。

五、盘县食品公司

（一）公司概况

盘县食品公司成立于1957年，属国营企业，主要负责全县肉食收购、调拨、储运和供应。公司经营网点遍布全县，1978年共有零售店、站、冷冻厂、车队23个，分布在全县各乡镇、厂矿。公司基层食品站有水塘、民主、老厂、忠义、乐民、刘官、羊场、普古、鸡场坪、亦资、土城、洒基、坪地13个；基层食品商店中有火铺、老屋基、盘关、洒基、城关5个；冷库和车队有亦资冷库、盘关小冷库、盘江冷冻厂、食品汽车队、食品贸易货栈等。公司包括基层店、站、冷库、车队等，职工总数492人。

食品公司主要经营猪、牛、羊肉食，以及蛋禽等收购、调拨、储运和供应。

1978年至1983年，肉食市场状况开始好转，缓解了1978年以前肉食供应紧张状况，生猪销售创历史最好水平。公司1980年销售额达640万元；1983年销售额达375万元，公司职工总数达556人，资产总值756万元，负债总值125万元，其他收入2.1万元，税金11万元，但就利润指标考核而言，历年属亏损企业，当年亏损96万元（属计划亏损）。

1983年后，实行改革开放政策，由计划经济逐步向市场经济过渡。农民自产自销和个体私营经营增多，食品公司销售逐年下降，1988年为201万元。进入20世纪90年代，政府对城镇居民和非农业人口发放肉食补贴，人均年补贴10至12元。1993年销售218万元，1998年销售201万元。

2000年后，市场肉食、家禽、鸡蛋供应丰富，农民可自产自销，个体私营商贩可自行购销。虽公司实行经营承包制，但销售始终竞争不过个体经营户，销售几乎为零，公司处于停业状况。

从1988年到2000年，职工下岗人数达85%，到2008年，除经理、党支书记、财务人员留守外，其余职工全部下岗自谋职业。

（二）经营发展情况

1983年，盘江冷冻厂更名为盘江肉联厂，从公司划出归县商业局直管。

1985年，成立城关冷冻厂，负责城关猪肉、牛、羊、鸡、鸭、鱼冻肉供应。1993年亦资冷库并入城关冷冻厂。

1993年，盘关食品站人员、土地、房产全部无偿划转归盘江矿务局山脚树矿。

1995年，建成城关生猪定点屠宰场，1999年度获贵州省生猪定点屠宰管理工作二等奖。

1993年至1998年，公司贷款筹建纸巾生产厂，安排下岗职工上岗，因多种原因而亏损，公司更加困难，成为全县典型特困企业。

1998年至2003年，公司除留守人员外，职工医药费全部停止报销，从2000年起职工养老基金全部欠缴。

2003年起，公司仅靠房屋门面出租维持留守管理人员工资，协调处理各种历史遗留问题，做好职工思想工作，管好国有资产。

公司历任经理有李德荣、钱有泌、蒋先达、袁振江、何树强、冯建国，副经理有方世香（女）、黄乃鹏、韩自立、卢润山、赵成刚、魏兴贵、何仁书、蒋文林、樊友兰（女）、王开问。

2007年12月，盘县经贸局与中国长城资产管理公司贵阳办事处签订债权转让合同，食品公司交出现款11.99万元，将县工商银行贷款本金42.41万元、利息23.95万元共66.36万元“打包”处理，一次性剥离结清债务。

六、盘县饮食服务公司

盘县饮食服务公司成立于1965年。中共十一届三中全会召开以后，为改善经营场所，新建了贵缘楼，为广大旅客提供更好服务。在经济体制改革中，公司率先实行经营承包责任制，为参与市场激烈竞争注入生机和活力。公司共有国营职工291人，退离休职工104人，固定资产净值717万元，流动资金30万元，办公及营业用房1.3万平方米，职工宿舍1万平方米。

公司机关有经理1人，副经理2人，财会股3人，保卫股1人，驾驶员1人。内设党支部、经理办公室、副经理办公室、财会股、保卫股，按分工对公司进行企业管理、财务管理和民主管理。基层店有国营城区饭店、河滨饭店、红果饭店、盘关饭店、土城饭店及城区饮食合作店。

原盘关饭店于1965年10月建立，主要为矿区职工服务。建店初期，工作、生活相当艰苦。原盘关街上，仅有区政府一栋红砖房和供销社一栋砖木结构的7间小青瓦房。职工全部住在区政府二楼走道上，营业门市部系在区政府外墙边搭20平方米简易栅栏，摆上两张桌子，即为店堂。经营项目，上午为油条、豆浆和肉饼，中午为各种炒菜和米饭。另设小卖部经营糖烟酒，用布帐篷沿河岸摆摊供应，理发店设在区政府正中过道旁。虽然设备条件简陋，但生意十分兴隆。

原旅社部系三层木结构房屋，面积1200平方米，投资4.2万元。1984年划归百货公司被拆除新建盘关百货大楼，保留了饭店与百货大楼之间空地120平方米。1986年，用自有资金和公司支持部分资金，合计投资7万元建成钢混结构五层楼房490平方米旅社部。

盘县饮食合作店是1956年对私营工商业进行社会主义改造时，由从事饮食摊点个体户组织形成的合作食堂，由于人多分为一食堂、二食堂。为便于管理，后将一食堂、二食堂合并成立饮食合作店，并在城关设7个饮食门市部。1988年，建成五层楼憩安楼旅馆，有24间客房44张床位，设小卖部1个，附营部分商品批发业务。盘县饮食合作店虽属集体所有制企业，然而在工资福利、劳保待遇等方面几乎与全民所有制企业相同，企业经济效益较好，积累逐年增多。企业有从业人员50人，退休人员还能参照国营企业职工规定领取退休费。

中共十一届三中全会召开以后，饮食行业市场竞争日趋激烈。从1978年至1989年之间，公司饮食经营处于低迷状态，直到贵缘楼建成后，经营逐渐转好。1989年实现营业收入47万元，上缴税金1.7万元，亏损1.8万元。1992年营业收入达122万元，上缴税金5.2万元，利润0.7万元，为较好年份。其间，1983年，全市饮食服务工作会议分别在六枝、水城、盘县召开，各公司均有名师，拿手好菜参会。1984年，在全市小吃比赛中，盘县冲冲糕获二等奖。

第三节　水城县商业企业

一、水城县盐业公司

1950年6月，水城第二次解放，当时食盐紧缺，盐价昂贵。为解决人民群众吃盐问题，毕节专区盐业公司派出食盐供应组到水城供应食盐。1951年，水城县盐业商店成立。1953年，正式成立水城县盐业公司，办公地点设于老城内五街，行政隶属于县工商科，业务隶属于毕节专区盐业公司。

1956年，水城县盐业公司划归县商业局所辖。1971年更名为水城特区盐业公司。1984年，盐业公司搬到黄土坡建设路，有砖混结构办公楼1栋，面积500平方米。1987年12月更名为水城县盐业公司。

1953年，公司在场坝建仓库1栋，面积1000平方米。1980年，在水城铁路西站修建仓库1栋，面积500平方米。1981年在水城铁路东站修建仓库1栋，面积500平方米。1986年又在东站修建仓库1栋，面积660平方米。1989年，原水城西站仓库划归市盐业公司。

历年来，公司食盐销售主要按水城县境人口数量定量购货供应。1980年至1989年，平均年进货量为5000吨左右，每年从云南购进岩盐3000至3500吨，从四川自贡购进井盐1000至1500吨，从江苏连云港购进海盐500吨。1987年开始购进加碘盐供应。公司主要采取批发形式供盐给基层各区供销社，服务对象主要是农村人口。市民用盐主要由六盘水市盐业公司直接供应。1986年零售价为每吨264元，1989年零售价每吨为640元。

截至1989年，县盐业公司有职工32人，公司设人秘股、财会股、业务股、储运股、实行经理负责制。

1981年至1989年水城县盐业公司经营及资金情况表

表5-2　　单位：万元

项　目	1981年	1982年	1983年	1984年	1985年	1986年	1987年	1988年	1989年
销售总额	122.6	116	127.4	161.3	149.98	164	150	182.7	132.9
商品经营利润	25.96	24.7	20.4	33.8	30.9	35.1	34.5	37.1	24.7
利润总额	25.7	23.98	27.2	30.1	28.7	30.7	30.49	32.96	18.8
年末职工人数	18	20	27	42	42	42	42	41	32
交纳税金	12.79	9.67	12.3	24.4	23.06	17.1	21	16.6	8.9
国家流动资金	32.6	—	33.18	33.18	32.68	33.68	33.68	33.68	56.6
企业流动资金	32.6	—	—	33.18	33.18	0.5	1.07	1.9	1.9
固定资产原值	22.7	24.4	44.7	48.9	46.4	51.4	80	91.9	90.18

二、水城县食品公司

公司于1954年正式成立，各区食品站于1958年至1960年陆续建立。主要业务是收购活猪、菜羊、菜牛、蛋禽加工，供应城镇居民肉食，并完成上调任务。

1956年，公司划归县商业局所辖，同年对生猪收购实行派购政策。1958年，公司收购生猪25430头，鸡蛋63423公斤，销售肉食782650公斤。1959年至1961年三年困难时期，全县生猪收购数量急剧减少。

1966年，经济形势好转，为鼓励农民养猪，公司执行肥猪优质优价收购政策，对收购

120市斤、200市斤、300市斤之肥猪分别奖售粮食120市斤、240市斤和360市斤，以及奖售棉布、胶鞋等；每收购10个鸡蛋奖售食糖半市斤。是年，公司收购生猪5123头，销售3458头，收购鸡蛋41150公斤，销售1050公斤。至1966年，全公司职工107人。

1971年，水城县食品公司更名为水城特区食品公司。1972年，水城特区冷冻厂正式投产，划归公司所辖。是年，全公司企业管理机构有干部职工74人，下属肉食供应站点20个278人（其中，零售网点7个，区镇食品站13个），肉食加工生产单位2个，职工192人。

1974年，为进一步鼓励农民养猪，公司开始执行国家“购五留五”生猪派购政策，并在农村区乡普遍建立生猪联络员制度，为生猪生产、收购、供应提供有利条件。

1978年8月，公司划归水城特区副食品局所辖，除仍主要经营肉食制品和蛋禽等业务外，还兼营糖烟酒业务。

1982年，农村生猪派购政策进一步放宽，实行“购一多留”政策，农民养猪积极性普遍提高。1983年，随着改革开放进一步发展，公司根据“计划经济为主、市场调节为辅”政策规定，参与市场竞争，开展议购议销业务，本着“购得进、卖得出、随行就市、有升有降、保本有利”经营原则，发展多种经营。

1984年，根据上级有关规定，公司开始只承担生猪收购和调拨工作。1985年，取消生猪派购任务，市场进一步开放，各区食品站业务量急剧下降，收购之生猪上调被压级压价，工作难以维继。

1989年，各区食品站陆续被撤销，人员由各区就地安排。县食品公司机构尚存，为开展业务，有职工13人。

1971年至1983年部分年份水城特区食品公司猪肉经营情况表

表5-3

年　份	购进总值（万元）	省内调入总值（万元）	省外调入总值（万元）	总值（万元）	销　售		
					活猪（头）	鲜冻猪肉（头）	猪肉制成品（头担）
1971	102.25	25.9	12.2	325.5	17020	31827	5529担
1975	195.6	360.2	—	455.9	6139	38462	2720担
1978	227.5	139.7	—	425.5	7264	54756	7521头
1981	250	67.1	199.3	514.7	984	54691	150头
1982	237.3	129.3	255.2	486.5	2072	38130	1166头
1983	247.2	240	151	593.2	—	46848	93头

三、水城百货大楼

水城百货大楼于1981年5月正式开业，地点位于黄土坡钟山大街。大楼共6层，砖混结构，总面积8000平方米，售货使用面积2400平方米。营业厅共3层：一楼经营皮鞋、布鞋、大百货、小百货、副食品、烟酒、食糖、香皂、皮件、玩具、钟表、日杂柜组；二楼经营棉布、毛线、服装、童装、汗衫、床单、综合、毛料、小商品柜组；三楼经营五金、灯具、纸张、文化、化工、交电、侨柜、管件、学生用品柜组。所经营之各类商品达数千种。

1984年，百货大楼从整顿劳动纪律，严格考勤制度着手，继续推行和完善“责权利”相结合之经营承包责任制。经营工作做到勤进快销，增加花色品种1050种。全年商品购进总值598.5万元，销售额583.01万元，实现利润24.6万元。1986年在开展物价计量信得过活动中，大楼获六盘水市“物价计量信得过单位”称号。

1987年年底，大楼与特区商业局签订承包合同，经过完善内部承包经营机制，实行“权力下放、分级管理”原则，制订落实各项经济指标，用投标、招标办法进行企业管理，完善奖惩制度和考勤制度。是年大楼销售总值603.8万元，实现利润30.16万元。

1988年至1989年，大楼进一步完善承包经营责任制，加强企业管理，扩大业务范围。1988年销售额731.8万元，实现利润28万元。1989年，面对市场销售疲软状况，大楼谨慎选择货源，对电冰箱等一些积压商品实行让利销售，取得一定经济效益和社会效益。是年，销售总额达832.56万元，完成年计划151%，实现利润30万元，完成年计划125%，受到贵州省委、省政府表彰，获“贵州省百厂、百店文明单位”称号。

1981年至1989年水城县百货大楼经营及资金情况统计表

表5-4　　单位：万元

项　目	1981年	1982年	1983年	1984年	1985年	1986年	1987年	1988年	1989年
商品销售总额	232.5	412.29	479.9	583	616	602	603.8	731.8	832.5
商品经营利润	8.5	19.7	27.2	30.8	38.9	40.7	37.9	40.1	40
利润总额	7.6	17	21.3	24.6	32.6	32.3	30.1	28	30
年末职工人数	82	100	104	110	123	129	133	130	126
缴纳税金	—	—	—	—	—	18.1	14.6	13.9	15
国家流动资金	42	49	49	49	49	49	49	49	49
商品占用资金	61	83	90	91.2	105.2	107.9	138.3	224.8	219.5

续表5-4

项　目	1981年	1982年	1983年	1984年	1985年	1986年	1987年	1988年	1989年
企业流动资金	—	—	—	—	—	1.8	3.4	3.8	5.6
固定资产原值	101.5	108.7	109.1	117.1	117.6	133.3	137.4	136.7	140.9

四、水城县百货公司

1954年，成立水城县百货公司，办公地点设于老城内，主要从事日用百货批发业务。1956年，百货公司划归县商业局，开展百货、针织品、糖食等商品批发和零售业务。是年，公司销售总额达60万元。1958年，县百货公司搬至场坝，经营项目扩大，兼营五金、交电商品。

1959年至1961年，三年困难时期，公司经营亏损。1962年，公司商品销售额68.7万元，亏损3.49万元。

1970年年底，水城县与水城特区合并，更名为水城特区百货公司。经营针棉织品、日用百货及文化用品兼批发业务，在场坝、老城和原七十三处设有零售门市部。1974年，全公司销售额达1870.6万元。

1977年，公司经营品种有家电、自行车、缝纫机、糖、烟、酒、棉布、化纤布、毛料、针棉织品、大小百货、文化用品等上千个品种。当年，商品销售额达2260.7万元，创历史最好水平。

1980年10月，公司分为百货公司和纺织品公司，人员、资金、仓库均进行划分。1983年，公司有职工83人，商品销售总额821.2万元，利润总额78万元，纳税26万元，固定资产原值44万元。

1984年1月，水城特区百货公司划归六盘水市百货公司。

水城特区百货公司1964至1983年经营情况统计表

表5-5　　单位：万元

年　份	商品购进总值	省内调入总值	省外调入总值	销售总值
1964	203.8	96.6	—	293.6
1974	16.7	1267.7	—	1870.6
1977	64.89	1581.5	108.8	1456.7
1981	103.1	588.9	73.7	932.7
1983	430	495.2	66.3	1050.4

五、水城县民族贸易公司

水城县民族贸易公司前身，系原水城特区百货公司钟山商店，该商店始建于1974年5月，地点位于黄土坡。

1981年10月，钟山商店划归六盘水市百货公司。1996年以钟山商店为基础组建六盘水市民族贸易公司，隶属于市商业局。公司设财会股、业务股、保卫股、储运股，实行经理负责制。

1986年5月，市民族贸易公司划归水城特区商业局，实行“一套人马两块牌子”管理制度，挂市民族贸易公司、水城特区民族贸易公司两块牌子。1988年12月，水城特区民族贸易公司更名为水城县民族贸易公司，隶属于水城县商业局。

截至1989年，水城县民族贸易公司有职工78人，黄土坡设有2个门市部和1个批发部，开展商品批发和零售业务，实行独立核算。经营商品有大小百货、五金、交电、副食、针织品、棉布、糖烟和少数民族特需商品、金银首饰类。

1983年水城特区民贸专项照顾商品按区分配表

表5-6　　单位：块、辆

分配单位	自行车		缝纫机		手　表	
	上海产	天津产	上海产	陕西产	上海产	南京产
城关	10	7	4	20	70	20
滥坝	15	10	10	24	90	30
比德	10	7	4	20	70	20
南开	25	15	14	50	140	40
大河	15	10	6	24	80	30
玉舍	20	15	10	30	100	30
发耳	15	6	10	24	80	25
龙场	10	5	8	20	80	20
杨梅	14	10	10	24	70	25
米罗	10	8	4	24	70	15
盘龙	10	8	4	14	70	15
大弯	6	6	4	4	40	10
特区民委	112	12	18	10	15	43
市民委	8	7	5	318	—	—
合计	280	126	110	—	985	323

1981年至1989年水城县民族贸易公司经营情况资金情况统计表

表5-7　　　　　　　　　　　　　　　　　　　　　　　　单位：万元

项　目	1981年	1982年	1983年	1984年	1985年	1986年	1987年	1988年	1989年
销售总额	161.5	167.5	200.3	268.1	412.2	528.7	567.4	509.5	385.9
经营利润	9	7.4	9.4	14.5	22.8	26.9	12	13.5	–7.4
利润总额	8.5	4.5	7.8	11	19.3	25	6.5	17	–29
年末职工数	36	53	59	72	85	82	83	83	78
缴纳税金	3	2.2	5.2	6	9.1	12.2	9.6	7.9	5
商品占用资金	39.2	45.7	55.6	59.1	97.5	130.6	163.7	163.4	171.2
国家流动资金	32.6	32.6	37.6	37.6	37.6	37.6	37.6	37.6	37.6
企业流动资金	—	—	—	—	—	0.3	1.4	3.7	4.5
固定资产原值	11.8	12.8	30.2	29.4	32.2	44.5	44.5	102.6	101.6

六、水城县蔬菜水产公司

公司于1965年成立，隶属于水城县商业局。公司设场坝、老城两个门市部。1966年，成立二塘、大河、小河3个矿区蔬菜商店，主要供应工矿区职工蔬菜、水产食品。

1971年，水城县蔬菜水产公司更名为水城特区蔬菜水产公司，隶属于特区商业局。

1973年，场坝、大河、大湾、小河4个蔬菜商店实行独立核算，公司直接管理水城西站蔬菜水产门市部、豆制品厂和酱菜厂。

1978年8月，水城特区蔬菜水产局成立。1981年2月，撤销水城特区蔬菜水产局，水城特区蔬菜水产公司，隶属于特区商业局。

至1983年，全公司职工316人，商品销售额206.4万元，经营品种有海带、海虾、带鱼、调味品、各种新鲜蔬菜、干菜。全年营业额15.1万元，利润13.2万元，固定资产原值119.9万元。

1984年1月，六盘水市政府将水城特区蔬菜水产公司划归市商业局，更名为六盘水市蔬菜水产公司。

1971年至1983年部分年份水城特区蔬菜水产公司经营情况统计表

表5-8 单位：万元

年　份	购货总值	省内调入总值	销售总值
1971	16.5	—	98.3
1973	25.3	38	94.8
1974	14.8	27.4	97.6
1975	30.1	7.3	84.3
1976	51	12.9	106.5
1977	86.1	16	137.5
1981	52.1	23.1	146.2
1982	50	26.6	148.5
1983	95.4	41.9	206.4

七、水城县五交化公司

公司于1964年成立，地点位于水城场坝，隶属县商业局。公司经营五金、交电、化工类商品批发业务，在场坝、老城设立门市部开展零售业务。1964年经营盈利9.23万元。

1971年，更名为水城特区五交化公司。1976年，公司搬黄土坡。至1978年，全公司职工人数增至244人，经营数百种商品，负责水城境内钢铁、煤炭、电力、建材等企业和地方厂矿及12个区供销社、7个矿区中心商店的五金、交电、化工原料等商品批发供应。是年，公司购进商品总值16.5万元，调入商品总值482万元，销售总额552万元，实现利润28.8万元。

1983年，全公司职工60人，销售总额711.2万元，利润总额45.1万元，固定资产原值53.9万元。

1984年1月，水城特区五交化公司除场坝五金门市部外，全部划归六盘水市五交化公司。

1980年至1983年水城特区五交化公司销售统计表

表5-9 单位：万元

年　份	五金类	交电类	化工类	合　计
1980	138.3	256.5	88.6	483.5
1981	141.6	283.1	103	527.7

续表5-9

年　份	五金类	交电类	化工类	合　计
1982	1554.3	332.3	105.8	592.7
1983	169.5	346.7	104.6	620.8

1972年至1983年水城特区五交化公司主要商品销售情况统计表

表5-10

品　名	1972年	1973年	1974年	1975年	1976年	1977年	1978年	1979年	1980年	1981年	1982年	1983年
自行车（辆）	684	614	796	1207	1352	2093	2681	2302	2141	2628	3440	4115
电子管收音机（架）	261	376	196	158	213	401	324	307	356	631	266	156
半导体收音机（架）	833	1166	519	2025	1068	1377	839	1941	1409	1145	1981	1927
电视机（台）	80	7	6	5	111	201	333	695	1431	1943	1442	2598
电唱机（架）	—	—	—	—	—	—	—	—	522	5556	116	20
录音机（架）	—	—	—	—	—	—	—	—	602	379	1514	2041
花线（米）	136900	110000	192000	14000	61000	4000	132600	121600	111100	1036	1226	1205
铁丝（公斤）	232874	213535	228161	200550	14249	179545	151500	261325	126441	932	2005	2536
台案秤（台）	485	488	514	833	877	608	393	406	362	248	336	402
日光灯管（支）	4185	14522	8002	14074	7572	1730	10235	11449	17234	20848	18280	23406
灯炮（只）	150009	283156	191541	257675	190200	250688	335202	302185	318232	349534	405018	379
纯碱（公斤）	36880	38940	51360	35415	100966	29600	84555	105733	49598	114130	130415	1091
油漆（公斤）	98809	98781	111903	119035	84804	193955	262537	144198	180306	177985	219306	2007
石蜡（公斤）	8473	5800	8725	4100	12000	22700	16425	8300	6310	8300	25700	15551
电度表（只）	234	387	241	548	571	717	1101	1583	1822	2857	1946	2024
洗衣机（台）	—	—	—	—	—	—	—	—	—	—	1523	2280
电冰箱（台）	—	—	—	—	—	—	—	—	—	—	—	20

说明：1981年花线改称卷

八、水城县中药材公司、医药公司

1954年，成立水城县医药公司和水城县中药药材公司，办公地点位于场坝。

1956年，县医药公司划归县商业局，中药材公司隶属于县供销社。

公司主要经营城乡医疗单位、零售网点所需医疗器械和药品批发业务，场坝设门市部开展零售业务。中药材公司主要经营全县中药材收购调拨和组织药农栽种药材，以及对城乡医疗机构之中药材供应。1963年，医药公司并入县百货公司。

1970年12月，医药经营从百货公司分出，重新成立水城特区中医药公司。1974年3月，中医药公司分为医药公司和中药材公司，分别隶属于水城特区商业局和供销社。1976年，中药材公司划归水城特区商业局所辖。1984年1月，水城特区医药公司、中药材公司分别划归六盘水市医药公司和市中药材公司。

水城特区医药公司历年主要经营西药和医疗器械，品种达数百种。中药材公司经营有天麻、三七、杜仲、党参、茯苓、龙胆草、黄精等中药材，品种达500多种。

九、水城县纺织品公司

1953年，毕节专区花纱布公司在水城县建立花纱布推销组。

1955年，成立水城县花纱布公司，1956年改称县纺织品公司，隶属于县商业局。

历年，公司根据水城县总人口数，从贵州省纺织品公司按计划调拨纺织工业商品凭票供应城乡居民。1962年，公司销售额达129.3万元。

1969年，撤销县纺织品公司，划归水城县贸易局，设纺织品批发组。

1971年年底，纺织品批发组业务划归水城特区百货公司兼营。

1980年10月，重新成立水城特区纺织品公司，机构、人员从百货公司分出。

1983年，公司有职工84人，购货总值328.7万元，商品调入总值895.2万元，销售总值794.7万元、利润总额49.4万元，缴纳税金24.9万元，固定资产原值30.7万元。

1984年1月，水城特区纺织品公司划归六盘水市纺织品公司。

十、水城县糖烟酒公司

1955年，水城县成立烟酒公司，专营烟酒商品。1956年划归县商业局，有职工11人。1958公司增加糖果、糕点经营并开展批发和零售业务。

1964年4月，水城县成立酒类专卖事业管理局和糖业烟酒公司，办公地点设在场坝，采取“一套机构、两块牌子”管理机制，编制11人。继后，各区成立酒类专卖事业管理所。

1983年，全公司职工109人，商品销售额达1085.6万元，利润总额41万元，上缴税金19.8万元，固定资产原值104.3万元。

1984年1月，水城特区糖烟酒公司划归六盘水市糖业烟酒公司。

1974年至1982年部分年份水城特区糖烟酒公司经营统计表

表5-11　　单位：万元

年 份	购货总值	省内调入总值	省外调入总值	销售总值
1974	76.4	148	116.7	234.6
1975	164.8	260.7	270.7	453.7
1976	150.2	178.5	276.8	784.9
1978	180.2	530.8	532	834.1
1981	180.2	540.6	724	557
1982	146.3	635.3	212.5	738.4

十一、水城县矿区中心商店

1965年，进行三线建设，为作好工矿区商品物资供应工作，1965年至1966年，相继在水城汪家寨、观音山，老鹰山、红岩建立中心商店，隶属于县商业局。

1970年12月，水城县与水城特区合并，各矿区中心商店划归水城特区商业局所辖。矿区中心商店为综合性商店，经营糖烟酒、日用百货、针棉纺织品、文化用品、五金交电等商品，开展批发和零售业务，实行独立核算。各中心商店逐年发展，在各厂矿区增设分销店，满足工矿区职工及家属商品物资需求。1984年1月，工矿区中心商店全部被划归六盘水市商业局管理。

十二、水城县饮食服务公司

1957年，水城县成立饮食服务局，负责管理全县饮食服务行业。1958年8月，饮食服务局被撤销，成立饮食服务公司，隶属于县商业局。1970年12月，水城县饮食服务公司更名为水城特区饮食服务公司，管理特区国营、集体、个人饮食服务行业。

至1979年，公司下属国营饭店、饮食店网点10个，职工183人。国营旅社、理发店、清池照相服务业等网点19个，95人。

1983年，全公司147人，商品销售总额39.9万元，利润总额0.26万元，固定资产原值82.1万元。

1984年1月，水城特区饮食服公司划归六盘水市饮食服务公司。

1972年至1983年部分年份水城特区饮食服务公司营业额统计表

表5－12　　单位：万元

年　份	饮食营业额	服务业营业额
1972	84.2	21.3
1973	61.4	27.1
1974	83.9	40.6
1975	41.7	11.7
1976	32	14
1977	39.5	17.7
1979	52.5	18.9
1981	28.9	14.6
1982	35	12.8
1983	29.4	10.9

1981年至1983年水城县特区饮食服务公司经营统计表

表5－13　　单位：万元

年　份	商品销售总额	经营利润	利润总额	年末职工人数
1981	43.1	−7.8	−12.5	249
1982	47.2	1.7	0.086	194
1983	39.9	1.9	0.26	147

第六章　国有商办工业

第一节　市属商办工业

中华人民共和国成立前，境内商业主要由私商经营，无官方商办工业。私营商办工业中，主要系工业与商业兼备，且为手工作业之作坊居多，郎岱、盘县、水城各县均有一批各类作坊，多分布于各县县城，系酿酒、酱菜、制糖、糕点、造纸、陶器、榨油等之类小厂或作坊，其产品主要由私商自产自销。

中华人民共和国成立后，特别是三线建设时期，郎岱、盘县、水城各县（特区）国营商业部门，为支援三线建设和满足人民对副食品、调味品等日益增多之需求，更好保证其市场供应，各县（特区）分别建立起一批国有商办工业。六盘水地区（市）建立后，市商业部门，又相继建立起市属加工厂、食品厂、酱菜厂、冷冻厂等一批与商业配套之商办工业。实行改革开放后，由于市场扩大，私商参与经营增多，有关物资商品供应充足，有的国有商办工业产品逐渐退出市场，有的商办工业改制或停办。

一、六盘水市食品总厂

六盘水市食品总厂，始建于1966年，厂址原在水城汪家寨，原名汪家寨糕点厂。是时，建厂主要系为矿区服务，隶属于矿区贸易公司。

1970年，水城特区成立。1978年，特区各机关单位从汪家寨陆续迁中心城区黄土坡，此厂亦于1977年迁水城西站（现六盘水站），更名水城西站糕点厂，隶属于水城特区糖业烟酒公司。

1978年建六盘水市后，市、特两级政府商议，将原市副食品厂和特区场坝糕点厂并入水城西站糕点厂，更名为水城食品厂。1980年，充实厂领导班子，从而生产和建设有很大发展。

1982年，特区政府将食品厂提升为局级单位，为特区直属企业，归口特区商业局代管。1984年，市商业体制改革，水城特区大多数商业企业收归市管，水城食品厂亦属其中之一。同年，更名为六盘水市食品总厂。

汪家寨糕点厂时期(1966—1977年)。生产条件极差，系由矿区解决几间油毛毡房以作厂房，生产车间面积不到200平方米。生产工人系从公路指挥部调来10多人，新招收了一部分工人，矿区贸易公司派来几名管理人员，贵阳东风糕点厂派来4名技术人员，全厂37名职工，流动资金1.3万元。罗志民、何应辉、刘永煌、李胜鹏、汤成瑞、邵彬方、赵庆才先后任厂长。生产全系手工操作，用土炉土灶烘烤，产品品种单一，质量亦不高。产品主要供应矿区职工，基本未向外销售。原材料按计划由国家供应，产品自产自销，在矿区内属独家经营，年产值10多万元，最高20万元~30万元。销售带有福利性质，价格较低，而略有盈利。由于艰苦创业，任务完成好，每年均系矿区贸易公司先进单位。

水城西站糕点厂时期(1978—1979年)。厂房系用原糖业烟酒公司仓库略加改造而成。生产条件和职工居住条件得到改善，车间面积有所扩大。固定资产24.78万元，流动资金10.8万元，职工39人，李淑珍任厂长，仍沿用手工操作生产方式。由于离市中心较近，产品销售逐步扩大，人员不断增加。后由财政投资，开始购买搅拌机、硬糖成型机、酥心糖机等设备，生产条件大为改进。产品品种由原20~30个增加到40~50个，年产值提高到40万元~50万元，产品基本满足是时社会需求。

水城食品厂时期(1980—1983年)。固定资产77.12万元，流动资金57.63万元，职工95人，吴修平、李葆芳先后任厂长。根据社会发展和人民生活水平不断提高需要，食品厂提出“以质量为生命，增加花色品种为生命活力”生产经营理念，改善和加强企业管理，大力推行技术改造，由机械代替手工操作，由土炉土灶烘烤转变为远红外线烘烤。仅两三年内，建成4条生产流水作业线，基本实现半机械化生产，工厂面貌焕然一新。产品由原40~50个增加到100多个，质量明显提高。产量和产值大幅增长，产品还外销至贵阳、毕节、安顺、遵义等18个市县和地区。1983年，应邀参加贵阳春节食品交易会，产品十分走俏，供不应求。随即，六盘水市政府协调车辆赶运其产品补充供货，在贵阳声誉大振，新华社、贵州日报、贵阳晚报、贵州电视台、贵阳电视台、新闻图片社等多家媒体相继前来采访报道，并在贵阳市政府大楼召开新闻发布会，赢得贵阳各界赞誉。继而，贵阳糖业烟酒公司批发部等10多家国营和集体企业商店，均进购销售其产品。年产值超百万余元，平均每年创税利10万元以上，其中1982年达15.45万元，分别被省、市授予“先进企业”“文明工厂”称号。

六盘水市食品总厂时期，未扩建前，固定资产187.27万元，流动资金58.13万元，职工

85人，金博温、王成忻、杨文艳先后任厂长。食品总厂提出“巩固已有成绩、质量信誉第一、不断开拓思路、确保两个效益（经济、社会效益）”之经营理念。其后，大力进行新产品开发，先后研制牛奶饼干、多维饼干、水果罐头以及姜糖系列等产品，并通过市级鉴定。同时制订了15个产品之质量标准，获市标准计量局正式认可。上述产品投放市场后，深受群众青睐。其中，牛奶饼干、多维饼干开发当年就被评为“省群众最喜爱产品”，获得“杜鹃杯”奖。1985年，正值全国有的产品波动下降情势，在全省评优活动中，其所生产的花生蛋白糖和牛奶饼干，双获优质产品称号，属当年全省所评4个优质产品中的2个。由于产品质量稳定提高，生产成本随之提高，国家对优质产品又未实行补贴，经济效益不够理想。而食品总厂坚持加强经营管理，多方筹措资金，重视产品质量，从未出现过亏损。

随市场经济发展，竞争激烈，生产原料中粮油等全系议价，多种原料转而靠工厂自己购买，原计划经济所产生之弱点突出显现。为维持企业生存和发展，1987年后，企业实行车间全面承包，经营机制彻底改变。企业开展市场调查时，发现一种低糖泡饼干十分走俏，该产品系从两广购进，几乎占领了全省市场。新任厂长杨文艳四下广州学习，研制并成功开发该产品。产品特点是可口低糖，利于健康，体积大而成本低，价格便宜，相当畅销，占领了省内外不少地区之市场，省内有10多个县市销售，云南昭通、宣威、曲靖等地，亦大量销售此产品。1989年利润达11.37万元，创历史最高水平。1991年，企业又开发豆奶、酸奶等产品，质优价廉，供不应求。

为进一步发展经营，1990年，另选新址在明湖路扩大建厂。

1967年至1990年水城食品总厂经营情况表

表6-1 单位：万元

年份	产值	销售	税金	利润
1967	3.25	3.25	0.18	0.11
1968	—	16.94	0.99	0.97
1969	—	9.83	0.58	–0.77
1970	—	14.44	1.01	0.91
1971	—	16.56	1.03	–0.36
1972	—	32.76	1.84	3.21
1973	—	29.36	1.84	2.57
1974	—	25.84	1.25	1.32

续表6-1

年　份	产　值	销　售	税　金	利　润
1975	—	28.72	1.46	2.40
1976	—	27.55	1.37	3.67
1977	—	29.92	1.39	4.75
1978	—	39.93	1.78	6.47
1979	38.74	37.79	1.89	4.18
1980	62.29	63.58	3.38	4.17
1981	80.68	75.02	3.75	2.14
1982	102.86	108.47	5.42	10.15
1983	98.81	88.38	4.42	7.11
1984	69.33	69.67	3.48	1.85
1985	66.71	66.61	3.35	1.34
1986	76.44	78.35	5.11	0.10
1987	79.08	66.09	3.56	1.11
1988	109.07	92.81	4.77	3.37
1989	119.16	88.95	3.36	11.37
1990	100.90	100.60	3.70	4.35

1995年，开发土豆片制品项目成功，不仅提高了企业经济效益，也增加了地方财税收入，特别是带动和扶持了六盘水市土豆产区种植业发展。企业资产总计由过去不足100万元发展到1500余万元，已初步培养锻练出懂管理、善经营、有理想、讲正气的干部队伍和有朝气、守纪律、能吃苦的职工队伍，并逐步形成自己的企业精神和企业文化，为企业迈入高速发展快车道奠定了坚实基础。土豆食品生产加工，适应国家产业化发展战略。企业不但取得较好经济效益和社会效益，而且保持持续、快速发展势头，先后被中国食品工业协会评为全国食品行业质量效益型先进企业、贵州省食品工业优秀企业、贵州省农业产业化经营重点龙头企业，被市人民政府命名为六盘水市国有工业“十强企业”称号，并已通过ISO 9001-2000国际质量体系认证和HACCP国际食品安全保证体系认证。

由于火车站广场扩建，企业于1994年搬迁到明湖路。企业共有生产及办公用房3300平方米，又以60万元从湖北恩施购买二手进口土豆片生产线1条，年生产能力由投产时500吨提高到3000吨。

企业在岗职工85人，长期临时工45人，退休职工34人。资产总额为1546万元，总负债为404万元，净资产1142万元。用地面积20亩（含非生产性用地、南环路改造用地、水城河改造规划用地、火车站用地等约8亩），全部处于六盘水市钟山区较好地段。

企业主要与昆明天使食品总厂联营生产“天使”牌土豆片，“天使”牌商标归昆明天使食品总厂所有。产品主要销往哈尔滨和省内其他地区，每年按净利润20%支付商标使用权费用。

二、六盘水市酱菜厂

市酱菜厂原系一私营米醋加工作坊，1955年并入水城县供销社加工股，1958年改为水城县商业局所辖酱油厂，1970年改为水城特区酱油厂。1984年，划归六盘水市商业局管理，注册名称为六盘水市酱菜厂，地址位于六盘水市钟山区钟环路148号，法人代表杨文建，注册资金47.5万元，经济性质属国有自产自销企业，经营酱菜、酱油、醋等。企业主要设备有卧式锅炉2台，800平方米自动化酱油生产线1条，土地面积3320.03平方米，房产面积2027.14平方米（其中办公楼365.81平方米，生产车间1059.74平方米）。企业职工总数53人，其中在册职工32人（在岗职工22人，下岗10人），退休职工21人。

企业最高时年生产酱油1500吨、食醋600吨。所生产的“钟环”牌酱油和米醋均选用优质大豆、小豆、大米为原料，用传统发酵工艺酿造而成，内含丰富之人体所需氨基酸等，具有独特酱香味。产品在省市质检部门多次抽查检测中均符合国家标准，被省调味品协会列为推荐产品，产品通过国家技术质量监督部门审查，获得食品生产许可证和市场准入证。

进入21世纪，由于市场竞争激烈以及企业自身经营管理问题和体制转轨等因素，产量逐年下降，最低时年产酱油、食醋63.43吨，销售收入50.74万元，仅能维持基本运转。在岗职工最高月工资1330元，最低月工资706元；下岗职工和退休职工人均月津贴33元（退休费由社保局发放）。

企业资产总额106万元，应收账款4.71万元，其中3.71万元已属呆坏账，无法收回；其他应收款3.26万元，其中2.43万元已属呆坏账，无法收回；固定资产净值82.28万元，负债总额37.2万元。

三、六盘水市肉类联合加工厂

市肉联厂原为水城特区冷冻厂，厂址黄土坡，占地面积30亩，1972年建成投产。1984年划归市属企业，1988年与六盘水市食品公司合并。

企业固定资产400万元，有冷库1栋及配套生产线，冷藏量1000吨，年可宰杀加工1000吨牛羊猪肉，最高年宰杀生猪4.28万头。1981年，HS-J型废水净化器装置试验成功，受到省政府表彰。

1985年后，肉价放开，猪源锐减。1989年改为屠宰牛羊，年宰牛羊1万多头（只），经加工、包装、冷藏后销往湖南、浙江、山东、安徽、辽宁、北京等地。是年，新建饮料车间1个，年产1500吨。后又投资10万元改造牛羊肉加工车间，增加屠宰车间、分割车间、预冷车间、包装车间。亦经营蛋、禽、饮料，水产品等业务。

第二节　县属商办工业

一、六枝特区商办工业

（一）六枝特区冷库厂

六枝特区冷库厂始建于20世纪60年代末，70年开始正式投产，正常生产经营至改革开放初期。为便于管理，于1987年与食品公司合并为六枝特区食品产销公司，冷库厂直接归食品产销公司管理。20世纪90年代后期，冷库厂基本处于停产状态。若干年后，冷库厂只剩厂房，设备基本报废，职工全部下岗自谋职业。

历任厂长（经理）有刘芳椿、汪柏仁、金朝荣、许连友，副厂长（副经理）有李大才、黄玉亭、周榜光。

（二）六枝特区糕点厂

六枝特区糕点厂始建于20世纪60年代，正常经营至20世纪80年代末。改革开放后，处于停产状态，仅靠收取房租费维持在职职工基本生活费。历任厂长有杨英明、宋全志，副厂长（副经理）有赵桂英（女）。

（三）六枝特区酱菜厂

六枝特区酱菜厂始建于20世纪60年代，主要生产酱油、醋及酱菜等，正常经营至改革开放初期。20世纪90年代后期基本处于停产状态，主要靠出租厂房、仓库租金维持在职职工基本生活费。历任厂长有赵明才、杨金玉、易泽礼。

二、盘县商办工业

（一）盘县制药厂

建于1972年，原盘县特区政府投资2.5万元，在城关镇玉阳洞原建“火葬场”地址兴建盘县制药厂，为盘县特区卫生局直属企业。当年8月投产，以生产“葡萄糖注射液”“氯化纳注射液”等大容量注射剂为主。因场地窄，不能扩大生产规模，1977年在城关西郊大屯征地10亩，重建厂房，翌年1月投产。除保持原生产大容量注射剂外，还开发新产品针剂、片剂、丸剂等药品。1978年划归盘县特区经济委员会管理，同时更名为六盘水制药厂。

2001年，国家加强对医药行业管理和质量监察，对药品强制实施GMP认证。原厂址环境条件差、面积小，不适应扩大药品生产规模。在政府协调下，将盘县百货公司和纺织品公司两家长青山闲置仓库和空地50亩，分别作价投资入股，组建六盘水药业有限责任公司，当年12月建成投产。所产之大容量注射剂等产品，经国家药品GMP检测验证为合格产品。

经过30多年发展，产品由单一之大容量注射剂发展到中西药结合之多品种产品，设备工艺不断改进，经济实力不断增强。1978年与2007年相比，职工由53人发展到72人；资产总值由54.7万元，增加到1015.98万元；工业总产值由15万元，到2003年为328万元，增长20倍。后因诸多原因停产。

原欠工商银行贷款95.24万元，利息68.4万元，共163.8万元。2007年12月，经县经贸局与中国长城资产管理有限公司贵阳办事处协商签订债权转让合同，由经贸局垫交现金35.24万元，所欠债务作一次“打包”剥离处理结清债务。

历任厂长有刘敬贤、马子进、王永和、张大跃、费天荣、高永宽、陶应学、刘昭明、尹虎、屠进、王俊贵。

（二）盘县地方国营第一酒厂

1951年，盘县税务局与盘县酒类专卖处联合在城关大桥北侧建成地方国营盘县酒厂，以生产散装白酒为主，隶属于原盘县工商科管理，经济性质为国有企业，由县财政统负盈亏，系盘县建立最早之国营企业。

1978年改革开放后，为适应市场需要，扩大生产能力，企业先后分批进行全面技术改造。1981年投资5.5万元，新建生产厂房550平方米，购置酒罐4个。1983年，投资14万元，扩建厂房840平方米，又用2万元购置汽酒设备1台。1985年，投资13万元（政府协调无息贷款10万元，县税务局借给技改资金3万元），扩建厂房和新产品开发。1986年，向县工商银行贷款15万元，县经委借5万元，计20万元，建成窑酒车间1栋800平方米；同年向六盘水市政府借无息贷款20万元，修建第二窑酒车间1300平方米。至此，生产条件彻底改善，生产能力达1000吨，在原基础上增长一倍，经济效益逐年提高，企业面貌焕然一新。1993年，向县工商银行贷款15万元开发新产品，曾经试生产“双凤牌”银杏系列保健酒、龙泉米酒等。

企业自力培育菌种“小曲”“大曲”之生产工艺及质量，在全省酿酒行业中比较先进，除满足本县需求还外销他县。所产“大曲”，采用浓香型和酱香型综合工艺研制而成，具有独特风味，其生产的“双凤”牌、“贵州春”牌瓶装酒独具风格。

为适应市场需要，从1978年起，创瓶装“双凤”酒品牌，经国家工商总局注册。此后以“双凤”牌名先后生产瓶装“双凤”酒、“盘江白酒”。1984年生产“碧云窑”，1986年生产“双凤大曲”“碧云大曲”“盘江春”“金凤液”“贵州春”等系列瓶装酒。其中“碧云大曲”“双凤大曲”“碧云窑”“金凤液”，是年获六盘水市优秀产品奖。1988年“贵州春”获贵州省优秀四新产品奖。

在计划经济体制下，企业只有生产权，无扩大生产更新改造权利，无产品营销权。企业财务核算由地方财政“统负盈亏”，年终税后利润全额上缴财政。生产计划执行政府指令性计划，粮食原料由粮食部门按计划调拨，其产品全部交县糖烟酒公司销售。

1984年，简政放权，对国营企业改统负盈亏为自负盈亏。粮食市场放开，原料由企业自行收购，产品自销，经营自主，用工自招，企业出现生机。

1978年至2007年，累计生产白酒6289吨，工业总产值1333.07万元，上缴国家税金455.3万元，企业获利116万元。

由于市场竞争激烈，加之管理因素，从1995年开始，产品大量积压，企业处于困境，1996年亏损50万元，企业无法维持生存。经政府批准，充分利用原有厂房和空地，投资56万元兴建双凤商场和客运车辆停发点，共改建商场总面积13567平方米，对外招商引资租赁经营。从1999年租金3万元，逐年增加到2004年后，平均每年可收租金40余万元，用以维持在职职工工资或生活费。

原欠工商银行贷款27万元，利息22.91万元，共50.51万元。于2007年12月，在县政府帮助下，县经济贸易局与中国长城资产管理有限公司贵阳办事处协商签订债权转让合同，由县经贸局垫交10.21万元，将所欠债务作一次性“打包”剥离处理结清债务。

历任厂长有周英谋、楼定银、冯嘉峰、施兴国、熊继周、伍保坤、郭景辉、张兴华、查忠贵，副厂长有楼定银、张博钢、李贵芝、施兴国、熊继周、伍保坤、马昌玉、梁李、李盘东、陈应龙、查中贵。

（三）盘县地方国营第二酒厂

三线建设中，为做好工矿企业职工生活日用品服务工作，盘县特区政府在盘关松山头组建地方国营盘县酒厂。1969年动工，1971年投产，总投资20余万元，占地25亩，修建简易厂房7000余平方米，资产总值23.45万元，年生产白酒300吨。投产初期有职工49人，白酒生产车间4个，另有包装、种曲车间各1个和化验室，年产曲药15吨，主要产品散装白酒。

企业采用新工艺自产之“根霉、酵母曲药”，发酵力强，出酒率高，所产的酒除满足本县需要外，曾畅销云南、湖南、广西等省。

计划经济体制时期，其产品一律交特区糖烟酒公司包销，主要原料由政府下达用量指标，由粮食部门供应。财政管理由特区地方财政“统负盈亏”，年终税后利润全额上交财政，企业凡增加生产设备或厂房修缮、改造都得经政府批准，用工也得有计划方能招用。因此，企业长期维持简陋、粗放生产方式，无力更新改造和扩大生产规模。

1980年，在沿袭散装白酒基础上，曾生产“松山”牌和“金凤”牌瓶装酒。为适应市场需要，1997年起狠抓产品质量，坚持“质量第一、依质取胜”主导思想，加强瓶装“盘江酒”质量管理，改进包装。同时开发“六粮”盘江系列白酒，其中，45度、46度、50度系列瓶装“盘江酒”投放市场后，深受消费者喜爱，被县人民政府指定为招待用酒。该酒价廉物美，供不应求。2007年扭亏为盈，改变了长期亏损被动局面。

1988年至2007年，20年中先后投资92万元，对厂房、技术、设备等进行更新改造。其中1988年，投资2万元修建产品库房1栋300平方米；1989年，投资10万元建白酒生产车间1栋400平方米；1991年，投资6万元新修曲药车间360平方米；1997年，投资4万元更新生产设备；1998年，投资6万元安装供水设备；2005年，投资20万元，改进“盘江酒”瓶装酒包装；投资4万元修缮养殖场1200平方米；2006年投资20万元修蓄水池2560立方米；2007年投资20万元新建白酒生产车间1栋500平方米。

由于市场竞争激烈、企业产品跟不上市场需要、粮食和燃料（煤炭）价格上涨等因素，从1996年起，企业产品销量逐年下降，企业陷入困境，导致2002年至2004年被迫长期停产。其间虽然采取措施实行企业承包经营等，但由于家底薄、负担重、经营机制不健全等原因，依然未能摆脱困境。1997年，在政府领导下重新调整领导班子，结合企业实际，彻底转换经营机制，抓住主业，开拓创新，充分利用本厂优势，改进瓶装酒生产工艺流程和勾兑技术，保证和稳定瓶装“盘江酒”质量，使产品逐步占领市场，扩大销售面。企业生产经营日益好转，2007年开始扭亏为盈。

1978年至2007年，30年共生产各类白酒4492.44吨，其中瓶装酒478.55吨，共生产曲药123.57吨，实现工业总产值860.28万元，上缴国家税金239.71万元，企业实现利润21.37万元，为国家和社会作出了贡献。该厂原欠工商银行贷款本金6万元，利息1.95万元，共7.95万元。2007年12月，县经济贸易局与中国长城资产管理有限公司贵阳办事处签订债权转让合同，由县经贸局交现金2.35万元，一次性“打包”处理剥离结清债务。

历任厂长有刘隆才、闵清泉、伍保坤、李再谷、苏锋，副厂长有鄢凤琴（女）、冯才照、杜学忠、蒋若贵。

（四）盘县肉联厂

三线建设时期，为工矿区职工生活服务，1975年原盘县特区政府投资200万元，建设盘关断江地下冷藏库1座，容量1500吨，房屋建筑4169.99平方米，占地30亩，历经5年建成。1980年投入使用，同时正式成立盘江肉联厂及附属屠宰场，日屠宰生猪300头，由于货源不足，实际每天只屠宰120头。原隶属于县食品公司，1983年划归商业局管理，实行独立核算自负盈亏经营机制。

全厂职工90人，靠保管费和国家财政补贴维持生产。1984年国家取消生猪派购计划，生猪无来源，企业处于困境，长期依靠国家拨款保修机器和支付职工工资。

为谋求生存，1985年开始转产，自筹资金，在原厂址及厂房基础上，进行改造，开发饮料产品。增置香槟饮料生产设备，生产香槟酒、刺梨汁，同时保持牛肉罐头加工。1986年开始转入正常生产经营，每年生产饮料120吨左右。1989年，工业产值118.59万元，主业收入100.2万元。企业生产正常。

1995年后，由于市场竞争激烈，原有设备老化，保管维修费用逐年增加，企业又处于困境。同年特区政府行文将盘江肉联厂冷库停产报废，政府仍每年给该厂18万元保库费，连续三年计54万元，当年将养殖场承包给职工经营。

1998年，将厂区场地租给云南人办造纸厂，后又转手他人承包均失败。2004年，承包给天津淀粉有限公司生产洋芋淀粉，承包期23年，每年承包费20万元，两年后又终止合同，仅收取承包费40万元，加其他收费14.5万元，共计54.5万元。企业在册职工30人（其中退休15人）。原欠工商银行贷款30万元，利息9.18万元，共39.18万元，因企业无偿还能力，县经济贸易局于2003年与中国华融资产管理公司贵阳办事处协商，签订债权转让合同，一次性“打包”处理剥离结清债务。

历任厂长有马朝光、刘权成、张克敏、花山信，副厂长有张文生、李由兆、于航、李德荣、屠元明、任天明。

（五）六盘水罐头食品厂

原名盘县糖食加工厂，厂址城关镇五街，成立于1956年，隶属于盘县糖业烟酒公司，以生产糖食、月饼、糕点为主。1978年有职工81人，其中退休13人，资产总值30万元。在计划经济时期，国家下达生产计划指标，生产原料面粉、白糖等由粮食局和糖烟酒公司组织供应，供销基本平衡，长期产销两旺。在食品供应紧缺时期，为供应市场，满足人民群众生活需要，均作出了重要贡献。

1984年，企业划归盘县商业局直管，同时改统负盈亏为企业自负盈亏。企业生产初期在产品加工上一直沿袭明火烘烤的方式，手工操作劳动强度大，卫生条件差，质量不稳定，生产力低。为开发新产品，扩大生产能力，1986年投资32万元，进行企业技术更新改造，新建综合楼1栋1000多平方米，购置和面机、万能饼干机、滚印式饼干机各1台，引进远红外线烘烤工艺，受温均匀，穿透力强，为该厂糕点生产中之一次重大改革。

在原生产月饼、蛋糕基础上，发展各类品牌产品，如糕点系列、糖果系列产品，以及刺梨、生姜、银杏等罐头产品，其品种达16个。同时注重改进产品质量，深受消费者好评。1990年以前，每年产量均保持在130吨以上。

30年来，先后经历了扩大企业自主权、自负盈亏、利改税、承包经营责任制、租赁经营、任期目标责任制等多种形势改革，企业经济实力不断增强，职工福利待遇逐步改善。

1988年后，市场全面放开，个体经济发展迅速，民间糖食、糕点作坊越来越多，市场竞争激烈。历经1988至1992年先后两轮承包经营，暂时稳定企业正常生产经营，1992年产量仍保持80吨生产水平，实现总产值40万元。

为增强企业竞争力，1994年，在县财政局、县贸易局、县商贸总公司大力支持下，进行第二次大规模技术改造，总投资98万元，其中购置设备64万元，基建工程投资28万元。利用本地农副产品和植物资源，采用新工艺、新技术，生产生姜、银杏、板栗等罐头产品，试产期间所产产品得到消费者青睐。其后，由于营销资金不足和营销力度不够等因素。1998年以后，因设备老化，产品单一，职工技能低下，产品不适应市场需要，加之两次技改所承担之债务，企业逐步陷入困境，产品在市场上已失去竞争能力，职工下岗自谋职业。2003年以后，长期处于停产状态，仅靠出租门面和厂房及生产设施租金，上交养老保险金和6名留守人员生活费。

2003年，用3万元资金经县工商银行转给中国华融资产管理公司贵阳办事处，将贷款本金58万元加利息21万元，共79万元作一次性“打包”处理剥离结清债务。

历任厂长有卢润山、陈克金、雷发吉、陈金国、彭福毅、赵贵龙、吴贵生、冯建国、胡锦甲，副厂长有陈克金、陈金国、杨昌礼、潘六成、王忠盘、腾建芬(女)、胡锦甲、张彭年。

（六）盘县特区乌蒙竹根水开发公司

乌蒙竹根水，产于老厂镇万亩竹海之中，经中国科学院地球化学研究所全面调查并经专家鉴定，老厂竹根水不是一般矿泉水，属国际首次发现之在老厂特殊水文地质与生态环境条件下，形成一种新型极低矿化度、极低硬度、超低钠，有特殊防治疾病和长寿功能天然优质纯净水。

1994年，盘县特区政府投资92万元筹建盘县特区乌蒙竹根水开发公司，产品注册“乌蒙”商标。1996年11月投产，年生产能力为600毫升瓶装水300万瓶，由于水质优良，产品投放市场后，深受消费者喜爱，称其为神奇竹根水。

2000年6月，为扩大生产能力，提升品牌知名度，公司利用邮政网点优势扩大市场，与六盘水市邮政局合作，扩建为贵州新乌蒙竹根水有限公司。邮政局投资100万元，公司资产折价80万元，合股注册180万元进行技改扩建，为年生产18.9升装桶装水50万桶，600毫升装瓶装水1000万瓶，职工集资入股16万元，技改实际投资196万元。新建1栋500平方米生产车间，105吨蓄水池及地面硬化，年产1000万瓶生产线1条，每小时60桶和120桶桶装水生产线各1条。生产经营决策权归六盘水市邮政局，通过邮政网点优势，在盘县以外之水城、普安、兴义、清镇、贵阳、曲靖等地建立销售网点。2004年，在全市饮用水行业中第一家获得国家颁发的食品质量市场安全准入证。

2005年9月，通过县人民政府及县经贸局协调，物资贸易总公司投资70万元，其中31万元用于购买六盘水市邮政局部分股份及职工集资之全部股份。县政府委托物资贸易总公司管理政府股份及接收控股权。为保障竹根水质量，投资46万元购进1套美国进口卷式超滤膜机及配套杀菌系统，提高水质标准。同时投资14万元用于办公房及职工宿舍建设。

1994年建立时，正式职工2人，临时工15人。2007年有正式职工8人，临时工20人，属国有股份公司。

固定资产：至2007年为293.74万元，销售额最高年份2002年88万元。1997年至2007年缴纳税金51.38万元，利润1999年至2003年盈余15.91万元，其余6年亏损72.41万元，盈亏相抵净亏损56.5万元。

公司历任董事长有张文，经理有刘绍明、李茂贵、伍庆林，执行董事郑克顺。

（七）盘县服装公司

沿于1958年成立地方国营盘县被服厂，厂址城关北门桥。1961年由国营调整为集体企业，同时更名为盘县被服合作工厂，当时属加工型服务企业，主要产品以来料加工成衣服装、劳动保护用品、棉絮、棉线等。设有服装、弹花（董家台子）、纺线（大铺街）3个生产加工车间，另外在平街、刘官设有7个缝纫门市部。其生产设备及工艺落后，除纺线、服装生产沿用半机械设备外，弹花工序全靠手工操作，劳动强度大、生产能力低。

1978年有职工290人，资产总值26.83万元，工业总产值181.3万元，生产成衣27890件，利税微薄。

改革开放初，企业主动转变经营机制，1978年起由加工服务转向自产自销经营。当时全国城乡处于买衣难、做衣更难状况，为缓解供需矛盾，适应市场需要，以服装车间为主，调整技术骨干和做衣能手，严格遵照国家制订之服装设计标准，大量生产成衣服装投放市场。由于做工精细、质量好、款式新颖，产品供不应求，曾畅销比邻普安、富源等县。

为扩大生产规模，更新设备，改进生产工艺。从1979年起到1986年止，先后投入技改资金48万余元，新建生产厂房、仓储、门市和办公楼共2400平方米，购置电动缝纫机160台及电裁剪、锁边机、绣花机、包边机、锁扣机、钉扣机、蒸气熨烫设备等，全部更替老式脚踏缝纫机和手工裁剪笨重落后操作。同时弹花车间全部实现半机械化流水作业，改变长期手工作业历史。经过上述改造，对提高产量，稳定质量，降低劳动强度等起到很好效果。为了提高职工素质，曾先后3次以高薪从省城请来高级技师培训裁工和做工，为企业发展培养了一大批生产骨干，企业生产能力在原有基础上成倍增长。1984年，企业更名为盘县服装公司，职工增加到350人，年产服装突破10万件，工业总产值380万元，上缴国家税金7.6万元，企业盈利3.4万元。

由于市场经济的发展，20世纪90年代，江浙服装大量销入市境，服装业竞争日益激烈，企业生产逐年下降，最终企业停产，靠租赁厂房、门市部维持职工基本生活费。

企业历任厂长有杨来成，经理有袁光汉、龚金玉（女）、彭中青，副厂长有王学贵、龚金玉（女）、袁光汉。

三、水城县商办工业

（一）水城特区酿造厂

厂址黄土坡，原名水城特区酿造厂，1966年筹建，1970年投产。有职工114人，总投资357万元。1994年，转为市属企业。主要产品有“双钟牌”窖酒、水城窖酒、水城大曲、双钟大曲、特曲、低度白酒、酱油、醋、汽酒、汽水、酒精等。

1985年，“双钟牌”酱油获全省酱油评比“群众喜爱产品”第一名。1988年，双钟牌窖酒获首届中国酒文化专用品证书及省第四届名酒称号。

1973年至1990年，共生产饮料酒9078吨，酱油9944吨，醋906吨，汽酒1.1万瓶，汽水9.9万瓶，酒精1263吨，窖酒214吨，瓶装酒4137瓶。后长期停产。

（二）水城县酒厂

1957年建厂初期厂址于麒麟乡葡萄菁，后迁至凤凰乡土桥。占地8600平方米，职工280人，固定资产41万元，有白酒及饮料车间各1个。主要产品为荷泉瓶装酒及散酒。所产白酒无色透明，纯正可口，度高性平不晕头，深受欢迎，远销山东、河南、河北。1989年投产鸡尾酒，巧克力香槟、刺梨香槟、鸡尾可乐、蜜桔香槟、麦精汽酒、鲜橙汁。

1965年至1990年，共生产饮料7776吨，荷泉酒465.6吨，产值1141万元。

2000年进行改制，成立水城县荷泉酒业有限公司，但一直未生产，处于停产状态，仅靠房租等微薄收入维持公司在职职工生活费。

2004年，公司以土地入股形式与六盘水鹏程房开公司合作进行房地产开发，成功开发六盘水荷泉综合批发市场。至2008年，公司除与房开公司合作开发荷泉综合批发市场外，无任何经营项目。

（三）水城县缝纫社（商业局加工企业）

系原水城县第一缝纫生产合作社，于1956年成立，地址在老城，职工68人，缝纫机60台，固定资产3万元。至1978年，总产值234万元，税金4万元，利润5.3万元，后因商业部门无原料加工而停产。同年在场坝建水城县第二缝纫生产合作社，职工26人，固定资产2.6万元，缝纫机30台，锁边机3台，电剪2台。产品以劳保用品为主，质量好价格低，年产值18万元，税金1万元。1972年，第一、第二缝纫生产合作社分别于1988年破产。

（四）水城县服装工业公司

原为1965年在汪家寨筹建支煤重建的缝纫小组。主要生产劳保用品，职工16人。1972

年迁往原73处附近，名称为水城特区被服厂。1985年迁至人民中路，有职工120人，固定资产37万元，占地3000多平方米。主要设备有电动缝纫机40台，钉扣机1台，原料机两台，锁边机5台，电剪4台。年产值70万元，销售额65万元，上缴税金2.1万元。1972年至1990年，产值共计917万元，销售617万元，上缴税金23万元，实现利润20万元。名优产品有“海式工作服”“多用夹克衫”。1981年、1990年被评为省轻纺工业系统先进单位。1996年公司亏损，后一直处于停产状态，仅靠出租门面维持在职职工生活费。

（五）水城县皮鞋厂

1956年，在老城筹建水城县制鞋生产合作社，后在葡萄箐建成鞋厂。固定资产18万元，主要设备有皮鞋粘胶配底流水线1条，双头削编机3台，单头削编机2台，气泵1台，片料机4台，片擦跟机1台，均匀机1台，上鞋机1台，电动机25台。

主要产品有反帮皮鞋、“牛真皮三接头”皮鞋、男女青年皮鞋、粘胶皮鞋、男女布鞋、童鞋。1990年生产各式皮鞋4896双，布鞋3.1万双，产值18万元，销售收入22万元，累计工业产值202万元。公司于1994年开始出现亏损，后一直处于停产状态。

第七章　商业支援三线建设

20世纪60年代，国家在六盘水地区进行大规模三线建设，在境内兴建铁路、煤炭、冶金、电力、建材、机械、化工等工业项目，以增强三线地区经济及战备等实力。建设中，成建制调入数十万产业工人及建设队伍，境内人口急增，所需物资及生活日用必需品急剧增加。为保障三线建设的生活物资供给需要，六盘水商业部门增设大量商业网点，组织大量商品物资，保障三线建设者生活日用品供应，为支援三线建设作出了重要贡献。

第一节　三线建设的形成

三线建设战略决策，具有特殊历史背景。从1961年起，国家实行“调整、巩固、充实、提高”方针，对国民经济进行调整，到1963年下半年，呈现全面好转势头。然而，就在中国经济调整不断取得成效和经济形势进一步好转时，国际形势逐渐趋于紧张。针对西方一些国家敌视、中国战争气氛越来越浓、战争威胁依然存在的形势，中央作出必须抓紧进行三线建设、形成强势战略后方的决定，开始三线建设会战。

1964年5月，中共中央召开工作会议，提出了建设大三线决策方针。三线建设所指之一、二、三线，系从战略角度，按中国地理地域进行划分：沿海地区为一线，中部地区为二线，后方地区为三线；三线又分两大片：一是西南三线，一是西北三线；三线又分为大三线和小三线：西南、西北为大三线，中部及沿海地区省区之腹地为小三线。三线建设，是以铁路为先导，以国防工业为重点，使能源、钢铁、机械、化工工业等相配套的全面建设。

1964年6月至7月，煤炭部与国家计划委员会对西南三省19个矿区进行调查选择，一致认为六枝、盘县、水城蕴藏着丰富的炼焦煤和动力煤。因而确定了六盘水为三线建设重点配套项目地区，为攀枝花钢铁厂配套服务。

紧接着，于同年7月下旬至8月上旬，中共中央西南局和国家计划委员会在四川宜昌召开西南三线建设长远规划会议。其中规划以六盘水为中心之煤炭基地建设，以及修建成昆、滇黔（后称贵昆）、川黔等铁路，形成西南环线等项目。

1964年8月，中共中央书记处开会讨论三线建设问题。此次会议后，一场持续了10余年，涉及四川、贵州、云南、陕西、宁夏、甘肃、青海、河南、湖南以及湖北西部等大规模三线建设，从此拉开序幕。

为适应三线建设行政领导及组织建设等方面需要，国家对六盘水地区行政建制随而作了相应调整，1965年1月1日，西南煤矿建设指挥部在郎岱境六枝正式成立，随后，其下辖水城、六枝、盘县三个煤矿建设指挥部相继成立。境内郎岱、盘县、水城三县，原分别隶属于安顺、兴义、毕节三专区所辖。1965年11月29日，分别从郎岱、盘县、水城三县内的工矿所在地区，建立六枝、盘县、水城三个矿区，行使相当于省辖市行政权力。继而，于1966年2月22日，又分别将三个矿区改建为六枝特区、盘县特区、水城特区，三个特区分别与郎岱、盘县、水城三县分治。再而，于1970年12月2日，郎岱、盘县、水城三县分别与六枝、盘县、水城三特区合并，分别合称为六枝特区、盘县特区、水城特区，行使县级行政权力。1967年年底，西南煤矿建设指挥部从六枝迁水城，随即改建为六盘水地区。1978年12月28日，改建为六盘水市。

为加快六盘水地区三线建设，国家采取老基地带新基地、老厂矿带新厂矿、老工人带新工人“三老带三新”办法，从东北、华北、华东、中南等老工矿地区迁入六盘水地区一批工厂，成建制调来一大批工程勘探、设计建设队伍，其中，共调进基建队伍12万多人，组成64个工程队。在六盘水境内兴建了相当一批三线建设工程项目，主要有滇黔铁路、盘西铁路、六枝矿区、盘江矿区、水城矿区、水城钢铁厂、水城发电厂、水城水泥厂、盘江化工厂、六盘水煤矿机械厂等大中型厂矿。

10多万建设大军猛然调入，众多建设项目齐头并进，生产和生活物资商品需求大量剧增。六盘水商业部门各企业及广大职工，提出“急三线建设所急、应三线建设所需”口号，全力以赴，奋力支援三线建设。

第二节　支援建设的组织机构

为保证三线建设各种商品物资供应，有关各级政府和商业部门立即动员组织行动起来，全力支援三线建设，首先建立起各有关支援组织机构，以保证商品物资供应任务完成。

三线建设，铁路先行。1960年1月，中共贵州省委决定在水城成立“滇黔铁路贵州段工地委员会”。工地党委由毕节地委副书记郭乐天任书记，驻水城主持工地党委工作。同时建立办事机构，办公室由8506部队2支队团长郑成斌任主任，中共水城县委书记处书记焦学如任副主任。办公室下设政工组、物资供应组。政工组，由毕节地区工会主席刘继元任组长，毕节地区妇联主任游凤鸣任副组长；物资供应组，由毕节地区服务局局长朱启雪任组长，铁道兵第6师后勤部部长王俭秋任副组长，省卫生防疫站站长张延禄任副组长兼医疗大队队长。

为配合滇黔铁路工地委员会工作，水城县成立了支援铁路建设委员会，由中共水城县委书记处书记、县长李慈善任主任委员。下设支铁办公室，各公社管理区也相应建立支铁组织，抽调了一批干部特别是商业干部负责支铁工作，全县掀起支援铁路建设热潮。

支援铁路建设工作，至1960年3月15日，全省共调4个地区、18个县民工10万余人，加上3万多名军工，配上施工机械，在铁路沿线工地摆下施工战场。

1961年，中共八届九中全会提出“调整、巩固、充实、提高”方针，贵州省根据大力压缩基本建设精神，参加滇黔铁路建设部队，除留下8505部队继续在重点工程施工外，8506部队调往北京修建地下铁道。民工除留少数人员外，大部分动员回原县参加农业生产，滇黔铁路一度放慢建设速度。

1964年，六盘水被列为三线建设重点地区后，滇黔铁路迅速复工。铁道部决定调集近10万筑路大军到水城，集中力量修筑滇黔铁路水城段（即六枝到云贵两省交界处天生桥一段）。7月上旬，贵州省召开各地州市县领导人会议，对滇黔铁路建设作了具体安排。一度停建的滇黔铁路又迅速复工修建，其他三线建设项目在六盘水全面铺开兴建，商业支援三线建设任务更加繁重，是时，将其统称为“支援重工业”建设工作。

随即，水城县研究决定，成立水城县支援铁路建设指挥部，由副县长赵振福任指挥长，王东祥任副指挥长兼办公室主任。其后，根据毕节专员公署指示，为了加强铁路建设支援工作需要，12月，水城县决定将水城县支援铁路建设指挥部改为水城县铁路修建支援委员会，班邦英任主任委员，下设办公室，王东祥任主任。

1966年3月至4月，中央在成都召开会议，部署三线建设工作，水城又将原“水城县铁路修建支援委员会”改为“水城县支援重工业建设委员会”。

中共毕节地委根据中央和省部署精神，在水城成立支援三线建设委员会，下设办公室及商业、粮食、干部3个科，由毕节专区副专员周树芬任委员会主任，水城县代县长班邦英任副主任，毕节地区外贸局副局长朱启雪任副主任兼办公室主任，毕节地区财务秘书刘克宽任办公室副主任，毕节地区商业局副局长王清泉任商业科科长，毕节地区粮食局副局长王廷中任粮食科科长兼水城县粮食局局长，毕节地区财贸部科长马会荣任干部科科长。

六枝和盘县，亦组织成立相应支援三线建设组织机构。

第三节　支援措施

三线建设开始后，10多万建设者及其家属，响应中央号召，毅然从祖国各地汇集到六盘水。一要吃、二要穿、三要用，众多问题需要及时解决，困难很多，任务很重，时间又紧，均需要六盘水各有关商业部门大力配合与支援。

在经历1959年至1961年3年困难时期后，六盘水经济虽在恢复发展，但物资尚不充裕，许多物资尚系凭票供应，商业网点不健全，基础设施薄弱，物资供应困难极大。当时，六盘水境内农业人口占80%以上，非农业人口之物资供应也有限，除境内自身需求外，要再承担10多万人的生产生活等物资供应及解决有关问题，困难可想而知。

六盘水境各级商业部门，从大局出发，下定决心，排除万难，积极组织发动干部职工和各地群众，发扬艰苦奋斗和无私奉献精神，把困难留给自己，把方便让给三线建设大军。同心同德，采取种种有力措施，全力以赴，以战斗姿态投入支援三线建设。

一、扩大商业队伍建设

有关各级政府及商业部门，在各级支援三线建设组织机构统一协调部署下，将商业支援三线建设工作当作一项重要政治任务来完成。因商业供应服务工作骤然加大，商业部门人员远远不能满足商业支援三线建设所需，缺额很大。而首先扩大商业队伍建设，从省到县，层层抽调人员，充实商业队伍。

省商业厅在省直单位抽调职工100余人，投入充实滇黔铁路商品供应和服务工作。

1964年7月，毕节地区同时从毕节、织金、黔西、大方、纳雍、威宁、金沙等县抽调商业工作人员到水城，支援滇黔铁路建设。

水城县调配500多人，充实铁路供应点工作，原从业人员不够，又招收500多名青年作为临时工，参加服务工作。继而，三线建设工矿项目全面开工建设后，水城县为新建商店调配了一批干部和2000多名营业员等服务人员。后又从各县调来600多名财贸干部和营业员到水城县，还招收500多名毕业生，充实工矿区商业网点工作。

二、新建商业网点

铁路、矿区及其他三线建设工程相继开工后，六盘水境原有商业网点设置远远不能满足三线建设商品供应工作所需，各地随即迅速新建了大批商业网点。商业网点建设之初，一无设施，二无资金，三无人员。在计划经济体制下，商业基本系国营和集体经营，一切靠政府或集体投入，困难重重，加之地方政府财力不足，困难很大。各地政府和商业部门，克服种种困难，努力设法筹措资金，投入商业网点建设。资金有限，就精打细算，因陋就简，建"干打垒"土石墙房屋，以作门市部、仓库和宿舍，有的甚至住油毛毡房和帐篷。物资、粮食、蔬菜、食品、饮食服务行业以及供销社等部门，分别配合建立起其销售与服务网点，形成各行各业支援三线建设配套服务体系。

滇黔铁路，东起贵阳南站北端，西至昆明站西端，全长643.3公里。1958年动工，1966年3月全线接通，7月1日交付营运。1960年3月，滇黔铁路水城段开工，水城县即按省商业厅部署，在铁路施工沿线每隔12公里设立1个商品固定供应点，每隔6公里进行流动供应和服务，在沿线二道岩、小冲头、茨中、滥坝、双水、水城、马嘎各站相应地段设置供应服务点。

1964年，滇黔铁路复工建设后，水城县商业部门随即在耳甲、二道岩、陡箐、滥坝、老城、德坞、老卡子、葡萄箐、马嘎、巴西设置10个供应点。粮食、供销、饮食服务、银行、邮电、物资等部门又分别在上述各点设立供应服务点，配合商业部门进行配套服务。

盘西铁路，从滇黔（贵昆）铁路线云南沾益站分轨，抵达盘县土城。1965年8月1日，于红果成立盘西铁路会战指挥部，投入施工队伍5万多人，于1966年3月开始施工；1970年2

月1日，沾益至盘关段竣工通车；1974年8月24日，盘关至土城段修通，全线竣工通车，全长136.7公里，盘县境内段67.28公里，盘县段建有平关、火铺、红果、沱陀、花家庄、平田、盘关、月亮田、土城（后改名柏果）9个火车站。并建有火铺矿及火铺洗煤厂专用线、老屋基矿及老屋基洗煤厂专用线、山脚树矿专用线、月亮田矿专用线以及从土城延伸至小云尚之土城矿专用线。其间，盘县商业部门，大力组织各公司在各车站及各施工路段，积极对盘西铁路建设进行支援，作好各类商品供应。

三县各地相继在工矿区建立起新的商业销售服务商店，做到哪里有工厂、矿井，哪里就有商业服务网点。送货到工地、井口、车间，为工矿建设和生产服务。

六枝特区首先在各工矿所在中心建立起一批商店，设有化处矿商店、大用矿商店、六枝矿商店、凉水井矿商店、四方坡商店、地宗矿商店、木岗矿商店，各商店又分别建立起各自之分店和代销店。由商业部门设置，有的由厂矿提供房屋由厂矿管理。至1975年，特区商业局下文，矿区商店划归百货公司管理，以便加强为工矿服务。

盘县特区肩负为工矿服务重任，将商业网点设置遍布于各个厂矿。其中，百货公司下属7个商店，食品公司下属6个食品商店，饮食服务公司下属3个饮食服务店，糖烟酒公司下属3个糖烟酒店，以及其分布于各矿所在区域之分销、代销店，即专门为方便矿区职工生活而设。其经营贯彻“统筹兼顾、全面安排”和“保证重点、照顾一般”之供应原则，安排和衔接供销计划，列出专项特需指标安排计划，保证供应。根据厂矿实际需要，及时组织货源予以供应。想工人之所想，急工人之所急。如老屋基综合商店，组织起“红背箩”小组，无论刮风下雨，无论寒冬盛夏，每天至少有两名“红背箩”营业员深入工地、厂区、井口、医院、食堂和家属区服务。

水城县分别在水城矿区驻地汪家寨，设立综合性商业网点3个和一些分销店；在老鹰山、滥坝、小河边、观音山、杉树林、大河边、二塘、大湾等工矿所在地设有10个商店；先后在水城钢铁厂、水城发电厂、水城水泥厂等工厂厂区，分别设有商店或分销店，共建立起30多个服务网点。水城县随即为新建商店配备干部和2000多名营业员和服务人员，做到哪里有矿井和工厂，哪里就有商业网点和服务人员。毕节地区又从各县共调来600多名财贸干部和营业员，还吸收500多名青年学生，充实工矿区商业网点供应工作。

除建立商业服务网点外，六枝、盘县、水城各地还组织成立“家属服务站”，遍及各三线建设厂矿地区，直接为工矿区服务。其中，六枝特区至1970年止，共成立了30个家属服务站（组），总人数为1732人，服务项目有缝纫、豆腐加工、托儿所、理发、代销、挖煤泥、炼焦炭、修补、捶沙石、洗衣、弹棉花、毛线编织、灯泡复制、装卸等。仅凉水井矿和铁路一处两个家属服务组，就装卸各种物资6835吨，炼焦321吨，捶沙石4140立方米。

三、建立蔬菜生产基地

三线建设开始前，六盘水境各县蔬菜生产，因需求量不大，广大农村多由农民自种自食，少数多余蔬菜，到集市上出售。县城蔬菜，多由城郊农民将其自食多余蔬菜到城内交易，专业生产蔬菜农户极少。境内大规模三线建设开始后，蔬菜供不应求。为解决这一问题，各地商业部门，除组织车辆从外地调运蔬菜外，立即着手在城镇和工矿区附近建立蔬菜生产基地，以应急需。

1960年，为支援铁路修建，六枝建立专业蔬菜队27个，菜粮混合队25个，面积共1700亩。盘县号召机关职工开荒种菜，发动农村多种萝卜，面积达万余亩。水城除稳定场坝菜园外，还在城南马鞍、土桥及铁路沿线校场、茨冲、陡箐、德坞扩大菜地，面积达1000多亩。

1964年10月，六枝矿区在下营盘、平寨、六枝等地恢复发展蔬菜队27个(其中有4个粮菜混合队)，规划面积3000亩。盘县矿区在盘关、东山、断江等地发展一批蔬菜队，种植了数百亩蔬菜，加上盘县原有蔬菜地400多亩，蔬菜种植面积千余亩。盘县特区落实蔬菜种植面积3200亩，分布于洒基、土城、断江、盘关、亦资、沙陀、火铺、赵官等公社，共42个蔬菜专业队。水城县在麒麟、三块田、杨柳、新生、马鞍、土桥、钟山等社队发展蔬菜专业队22个，种植面积达1150亩。水城特区又在纳福、艺奇、以德、白腻、万全、三合、德坞等公社建立27个蔬菜专业队，种植面积达3300亩。

是年，三县及特区共发展专业蔬菜队110个，种植面积达11050亩，产菜1629万公斤(六枝3000亩，产菜480万公斤；盘县3600亩，产菜524万公斤；水城4450亩，产菜625万公斤)。

1970年，郎岱、盘县、水城三县与六枝、盘县、水城三特区合并后，分别称六枝、盘县、水城特区。三个特区共建有蔬菜专业队118个，种植面积仍为11050亩。

其后，在三线建设10余年间，蔬菜生产种植面积基本稳定在原来基础上，主要注重推广先进技术，增加蔬菜品种，提高产量，重视质量。蔬菜品种达93个，平均单产由20世纪60年代1500公斤提高到2450公斤。1978年，全市蔬菜种植面积达14345亩，总产量为3517万公斤。其中六枝2800亩，产菜880万公斤；盘县4548亩，产菜1063万公斤；水城6997亩，产菜1574万公斤。此间，先后从杭州、贵阳、安顺、成都、广西、山东等地聘请有经验菜农与当地技术干部一起，向菜农传授种菜枝术。杭州师傅最多达70余人，其中来水城的38人中，方进泉、项松贤等10人，在水城工作达18年之久。贵州省农业科学院园艺研究所服务队马光灼、涂其堵、范恩普、李桂莲等10人，到六枝特区蔬菜专业队作技术指导，其中，涂其堵、李桂莲在六枝蹲点长达6年。

为解决照顾菜农吃粮实际问题，调动其种菜积极性，保证蔬菜生产供应，粮食部门采取对菜农供应粮食措施。1965年，以集体为主，按蔬菜队实有人口，每人每月供应15公斤粮食，发证到队，定点供应。1967年，将供应菜农粮食改为“人七劳三”供应办法，人均70%口粮发证到户，人均30%口粮发证到队。1973年10月，改为“包两头、定中间”办法供应，不满10周岁儿童和丧失劳动力老人，按居民定量供应，劳动力人口每人每月按18.5公斤供应。

四、将部分企业移交支援矿区

六枝矿区，开发于1958年“大跃进”高潮时期。1961年下半年曾一度停产下马，1964年底和1965年年初又上马恢复建设投产。矿区商业局职工117人，为支援六枝矿区奠定其商业基础。1965年下半年，县商业局开始将大部分商业企业和人员移交给矿区政府。到12月31日，移交干部职工211名（不包括临时工），占移交单位职工总数之66.77%。

移交的单位，有县蔬菜水产公司、县百货公司、五金公司、饮食服务公司、食品公司、糖业烟酒公司。移交六枝、平寨、下营盘街上的全部仓库和门市部（包括人员、财产及业务）；县盐业公司、纺织品公司、药材公司未作移交。移交给矿区之固定资产净值150998元，占移交单位所有固定资产的78.76%。其中：移交仓库1801.5立方米，占移交单位仓库之71.99%；门市部2461平方米（包括饭店），办公室694.1平方米，生产车间679平方米，宿舍73.5平方米，旅社1054平方米（占移交单位所有旅社面积之62.67%）。以上共移交房屋6763.1平方米。

移交马车3辆，库存商品（包括饮食业及生产加工原料）108.71万元，占库存商品的56.39%；移交“三清”商品22.89万元，移交旅社设备、仓储设备、门市部货柜、办公用具等低值易耗品财产4.1万元，占移交单位的73.35%；移交包装物设备1.14万元；流动资金24.82万元，占移交单位流动资金的52.45%；移交平寨合作商店基建款14万元，矿区网点基建款6万元，生猪仓库基建款1.07万元。

第四节　物资供应与服务

三线建设大军以大局为重，中央一声号令，从祖国四面八方奔赴六盘水地区。地处黔西北高原之六盘水，不少地区处于高寒地带，古称“荒蛮之地”。气候寒冷，阴雨潮湿，山高坡陡，交通闭塞，道路崎岖，不少商品物资奇缺。三线建设者们，在荒山野地上白手起家，兴建一个个三线建设项目，奋斗在荒山野岭。住工棚，有的甚至是露营，有时吃的是干饭下咸菜、馒头配“玻璃汤”。六盘水商业部门及广大职工，不忍心让三线建设者再添艰难困苦。在那“瓜菜代”和“凭票供应”年代，将他们视为亲人，为其在生产生活上排忧解难，千方百计筹集商品物资，保证供应，吃大苦，耐大劳，热情周到服务，不负六盘水各级政府和人民重托。

各网点职工，肩负着供应三线建设所需物资商品重任，其经营不以营利为目的，以服务为出发点，以保证三线建设者之生产生活物资供应为使命。其中，尤其以粮食、食品、蔬菜等部门所供应之商品，纯属按计划供应之人民生活福利保障物资，销售价低于进货价，称为“倒挂商品”，每年六盘水各地方财政均需付巨额款项予以补贴。

滇黔铁路一开工，水城商业部门就同步组织大量商品送往水城段各工地供应。为减轻铁路施工物资供应负担，人民群众宁原自己困难，省吃俭用，也要支援铁路建设。本地民工往往自筹自带粮食等物资。其中，水城龙场公社顺场管理区主任李德安，为安排好上路民工生活，带头献粮献菜，全管理区社员共献出自种粮食12800公斤，辣椒、干菜3650公斤，还有献肥猪、鸡、晾烟等。其铁路修筑期间，水城粮食部门先后调运粮食775万公斤，到铁路施工沿线供应军工民工，各商业公司积极组织力量采购大批日用商品，优先供应军工民工，并供应竹席草席3万多床以及大量背箩、撮箕、锄头、十字锹和餐具、炊具等商品。为露天军工民工盖工棚，又及时采购供应竹木条，为施工队伍盖草房7万多平方米。

当时工作环境条件异常艰苦。商业工作者，为转运货物和送货上门，有时要身背货物，徒步翻山越岭送货到工地。他们发扬艰苦奋斗精神，全心全意为三线建设大军服务。如滇黔铁路天生桥、贝开柱、荷马岭一带，山高坡陡，道路呈螺旋式盘山迂回，坐在车上犹如“腾云驾雾”。在梅花山站与葡萄箐站之间，有一处名“巴西”（彝语）地方，意为“石旮旯地”，这里工程十分艰巨，路段大多由桥梁和隧洞组成。阴雨天大雾茫茫，一米之外难于辨人；晴天地面一片烫石和沙砾，水贵如油。水城商业部门在此建商店，时称“巴西商店”。经理彭开智带领10多名职工在此建店，先以半山腰一农户家作基点，日夜轮班开门营业。继而自力更生，艰苦奋斗，以“快”字当头和少花钱为原则，采用“干打垒”办法，在荒野山坡上，盖起商店、仓库、宿舍和厨房，迅速组织调运各种商品，将其办成综合性商店。

由于巴西商店艰苦创业和精心服务的事迹，巴西商店被评为模范商店。水城支援铁路建设委员会在此召开现场会，总结推广巴西商店经验。各网点和矿区很快学习巴西商店作法，在公路沿线建“干打垒”办公房屋和宿舍。

巴西商店组织有一支流动销售服务队，身背背篓，送货上工地，终年如一日。还为军工民工寄信、汇款、取款、寄领包裹，接送其来访亲属，服侍照料伤病员。寒冬为建设者送上红糖姜开水御寒；炎夏为建设者送上凉开水解暑，服务周到细致。曾有位铁道部队机关女战士为买不到卫生用品发愁，巴西商店职工得知后，立即设法进货，为女战士送去了卫生纸等商品。她和其他战士非常感动，特为商店送去“巴西商店胜亲人”的锦旗。贵昆铁路通车后，建设部队转移前夕，铁道部队领导机关在给贵州省商业厅的报告中，反映表扬了巴西商店职工甘于吃苦、乐于奉献的精神，要求让巴西商店随建设大军迁往新线服务。商业部对此一军民鱼水情的典型事例，向全国商业战线作了通报表扬，并为巴西商店作了新命名“乌蒙山上好商店巴西商店”。中共贵州省委、省商业厅将其事迹以文字报告和图片形式展览，在全省巡回展出。

1966年8月，巴西商店代表出席中共中央西南局学习毛主席著作先代会，商店被授予“西南支援铁路、三线建设模范商店”称号。是时，《贵州日报》《人民日报》等媒体，分别报道了巴西商店事迹和经验。1966年水城钢铁厂建设大会战开始，上级商业部门决定将商店原班人员从“支铁”转向“支重”（即重工业），商店从葡萄箐搬至水钢厂区。商店所在地以巴西之名定格在水钢，演变成永久地名，水钢厂区因而有“巴西南路”“巴西中路”“巴西北路”等街道名称。

厂区要修房屋和搭盖工棚，水城商业部门立即配合各有关部门，组织农民割山草约85万公斤，调集稻草约45万公斤供应，以应急需，又供应砖瓦316万余块，石灰约85万公斤。铁路铺轨急需大量碎石，商业部门立即配合县支铁委员会，火速在铁路沿线5个区镇11个公社数十公里工段上，组织1万多民工，手执铁锤，冒风雨，顶烈日，人工敲出碎石约13万公斤及时供应铺轨。

此时期，水城县商业部门对筑路工人每人每月供应粮食24公斤，共约1000万公斤；肉食每人每月0.4公斤，共约100万公斤；食油每人每月0.25公斤，共约62.5万公斤；劳保用布每人平均8.1尺，共约30000多丈；食糖、糕点、白酒敞开供应，数以百吨计。

1964年，六枝商业部门为作好支援三线建设工作，加强与厂矿和铁路单位联系，积极供应所需商品。百货公司全年向矿区及铁路供应提供物资总计18.06万元，其中向铁路供货9.83万元。五金公司向厂矿供货1.23万元。

水城县，仅在初期几年内，供应粮食约2.5万吨，蔬菜数十万吨，劳保肉食约25万公斤，鸡蛋约180万公斤，食盐2018吨，食糖1700多吨，糕点2542吨，白酒20多万瓶及大量散酒；香烟1880多大箱，劳保棉布783米，毛巾15万多条，搪瓷面盆、口缸35万多个，以及成千上万件其他生活日用品。在生产资料方面，供应五金交电物资50多万件，铁制品20多万件，撮箕100多万个，树条、稻草数十万斤以及其他数以万计之生产所需物资商品。

三线建设初期，毕节运输公司加派2个货运车队，贵阳运输公司也派1个货运车队赴水城支援三线建设。

为保证铁路和各厂矿建设之生产用油，境内地（市）、各县（特区）石油公司，千方百计确保油料供应。1958年修筑滇黔铁路，水城县商业局成立民用器材经理部，负责供应铁道部队修建铁路用油。1960年至1971年，共供应汽油22564吨，柴油3734吨。六枝先后开工建设10对矿井和滇黔铁路，1959年至1971年，六枝共供应汽油、柴油3266吨。1968年，盘县供应汽油、柴油共338吨。其中，主要为三线建设用油。1970年，供应汽油、柴油共4600吨。

第八章　商贸市场

明代以前，境内以农业自然经济为主，商贸集市极少。明代，境内逐渐开发，各县城镇和集市渐兴，市场经营场所多限于各县县城、集镇及集市。清代和民国时期，市场经营场所进一步发展。中华人民共和国成立以前，商业市场主要由私人经营，体系单一，经营行业多系农业和手工业产品和少量生活日用品及餐饮旅店之类。中华人民共和国成立后，1978年前主要实行计划经济，对市场限制严格，市场发展缓慢。实行改革开放政策后，发展市场经济，大力培育市场，促进市场建设发展，逐步建立和完善中国特色社会主义商业市场经济体系。部分国有商业经营退出市场，非公有制商业兴起，各类市场呈现蓬勃发展趋势。

第一节　集　市

市境各地集市俗称“场”，到集市进行买卖交易称为“赶场”。商业市场中，集市占有相当重要地位，在各县城镇和农村广为分布。

一、郎岱集市

明代，集市渐兴。清代，进一步增加。至民国时期，在明、清所形成集市基础上进一步发展。

据民国25年（1936年）《郎岱县访稿》载，全县8个区主要有28个集市（多为6天一场）。第一区有郎岱本城场市（逢子午集）、毛口场市（逢丑未集）、折溪场市（逢丑未集）、陇磨场市（逢寅申集）、洒志场市（逢巳亥集），第二区有牛坡场市、箐口新场市（逢巳亥集）、闹河场市，第三区有落别场市（逢辰戌集）、扯堵场市（逢寅申集）、纳骂场市（逢卯酉集）、中寨场市（逢巳亥集），第四区有下营盘场市（逢丑未集）、二塘场市（逢巳亥集），第五区有六枝场市（逢寅申集）、上营盘场市（逢辰戌集）、堕却场市（逢子午集），第六区有岩脚场市（逢卯酉集）、羊场场市（逢丑未集）、阿岔场市（逢寅申集），第七区有黑塘场市、狗场场市（逢辰戌集）、鸡场场市（逢卯酉集）、过次场市（逢卯酉集），第八区有鼠场场市（逢子午集）、龙场场市（逢辰戌集）、阿雨新场市、梭嘎场市（逢卯酉集）。

此时期，全县商业不发达，受地理环境限制，大山阻隔，交通极为不便，多属崎岖坎坷山路。稍兴旺集市屈指可数。其中，岩脚为全县川盐销量最大市场，有盐号数家，是普定、安南（晴隆）、关岭、镇宁之集散地，贸易额年达30余万元。其后，由于烟土（鸦片）交易复兴，岩脚又系全县烟土大销场，贸易额年亦达30余万元。民国26年（1937年），销往安顺的鸦片输出量总值达50万元。

六枝为牛马牲畜集散地，贸易额年达20余万元，其他贸易亦可观。

羊场及下营盘为生猪集散地。水城所产生猪，自秋季到春季场，农民将自养生猪成百上千赶至此地进行贸易。而安顺猪商，也到此进行贩运，年约20万元以上交易额。

郎岱，烟土及食盐交易虽不及岩脚，草纸和牲畜虽比不上六枝与下营盘，因其为县城并兼各处之长，川盐贸易年亦达20万元左右，烟土年约21万元，牲畜年约4万元至5万元，草纸与白纸年约3万元至4万元。特以纱和布占优势，别处无法相比。如洋纱贸易，年约31万元；布匹贸易年约40余万元，其他货物营业额较小。

二、盘县集市

（一）市场发展

盘县位于今黔西南（兴义）北部，接壤云南平彝（今富源县），系滇黔公路干线经往之地，随着地域、资源开发和自然经济发展，市场逐渐增加。中华人民共和国建立后，逐渐形成以县城为贸易集散中心，红果为转运点，火铺、洒基等矿区建镇，商业延伸服务，布局较为合理，相对增加及稳定之集市16个。上述场坝集市均设置于区镇所在地，历史较悠久之城关镇，始建于明洪武二十二年（1389年），以及逐年改造之14个古老场坝；随着盘江矿业发展而兴起之新集镇，如火铺、洒基等，全县达85个场坝，分布于县、区、乡、村交通方便之地。县境盛产白果、竹荪、干鲜姜、土纸等土产，最远行销东南亚。此外，尚有油类、火麻、生漆、药材、竹木制品、矿产等多达百余种土特产，供市场交易，满足广大人民生活需要。

有文字记载的集市出现在明代初期，集市按12生肖定时定点赶场，多实行物物互市。清代，集市渐普及，钱币已普遍进入市场流通，商品主要为铁木小农具、农产品、盐、布等。至民国时期，全县有场坝30余个，一般6天赶一场，少数场坝以5天或7天为期轮替赶场，几乎每天均有场市贸易。行商以区域场坝为主，自择路线往来于各地场市巡回售货（俗称“赶转转场”），货物主要为棉纱、土布、日杂用品等；坐商除经营行商所具货物种类外，还销售粮油、食盐、农副土特产品。

1949年前夕，盘县市场仍是街道狭，房屋矮小，店铺光线暗淡，时开时闭。中华人民共和国成立后，人民政府重视对城乡集市贸易管理与建设，建立工商行政管理机构，坚持管而不死，活而不乱，稳定市场物价，促进物资交流，提供交易场所，文明服务，打击扰乱市场秩序不法行为。并把国营企业、供销社经营网点延伸到农村市场，极大丰富市场交易品种，支持生产，方便群众，彻底改变了昔日市场自然经济形态。1952年供销合作社成立后，群众生活资料主要由供销合作社供应，但仍保持定期赶场习惯。1957年，国家对农村集市贸易实行控制性管理，场坝集市渐减少。到1958年，关闭所有集布，商贸补充渠道堵塞，供应紧张。1961年至1965年，恢复集市贸易，上市物资日渐丰富。1966年，由于“左”倾路线影响，农村集市贸易曾几开几闭，特别在“文化大革命”期间，所谓割资本主义尾巴，没收自留地、零星果木也纳入集体等，严重挫伤农民生产积极性，市场交易寥寥无几，商品流通渠道单一，市场冷落萧条。从1966年起，中共盘县县委决定将赶场天统一定在星期日。“文化大革命”期间，贩卖农副产品被视为“走资本主义道路”行为，上市农副产品被管理部门强行收购，集市贸易极为萧条。1976年，特区革命委员会改星期日赶场为每月1号和15号赶场，进而不准赶场，甚至动用武装民兵拦阻赶场群众。从1977年起，恢复星期日赶场制。

1978年中共十一届三中全会召开以后，集市贸易日益活跃。国家放开市场商品经营范围，集市贸易由单一农副产品交易向多样化交易方向发展。1983年，国务院发布《城乡集市贸易管理办法》，此后集市贸易迅速发展，场坝集市增加，达60余个，上市物资丰富。此期间有的场坝恢复按“甲子”属相计日确定赶场日期习惯。1985年，全特区集市贸易成交额达3800万元。

1985年各场坝赶场日期为普田、响水、水草坪赶星期一；板桥、大山垭、雨那、金竹、红果、滑石、关口赶星期二；赵官、雨谷、滥滩、珠东、联强、新民、滥木桥、鲁础、沙坡赶星期三；糯寨、三官营、石桥、沙陀、清水、旧营、沙河、海铺赶星期四；山岚、补泥、黄家寨、平关、猛者、普古赶星期五；马依、保田、乐民、舍烹、小爬山、瓦厂、洒基赶星期六；城关、水塘、归顺、老厂、忠义、威箐、亦资孔、五一、土城、鸡场坪、刘官屯、淤泥、火烧铺、老屋基、盘关赶星期日；羊场、雨格赶牛、羊日；松河、九村赶鼠、马日；大寨、白块、杨松赶猪、蛇日；四格赶龙、狗日；保基赶龙、猪日；七官营、格所赶鸡、兔日。

（二）集市选介

1. 县城集市

今城关镇历来为区境集市贸易中心。过去贸易物资多沿街摆设。平街（今人民中路）以销售绸缎、医药品及香蜡纸烛为主。管驿坡（今人民北路）为场天粮食交易市场，还专营铁农具、钉子、马掌及驮马鞔具。改革开放后，工商部门在市场上搭棚置摊，为经营者改善经营条件，上市物资品类增多，数量愈大。20世纪80年代初，在遵义路和交通路，开始出现小商品批发市场。

大牲畜（牛马）集市，县境大牲畜（牛马）集市主要分布在刘官屯、山岚、大山垭、鸡场坪、忠义等地。其中刘官屯市场历史悠久。民国时期销往云南之牛马，大多在刘官屯交易赶运。1950年至农业合作化伊始，该集市仍然兴旺繁荣。上市牲畜除来自本县各地外，有的来自关岭、晴隆、普安、兴仁、安龙、贞丰、册亨等县。有时上市量达千余头，曾被列为贵州省大牲畜重点市场。农业合作化后，耕畜作为主要农业生产资源，被纳入集体所有，只准境内生产队之间进行余缺调剂，县境大牲畜市场趋于冷落。从1962年起，大牲畜市场出现复兴态势。1965年，运销外省之大牲畜计3755头，其中运销耕牛1989头。“文化大革命”期间，市场交易趋于萧条。1979年起再次兴旺。1980年改进大牲畜管理办法，此后市场更加活跃。以刘官屯市场为例，采购者除来自境内和毗邻县、省外，有的还来自河南、安徽、山东等省。新兴之山岚大牲畜市场，交易行情也趋热火，上市成交量有时不亚于刘官屯。

2. 老厂集市

老厂集市历来以经营竹子原料、毛边纸及竹制提篮、背箩、簸箕、囤箩、撮箕等为主。民国年间，到此购买毛边纸之外地商人亦多。本地产箩类盛器，除供应本地外，还销往昆明等地。野生竹荪上市季节，收购者络绎不绝。

3. 乐民集市

乐民、妥乐一带盛产银杏，此集市为秋季收购银杏主要场所。

4. 九村集市

曾以经营本地产白绵纸和油纸伞而驰名。1949年前，外地商人常驻此成批采购。九村所产花油纸伞，过去倍受顾客青睐。进入20世纪60年代，随着布伞投放市场，传统油纸伞渐被淘汰，已无人经营；白绵纸上市量，亦因产量下降而有所减少。

5. 鸡场坪集市

为盘县北部地区最大集市。20世纪60年代以前，经营商品以毡条、雨毡、褥子、帽子等羊毛制品和采用牛皮或野兽皮制成之钉底鞋、皮褂子及生漆等为大宗。此后随着应市工业品增多，上述土产品渐少，以至绝迹，代之以经营盘北一带之干辣椒及民间加工之火腿为主。

盘县集市分布情况表

表8-1

区　名	原　名	原场期属相					
		鸡、兔	狗、龙	猪、蛇	鼠、马	牛、羊	虎、猴
水塘区	水塘	水塘	—	山岚	马鸡场	—	—
民主区	归顺	—	归顺	播士	—	—	—
老厂镇	老厂	马依	老厂	—	珠东	二坡	—
忠义区	三万底	三官营	保田	拖邦	—	三万底	—
乐民区	乐民所	—	乐民	威箐	响水	—	—
亦资区	亦资孔	—	—	—	沙坡	平关	亦资孔
盘关区	江上	—	土城	—	—	—	江上
鸡场坪区	鸡场评	滑石	—	—	—	鸡场坪	—
刘官区	刘官屯	英武	—	—	旧营	—	—
羊场区	羊场	格所	—	—	九村	羊场	—
普古区	普古	普古	金烹	沙河	—	—	鲁那
坪地区	坪地	坪地	—	四格	大寨	—	松河
西冲区	西冲	—	—	—	—	—	—
城关镇	城关区	—	城区	—	—	—	—
火铺镇	火烧铺	—	—	—	—	—	—
盘江镇	盘关	—	—	—	—	—	—
洒基镇	洒基	—	—	—	—	—	—

盘县集市赶场日期表

表8-2

区　名	原　名	赶场日期						
		星期一	星期二	星期三	星期四	星期五	星期六	星期日
水塘区	水塘	—	板桥	赵官	—	山岚	山岔口	水塘
民主区	归顺	—	大山丫司寨	补泥、兰滩	糯寨	—	雨谷	民主
老厂镇	老厂	—	—	珠东	—	黄家寨	马依	老三 中山
忠义区	三万底	五朋 普田	雨那	职强、新民、 兰木桥	—	—	保田	忠义
乐民区	乐民所	响水	金竹	鲁楚	三官营	—	乐民	威箐
亦资区	亦资孔	—	红果	沙坡		马家桥	—	亦资
盘关区	江上	—	—	—	沙陀	平关	—	土城
鸡场评	鸡场坪	—	滑石	—	清水	五一桥	—	鸡场坪
刘官区	刘官屯	—	—	—	旧营	碗厂	—	—
羊场区	羊场	格所	羊松	白块	九村	羊场	保基	—
普古区	普古	—	—	—	苏座	普古	套米 沙河	淤泥、舍烹
坪地区	坪地	坪地	—	雨格	四格	大寨	松河	—
西冲区	西冲	水罩坪	—	—	海铺	—	瓦厂 爬山	—
城关镇	城关区	—	—	—	—	—	—	城关
火铺镇	火烧铺	—	—	—	—	—	—	火铺、 六七一
盘江镇	盘关	—	—	—	—	—	—	盘关、山脚 村、老屋基、 月亮田
洒基镇	洒基	—	—	—	—	—	—	小云尚、铁 厂子口

盘县城乡较大集市情况表

表8-3

地　名	通常上市人数（人）	场天摊位数（个）	市场面积（平方米）
城关	50000	1400	40000
水塘	10000	220	5500
大山垭	9000	135	18000
乐民	17000	280	6000
老厂	20000	300	1200
保田	12500	280	1000
旧营	5000	140	2000
鸡场坪	25000	320	8500
坪地	6000	180	3500
依泥	5000	185	3500
羊场	4000	160	6000
亦资	12000	300	4900
盘关	12000	310	7000
士城	15000	315	5000
洒基	12000	250	6700
火铺	14000	310	6800

三、水城集市

（一）市场发展

光绪年间，水城境域据统计有中心集市和小集市43个，直至民国时期，集市数量变化不大。抗日战争爆发后，长江中下游工商业者逐渐向贵州转移，水城商贩逐渐增多，集市亦相应增加。

民国29年（1940年），水城有8个较大集市。赶场人数县城约4000人，场坝约12000人，茨冲约800人，阿佐约500人，杨梅约1000人，喃呗（今南开）约1500人，归集（今发耳）约1500人，白打龙场（今龙场）约1300人，场期为相隔5天赶两场。

民国32年（1943年），水城境域有中心集市25个，同时有一些小集市零星分布。是时，归集系水城西南主要集市，附近都格、垭口、龙井、湾子、妥倮等地乡民来此赶场，云南宣威客商也来此交易。百打龙场为南部主要集市，附近龙场坝、麻窝、营盘、顺场等地乡民多来此赶场，盘县普古、坪地一带商人也来此交易。

民国37年（1948年），县境4个区镇（城场镇和东宁、南开、归集区署）共有集市47个，计有城场镇场坝、底坞（今德坞）、落飞嘎、芶木底（今格目底）、小河、滥坝（老街）、陡箐、茨冲、跳花坡、比歹（今比德）、化乐、马场、猪场、立火、坝子上、喃呗、连山、鼠场、扒瓦、阿来河、拉夫（今纳福）、摸锅底（今木果）、吴家寨、三甲、凹仲、发射、果布嘎、常明、火石垭口、杨梅、姬宫营、皮匠湾、台沙马场、龙场、哈青底、营盘山、顺场、垭口、都格、蒋家马场、鸡场、发耳、坪寨羊场、滥坝、舍嘎、米箩、摆呢嘎。赶场日期按甲子排列，沿袭至20世纪初。

清代、民国时期，水城为贵州西部商品集散地之一，运入商品以盐、布为主。食盐由毕节运入归行或就地销售，或由商贩运至盘县、普安等地。布匹由湖北运入，土布由安顺运入，销本地或附近地区。水城土特产品，如山货、药材、猪毛、香菇、木耳、竹荪、獭皮、狐皮、麝香、厚朴、杜仲、黄芪、石槲、泡参、茯苓、茯神等，经毕节运销四川等地。还有归集桐油、通仲河和比德生漆、蟠龙木城茶销往云南宣威。蟠龙补那黄果、归集黄柑有千余担（约5万公斤）运销威宁、毕节等地。

民国年间，南开打磨石牛马牲畜市场、蟠龙小马场，因地处交通要道，亦逐渐形成以牲畜交易为主集市。

中华人民共和国成立后，1950年全县各区镇均有一个中心集市。1951年，全县有大小集市41个，即场坝、蟠龙（老婆场）、杨梅、龙家寨、发那、红岩、米箩、岔河、阿嘎、滥坝、牛场、南开、龙家营、三甲、鼠场、比德、猪场、马场、马龙、大寨、常明、龙场、川兴、老城南门口、保华、猫场、孝义、猪场、木果、阿佐、舍嘎、索桥、万全、百口威、垭口、平寨、皮匠湾、果布嘎、官寨、大马场、小马场。每隔6天、4天、3天赶一场不等。1952年调整为40个。当时城乡物资交流正常，集市贸易活跃。1956年，政府有计划地组织国营、集体、个体商业下乡交易，集市贸易比较平稳。1958年，农村实现人民公社化，生产、生活资料均由社队统管，又限制赶场次数和赶场日期，有时甚至不准上集市赶场，集市贸易额下降，部分集市名存实亡。1959年至1961年，时值经济困难时期，集市贸易萧条。1961年后，中共水城县委贯彻中央"调整、巩固、充实、提高"方针，落实《农村人民公社条例（草案）》，允许社员发展家庭副业，允许三类农副产品（家禽、肉类、蔬菜等）上市交易，注重发挥国营、集体商业在市场贸易方面主渠道作用，农村集市渐趋活跃。1964年，批判"包产到户”“包产到组”“分田单干”，集市贸易又受限制。

1965年5月，全县各区共有集市43个，即城关区1个（城关），尖山区3个（尖山、阿佐、陡箐），比德区3个（比德、猪场、猫场），南开区4个（南开、木果、鼠场、保华），玉舍区4个（玉舍、坪寨、舍嘎、龙家店），发耳区6个（发耳、都格、马场、龙井、鸡场、垭口），龙场区8个（龙场、顺场、哈青、法德、羊场、营盘、者卡、磋播）杨梅区5个（杨梅、常明、发射、皮匠湾、果布嘎），米箩区5个（米箩、阿嘎、倮摩、盐井、牛场），蟠龙区4个（蟠龙、发那、红岩、猴场）。当时，主观认为赶场影响农业生产，照搬山西省昔阳县大寨大队经验，强行统一各区乡赶场日期。从1966年5月1日起，每月（农历初八、十八、二十八）赶三场，给群众生产生活带来很多困难。1976年，又限定星期日为场期。1977年，改为半月（初一、十五）一场。

中共十一届三中全会召开后，实行改革开放政策，各区乡根据实际规定场期，多数集市为每周一场，各区中心集市仍定星期日赶场，各乡则依次于星期一至星期六轮流赶场，不少个体商贩接连“赶流流场”，集市贸易又显活跃。1981年，集市增至63个，万人以上集市8个（南开、比德、玉舍、杨梅、发耳、场坝、阿嘎、龙场）。1986年又增至107个，如青林苗族彝族乡打磨石集市，从1979年就恢复以牛马为主之牲畜交易市场，平均每场约2000头（匹）。1988年县与钟山区分设后，县境内有集市63个，全县同一天赶场人数达34万余人。农村集市贸易各类商品成交额均有不同程度增长。

1965年，随着工矿区开发建设，工矿市场随之形成。有水城矿务局机关、汪家寨、老鹰山、大河边、木冲沟、顶拉矿、红旗煤矿、汪家寨医院、干田坝、水城建井处、水城钢铁厂、水钢指挥部、巴西、第八冶金建设公司、水城水泥厂、水城发电厂、观音山铁矿、水城西站（今六盘水站）、钟山等处市场，形成“百日场”（天天赶场），主要销售蔬菜、肉类、日用百货，并开办有饮食、服务等经营项目。

水城县（特区）部分年份农村集市贸易商品成交额统计表

表8-4　　单位：万元

项　目	1965年	1966年	1978年	1979年	1980年	1981年	1982年	1983年	1984年	1987年	1988年
粮　食	24.46	23.24	241	304	130.93	61.45	632.69	716.41	475	1140	310
油脂油料	0.31	0.02	15	19	4.07	8	24.51	35.80	43	125	26
烟麻类	13.53	11.74	50	63	21.37	28	40.58	135.18	268	93	80
肉食禽蛋类	37	10.15	231	291	57.85	8.92	361.76	641.24	600	19.79	650

续表8-4

项　目	1965年	1966年	1978年	1979年	1980年	1981年	1982年	1983年	1984年	1987年	1988年
水产品类	1.08	3.20	—	—	0.30	—	1.55	12.73	23	103	2
蔬菜类	6.36	4.72	14.6	183	28.89	—	44.67	458.78	395	1109	150
干鲜果类	3.02	4.24	35	44	2.26	—	127.57	150.46	77	617	80
日用杂品类	10.20	3.26	12	15	—	5.5	18.96	43.18	40	29	0.3
柴草类	1.30	0.29	15	19	—	5	7.45	5.70	0.1	11	0.2
农业生产资料类	10.06	6.88	38	48	—	16.37	38.33	44.34	3	71	30
耕畜类	33.20	15.32	—	—	—	1.8	232.41	231.50	552	435	173
家禽幼畜类	40.44	17.38	112	142	—	100.5	352.47	372.91	184	1.02	263
工业品类	13.89	4.05	5	6	—	0.3	255.60	55.50	398	938	444
废旧品类	2.22	0.75	12	15	—	—	1.10	1.90	13	31	—
其他	19.71	7.15	8	10	—	0.15	14.65	11.02	63	29.3	13

（二）集市选介

1. 场坝集市

位于县城东部。星期日赶场，有2万人以上，主要为牛、马、猪、羊、药材、酒类、百货等交易，年成交额140多万元。

2. 巴西集市

位于水城钢铁公司厂区巴西路口。百日场，2000人以上，设有综合市场，主要经营肉食、蔬菜、饮食、酒类、百货、日杂等，年成交额70多万元。

3. 滥坝集市

位于滥坝区公所驻地。星期日赶场，有5000人以上，有百货、酒类、牛、马、猪及农产品交易，年成交额50多万元。

4. 木果集市

位于大河区木果乡政府驻地。每逢农历初三、初八为场期，有8000人以上，系以农副产品和生活日用品为主综合集市，有玉米、大米、小麦、荞子及煤炭上市交易，年成交额50多万元。

5. 玉舍集市

位于玉舍区公所驻地。星期日赶场，达万人，有百货、牛、马、猪、羊、粮食、酒、农副产品等交易，年成交额近百万元。

6. 杨梅集市

位于杨梅区公所驻地。星期日赶场，达1.2余万人，有百货、大牲畜、粮食、酒、农副产品等交易，年成交额近百万元。

7. 发耳集市

位于发耳区公所驻地，星期日赶场，达1.2余万人，有百货、大牲畜、粮食、农副土特产品交易，年成交额近百万元。

8. 龙场集市

位于龙场区公所驻地。星期日赶场，达万人，有百货、大牲畜、粮食、农副土特产品等交易，年成交额达百万元。

9. 阿嘎集市

位于米箩区公所驻地。星期日赶场，达万人，主要有百货、大牲畜、酒类、农副土特产品交易，年成交额近50万元。

10. 蟠龙集市

位于蟠龙区公所驻地。星期日赶场，达7000人，有百货、大牲畜、蛋禽、农副产品、竹、木等交易，年成交额近50万元。

11. 二塘集市

位于大湾区三合乡政府驻地。星期日赶场，达3000人，主要有百货、肉食、大牲畜、粮食、酒类等交易，年成交额70多万元。

12. 大湾集市

位于大湾。星期日赶场，主要有百货、肉食、蔬菜、酒类、日杂等交易，年成交额70多万元。

13. 钟山农副产品市场

位于黄土坡钟山中路，1981年6月修建，1982年1月投入使用，建筑面积2038.4平方米，总投资13万元，设售货台273个，日人流量8000至10000人次，商品种类约200种。1991年市场成交额近7000万元，主要经营农副土特产品、蔬菜、水果、粮油、肉、蛋禽等。

14. 水城综合市场

位于黄土坡向阳北路。1988年7月修建，1989年12月投入使用，市场总面积5200平方米，总投资150万元，设门面144个，商品种类约500种，日人流量近3000人次，成交额10万元左右。经营项目主要以糖烟酒、副食品批发为主，商品主要来源于全国十多个省市及县内厂家。

其他尚有老城、水西、八冶（水钢厂区）、陡箐、小河边、阿佐、大河边、贵家寨（汪家寨附近）、山甲（大河区）、猪场（比德区）、化乐马场、南开、保华、打磨石、鼠场（南开区）、常明、鸡场、都格、龙井、米箩、牛场、倮摩、发那、猴场、红岩等集市，年成交额均在20万元以上。

水城县（特区）集市情况统计表

表8-5

市场名称	地理位置	赶集人数	主要交易产品	每场成交额（百元）	年成交额（万元）	赶场日期
城内	老城	1000	肉食、蔬菜、百货 禽蛋、木材、酒类	50	22	星期日
德坞	德坞	2000	竹木、粮食、百货 禽蛋、酒类、饮食	30	14.4	星期日
沿路	官厅、 七十三	500	肉食、蔬菜、百货 饮食、酒类、日杂	20	9.6	星期日
水西	火车西站	1000	肉食、蔬菜、百货 饮食、酒类、日杂	50	22	星期日
矿务局	矿务局	400	肉食、蔬菜、百货 饮食、酒类、日杂	10	4.8	星期日
巴西	水城钢铁厂	2000	肉食、蔬菜、百货 饮食、酒类、日杂	15	72	星期日
八冶	水城钢铁厂	1000	肉食、蔬菜、百货 饮食、酒类、日杂	50	22	星期日
指挥部	水城钢铁厂	500	肉食、蔬菜、百货 饮食、酒类、日杂	40	19.2	星期日
水泥厂	一二五厂	500	肉食、蔬菜、百货 饮食、酒类、日杂	10	4.8	星期日
场坝	场坝	10000	牛、马、猪、羊 饮食、酒类、药材	80	38.4	星期日

续表8-5

市场名称	地理位置	赶集人数	主要交易产品	每场成交额（百元）	年成交额（万元）	赶场日期
场坝牛马市场	场坝	2000	肉食、蔬菜、百货饮食、酒类、日杂	300	144	星期日
滥坝	滥坝区	5000	百货、饮食、酒类牛、马、猪、农产品	120	57.6	星期日
观音山	滥坝区	700	肉食、蔬菜、禽蛋饮食、酒类、日杂	15	7.2	星期日
杉树林	滥坝区	150	肉食、蔬菜、禽蛋饮食、酒类、日杂	5	2.8	星期日
堰塘	滥坝区	500	肉食、蔬菜、禽蛋饮食、酒类、日杂	5	2.8	星期日
老鹰山	滥坝区	500	肉食、蔬菜、禽蛋饮食、酒类、日杂	30	14.4	星期日
陡箐	滥坝区	5000	牛、马、猪、百货、饮食、酒、日杂、农副产品等	50	22	星期日
炉后	滥坝区	300	肉食、百货、酒类饮食、蔬菜等	20	9.6	星期日
小河边	滥坝区	3000	百货、酒类、饮食肉食、蔬菜等	100	44	星期日
阿佐	滥坝区	500	百货、酒类、饮食肉食、蔬菜等	50	22	星期日
董地	滥坝区	500	饮食、酒类、百货农副产品等	20	9.6	星期日
红旗煤矿	大河区	300	蔬菜、肉食、饮食酒类、蛋食等	9	3.72	星期日
大河煤矿	大河区	500	蔬菜、肉食、饮食酒类、蛋食等	10	4.8	星期日
大河边	大河区	4000	百货、蔬菜、肉食酒类、蛋食等	50	22	星期日
汽车站	水城	50	蔬菜、肉食、饮食酒类、百货	3	1.44	星期日
建井处	汪家寨	300	蔬菜、肉食、饮食酒类、百货	8	3.64	星期日
电厂	汪家寨	300	蔬菜、肉食、饮食酒类、百货	8	3.64	星期日

续表8-5

市场名称	地理位置	赶集人数	主要交易产品	每场成交额（百元）	年成交额（万元）	赶场日期
中心医院	汪家寨	200	蔬菜、肉食、饮食酒类、百货	4	1.44	星期日
汪矿	汪家寨	600	蔬菜、肉食、饮食酒类、百货	12	5.76	星期日
北山	汪家寨	200	蔬菜、肉食、饮食酒类、百货	4	1.44	星期日
西山	汪家寨	300	蔬菜、肉食、饮食酒类、百货	6	2.88	星期日
费家寨	汪家寨	2000	猪、牛、粮食、饮食、酒类、农产品	50	22	星期日
木果	大河区	5000	猪、牛、粮食、饮食、酒类、木材	120	57.6	星期日
山甲	大河区	800	猪、牛、粮食、饮食、酒类、农产品	120	57.6	星期日
二塘	二塘	3000	百货、猪、牛、马、粮食、饮食、酒类、肉食	150	72	星期日
大湾	大湾区	800	百货、肉食、饮食酒类、蔬菜、日杂	150	72	星期日
木冲沟矿	大湾区	300	百货、肉食、饮食酒类、蔬菜、日杂	30	14.4	星期日
顶拉矿	大湾区	200	百货、肉食、饮食酒类、蔬菜、日杂	10	4.4	星期日
干田坝	大湾区	200	百货、肉食、饮食酒类、蔬菜、日杂	6	2.88	星期日
比德	比德区	5000	百货、猪、牛、马、饮食、酒类、农副产品	80	14.4	星期日
猫场	比德区	3000	百货、猪、牛、马、饮食、酒类、农副产品	50	22	星期日
猪场	比德区	700	百货、猪、牛、马、饮食、酒类、农副产品	10	4.8	星期日
立火	比德区	5000	百货、猪、牛、马、饮食、酒类、农副产品	20	9.6	星期日
化乐马场	比德区	1500	百货、猪、牛、马、饮食、酒类、农副产品	50	22	星期日
南开	南开区	10000	百货、猪、牛、马、饮食、酒类、农副产品	300	36	星期日

续表8-5

市场名称	地理位置	赶集人数	主要交易产品	每场成交额（百元）	年成交额（万元）	赶场日期
保华	南开区	3000	百货、猪、牛、马、饮食、酒类、农副产品	50	22	星期日
龙头山	南开区	900	百货、猪、牛、马、饮食、酒类、农副产品	20	9.6	星期日
大土	南开区	500	小百货、饮食、酒类、农副产品等	10	4.8	星期日
打磨石	南开区	3000	牛、马、猪、羊等小百货、饮食等	100	44	星期日
大海坝	南开区	1000	百货、饮食、酒类、农副产品等	20	9.6	星期日
蒿枝	南开区	800	百货、饮食、酒类、农副产品等	10	4.8	星期日
嘎拉嘎	南开区	1000	百货、饮食、酒类、农副产品等	20	9.6	星期日
鼠场	南开区	5000	牛、马、猪、羊、百货、饮食、酒类、粮食	100	44	星期日
干河	南开区	300	小百货、饮食、酒类、农副产品等	6	2.88	星期日
双桥	南开区	300	小百货、饮食、酒类、农副产品等	6	2.88	星期日
玉舍	玉舍区	10000	百货、牛、马、猪、羊、饮食、粮食、酒类	200	96	星期日
俄脚	玉舍区	1000	百货、饮食、酒类、农副产品等	30	14.4	星期六
勺米	玉舍区	800	百货、饮食、酒类、农副产品等	15	7.2	星期日
滥坝	玉舍区	1000	百货、饮食、酒类、农副产品等	20	9.6	星期五
舍嘎	玉舍区	300	百货、饮食、酒类、农副产品等	6	2.88	星期五
木科	玉舍区	200	百货、饮食、酒类、农副产品等	5	2.4	星期三
箐马	玉舍区	200	百货、饮食、酒类、农副产品等	4	1.92	星期六
笔架	玉舍区	150	百货、饮食、酒类、农副产品等	3	1.44	星期六

续表8-5

市场名称	地理位置	赶集人数	主要交易产品	每场成交额（百元）	年成交额（万元）	赶场日期
坪寨	玉舍区	1000	百货、饮食、酒类、农副产品等	5	2.4	星期日
杨梅	杨梅区	12000	百货、牛、马、猪、羊、饮食、粮食、酒类	210	100.8	星期日
常明	杨梅区	1200	百货、牛、马、猪、羊、饮食、粮食、酒类	100	42	星期日
果布嘎	杨梅区	1000	饮食、酒类、禽蛋、农副产品等	20	9.6	星期一
发射	杨梅区	500	饮食、酒类、禽蛋、农副产品等	10	4.8	星期二
新街	杨梅区	1000	百货、猪、牛、饮食、酒类、农副产品等	20	9.6	星期四
姬官营	杨梅区	800	百货、猪、牛、饮食、酒类、农副产品等	16	7.74	星期五
发耳	发耳区	12000	百货、猪、牛、饮食、酒类、农副产品等	200	96	星期日
鸡场	发耳区	5000	百货、猪、牛、饮食、酒类、农副产品等	100	48	星期一
都格	发耳区	5000	百货、猪、牛、饮食、酒类、农副产品等	100	48	星期三
龙井	发耳区	3000	百货、猪、牛、饮食、酒类、农副产品等	50	24	星期六
垭口	发耳区	2000	百货、饮食、酒类、农产品等	30	14.4	星期五
龙场	龙场区	10000	百货、猪、牛、饮食、酒类、农副产品等	200	96	星期日
顺场	龙场区	5000	百货、猪、牛、饮食、酒类、农副产品等	50	14.4	星期二
哈青	龙场区	500	百货、猪、牛、饮食、酒类、农副产品等	20	9.6	星期五
营盘	龙场区	500	百货、猪、牛、饮食、酒类、农副产品等	12	5.76	星期四
兰花	龙场区	200	百货、猪、牛、饮食、酒类、农副产品等	10	4.8	星期三
法德	龙场区	300	百货、猪、牛、饮食、酒类、农副产品等	8	3.84	星期四

续表8-5

市场名称	地理位置	赶集人数	主要交易产品	每场成交额（百元）	年成交额（万元）	赶场日期
九归	龙场区	500	百货、猪、牛、饮食、酒类、农副产品等	5	2.8	星期五
者卡	龙场区	500	百货、猪、牛、饮食、酒类、农副产品等	5	2.8	星期四
花嘎	龙场区	1000	百货、猪、牛、饮食、酒类、农副产品等	10	4.8	星期一
磋播	龙场区	500	百货、猪、牛、饮食、酒类、农副产品等	5	2.8	星期二
阿嘎	米箩区	10000	百货、猪、牛、羊、饮食、酒类、农副产品等	100	48	星期日
米箩	米箩区	5000	百货、猪、牛、羊、饮食、酒类、农副产品等	80	38.4	星期一
马场	米箩区	500	百货、猪、牛、羊、饮食、酒类、农副产品等	5	2.4	星期二
牛场	米箩区	3000	百货、猪、牛、羊、饮食、酒类、农副产品等	50	24	星期日
倮摩	米箩区	5000	百货、猪、牛、羊、饮食、酒类、农副产品等	80	38.4	星期三
俄嘎	米箩区	500	百货、猪、牛、羊、饮食、酒类、农副产品等	5	2.8	星期四
箐口	米箩区	500	百货、猪、牛、羊、饮食、酒类、农副产品等	5	2.8	星期五
盐井	米箩区	700	百货、猪、牛、羊、饮食、酒类、农副产品等	14	6.72	星期六
铜厂	米箩区	500	百货、猪、牛、羊、饮食、酒类、农副产品等	50	2.8	星期六
蟠龙	蟠龙区	7000	百货、猪、牛、羊、饮食、酒类、竹木	100	48	星期一
发那	蟠龙区	40000	百货、猪、牛、羊、饮食、酒类、竹木	50	28	星期一
猴场	蟠龙区	50000	百货、猪、牛、羊、饮食、酒类、竹木	50	28	星期三
红岩	蟠龙区	4000	百货、猪、牛、羊、饮食、酒类、竹木	50	28	星期五

六枝特区农贸市场情况统计表

表8-6

市场名称	地　址	市场总面积（平方米）	赶场人数	成交额（万元）	场　期
郎岱农贸市场	郎岱区	13000	25000	2.6	星期日
花德农贸市场	花德河	500	1000	0.16	星期六
毛口农贸市场	毛口街上	400	1000	0.12	星期二
落别农贸市场	落别街上	1279	12000	0.9	狗、龙
纳骂农贸市场	纳骂乡	360	600	0.18	鸡、兔
折溪农贸市场	折溪乡	570	7000	0.87	牛、羊
大用农贸市场	大用	900	9000	0.21	鼠、马
二塘农贸市场	二塘	700	7000	0.5	猪、蛇
新窑农贸市场	新窑	300	1000	0.15	狗、龙
中寨农贸市场	中寨	3000	3500	0.85	狗、龙
新场农贸市场	中寨新场	2000	2000	0.17	猪、蛇
鲁嘎农贸市场	鲁嘎	1300	800	0.13	鸡、兔
涝河农贸市场	涝河	420	350	0.08	虎、猴
岩脚农贸市场	岩脚	8000	25000	3.2	鸡、兔
龙场农贸市场	龙场乡	4000	8000	1.01	狗、龙
羊场农贸市场	羊场	800	4000	0.37	猪、蛇
新场农贸市场	新场区新场	2100	4500	0.41	虎、猴
黑塘农贸市场	黑塘	2000	5000	0.51	猪、蛇
牛场农贸市场	牛场	1800	4000	0.83	牛、羊
上官农贸市场	上官	500	700	0.13	狗、龙
新华农贸市场	新华	6087	8000	1.8	虎、猴
大草农贸市场	大草	2318	3500	0.5	鸡、兔
梭嘎农贸市场	梭嘎	3285	5000	0.41	猪、蛇
鼠场农贸市场	鼠场	3856	6000	0.45	马、鼠
仓边农贸市场	仓边	400	450	0.12	牛、羊
新场坝农贸市场	新场坝	2257	3000	0.31	牛、羊
堕却农贸市场	堕却	3500	6000	0.71	鼠、马

续表8-6

市场名称	地　址	市场总面积（平方米）	赶场人数	成交额（万元）	场　期
箐口农贸市场	箐口乡	2000	4000	0.40	鸡、兔
木岗农贸市场	木岗镇	3000	15000	0.98	星期六
营盘农贸市场	下营盘	5600	30000	0.31	牛、羊
那克农贸市场	那克	3192	10000	0.3	百日场
六枝农贸市场	六枝	6265	20000	3.2	虎、猴
平寨农贸市场	平寨	4050	2500	0.31	百日场
木岗矿农贸市场	木岗矿	390	420	0.08	百日场
大用矿农贸市场	大用矿	400	430	0.09	百日场
地宗矿农贸市场	地宗矿	410	600	0.15	百日场
六枝矿农贸市场	六枝矿	420	500	0.08	百日场
凉水井农贸市场	凉水井	300	400	0.07	百日场
四角田矿农贸市场	林家冲	360	450	0.06	百日场
化处农贸市场	化处	410	410	0.07	狗、龙
洒志牛马市场	郎岱洒志	500	600	0.11	—
狗场牛马市场	狗场	1000	500	0.3	—

盘县（特区）农贸市场情况统计表

表8-7

市场名称	地　址	市场总面积（平方米）	赶场人数（人）	成交额（万元）	场　期
城关镇农贸市场	城关镇	40000	50000	30	星期日
水塘农贸市场	水塘	5500	12000	6.82	星期日
赵官农贸市场	赵官乡	3100	8000	5.61	星期三
山岚农贸市场	山岚乡	4000	10000	6.64	星期五
三板桥农贸市场	龙洞乡	800	1000	0.26	星期二
民主农贸市场	民主区府	4000	7000	3.64	星期日
大山垭农贸市场	民主大山垭	10000	12000	7.05	星期二
司寨农贸市场	司寨乡	800	600	0.24	星期二
糯寨农贸市场	糯寨乡	1000	1100	0.27	星期四
雨谷农贸市场	雨谷乡	1000	800	0.25	星期六

续表8-7

市场名称	地　址	市场总面积（平方米）	赶场人数（人）	成交额（万元）	场　期
补泥农贸市场	补泥乡	1000	1100	0.27	星期三
滥滩农贸市场	滥滩乡	900	1200	0.27	星期三
乐民农贸市场	乐民乡	6000	17000	8.40	星期六
威箐农贸市场	威箐乡	5000	12000	6.91	星期日
响水农贸市场	响水乡	6000	11000	6.91	星期一
金竹农贸市场	金竹乡	1000	1500	0.86	星期二
鲁楚农贸市场	鲁楚乡	600	800	0.04	星期三
石桥农贸市场	石桥乡	1200	3000	1.58	星期四
老厂农贸市场	老厂区	8500	20000	9.95	星期日
珠东农贸市场	珠东乡	4000	7000	6.23	星期三
马依农贸市场	马依乡	1100	3000	2.14	星期六
黄家寨农贸市场	坎者乡	1000	3500	2.26	星期五
忠义农贸市场	忠义乡	5000	10000	6.94	星期日
保田农贸市场	忠义区	6000	11000	7.12	星期六
新民农贸市场	新民乡	1000	3000	2.11	星期三
三官营农贸市场	新民乡	800	2200	1.86	星期四
雨那农贸市场	那雨乡	800	1100	1.43	星期二
五朋农贸市场	五朋乡	600	800	1.1	星期二
雁子农贸市场	雁子乡	600	1100	1.16	星期三
联强农贸市场	联强乡	500	1100	1.15	星期三
大木桥农贸市场	大桥乡	450	800	1.21	星期三
普田农贸市场	普田乡	500	1000	1.23	星期一
旧营农贸市场	刘官区旧营乡	2000	6000	3.26	六天一场
马场农贸市场	马场乡	800	1100	1.01	星期日
海铺农贸市场	西冲区海铺乡	800	800	0.81	星期四
小爬山农贸市场	大庄小爬山	400	500	0.45	星期六
鸡场坪农贸市场	鸡场坪区	8500	25000	11.3	星期日
滑石农贸市场	滑石乡	4500	8000	5.31	星期二
洒基中心农贸市场	洒基镇	6700	14000	8.13	星期六

续表8-7

市场名称	地　址	市场总面积(平方米)	赶场人数(人)	成交额(万元)	场　期
火铺农贸市场	火铺镇	6800	16000	8.38	星期日
坪地农贸市场	坪地区	3500	7000	4.83	六天一场
四格农贸市场	四格乡	1600	3000	2.21	六天一场
雨格农贸市场	雨格乡	140	2500	2.04	六天一场
松河农贸市场	松河乡	1400	3000	2.37	六天一场
松柏农贸市场	松柏乡	700	1000	0.61	六天一场
大寨农贸市场	大寨乡	700	1200	0.26	六天一场
普古农贸市场	普古区普古乡	1500	5000	0.96	星期五
淤泥农贸市场	普古区	3500	5000	0.91	星期日
米妥农贸市场	米妥乡	1500	1800	0.33	星期六
苏座农贸市场	苏座乡	1000	1100	0.24	星期四
沙河农贸市场	沙河乡	1100	2000	0.41	星期六
舍烹农贸市场	舍烹乡	1200	1000	0.21	星期日
亦资孔农贸市场	亦资孔区	4900	12000	7.91	星期日
红果农贸市场	红果	3800	11000	8.66	星期二
沙坡农贸市场	沙坡乡	2000	4000	1.94	星期三
沙陀农贸市场	沙陀乡	1400	2500	1.69	星期四
平关农贸市场	平关乡	3400	8000	6.86	星期五
羊场农贸市场	羊场区	6000	8000	1.11	六天一场
九村农贸市场	九村乡	8000	9000	1.23	六天一场
白块农贸市场	白块乡	3000	3000	0.63	六天一场
杨松农贸市场	杨松乡	2000	2500	0.41	六天一场
格所农贸市场	格所乡	1100	1500	0.22	六天一场
保基农贸市场	保基乡	800	800	0.20	六天一场
土城农贸市场	盘关区	5000	15000	8.41	星期日
清水农贸市场	清水乡	2500	1000	0.24	星期四
猛者农贸市场	猛者乡	1500	1000	0.22	星期五
五一农贸市场	五一乡	1200	500	0.16	星期日
盘关农贸市场	盘江镇	7000	13000	8.83	星期日

续表8-7

市场名称	地　址	市场总面积(平方米)	赶场人数(人)	成交额(万元)	场　期
老屋基农贸市场	老屋基	3000	6000	4.36	星期日
小云尚农贸市场	洒基镇小云尚	700	1100	0.67	百日场
山脚树农贸市场	山脚树	2500	1200	0.15	百日场
月亮田农贸市场	月亮田	2000	1000	0.12	百日场
矿务局农贸市场	盘江矿务局	800	600	0.12	百日场
671厂农贸市场	671化工厂	600	600	0.39	百日场
刘官屯牛马市场	刘官区	1800	6600	3.63	星期日
水草坪牛市	两河乡水草坪	1100	1000	1.94	星期一
瓦厂牛市	两河乡瓦厂	1500	2100	3.56	星期六
关口牛马市场	关口乡	1100	2000	2.17	星期二

水城县(特区)农贸市场情况统计表

表8-8

市场名称	市场地址	市场总面积(平方米)	赶场人数(人)	成交额(万元)	场　期
城内农贸市场	老城	800	1000	0.5	百日场
德坞农贸市场	德坞	400	2000	0.3	百日场
西站农贸市场	西站	1100	3000	0.9	百日场
矿务局农贸市场	矿务局	500	400	0.1	百日场
巴西农贸市场	水钢	1950	3000	0.5	百日场
八冶农贸市场	八冶	700	3000	0.05	百日场
指挥部农贸市场	指挥部	400	800	0.16	百日场
水泥厂农农贸市场	水泥厂	250	500	0.1	百日场
场坝农贸市场	场坝	8000	6000	0.8	百日场
陡箐农贸市场	陡箐	2610	7000	0.9	百日场
白腻农贸市场	白腻	2970	500	0.12	星期日
老鹰山农贸市场	老鹰山	250	1500	0.3	百日场
小河农贸市场	小河	500	7500	1	星期日
阿佐农贸市场	阿佐	1500	500	0.1	星期六

续表8-8

市场名称	市场地址	市场总面积（平方米）	赶场人数（人）	成交额（万元）	场　期
董地农贸市场	董地	2000	500	0.4	星期六
水铁农贸市场	水铁	700	700	0.3	百日场
杉树林农贸市场	杉树林	1200	150	0.15	百日场
滥坝农贸市场	滥坝	3500	5000	1.2	星期日
观音山农贸市场	观音山	840	300	0.09	百日场
大河矿农贸市场农贸市场	大河	613	500	0.15	百日场
大河边农贸市场	大河	2241	4000	0.8	星期日
建井处农贸市场	大河	290	300	0.09	百日场
电厂农贸市场	大河	250	300	0.09	百日场
医院农贸市场	大河	180	200	0.09	百日场
汽车站农贸市场	大河	90	50	0.01	百日场
汪矿农贸市场	汪矿	480	600	0.12	百日场
北山农贸市场	汪矿	180	200	0.04	百日场
西山农贸市场	汪矿	420	300	0.06	百日场
费家寨农贸市场	汪矿	123	2500	0.5	星期日
木果农贸市场	纳福	2745	8000	0.8	农历三、八
山峡农贸市场	汪矿	700	800	0.08	星期五
小猪场农贸市场	汪矿	720	1500	0.3	星期六
二塘农贸市场	大湾	1300	6000	1.83	星期日
大湾农贸市场	大湾	3000	800	0.16	星期三
木矿农贸市场	大湾	400	300	0.08	百日场
顶拉矿农贸市场	大湾	100	100	0.05	百日场
运输科农贸市场	大湾	100	200	0.06	百日场
比德农贸市场	比德	410	10000	1.5	星期日
猫场农贸市场	猫场	3100	800	0.16	星期二
立火农贸市场	立火	623	700	0.15	星期五
五星农贸市场	五星	1113	1750	0.3	星期六

续表8-8

市场名称	市场地址	市场总面积（平方米）	赶场人数（人）	成交额（万元）	场　期
猴场农贸市场	猴场	500	700	0.14	星期四
南开农贸市场	南开	600	1000	2	星期日
保华农贸市场	保华	1500	5000	0.5	星期六
龙头山农贸市场	龙头山	2000	900	0.27	星期五
大土农贸市场	大土	300	500	0.5	星期六
大通坝农贸市场	大通坝	3000	3000	0.4	星期四
蒿枝农贸市场	蒿枝	1500	800	0.15	星期三
嘎拉嘎农贸市场	嘎拉嘎	1000	1500	0.15	星期六
干河农贸市场	干河	2000	300	0.09	星期三
鼠场农贸市场	鼠场	2000	6000	0.9	星期日
双桥农贸市场	双桥	500	300	0.06	星期三
玉舍农贸市场	玉舍	5337	10000	2	星期日
俄脚农贸市场	俄脚	804	1800	0.36	星期六
勺米农贸市场	久米	2820	800	0.16	星期五
滥坝农贸市场	滥坝	1540	900	0.2	星期四
舍嘎农贸市场	舍嘎	841	300	0.06	星期三
木柯农贸市场	木柯	3140	200	0.04	星期五
箐巴农贸市场	箐马	218	200	0.04	星期六
笔架农贸市场	笔架	210	1500	0.5	星期六
坪寨农贸市场	坪寨	2760	3000	0.6	星期六
杨梅农贸市场	杨梅	15000	12000	2.4	星期日
常明农贸市场	常明	10000	1200	0.24	星期一
果布嘎农贸市场	果布嘎	10000	1500	0.3	星期二
发射农贸市场	发射	500	500	0.1	星期三
新街农贸市场	新街	800	1000	0.2	星期四
姬关营农贸市场	姬关营	200	800	0.16	星期五
发耳农贸市场	发耳	700	10000	2	星期日
鸡场农贸市场	鸡场	400	10000	2	星期一

续表8-8

市场名称	市场地址	市场总面积（平方米）	赶场人数（人）	成交额（万元）	场　期
都格农贸市场	都格	700	8000	1.6	星期四
龙井农贸市场	龙井	500	5000	1	星期三
垭口农贸市场	垭口	300	3000	0.6	星期五
龙场农贸市场	龙场	4500	8000	1.6	星期日
顺场农贸市场	顺场	3000	7000	1.4	星期二
哈青农贸市场	哈青	2500	2000	0.4	星期五
营盘农贸市场	营盘	2000	700	0.14	星期四
兰花农贸市场	兰花	700	500	0.1	星期三
法德农贸市场	法德	700	500	0.1	星期日
磋播农贸市场	磋播	600	500	0.1	星期三
九归农贸市场	九归	1000	500	0.1	星期五
者卡农贸市场	者卡	600	500	0.1	星期四
花嘎农贸市场	花嘎	1000	1000	0.2	星期五
阿嘎农贸市场	阿嘎	790	12000	2.4	星期日
米箩农贸市场	米箩	120	9000	1.8	星期一
马场农贸市场	马场	500	700	0.14	星期二
倮摩农贸市场	倮摩	1300	9000	1.8	星期三
俄嘎农贸市场	俄嘎	500	600	0.12	星期四
箐口农贸市场	箐口	400	600	0.12	星期五
盐井农贸市场	盐井	600	700	0.14	星期六
铜厂农贸市场	铜厂	600	700	0.14	星期日
蟠龙农贸市场	蟠龙	1200	7500	1.5	星期日
法那农贸市场	法那	700	400	0.8	星期一
红岩农贸市场	红岩	700	4500	0.9	星期五
小马场农贸市场	小马场	5000	5000	1	星期六
猪场农贸市场	猪场	350	3000	0.6	星期三
打磨石牛马市场	打磨石	500	5000	0.5	星期四

钟山区集贸市场情况统计表

表8-9

市场名称	市场面积（平方米）	上市主要品种	日入场人数	成交额（万元）
水钢巴西综合市场	1070.9	服装、皮鞋、百货、农副产品	2000	6000
八冶农贸市场	700	肉食、蛋禽、农副产品	1000	1000
动力山农贸市场	1500	肉食、蛋禽、农副产品	800	900
烧结农贸市场	800	肉食、蛋禽、蔬菜	800	500
场坝农贸市场	3000	肉食、蛋禽、蔬菜、农副产品	2000	6300
场坝牛马市场	1000	牛、马、猪	1800	840
场坝糖烟酒市场	200	糖、烟、酒	1200	1300
场坝百货批发市场	1500	服装、百货、皮鞋等	300	100
场坝化肥种子市场	1800	化肥、种子	200	350
德坞菜场	250	蔬菜、农副产品	3000	100
田湾菜场	200	肉禽、蛋、蔬菜、农副产品	2000	2790
老客车站农副产品、蔬菜市场	200	农副产品、蔬菜	500	120
活龙口小商品市场	400	日用小百货	200	120
家具市场	2000	家具、装饰材料	1000	240
老鹰山农贸市场	1100	肉类、蛋禽、农副产品	13000	350
观音山农贸市场	1000	肉类、蛋禽、农副产品	500	70
大河农贸市场	430	肉类、蛋禽、农副产品	1200	360
红旗矿农贸市场	260	肉类、蛋禽、农副产品	800	180
汪家寨农贸市场	1200	肉类、蛋禽、农副产品	2300	560
汪矿西山农贸市场	210	肉类、蛋禽、农副产品	500	90
大湾镇农贸市场	300	百货、农副	700	120
木冲沟菜市场	900	蔬菜、水果	200	180
水西综合农贸市场	2000	肉类、蛋禽、粮油农副产品	500	1480
大垭口综合农贸市场	400	肉类、蛋禽、粮油土特产水果	800	23
水城矿务局农贸市场	1000	肉类、蛋禽、农副产品	1000	83
机务段农贸市场	1000	肉类、蛋禽、农副产品	2000	68

说明：各市场均为百日场

1965年至1988年部分年份水城县农村集市贸易各类商品成交情况表

表8-10　　单位（万元）

品类＼年份	1965	1966	1978	1979	1980	1981	1982	1983	1984	1987	1988
粮　食	24.4641	23.2457	241	304	130.9307	61.45	632.693	716.41	475	1140	310
油脂油料	0.3107	0.015	15	19	4.068	8	24.5073	35.8	43	125	26
烟麻类	13.5326	11.7467	50	63	21.374	28	40.5825	135.18	268	93	80
肉食禽蛋类	37.0026	10.1578	231	291	57.8522	8.925	361.9605	461.24	600	19.79	650
水产品类	1.0804	3.2	—	—	0.3086	—	1.55	12.73	23	103	2
蔬菜类	6.3632	4.7285	14.6	183	28.8962	—	44.6764	458.78	395	1109	150
干鲜果类	3.8259	4.2497	35	44	2.266	—	127.57	150.45	77	617	80
日用杂品类	10.2801	3.2626	12	15	—	5.5	18.964	43.18	40	29	0.3
柴草类	1.3028	0.2967	15	19	—	5	7.45	5.7	0.1	11	0.2
农业生产资料	10.0685	6.8836	38	48	—	16.375	38.3335	44.34	3	71	30
耕畜类	33.2022	15.3137	—	—	—	1.8	232.4142	231.5	552	435	173
家禽畜类	48.4417	17.3834	112	142	—	100.5	352.4705	372.91	184	1.022	263
废旧品类	13.8996	4.048	5	6	—	0.3	255.6	55.5	398	938	444
工业品类	2.2242	0.7549	12	15	—	—	1.1	1.9	13	31	—
其他	19.7119	7.1485	8	10	—	0.15	14.65	11.02	63	293	13

1966年水城县中心集贸市场主要农产品价格表

表8-11　　单位：元／斤

农产品＼市场	城关	滥坝	比德	南开	大河	玉舍	发耳	龙场	杨梅	米箩	蟠龙
大米	0.37	0.37	0.28	0.32	0.40	0.32	0.35	0.31	0.31	0.32	0.28
玉米	0.32	0.26	0.20	0.24	0.23	0.18	0.16	0.18	0.13	0.27	0.18
黄豆	0.38	0.36	0.30	0.28	0.30	0.25	0.35	0.30	0.30	0.40	0.21
猪肉	0.72	0.70	0.68	0.65	0.72	0.68	0.60	0.60	0.60	0.65	0.65
鸡蛋	0.65	0.60	0.60	0.55	0.70	0.55	0.50	0.50	0.50	0.55	0.60
鸡	0.80	0.80	0.50	0.65	0.70	0.60	0.40	0.50	0.40	0.60	0.65

续表8-11

农产品＼市场	城关	滥坝	比德	南开	大河	玉舍	发耳	龙场	杨梅	米箩	蟠龙
花生	—	—	0.35	—	—	—	0.20	—	—	—	—
牛肉	0.30	0.30	—	0.35	0.40	0.40	0.15	0.30	—	—	0.38

说明：鸡蛋单位为10个

1980年水城县中心集贸市场主要农产品价格表

表8-12　　单位：元／斤

农产品＼市场	城关	滥坝	比德	南开	大河	玉舍	发耳	龙场	杨梅	米箩	蟠龙
大米	0.45	0.42	0.45	0.42	0.40	0.40	0.45	0.42	0.50	0.39	0.45
玉米	0.20	0.18	0.16	0.18	0.16	0.13	0.15	0.17	0.30	0.15	0.27
黄豆	0.47	0.45	0.42	0.45	0.40	0.40	0.45	0.45	0.55	0.43	0.45
猪肉	1.30	1.30	1.10	1.20	1.30	1.20	1	1.30	1.30	1.10	1.10
鸡蛋	1.10	1.10	1	1	0.95	0.90	0.80	0.90	0.90	1.10	0.90
鸡	1.30	1.20	1	1.20	1	1	0.90	—	0.90	1.10	1
花生	1	0.70	0.70	0.75	—	—	0.60	0.65	—	1	0.55
牛肉	0.70	0.40	—	0.80	—	—	0.40	0.40	0.50	—	—
羊肉	1	—	—	1	1	0.50	1	1.10	—	—	—
白菜	0.10	0.05	0.04	0.05	0.04	0.03	0.06	0.03	0.05	0.03	0.10
干辣椒	1.14	1.20	1.10	1.30	1.40	0.80	1.20	1	1.50	1.20	1.40
仔猪	0.80	0.90	0.60	0.80	1	1	0.90	1	0.70	0.90	1.40
牛	240	350	250	350	—	200	210	200	—	200	250
马	110	280	150	150	—	150	150	150	—	—	170

说明：鸡蛋单位为10个，牛、马单位为头（匹）

1984年水城县中心集贸市场主要农产品价格表

表8-13　　单位：元／斤

农产品＼市场	城关	水钢	滥坝	比德	南开	大河	大湾	玉舍	发耳	龙场	杨梅	米箩	蟠龙	黄土坡
大米	0.32	0.29	0.34	0.32	0.29	0.28	—	0.32	0.32	0.32	0.32	0.32	0.30	0.28
玉米	0.22	0.22	0.22	0.29	0.20	0.22	—	0.20	0.38	0.23	0.22	0.23	0.20	0.20

续表8-13

农产品＼市场	城关	水钢	滥坝	比德	南开	大河	大湾	玉舍	发耳	龙场	杨梅	米箩	蟠龙	黄土坡
黄豆	0.39	0.35	0.40	0.36	0.35	0.37	—	0.20	0.38	0.37	0.33	0.38	0.40	0.35
猪肉	1.60	1.70	1.40	1.40	1.30	1.50	—	1.50	1.10	1.20	1.30	1.60	1.30	—
鸡蛋	1.50	1.30	1.40	1.15	1.05	1.05	1.60	1.35	1.10	0.80	1	0.90	1.20	1.40
鸡	2	1.70	1.80	1.28	1.06	1.30	1.70	1.50	1.20	1.10	1.10	1.10	1.10	1.60
花生	0.68	—	0.60	0.62	—	—	—	0.50	—	0.80	0.55	0.60	0.60	—
牛肉	1.20	1.15	—	—	—	—	—	—	—	0.45	0.50	0.40	1	0.70
羊肉	0.80	—	0.70	—	—	—	—	—	—	1.05	—	1	1.30	1
干辣椒	1.35	1.20	1.40	0.90	0.90	1.10	1.30	1	0.80	0.80	1.30	0.70	1.20	1
仔猪	1.15	—	1.70	0.80	0.95	1.10	0.90	1.45	1.40	1	0.60	1.50	0.70	1.10
牛	600	—	350	290	320	—	—	335	250	300	380	500	250	310
马	270	—	—	230	280	—	—	280	—	300	—	250	200	340

说明：鸡蛋单位为10个，牛、马单位为头（匹）

第二节　交易结构与经济成分

明、清两代，主要为私商所经营之粮食、牲畜、农副产品、土特产品、用具及简单日用生活必需品交易。

清光绪至民国年间，盘县市场经济成份基本上只有两种：一种是盐业专卖，属于政府控制之官营事业（即官运民销、官督民运），由私商代销计口售盐；二是私营商业（分座商、行商摊贩、货郎担）。

市场商业行业结构基本分为布匹、百货、日杂、书店、文具、铁货、屠宰、饮食服务、医药（西医）、织染加工、堆店、作坊、手工业等13类。

民国38年（1949年），各县城区商业设有饮食服务、服饰、日用杂货、医药卫生、文化用品（多数是纸火铺）等各类商店。

中华人民共和国成立后，私营商业统占市场局面逐渐减少。

1949年至1995年，各县场镇只有全民所有制（国营）、集体所有制（供销合作社）、个体所有制（私营）3种经济成份。

1956年至1958年，有全民所有制（国营）、国家资本（公私合营）集体所有制、（供销合作社和合作商店、组）及个体所有制4种经济成份。

1958年下半年至1961年下半年，国合合并；合营、合作合并，并把仅余下微数个体户纳入组织，市场上经济成份已成为“合四为二”。

1961年，国合分家；合营联合商店亦随之分出各业合营店、合作商店、组，以及个体经济成份。

1966年，停发公私合营从业人员定息。

1978年后，认真落实“对外开放，对内搞活”方针政策，市场又恢复国营、集体和发展个体所有制3种经济成份。

第三节　市场体系建设

中华人民共和国成立前，六盘水境商贸市场，主要为农村集市和城镇内一些店铺，且规模小，未形成集中经营之行业市场经营体系，市场机制力量极弱。其入市经营业主，主要为私商。

中华人民共和国成立后，1978年中共十一届三中全会召开以前，境内主要执行计划经济政策，对市场进行严格管理，制订有严格管理限制政策措施，有种种市场经营者及其范围和商品准入等规定，由市场管理委员会，后为工商行政管理科（局）等部门具体实施。经营流通渠道单一，市场主要由国营商业和供销合作商业统揽经营，私商只作某些零星补充经营。而国营商业与供销合作商业之间，又有明确分工，国营主要负责城市，供销合作主要负责农村；商品批发流通，由各级批发站统管，按计划分配指标进行发售，进货部门再按有关规定出售，其中紧缺商品按计划凭票供应。商品分一、二、三类，一、二类商品按计划分配出售，仅三类商品准入市场自由购销。关乎国计民生之许多商品，全由国家实行“统购统销”或专卖，不准进入市场交易，诸如粮食、食油、肉食、食盐、棉花、棉布、香烟、酒类、建材等等。商品不充裕，流通不畅，市场不广，不甚繁荣，甚至一度出现萎缩现象。

1978年，中共十一届三中全会召开，实行改革开放政策，计划经济体制向社会主义市场经济体制过渡。但在改革开放之初，由于极“左”思想影响尚未完全消除，市场建设发展缓慢，体系不完整，规模不大。1992年邓小平视察南方谈话发表，特别提出“发展才是硬道理”理论后，坚持以“是否有利于发展社会主义生产力，是否有利于增强社会主义国家综合国力，是否有利于提高人民生活水平”的发展方针，不再受姓“资”姓“社”争议困扰，市场建设发展速度加快。六盘水市根据国家有关建立社会主义市场经济体制政策要求，转变政府职能，主要执行宏观调控政策，作好基础设施建设，创造良好发展环境，培育市场体系，监督市场运行和维护公平竞争。加强服务力度，采取诸多措施，促进市场建设发展。规范市场行为，打破地区、部门界线，推进价格改革，放开商品价格。发展金融、劳动力、房地产、技术和信息市场。改革商品流通体系，进一步发展商品市场，构建各种经济形式和经营方式并存、功能齐备之商品市场网络，各类商贸市场蓬勃兴起，并不断扩展和发展壮大。

经过30年改革开放，六盘水商品流通业坚持以科学发展观为统领，抢抓机遇，迎难而上，同心同德，开拓进取，构建大市场，搞活大流通，发展大贸易，促进商贸流通业快速发展。全市商品流通市场环境有了很大改善，商品流通市场体系基本建立，流通体制改革不断深化，流通领域结构明显优化，市场监测体系开始形成，流通经济进入新发展阶段。

第十个五年规划期间，六盘水市社会消费品零售总额累计完成176.90亿元，年均增幅达15.21%，高于同期GDP增速1.51个百分点。2008年，全市社会消费品零售总额实现93.81亿元，增长20.9%，为1978年1.9亿元的49倍，2000年为3.3亿元的2.84倍。连锁经营、特许经营、专业店、专卖店、超市等新型现代化流通方式迅速发展。沃尔玛、肯德基、苏宁、国美、国贸等一批商业和重量级商业品牌介入，以及其经营设施投入使用，使六盘水市流通业得以根本转变，成为商贸流通发展新增长点。

随着商品流通市场化不断推进，全市96%的消费品和农副产品、90%的生产资料全面开放。至2008年，全市共有各类商业网点4万余个，规模以上商场50多家，各类商品市场（包括农贸市场、建材市场等）200多家。全市初步形成以批发市场为主导、零售市场为主体之多层次、多类别商品市场体系，形成遍布城市辐射农村的商品流通网络和商业网点，形成多种经济成分、多种业态形式之贸易主体。并推进“万村千乡市场工程”，至2008年，全市累计建成518个农家商店，覆盖94%乡镇和36%行政村。

商品流通现代化水平不断提高。进入21世纪，六盘水市本地连锁经营发展较快，恒远意通百货、天天家常菜、华丽酒家、全有福烙锅店等均系较有代表性之本地企业，全国各地入驻六盘水市餐饮连锁企业10多家，年销售额达3000万元以上，连锁经营领域覆盖批发零售、餐饮、服务等行业，延伸到县区和乡镇。流通方式与业态形式多样化发展，连锁经营、物流配送等新型流通方式和大型综合超市、专业店、专卖店、仓储、商场、购物中心等新型业态成为市内商业网点发展与建设重点，规模较大者，有烟草、农贸、盐业、苏宁、国美等物流配送中心。电子商务技术得到推广运用。至2008年，大部分综合购物中心、超市、连锁经营企业建立了销售网点管理系统，条形码技术在各类超市得到广泛运用。

商品市场管理日趋规范。建立了反映市场运行规律、重点流通企业、重要商品供求和节日市场供求市场运行监测体系。

一、农贸市场（俗称菜场）

随农村改革，“家庭联产承包责任制”实施，农副产品及农业加工产品大大增加。又随城市改革，人民生活水平提高，众多农贸市场先在市中心城区、各县城和各工矿区兴起，并形成以农产品贸易为主的综合市场。交易商品上万种，主要经营各类粮食、食油、农产品加工等，诸如面条、饵块粑、黄粑、粉条等，各类熟食、蒸菜、卤品、酸菜、泡菜等，各类副食品、调味品、肉食、禽蛋，各类蔬菜、水果、干果，各类水产品、海鲜，各类干菜，各种糖食糕点。场内商店亦经营服装、床上用品、小百货及各类日杂用品等。

市中心城区，较大农贸市场有：黄土坡农贸市场、康乐农贸市场、金石农贸市场、水矿机厂农贸市场、水城矿务局农贸市场、三角区（明湖高架桥）农贸市场、花鱼洞农贸市场、明湖农贸市场、朝阳村（师院）农贸市场、松坪农贸市场、田湾农贸市场、交通路农贸市场、老城农贸市场、场坝农贸市场、官林路农贸市场、水西农贸市场、凤凰新区农贸市场、德坞新区农贸市场、双水新区农贸市场、水钢巴西农贸市场、水钢八治农贸市场、水泥厂农贸市场等。

其中，康乐农贸市场为一窗口市场，面积5000多平方米，有45个门面，386个摊位，肉案达56个。农副产品区，市场分布含卤腊熟食区、家禽区、肉类区、果品区、水产区、土产日杂区、蔬菜区、粮油区、海鲜区、食杂区。百货商业区，另有70多个门面，经营百货服装等。明湖路农贸市场，沿明湖街道而设，长达1公里多，有摊位200多个，肉案30多个，门面150多个，营业情况与康乐农贸市场近似。此外，各县县城及较大集镇内，均分别有一个或几个农贸市场。

二、综合超市市场（自选商场）

随人民生活改善，为便于顾客自选购物和现代化管理，继农贸市场之后，综合超市市场随之兴起。交易商品以服装、百货、鞋类、家用器具、粮食、酒类、奶品、食油、熟食制品、蔬菜、水果、土特产品等为主，各类商品达万种以上。

市中心城区较大超市市场有：佳惠超市、兴隆大超市、福盛超市、万马超市等。

三、批发市场

应商品大流通之需，各类批发市场随之涌现。市中心城区较大批发市场有：荷城花园百货批发市场、钟山经济开发区水果批发市场、大垭口蔬菜水果批发市场、双水新区蔬菜水果批发市场、场坝茶叶林蔬菜水果批发市场、人民中路（新客车站）粮油批发市场、西站粮油批发市场、南环路钢材批发市场、场坝综合批发市场等。

其中，荷城花园百货批发市场，占地60余亩，由几条平行街道组成，市容整洁美观，有900多个门面，原仅213户商户入驻经营。21世纪初，发展到500多户，入驻经营户，有重庆、四川、湖南、湖北、江苏、浙江、福建、安徽、内蒙古、广东、广西、河北、黑龙江等省（市、区）商家，为贵州西部最大百货批发市场。亦经营小百货、服装、床上用品、劳保用品、电器、鞋帽、毛巾、布艺、文化用品、日常生活用品、副食品、化妆品。商品销售辐射至六盘水市内各县及邻近威宁、纳雍、赫章等地区城乡。其中，毛巾销售，省内贵阳、安顺、遵义、凯里、铜仁等大多数地区，均由此处进货。

四、百货市场

原主要由国营百货公司和供销社经营。20世纪90年代，原有国营百货公司逐步退出市场，以遍布市中心城区、各县城、各工矿区、各集镇之非公百货商场（店）以及各县集市之百货摊为渠道，共同组成全市巨大百货市场网络，形成全市大宗商贸市场。往往处于城市繁华地段，有的形成连片、连段设店交易之势，如市中心城区之黄土坡、钟山经济开发区，分布有多家大型百货商场，场坝菜园路一条街段和各县城一些街段，百货商店相互毗接，形成“百货一条街”“百货一片区”。经营服装、鞋帽类、钟表、眼镜、金银饰品、文化用品、化妆品、日常生活用品等大小百货，商品品种数以万计。市中心城区较大之百货商场，有市百货公司、恒远意通百货商场、维辉百货商场、大世界百货商场等。

五、家用电器市场

随人民物质文化生活逐步改善提高，特别至20世纪末，绝大多数人家均有电视机，不少人家拥有电冰箱。人群中，手机极为普遍，家用电器市场应运而生。由市中心城区、各县城、各工矿区以及各集镇之众多电器商场，组成家用电器市场网络，进行电视机、电冰箱、电冰柜、电热炉、电磁炉、电烤箱、电风扇、电饭锅、照相机、手机等商品交易，商品达千余种。较大商场，市中心城区有国鼎家电、红华家电、苏宁电器、百联家电等商场，其余有数百家电器商店。规模较大者，多系全国家用电器厂商产品流通代销商。规模较小之商店，多为直接进货转销。

六、家具市场

改革开放前，多由一些个体木工和木业加工厂制作出售，供作嫁妆和部分人家添置家具，未形成规模，商品交易仅系传统木床、衣柜、厨柜、桌凳等。改革开放后，家具商场逐渐兴起发展，由市中心城区、各县城镇、各工矿区之家具广场及商店组成家具市场流通网点。交易商品除本地厂家生产外，大量进口外地厂家所生产家具。除某些小店交易少量传统家具外，多数商场改售各类高档家具，有席梦思床、钢丝床、棕网床、组合柜、壁柜、皮沙发、木雕沙发、红木沙发、大理石茶桌、玻璃茶桌、各式饭桌、各式坐椅、坐凳、各式躺床、各式双层架床、各式衣架等，市中心城区较大家具商场，有西南家具广场、七十三家具广场、双水家具广场等。并在人民路七十三街段，形成家具连段经营。在各县城和一些集镇，有的街段亦形成连段交易。

七、糖烟酒市场

原主要由国营烟草公司和国营糖烟酒公司经营，另有一批小店(摊)经营。20世纪90年代中期，糖烟酒公司逐步退出市场。由市县烟草公司及市中心城区、各县城、各工矿区、各集镇非公糖烟酒商店，以及集市和村寨非公糖烟酒店摊经营。其他超市、综合商场、农贸市场亦兼营糖烟酒商品，共同组成市场交易网络，形成全市覆盖面最广市场之一。销售各类糖食、糕点、饼干、糖果，省内贵烟、黄果树、遵义、长征、驰牌等各牌香烟，云南省云烟、红塔山、红梅、红山茶、红河等香烟，湖南省芙蓉王等香烟以及大中华、大前门等上海香烟，尚有少量555、万宝路等外国香烟等。销售省内茅台酒，茅台迎宾酒等茅台系列酒，珍酒、董酒、青酒，市内九龙液、荷泉酒、龙场酒等各地土酒，四川泸州老窖、大曲、五粮液、剑南春等川酒，竹叶青、杏花村等晋酒。尚售少部分外国酒，以及市内山城啤酒及省内外各类啤酒。

八、五金交化市场

原主要由国营市、县五交化公司和供销社经营，另有部分小店经营。20世纪90年代，国营五交化商店和多数供销社退出市场，非公五交化商店大量兴起。由市中心城区、各县城镇、各工矿区非公五交化商店和集市五交化店摊组成，形成五金交化商品市场网络。除分散店外，有的形成连接街段设店经营，如市中心城区人民路西段，场坝一处路街段等。其中，业主多系湖南籍客商。市场内，经营各类电灯具、灯泡、电线、电炉等各类小电器，钉子、螺丝、旋纽、门锁等各类小五金用具、各类油漆、涂料等家用化工商品，以及其他各类小工具等。

九、建材市场

原主要由国营物资公司和供销社经营，20世纪90年代，其逐渐退出市场，转由生产厂家及非公建材商场经营。由市中心城区、各县城镇、各工矿区建材商场组成建材市场交易网络，有的形成片区或街段集中交易。如市中心城区凉都大道（南环路）成片区之建材市场、人民西路七十三处段建材市场、场坝建材市场街段、双水新区建材市场片区等。市场内交易钢材、水泥、琉璃瓦、水泥瓦、各类地板砖、安全门和各类装修材料等。各县县城亦有数家建材商场。

十、车辆、机械市场

随着社会经济迅速发展和人民生活水平提高，系20世纪90年代末兴起新兴市场。主要由市中心城区之汽贸和机械商场组成，较大商场有钟祥汽贸及许多名牌车辆经营部等多家，数以百计。销售东风、解放、长安、昌河、桑塔纳、大众等各类轿车和小型汽车及各类载重卡车，各类二手车，各类拖拉机、三轮车；销售各类挖掘机、推土机、铲车、各类吊车、装载车等。

十一、医药市场

原由国营医药公司、中药材公司和供销社经营，20世纪90年代，其逐渐退出市场。由市中心城区、各县城镇、各工矿区之众多非公药店，组成医药市场交易网络，各街道均有，极大方便百姓购药。市场内销售各类医药片剂、针剂，各类中成药、处方药，各类保健制品，各种小型医疗器械等，商品数万种。市中心城区较大药店有老百姓大药房、神农大药房、福安康大药房、一棵树大药房等。

十二、餐饮市场

原主要由各地国营饮食服务公司、饭店或合作食堂经营。改革开放后，其逐渐退出市场。由市中心城区、各县城镇、各工矿区、各交通要道、各集市非公酒店、餐厅、饭馆及摊店经营，组成广泛餐饮市场网络，为市内最大之市场。很多地方成街段连店经营，数以万计，成为民众用食和待客的重要依托场所。经营各类酒席，各类炒菜、各类火锅、各类饮食和快餐、各类面（粉）食、各类小吃及汤锅、烙锅等。市中心城区较大餐饮店有华丽酒家、天天家常菜饭店、青松饭店、荷城酒楼、四合院饭店、布依酒楼、五斗米酒楼等。

十三、花鸟市场

系改革开放后兴起之新兴市场，成为人民生活水平提高的标志之一，市县城区均有一些街段和片区开设。如市中心城区的建设路街段多家花店，明湖路东段花鸟市场，双水新区花鸟市场，以及各县花鸟市场。市场内出售各类花木、各类花束、花篮，各类观赏鱼、画眉、八哥、鹦鹉、相思鸟、黄豆雀、山鸟、锦鸡、各种奇石，以及乌龟、小兔、荷兰鼠、白鼠及其它宠物等。群众作顺口溜赞道："困难时期饿得慌，凭票年月排队长，改革市场大繁荣，花鸟鱼石买进房。"

第九章　商业管理

明、清时期，商业不甚发达，对朝廷所需物资及民生所需之食盐、粮食等关乎国计民生重要商品，制订有采购、调运、销售等管理办法。民国时期，商业主要由私营业主从事经营，各企业业主均分别建立有财务和业务方面之管理办法，大同小异，国家统一的管理制度不多。为调节市场和稳定物价，政府亦不时施行一些专项制度，但多不周密和健全，且系随市场形势而采取临时性施政措施居多，往往以“布告”形式颁布，而无严密监督机制。

中华人民共和国成立后，为确保国民经济和社会主义建设稳健发展，商业系统建立有严密完善的一系列计划、财务、物价等方面管理制度，并严格施行监管。

第一节　计划管理

一、商业计划体制

中华人民共和国建立初期，各级商业企业受贸易部专业总公司和当地商业行政部门双重领导，以总公司为主，对所属公司全部业务实行统一管理，统一经营。商品由总公司统一调拨，各专业公司之间和地区之间商品调拨，根据总公司所安排计划进行，临时调拨，亦须经总公司开出调拨令才能进行。

实行计划经济时期，为保证计划经济着实进行，控管商品营销，商业部门遵照执行国家有关部门制订计划管理制度。1950年，贸易部制订商业计划制度，根据是时商业机构初创情况，商业计划分由中央、大区、省三级编制。省以下计划，多数地区由省代编，实行行政部门和专业公司双线下达，计划品种多达150多种，计划表格也比较复杂，计划部门年终陷于数字计算之中，推行实施相当困难。

1953年，推行经济核算制度，同时改进计划管理办法。第一，强调国家计划之严肃性，各单位必须按批准计划执行，更改计划必须经过批准。第二，在商业部统一计划下，对商品实行分级管理，总公司、省商业厅、省级各专业公司，均有一定商品分配权。第三，规定独立核算单位均为计划编报单位，执行采取逐级上报、逐级审批下达办法。后因逐级上报下达时间过长而改为各级齐头上报、逐级审批下达。编制审批程序分为发布计划指标、上报建议数、颁发控制数、编报计划草案、批准5个步骤，均为省商业厅与专业公司双线逐级上报和下达。商业企业逐级下放，商品分类分级管理。实行“在中央集中领导下，以地区综合平衡为基础、专业部门和地区相结合”的计划管理制度。商业计划编报程序，由原专业公司系统和商业行政系统“双线上下”办法，改为地方主管企业计划，采用“单线上下”办法，由省商业厅报经商业部审定后，由商业部下达商业厅。而各县则执行上级所分配下达计划。在商品流转计划管理上，用“商业部主管商品收购与分配计划”代替原“商品流转计划”。季度商品流转计划，从1959年开始，采用加强供应会议或专业会议安排办法，有的商品一年召开4次供应会议，有的商品一年召开两次供应会议。此种商品供应会议，既是专业平衡分配商品会议，又是专业计划会议。

1962年，恢复和建立专业公司，商业计划实行双轨制，由商业行政部门和专业公司双线上报下达。商业部计划管理只管到省，省级商业行政部门负责编制及平衡总值计划和商品计划，由计委逐级下达；各专业公司负责平衡主要商品产供销计划，零售企业独自进行计划管理。

“文化大革命”期间，“商品流转计划”改为“商品收购调拨计划”，由商业行政部门单线上报下达。商品管理权限下放，更多照顾地方积极性。商品目录虽变化不大，但取消了总值、类值等金额指标。而且二类商品只下达购进、调出和进口几个指标。

1979年实行改革开放政策后，进一步扩大企业自主权，商品流转计划由上级主管部门与企业协商制订，企业有权根据市场变化制订计划，成为相对独立经济实体。其后，随市场经济逐步建立和发展，商业企业按市场经济体制进行商品经营运作。“计划管理”成为计划经济体制下之一种历史管理制度。

二、商品分类分级管理

商品分类分级管理办法，系于1953年以后逐步形成。是时，为对私改造需要，保证对一些重要商品统一合理分配，境内各县执行贵州省规定，将农副产品分为三类，工业品分为两类。农副产品三类为：国家统购（计划收购）物资、国家委托国营商业和供销社统一收购物资（非委托单位不得收购），其他三类土特产（允许工业商业部门自行收购）。工业品两类为：计划商品（亦称大商品）、非计划商品（亦称小商品）。

1958年，又执行按中央管理和地方管理对商品划分办法规定，其划分办法分为"分类""分级"两种。

分类管理即将商品分成三类：第一类为国家统购统销物资，有粮、棉、油3个品类、1个品种，全部按国家计划收购。第二类为国家统一收购和派购物资，有烤烟、生猪、重要药材等47个品类、127个品种。第三类为除第一、第二类以外的其他物资，允许进入国家指导下的自由市场。

1962年，执行贵州对一、二、三类物资又作较大调整的规定：第一类统购统销物资仍为粮、棉、油3个品类，品种增为19个；第二类为派购统一收购物资，增为57个品类，266个品种；其余为三类物资。

1967年，执行贵州省革命委员会《贵州省农村集市贸易管理试行办法》规定：一类物资，一律不准进入集市交易；二类物资分为：在全省实行派购者，有烤烟、生猪、茶叶等22种；在全省实行统一收购者，有牛、羊、皮张、重要药材等71种，再加土糖等，共99种；三类物资虽允许进入市场，但规定由供销社收购，优先卖给国家。并规定农副产品以外之硝、磺汞、化肥、农药、废钢铁、废有色金属及各种管制器材，一律不准进入集市交易。

分级管理：执行一类物品收购、销售、调出、调入、出口、库存等指标由中央下达。二类物品生猪、鲜蛋、茶叶、牛皮、自行车、缝纫机、化肥、农药、化工产品等，有关战备、军需、建设、援外、出口等任务者，其购销调存指标由商业部下达。总原则是"统一计划、分级管理"。此类商品，"文化大革命"时期，所执行贵州省之规定，达300多种。

1978年后，中央陆续下放为110种。1985年，再调减为26种。三类物资，执行由地方管理办法，采取展销会、签订购销合同等方式，进行地区间交流和调剂，不纳入中央计划。

工业品批发，亦执行分三级掌握规定：一级站设于大城市，贵州无；二级站设于地州市所在地；三级站设于县所在地。

实行改革开放政策后，商业计划体制不断进行改革。1984年，执行商业部所提出商业计划管理办法，本着分级管理原则，划分商业行政部门和企业计划管理职能。商业部只管编制，下达主管之指令性和指导性商品计划；省级商业行政部门负责编制及平衡总值计划和商品计划，由计委逐级下达；各级专业公司负责平衡主要商品产供销计划；零售企业独立自主进行计划管理，无论什么形式的零售企业，上级主管部门，不再对其下达商品流转计划。

三、商品购销管理

第一个五年计划时期，国营商业对私营工业实行加工订货、统购包销办法。此办法在1956年对私改造后准备取消，后由于“左”倾思想影响，一直继续沿用。直到1979年工业品市场趋于缓和，工、商之间矛盾开始突出，统购包销弊端明显暴露出来，遂对工业品购销形式进行改进，其步骤分三步进行。

第一步，对第三类工业品中一部分品种实行订购、选购。执行贵州省所提出之过渡办法，即一、二类工业品继续由商业部门统购包销，少数不宜包销品种降为三类；第三类品种中，一部分实行订购，多数品种实行选购；订购、选购剩余者由工业部门自销。

第二步，取消包销，实行41种购销形式。1981年，正式取消包销，对工业品分别实行统购统销（统配）、计划收购、订购、选购4种形式。具体规定为：

统购统销（统配）商品，共11种，有棉纱、棉布、棉花及化纤混纺布、汗衫背心、棉毛衫裤、卫生衫裤、床褥单、汽油、煤油、柴油。此类商品由商业部门统一收购和经营，新产品由工业部门在试销期内试销。

计划收购商品，有食糖、卷烟、化纤布、呢绒、绸缎、毛巾、毛线等24种。此类商品，按国家规定的收购计划，工业部门按计划交货，商业部门按计划收购，超产部分，工业部门可以自销，商业部门可以协商收购。

订购商品，有名酒、啤酒、布鞋、牙膏、糖瓷面盆、电筒、电池等58种。此类商品，根据市场需要，由工、商双方进行衔接，生产计划由工业部门下达，订购合同由工、商双方协商签订。

选购商品，为上述以外第三类商品。此类商品工业部门可以自销，商业部门可以选购。

第三步，开展代批代销和联营、联销。对工业品实行4种购销形式后，初步扭转了国营商业购进工业品中大包大揽状况，但在执行中，有些产品工业部门自销出现困难。1982年，有些国营商业在坚持4种购销形式基础上，开始接受工业部门委托，试办代批代销业务。所采取办法为：商业部门不直接把商品收购进来，而是接受工业部门委托，根据双方协商议定价格，代理工业企业批发和推销。商品出售以前，所有权仍归工业企业，出售以后，办理货款结算。工业企业从扩大产品销售，避免造成积压中获得经济利益，商业企业从收取一定代批代售手续费中得到好处，并减少了购进商品资金占用。

在接受工业部门委托代销同时，许多国营商业企业还与工、商部门开展联营联销。工、商双方本着“利益均沾、风险共担”原则，利用商业经营设施和经营渠道，双方派人组成领导机构，负责对联营产品之产量、品种、质量以及销售中的问题作出决定。联营企业日常业务由商业负责。联营商品，有的厂按出厂价交联营企业批发、销售，有的按生产成本加税金交联营企业批发、销售。费用、损失和利润，根据不同办法中双方承担义务，确定不同比例进行分摊和分配。上述“委托代批代销”和“联营联销”形式，实行改革开放政策后，继续发展扩大，成为许多厂、商所采用之一种经营形式，对商品流通起到便通作用。

实行4种购销形式后，商业部门按计划收购品种和数量均大大减少，计划外收购品种和数量不断增多；各级商业批发企业向工厂进货之数量减少，零售企业向工厂直接进货增多，减少了商品流转环节，拓宽了流通渠道。

第二节　财务管理

一、经济核算

中华人民共和国建立前，今六盘水境内商业，主要由私人经营。业主为保证盈利，自订有务实可行之财务管理办法，一般对货物购销、项目均要对购销成本、税费、盈利等方面进行核算，店铺均设有账本，作进货与销售流水账，月终进行总计结算。大店由“账房先生”经管，小店由业主自行经管。

1949年后，商业部门制订有周密财会管理制度，而各个历史时期有所不同。

1950年3月，开始执行政务院发布《关于统一国家财政经济的决定》，要求节约支出，整顿收入，统一财政收支管理。贸易机关对每日销售收入现金，必须逐日解缴国库，不得挪用延缴。同时，中央贸易部和中国人民银行总行联合下达命令，明确在银行建立贸易金库。规定贸易部所属各专业公司，每日现款收入，必须即日送当地银行存入贸易金库，各专业公司进货，由一级批发站或二级批发站按计划调拨，系为资金大回笼制。人民政府成立初期和经济恢复时期，主要执行此制度。

1953年起，国家开始有计划、大规模进行经济建设。在财务管理上，“贸易金库回笼制”已不能适应发展形势需要。中央颁发《国营商业企业管理条例（草案）》，其中第54条规定“计划管理和经济核算是商业企业管理的根本制度”。

1953年4月，贵州开始按经济区域建立贸易批发站，同时核定资金，自负盈亏，实行独立核算，取消物资大调拨、资金大回笼办法。各专业公司之间、各企业之间实行购销合同制。核算重点为商品流通费用，有20个项目，运费一项占全部流通费用之50%左右。系统核算重点，开展直接和产销地直运和配货运输，同时进行按商品价格、重量、里程、体积、等级、吨位、车皮大小、技术装载量、装卸搬运次数、运费率（“十算”）和比运输工具、在途日期、商品消耗、包装方法、全程运费（“五比”）之精密核算，降低各种运费。六盘水境各县，遵照执行此一办法。执行结果，与1950年相比，1950年商品流通费用占销售总额之15.19%，1985年降为8.43%。其间，只是“文化大革命”时期，批判“利润挂帅”，不讲经济核算，许多行之有效之财经制度被废止，经济效益下降。

1978年中共十一届三中全会召开以后，进行经济体制改革，逐步实行承包责任制，扩大企业自主权，实行定额管理、购销计酬、岗位定责、盈利计奖、利润包干、盈亏自负、指标到人、工资浮动等多种形式责任制逐渐开始实施。

二、利润留成

“一五”时期，商业系统执行政务院财经委员会规定，实行企业奖励基金制度。企业可以从实现之计划利润中提取1%，从超计划利润中提取8%奖励金，后改为按工资总额之5%提取，此系利润留成雏形阶段。

1958年，在“一五”时期基础上又作新规定，第一商业部系统各企业，可以在实现利润中提取2.92%（城市服务部门系统可提取16%）。

1963年，执行贵州省财政厅、商业厅按照商业部利润留成管理办法而作出规定，各级专业公司的利润留成比例由省商业厅核定。

1979年3月，执行商业部、财政部重新建立利润留成制度规定，国营商业企业于实现利润中以19.3%留归企业，以80.7%上交财政。商办工业则留20%，规定留成资金使用范围为：简易建筑费、技术改造费、经理或厂长基金（饮食服务业及民族贸易企业另有规定）。

1980年，又有改变，实现利润中，本年较上年增长部分，可再提留10%，商办工业留成比例由原来20%提高到25%；民贸企业由原来20%提高到50%。

1983年，执行贵州省制订的商业系统第一步利改税办法，规定大中型企业按55%固定比例税率缴纳所得税，税后利润再按留成比例自留和上交。小型企业按八级超额累进税率缴纳所得税，其中，商业企业年利润不超过8万元者和商办工业年利润不超过20万元者，为小型企业，其他为大中型企业。饮食服务业按15%交纳所得税，少数民族地区之贸易企业，计利润超过50%部分，由税务机关给予适当减税照顾。

第三节 物价管理

一、物价管理权限

境内物价管理，人民政府建立后，采取严格措施，平抑物价大波动。1950年，社会秩序尚未稳定，城乡物资交流受阻，国营贸易公司尚未完全建立，部分私商从事投机倒把活动，扰乱金融秩序，套购物资，囤积居奇，掀起涨价风。各地人民政府配合军管部门，一面组织大量粮食、棉布、食盐投入市场，一面加强市场管理，对不法商人给予制裁，没收其所贩买黄金、白银，情节严重者依法惩处。随即市场开始好转，物价趋于稳定。1950年6月开始，美国对中国实行经济封锁，物价又大幅度上涨。其后各国营专业公司陆续建立，国营商业掌握充分物资，物价风波随即得到平抑。

1960年至1961年，国民经济遭遇困难，农业减产，物资紧缺，供求失调，各种商品特别是副食品零售价猛涨，市场物价失控，一市斤米售价3至4元，一只鸡20余元，一个南瓜20至30元，相当于一个普通工作人员近一月工资，被称为“一个老瓜干部”。人民政府大力组织发展生产，采取加强市场管理措施。国营商业部门大力组织平价商品供应，增加议价商品投放市场。后经1962年起数年国民经济调整后，物价渐趋平稳。

中共十一届三中全会召开以后，实行经济体制改革，生产发展，市场繁荣，商品增多，大部分商品价格放开，允许议价购销，市场物价更趋正常。物价管理权限，遵照国家规定执行。中华人民共和国成立初期，市场物价由省工商厅管理，厅内设物价处。国家物价委员会成立后，贵州省相应成立物价委员会，亦随之成立商业厅物价处，各地州市和各县物价管理机构和制度逐步健全。未设置六盘水市前，各县上一级物价机构分别为安顺、兴义、毕节物价局，成立六盘水市后，各县物价机构分别为六枝、盘县、水城物价局。

物价权限，执行国家规定，根据商品分三类管理原则划分。20世纪50年代初期，一、二类商品中棉花、纱布、棉布、食品、食糖等价格，中央管理200多种。1958年12月，下放物价管理权限，后因出现品种价格和地区价格不平衡问题，中央收回一部分。1959年至1961年三年经济困难时期，市场商品不足，物价失控，又加强集中管理。“文化大革命”中，国务院制订“工业微利、商业保本”作价原则，物价管理放权给省管理的品种更多。

1985年，执行国家对物价管理采取直接管理和间接管理相结合原则，实行国家定价、国家指导价和市场调节价相结合3种价格形式，对小商品和大多数农副业产品实行放开价格经营，用价值规律调节市场。

二、物价检查

人民政府为切实保护消费者利益，保障工农业生产正常进行，稳定市场物价，防止随意涨价调价、杀价竞争、投机倒把、以次充好、短斤少两等不法经营行径，采取全面检查、专业检查、季节性检查等形式进行。

全面检查，为整顿性检查，系部、省等上级进行的检查。其检查项目，有物价方针政策执行情况、物价纪律、收费标准、明码实价、价格合理性、管理制度、执行力度等。

专业检查，系由物价、商业等部门进行定期或不定期专业物价检查。

季节性检查，元旦、春节、中秋、国庆等节日，社会购买力投放集中，个别物价可能有所波动，为保护消费者利益，打击投机倒把，临时组织力量对市场物价进行大检查。由当地政府领导，物价部门牵头，工商、税务、商业、专卖等部门参加，发现问题，及时纠正处理。每检查一次，物价工作总有改进，市场物价进一步稳定。

三、差价政策

六盘水境系少数民族较多边远山区，在价格政策上中央有许多照顾。如盐价，中央给予减税、补贴运杂费等优待，数十年来，一直稳定。其他商品价格，始终强调缩小城乡差及工农业产品剪刀差。随着国家经济建设发展和各个时期政策改变，各种差价也在不断改变。

进销差价：20世纪50年代初期，对私营企业实行加工订货，统购包销，允许有10%~30%之利润，以便对私改造。对国营商业利润，执行“工业高于商业”原则，商业毛利一般在10%~15%左右，其中烟酒类为10%，百货类为12%，针纺织品为14%，食盐、肉、蛋禽、蔬菜等与人民生活息息相关商品，以及少数民族特需商品，实行固定价格，经营亏损部分给予财政补贴。地方工业产品，采取扶持措施，有的商品由商业统筹核算减价贴补，商业经营亏损由地方财政补贴。1966年，执行民族贸易公司部分商品连续4次降价，降幅为9.19%～60%，由商业部门统筹核算补贴。饮食业因兼有加工、销售、服务三种性质，作价原则：一般产品保持合理利润，名特产品利润可以提高，总的利润水平不低于5%，大中城市饮食业，毛利不超过30%。

地区差价。人民政府成立初期，六盘水境对地区差价，执行“城市小、农村大”政策。1956年，执行全国第五次物价会议决定，大中城市之间，除运杂费外，掌握在1.5%～3%差率，城乡掌握在0.5%～1.5%差率。1966年，执行全国物价会议决定，将缩小地区差价重点放在边远山区和少数民族地区，对44类百货文化大商品及收音机、自行车等商品地区差价，只加经营费和运杂费，不计利润。同年4月，执行西南局财办所指示定价原则：工农业产品缩小剪刀差，逐步缩小地区之间、城乡之间差价，对大部分商品及中药材实行全省一个价，片区一个价，对农产品订出保护价，适当提高边远山区及少数民族地区农副产品收购价。境内于1979年以前之商品价格，均执行此原则定价。

全省一价。1966年2月，执行省商业厅、省物价委员会联合通知规定：自1966年4月1日起，食盐全省一价，每市斤收0.17元。同年8月24日，又执行省物价委员会、省商业厅联合通知规定：自即日起全省一价之中药材，有天麻、杜仲、半夏等50种，片区一价者有党参、龙胆草等12种，城乡同价者有155种。其他百货及烟酒等部分商品，亦陆续实行全省一价。1971年，执行煤油零售价全省一价，城乡市场每市斤0.4元，以解决边远山区缺电照明困难。

中共十一届三中全会召开后，先后放开小百货、小文化用品、小五金、小交电、小针棉织品价格。明确规定，此等小商品之地区差价，批零差价，不受原来规定限制，由经营企业自行掌握。1983年年初，执行降低化纤产品价格同时，提高棉纺织品价格，调整省与省之间地区差价，省外调入纺织品，地区差率为3%～4.8%，针织品为3.5%～5.3%，地方产品，二级站之间差率为0.5%～1.5%，进一步缩小地区差。

市境商品物价自1949年以后基本上稳定，社会商品物价指数平均年递增6.88%。1980年以前的30年，商品物价增长了113.1%；1980年以后的6年，商品物价增长了34.5%。农村比城市增长幅度稍大，总体上全市商品物价相对稳定。

国营商业执行计划经济制度，坚持稳定物价政策、粮食部门控制粮价，商业部门稳定一些主要生活用品物价。如盐价基本稳定，1951年1月，盐价最高每担为41万元（旧币），最低为21.5万元。盐、米交换比例为1∶44.7～1∶12.97。1985年，每担价降为17元（新币），盐、米比价将近1∶1。20世90年代，盐价每市斤为0.54元，其后，为1元左右，肉食、蛋禽、鲜菜等价格，均较稳定，其政策性亏损由财政补贴解决。

21世纪初，特别是2007年，由于农副产品价格长期较低，一直未能得以合理调节，又尤以生猪价格更低，影响到农户及其他饲养者养猪积极性，生猪供应一度锐减，猪肉由每市斤5～7元上涨到13～17元。其他有些主要民食商品亦随之连锁涨价，米价由每市斤0.8～1元增涨近一倍，菜油由每市斤3～3.5元涨至5～6元。政府积极组织扩大生产，对生猪饲养采用补贴办法，大力组织调运大米、食油等物资投放市场，以平抑物价。2008年，物价又趋回落。

第十章　商业行政执法

市境在中华人民共和国成立以前没有商业行政执法，新中国成立后随着经济社会发展，商贸总量增加，行业规范主要由商业部门制定一些制度进行约束管理，亦无开展具体的商业行政执法。改革开放后，市场经济体系逐步建立，工商行政管理等机构逐步设立，商业行政执法工作才开始得以发展。最初并未明确商业行政执法以及其职责，仅为工商行政管理部门组织查处假冒伪劣商品、打击欺行霸市等行为，后随着物价、质量技术监督等机构的设立，商业行政执法才逐步完善。市境商业行政执法工作主要由工商行政管理、质量技术监督、物价等行政部门承担，其中生猪屠宰管理商业行政执法由商业部门组织实施。

第一节　执法队伍建设

六盘水市生猪定点屠宰管理工作，系从1995年开始起步。是年8月，成立六盘水市生猪定点屠宰管理领导小组，由市政府秘书长担任组长，副组长由市商务局局长担任，成员由各有关单位领导组成。

1998年3月，根据市人民政府关于贯彻落实《生猪屠宰管理条例》及实施办法意见文件精神，市、县两级人民政府都成立生猪定点屠宰领导小组，负责本辖区生猪屠宰领导、协调、监督等管理工作。并办理九三学社六盘水市委《关于加强生猪屠宰管理的建议》提案，经市人民政府研究，成立六盘水市生猪定点屠宰管理工作领导小组，组长张有恒（市政府秘书长）、副组长刘书略（市商务局局长），成员薛明德（市农牧局局长）、孙元亮（市工商局副局长）、袁庆轩（市卫生局）、郭德源（市公安局）、吴朝蓉（市商务局副局长），领导小组办公室设在市商务局，张世敏任办公室主任。

1998年4月生猪定点屠宰工作起动时，执法工作由市商务局和市人民政府创卫综合执法队联合执法。由于创卫综合执法队主要任务为管理城市卫生，难于集中力量对生猪屠宰实施执法管理。1999年年初，生猪定点屠宰执法改为相关成员单位联合执法，牵头单位为市商务局，参加单位有市公安局、市畜牧局、市物价局、市工商局。执法检查一个星期集中进行2至3次，由于参加单位均属兼职，有时与单位主要职能工作冲突，时间一长，参加率不高。2000年1月，经市政府同意，成立市中心区生猪屠宰管理执法队。因尚无编制，只得借调市公安局干警李明义任执法队长，招聘复退军人和下岗人员组成12人专门执法队。2001年8月，又因经费和执法人员编制等问题，经市政府同意，原市贸易合作局与钟山区经贸局共同组建市中心区生猪屠宰管理执法大队，由钟山区经贸局直接管理，市贸易合作局作业务指导。执法人员从生猪屠宰管理领导小组成员单位中抽调一部分，通过区人才交流中心在符合安置条件复退军人中招聘一部分组成，执法队员共13人。

由于钟山区政府驻于凤凰新区，水城县政府驻于双水新区，两地同属六盘水市中心城区，1998年实行生猪定点屠宰管理后，税费逐年上升。钟山区和水城县均争着办屠宰场，但由于市中心城区只有一个机械化屠宰场，水城县所办屠宰场又尚未得到许可，从而出现水城县“双水市场”屠宰商自行宰杀生猪，向水城县交检疫费后猪肉就可上市现象。因而国家税收难于得到保证，也无法保证免除病害肉、注水肉、白条肉上市，肉食安全隐患严重。又因水城县未成立屠宰执法队伍，而市中心区屠宰管理执法人员又隶属于钟山区，根据属地管理原则，执法人员无法进入双水地区执法。后由市政府组织市商务局、市税务局、市财政局、钟山区、水城县等召开协调会议进行协调，达成税费二八分成协议，从而理顺两地生猪屠宰管理执法关系。

2002年7月，由于执法中地域问题，市贸易合作局下发《关于理顺市中心区生猪屠宰管理体制的通知》，明确市中心区生猪屠宰管理执法大队执法范围为市中心区、钟山开发区、水钢片区、双水开发区、德坞镇。

2005年12月，市商务局调整行政执法领导小组成员，组长李世雄、副组长张起亮、万昌思、张华（女），成员罗正方、张世敏、王平、孙艳红、张华、尹志军、李映辉。

其执法权限：根据《生猪屠宰管理条例》第十五条规定，未经定点擅自屠宰生猪的，由市、县人民政府商品流通行政主管部门予以取缔；对定点屠宰厂（场）不符合国家规定的操作规程和技术要求的进行处罚，并限期改正。

第二节　规章制度

1997年12月19日，国务院颁布《生猪屠宰管理条例》(以下简称《条例》)，为进一步规范行政执法，加强生猪屠宰规范管理，保障经营者和消费者的合法权益，市县各级商务部门在认真贯彻执行《条例》的同时，还结合具体实际，先后制定了一系列贯彻落实《条例》实施的规章制度，规范生猪屠宰管理。

1998年，制订了《六盘水市生猪屠宰管理行政执法责任制》《六盘水市商务局行政执法错案责任追究试行办法》，明确了执法职责和过错追究责任。

2003年至2004年，制订了《生猪屠宰办公室职责》《考勤制度》《屠宰执法监督检查人员制度》《举报奖惩制度》《奖惩制度》《报告制度》《舆论监督制度》等制度，进一步规范对执法部门的管理。

2005年，制订《六盘水市商务系统食品安全日常监督制度》《六盘水市商务局重大食品安全责任追究制度》《六盘水市商务局食品安全事故报告制度》等制度，落实了食品安全的日常监督，明确责任追究以及安全事故报告事项。

2006年，制订《六盘水市商务局行政重大处罚案件备案制度》，对行政处罚要求备案的金额、范围、时间等作出了明确规定。

通过一系列规章制度的制订与执行，进一步落实了国务院《生猪屠宰管理条例》，同时规范了市境生猪屠宰管理与食品安全工作，行政执法与市场监管有机结合，使市场规范、有序运行。

第三节　执法活动

为贯彻落实《国务院关于加强产品质量和食品安全工作的通知》精神和全国产品质量和食品安全专项整治行动两次电视电话会议精神，根据商务部《全国猪肉质量安全专项整治行动方案》和商务厅专项整治方案，结合市内实际情况，切实开展猪肉质量安全专项整治工作。

一、制订《六盘水市生猪屠宰专项整治工作方案》

2007年9月6日，全国猪肉质量安全专项整治行动电视电话会议后，市商务局立即进行专题研究，制订专项整治方案，成立专项整治工作领导小组，充实力量，落实经费，抽调人员组成专项整治工作办公室。及时向县区经贸局传达有关会议精神和下发《六盘水市生猪屠宰专项整治工作方案》，各县区随即按照方案进行整治。

二、落实措施，层层签订目标责任书

市商务局要求各县、区落实各项切实有力措施，确保完成专项整治工作目标。一是做到“三个依靠”，即依靠法律法规，依靠标准规范，依靠技术支撑。二是做到“三个到位”，即机构到位，力量到位，经费到位。三是加强部门协同，保持高压态势，形成监管合力，扎实推进本市猪肉质量安全专项整治行动。四是层层落实工作责任制，市、县（区）、乡（镇）层层签订工作责任制。随即，市商务局与钟山区、盘县、六枝、水城经贸局签订生猪屠宰专项整治目标责任书；各县、区经贸局与生猪定点屠宰企业签订猪肉质量安全承诺书。

三、加强对定点屠宰企业监管和县级专项工作指导

2007年10月中旬，市商务局组织人员，由分管副局长带队，加强对县区经贸局专项工作指导和督查，加强生猪定点屠宰监管。

市内有生猪定点屠宰场12个，其中，县城机械化屠宰场3个，乡镇手工屠宰场9个。根据《六盘水市生猪屠宰专项整治工作方案》，要求生猪定点屠宰企业要建立和完善生猪屠宰各项规章制度，尤其是生猪屠宰前检验制度、台账管理制度和不合格肉品召回制度，实现病害肉无害化处理率100%，出厂肉检验合格率100%；加强对厂（场）区周边环境整脏治乱；加强对加工生产线、运肉车辆等环节卫生管理；抓检疫检验票据随肉品送达肉商，实现肉品可追溯性，对存在问题以文件形式下发限期整改通知。

公布猪肉质量安全承诺书。在政府网站、六盘水市商务局网站上，向社会公布各定点屠宰场（厂）《生猪屠宰加工企业质量安全承诺书》。

建立《六盘水市商务局猪肉质量安全专项整治行动举报投诉受理制度》和《举报、投诉奖励制度》，并在各大农贸市场、政府网站、六盘水市商务网站公布猪肉监管和举报电话，鼓

励肉商对私屠滥宰现象和屠宰厂猪肉质量问题进行举报，鼓励消费者对肉商不法行为进行举报。

建立与各菜场肉商代表联系制度，经常打电话与肉商代表联系，及时了解猪肉市场动态。

加强对县、区经贸局指导督查。检查县、区经贸局在监管工作中存在问题并列项，如执法队成立、编制、交通工具、经费及办公地点落实，检疫票据开具和运行，举报投诉制度建立等问题，以文件形式下发整改通知，督促整改和落实。

关闭一个非法屠宰场。六枝营盘屠宰场因不符合规划要求，达不到县级机械定点屠宰场设置要求，没有合法证照，对其实施取缔关闭。

完善全市生猪定点屠宰规划。

四、积极配合市质监局开展工作

全国产品质量和食品安全专项整治工作，由市质监局牵头，市商务局为成员单位，参加专项整治会议和行动，传达贯彻有关精神，深入学习贯彻特别规定，及时交换工作信息。

五、专项执法工作开展成效

专项整治期间，各县（特区、区）经贸局认真履行监管职能，积极会同相关部门，按照整治任务和工作进度要求，围绕既定工作目标，加强执法监管，对辖区内定点屠宰企业和宾馆、饭店、集体食堂、农贸市场、乡镇市场开展全面检查。

自开展专项整治后，市商务局先后出动执法车辆120多台次，执法人数520多人次，检查重点区域15个，检查县级生猪屠宰企业3个。各县（特区、区）经贸局及执法队出动执法车辆700多台次，执法人数4200人次，取缔私屠乱宰窝点5个，缴获私宰肉、病害肉2000多公斤，处罚屠宰场（厂）违规罚款3万元。

通过几年的执法工作和专项整治，六盘水市县城定点屠宰率达100%，集镇定点屠宰率达95%，县城以上集体食堂、农贸市场和餐馆单位猪肉来自定点企业达100%。水城县是贵州省产品质量和食品安全专项整治工作示范县，县政府投入专款扶持乡镇定点屠宰点建设。县级三个机械化屠宰场均建立健全生猪进厂检验制度和台账，不合格肉品召回制度以及各项规章制度。环境卫生和服务质量得到改进，检疫票据送达肉商手中，能实行可追溯性，企业基本做到《生猪屠宰加工企业质量安全承诺书》中之承诺，实现病害肉无害化处理率100%，出厂肉品检验合格率100%。

在管理执法活动中，市商务局张世敏依法行政，严明执法，坚持原则，不畏强暴，不辞劳苦，创下许多先进事迹。1998年，一屠商仗势其地位和人际关系，不依程序办理执照宰杀生猪，张世敏带人去将其屠宰场关闭，此人先找人说情，张世敏坚持不允，其人公然撕毁封条，并向法院起诉要求赔偿其损失。张世敏代表单位据理应诉，经法院审理胜诉，该违法屠宰场被关闭。

执法队联合执法期间，私屠滥宰活动非常猖獗，尤以分散在偏僻农村的屠户，为了偷逃税费，凌晨四五点钟偷偷宰杀牲口。张世敏带领执法队员，无论刮风下雨或是休息日，都赶赴现场制止，有时踏着泥泞道路，从不言苦。有时在执行中，个别不法屠商曾持刀对她进行威胁，但她从未退却，也从未发过怨言。张世敏还撰写了《六盘水市中心城区猪肉价基本情况》《六盘水市副食品市场异常波动应急预案》等文，为政府决策提供依据。张世敏在工作实践中认识到，六盘水市中心城区拥有近50万人口，要让人民群众吃上放心肉，必须有一个机械化、规范化、现代化屠宰场。为此，她极力向有关领导和部门呼吁，多方奔走反映，在市政府的重视和市商务局努力下，促成高起点机械化屠宰场建立。由于其众多先进事例，在公务员考核中，连续被评为优秀公务员，并被评选为全国商务系统先进工作者。

第十一章　国有商业企业改革

实行改革开放后，在原计划经济体制下所建立之国有商业企业，在企业体制、经营管理方式等诸多方面，极不适应市场经济发展形势需要。非公有制商业逐步发展壮大，国有商业占有市场优势逐步消退，加之经营管理不善，市场竞争力逐渐减弱，许多国有商业企业连年亏损，有的资不抵债，致使商业国有资产大量减缩。不少国营商业企业停业或破产倒闭，有的靠出租原有固定资产场地、设施和门面发放职工工资，有的企业职工下岗后靠其自谋职业。为复兴发展国有商业企业，贯彻落实有关国有商业企业体制改革精神，六盘水市国有商业企业逐步进行改革。

第一节　国有商贸企业基本情况

一、企业构成情况

至2001年，六盘水市国有商贸企业61家，其中：六枝商贸企业15家，盘县商贸企业10家，水城商贸企业8家，钟山区商贸企业5家，市属商贸企业23家。

61家商贸企业中，商业企业25家，物资企业17家，外贸企业7家，餐饮服务企业3家，加工生产企业6家，储运企业2家，医药企业1家。

25家商业企业下属60个基层商店，其中矿区商店18个，乡、镇、矿区肉店和食品站23个。

全市国有商贸企业有在册职工3724人，其中六枝商贸企业职工720人，盘县商贸企业1190人，水城商贸企业234人，钟山区商贸企业51人，市属商贸企业1529人。

3724名在册职工中，固定职工2460人，1985年以后招收之合同制工人1264人；在岗职工1199人，下岗职工1040人，离岗职工1204人，内退职工281人；女职工2052人。

全市商贸企业有退休人员2053人，其中六枝669人，盘县538人，水城86人，钟山区4人，市属商贸企业756人。

二、资产和负债及经济运行情况

全市国有商贸企业资产总额28371万元，固定资产13404万元，流动资产13803万元，净资产7601万元，负债率74.2%，债权10600万元，其中呆坏账6903万元，债务21086万元，其中应付款7534万元，银行贷款11053万元。

六枝商贸企业资产总额5081万元，固定资产3045万元，流动资产2612万元，净资产1442万元，负债率80.9%；债权1614万元，其中呆坏账1310万元；债务4112万元，其中应付款1121万元，银行贷款2185万元。

盘县商贸企业资产总额7512万元，固定资产3907万元，流动资产3644万元，净资产2946万元，负债率65.3%；债权2729万元，其中呆坏账1466万元，债务4908万元，其中应付款1894万元，银行贷款3014万元。

水城商贸企业资产总额2126万元，固定资产1077万元，流动资产523万元，净资产679万元，负债率88.7%；债权1123万元，其中呆坏账535万元，债务1886万元，其中应付款710万元，银行贷款629万元。

钟山区所属5家商贸企业，商贸公司因为五交化批发站贷款担保，于1998年4月被银行执行所有资产，五交化批发站现欠银行贷款35万元，其他5家企业从成立之日起就无任何资产。

2001年，全市商业系统商品购进完成4205万元，比上年增长6.3%，商品销售总额完成4753万元，比上年下降1.8%，其中：六枝完成1731万元，比上年增长32.7%；盘县完成1157万元，比上年下降21.4%；水城完成682万元，比上午增长51.2%，全市商贸系统销售总额完成25.71万元，比上年下降3%。

全市商业系统盈亏相抵后亏损总额726.4万元，比上年增亏358.94万元，其中：六枝亏损284.26万元，同比增亏270.34万元；盘县亏损172.71万元，同比增亏47.48万元；水城亏损47.08万元，同比减亏24.48万元；市直企业亏损222.09万元，同比增亏65.61万元。

第二节　商贸企业改革调研

为稳妥深化国有商贸企业改革，六盘水市贸易合作局抽调一批人员，在政协六盘水市委员会统一组织下，就深化市内国有商贸企业改革进行广泛深入调查研究。到各县、特区听取改革汇报，并重点调查了市百货公司等20多家企业，召开职工座谈会，广泛征求意见。根据国家有关国有商贸企业改革政策，结合六盘水市实际，写出调研报告，向六盘水市人民政府提出建议和措施：

一、深化商贸企业改革总体思路

从实际出发，以产权制度改革为突破口，以资产重组为契机，综合运用多种改革办法，突出体制创新和管理创新，建立归属清晰，权责明确，保护严格，流转顺畅的现代产权制度。逐步使大多数商贸企业完成改制，实现国有经济在商贸流通领域战略性调整，国有资本大部或全部退出，形成较合理的流通产业布局，商贸企业彻底放开搞活，增强参加市场竞争能力，整体扭亏为盈。

二、企业改革主要形式

因企制宜，主要采取股份制、股份合作制、兼并、出售、承包经营、分离重组、引资合股混合经济等多种改制形式。

（一）中型企业或规模以上商贸企业，资产状况良好，负债合理，经营正常，效益较好，按照《中华人民共和国公司法》要求改制为股份有限公司。

在股权结构上，吸纳民营资本入股、外商投资入股、企业间相互参股、经营者和职工持股，实行投资主体多元化，组建具有一定实力之骨干企业或企业集团。

（二）经营业务具有专营性质或特种行业商贸企业，按照《中华人民共和国公司法》转制为股份有限公司在股权结构上，实行国有股，其他企业参股和职工持股，国有股一般不抵于33%。

（三）有一定规模小型商贸企业，经营较正常或企业整体经营困难但仍有净资产之企业，实行股份合作制改造。国有资本全部退出，本企业职工持股，鼓励经营者多持股。

（四）对资产负债率高，但局部优势尚存企业，可局部剥离盘活分离经营。

经主要债权银行同意也可实施分离破产，将企业具有优势部分资产和按资产比例承担之债务剥离出来，重新注册新企业或与其他企业合资合作，而老企业连同富余人员和债务实施破产。

（五）对有一定净资产10人以下小型商店，在妥善安置职工、合理处理债务前提下，可整体出让产权。

矿区商店若房屋产权归属问题尚未解决，继续实行“国有民营”；自身有房产之矿区商店，也有净资产，经营状况基本正常者，可试行股份合作制改造。

（六）偿债退出。企业资产已全部抵押，可商同金融机构签订偿债协议，出售资产变现后，优先偿还“两金”、职工内债及支付职工经济补偿金，余下资金弥补银行债务，原企业退出。

（七）对资产质量低劣，长期亏损，资不抵债，重组无望，完全丧失生存能力的企业，在妥善安置职工前提下，依法破产。

三、市县商贸企业改革策略方式

（一）市直商贸企业改革

市百货公司属国有商业中二型企业，经营设施面积121200平方米，实际使用面积4100平方米，经营场地和设施较为优越，负债率低，净资产较多。经营场地有百货公司商场、科技电脑城、百货公司金店、百年珠宝店、太平洋眼镜店、梦洁家纺生活馆和若干个服装店。该公司可改为股份制公司，在股权结构上，国家参股，吸纳民营资本，外商投资入股，企业间相互参股，经营者和职工持股。

市旧机动车交易中心、市金属回收公司，所经营业务带有一定垄断性质，资产良好，经济效益较好。可改为股份有限公司，在股权结构上，由国家控股，经营者、职工挂股，社会法人自然人入股。

市化轻化工公司，整体并购给省联合民爆器材销售有限责任公司。

市五金矿产分公司、市粮油食品分公司、市土产畜产分公司、市进出口公司，除市进出口公司经营状况正常有净资产外，其余3个分公司已资不抵债，歇业多年。对3家资不抵债企业进行剥离重组，剥离出之有效资产和业务归并市进出口公司，组建以内部职工持股为主之有限责任公司。

市民贸公司、市商业储运公司已资不抵债，丧失生存能力，可依法破产。破产后用变现资金安置职工，偿还债务。若此两个企业所欠银行债务一次“打包”处理成功，也可实施股份合作制改造。

市五交化公司、市糖酒公司等13家企业，实行股份合作制改造，国有资本整体退出。净资产多的企业，国有资产也可适当保留少量股份。

汪家寨、水钢等6个矿区商店，自身有房产，也有净资产者，可进行股份合作制改造。无房产和净资产者，仍采取租赁经营或“国有民营”经营方式。食品公司下属之钟山肉店，可实行股份制改造，老鹰山等4个基层肉店，采取公开出售，出售所得用于安置职工。

（二）六枝国有商贸企业

六枝15家国有商贸企业，只有化轻公司正常经营；食品公司、外贸公司、鞋帽厂、酱菜厂关闭停产多年；其他9家企业靠出租仓库、门面，或收取承包费，发放部分职工生活费和留守人员工资，缴纳养老保险，多年未开展业务经营。

通过调研，六枝国有商贸企业确定改革策略：对资产良好，并有商店，仓库在城区黄金地段的企业，可用净资产置换职工身份，改为股份合作制企业，如百货大楼、糖酒公司、五金公司、民贸公司、药材公司等；物资三个公司合并，如果不并购给省民爆器材联合有限公司，可按股份制进行改造；有房产、地产企业，但地理位置较差，价值不大，由政府出钱安置职工，收回房产地产；资不抵债企业，可依法破产。

（三）盘县国有商贸企业

对资产良好、负债少、经济效益好的物资贸易总公司和饮食服务公司，实施股份制改造。寻求多种经济成份嫁接，实行股资主体多元化，通过引入资金、技术和先进管理机制，增强企业实力。

对无发展前景、经营困难的基层食品站、商店，采取公开出售、拍卖，出售所得安置职工。

对能够发放一定生活费，不拖欠养老保险金，且近几年职工退休较多的罐头食品厂和外贸总公司，维持原状，待职工全部退休后国家收回资产。

对没有开展经营业务之纺织品公司、五交化公司、盘江肉联厂、糖酒公司、食品公司、百贸公司等企业，改造为股份合作制企业，置换职工身份，置换企业性质。

（四）水城县商贸企业

若协商成功，水城县物资公司整体并购给省联合民爆器材有限公司。协商不成，该公司可改造为股份合作制企业。

民贸公司，通过盘活存量资产，确保职工生活费发放和"三金"补交。

商贸总公司和糖酒公司，房产较多，可实行租赁经营，开展物业管理，减少管理人员，发挥资产效益。

贸隆百货公司，用仅有的不到十亩地置换安置职工。

（五）钟山区商贸企业

钟山区5家国有商贸企业，早已停业，债务也不多，无任何资产，由区财政支付改革成本，一次性将51名职工予以安置。

四、资产与债务处理

对原企业未弥补亏损、呆账和各种财产损失等，可参照国家有关规定，经政府有关部门批准，予以核销。

国有企业经界定企业集体资产，可按岗位、工龄、贡献大小等量化给职工。对国家未直接拨款投资的国有商贸企业净资产，扣除国家减免税部分外，可以按一定比例，明确为企业收益，设为职工共有股。

整体改制企业，必须承担原企业全部债务，履行偿还义务，原所欠各单位债务（不含银行债务），经双方协商可转为股权。企业分块重组改制者，应由组建企业按资产占有比例合理分担债务，并承担偿还义务。改制前已将房屋所有权和土地使用权抵押在银行和其他债权单位者，银行和其他债权单位要支持改制企业办理资产过户后，再重新办理抵押手续，防止债务悬空。

企业经营性净资产，扣减四项提留后之净产净值，用作置换职工身份经济补偿金。企业经营性净资产值不足以支付置换职工身份经济补偿金时，可用优惠购买直管公房价差、企业全部经营性划拨土地资产评估价、土地出让金50%契税依次进行弥补。

鼓励职工购买企业净资产投资入股。职工出资购买企业净资产，或用现金及其他资产入股，形成职工个人股。职工认购本企业可供出售之净资产，缴纳出资一次性付清有困难者，可分期用分红款或自筹资金3~5年交足，但第一次缴纳额不得低于认购总额30%，一次性付清者，可给予20%~30%优惠。因付款优惠形成之实际出资额与上交之净资产之间差额，可在应上交财政资金中扣除。在职工自愿前提下，原企业欠发职工工资，可作为职工个人股；原企业在向职工集资未归还集资款本金者，在职工自愿前提下，也可转为职工个人股。允许和提倡经营者与职工以同等方式、同等条件出资购买较多股份，以强化经营者风险责任。对部分企业改制前未能转让、出售完国有资产，经国有资产管理部门批准，由改制后企业有偿使用，并确定有偿使用年限。

鼓励国有商贸企业向其他各种性质企业法人、自然人出售或转让企业净资产。鼓励各种性质企业法人、自然人整体或部分购买国有资产及控股、合股组成股份或股份合作制企业。民营企业或外资企业一次性买断国有商贸企业的产权，实行与企业职工购买国有企业产权同等优惠。

五、理顺劳动关系

实行改制之企业，经资产评估后，可以通过多种形式进行产权转让，转换企业国有性质，让企业走向市场；原企业职工通过一次性补偿，置换全民身份，中止与原企业劳动关系，取消国有企业职工身份，职工仍然是新企业制度之一参与者，其权责利重新清楚界定，其合法权益受到有效保护。职工置换身份补偿标准：工龄每满一年按当地上一年度职工平均1.5个月工资标准计发一次性补偿金；连续三年均盈利企业且净资产较多者，1985年以前招收固定工和企业军队转业干部、复员退伍军人和国家计划内安排大中专毕业生，置换身份之补偿金可高于1.5个月工资标准，但最多不得超过2个月。

职工置换身份，在领取经济补偿金时，应与原企业签订自愿解决身份之协议书，并经劳动部门公证。

改制企业凡已享受资产核销、扣除集体资产核转及一次性缴款折扣等优惠政策者，其职工不再保留全民职工身份。在职职工置换身份补偿，通过职工优惠配股、购股解决。

未改制企业职工，无论在岗、下岗、自谋职业，凡要求置换身份者，经企业批准，均可参照以上标准由企业负责解决。

加强和规范改制企业劳动合同管理，在改制过程中，劳动者自愿提出解除劳动合同者，用人单位应当准许，并不得附加其他条件。劳动者原劳动合同期限未满并愿意与改制后企业订立劳动合同时，改制后企业应按照平等自愿、协商一致、双向选择原则，与劳动者变更或重新订立劳动合同。企业改制后，与原企业职工变更或重新订立劳动合同者，社会保险费年限累计计算，本企业工龄重新计算。

六、人员安置与社会保障

企业改制中，对原企业所有在册职工，只要是诚实劳动、遵守劳动纪律，必须采取多种形式、多种途径安排好职工工作岗位。

鼓励符合条件职工实行内部退养，男职工50岁，女职工40岁，或工龄30年以上（含30年）职工，包括符合该条件改制前已办理内退手续职工，可实行内部退养，待达到法定退休年龄后，再办理退休手续。内退人员应与改制前企业解除劳动合同，与新企业继续签订内退协议，新企业应为未上岗内退人员继续社会保险关系，发给内退生活费。这一期间的生活费可按最低不低于当地下岗职工基本生活费标准支付，应缴纳各项社会保险费和应支付生活费，可从改制企业净资产或有效资产中一次性提留，交给改制后企业，用于这部分费用支出。实行内退职工不再从企业国有净资产中提留解除劳动合同经济补偿金。

离退休年龄不足五年职工（含5年），经劳动部门批准，在一次性缴纳法定退休年龄所需缴纳的基本养老保险费和提前退休期内的养老金后，可提前办理退休手续。

孕期、产期、哺乳期内女职工和因公致残及患有癌症等不治之症丧失劳动能力重病人，由改制后企业负责管理，承担养老、失业和医疗等社会保险。

在改制前企业已参加医疗保险退休人员医疗费，仍继续提取。企业所提取退休人员医疗费，一律存入当地医保中心基金账户，由政府统筹管理和使用，未参加医疗保险退休人员医疗费，按每人1.5万元标准一次提取。

原企业负担的遗属抚恤费，由改制后的企业按照政策规定发放，也可以一次性提取。抚恤费的计算方式是配偶、父母按现有年龄计算到73周岁止；子女、养子女、弟妹按现有年龄计算到18周岁止。

企业改制前欠缴之社会养老保险费，在改制时，可优先从企业转让收入或净资产中划出相等之部分进行清偿，一次性划缴社会保险机构，如转让收入不足清偿时，可用土地使用权转让收入补足，以上弥补仍不足者由财政支付。对被兼并企业历年欠缴的社会养老保险费，由兼并方负责补缴，一次性付清确有困难，经社会保险部门批准，可分期补缴，对所欠缴社会保险费滞纳金给予减免。

企业改制后，未安排上岗职工，享受下岗职工再就业优惠政策和领取失业保险金。

职工达到法定退休年龄，因企业欠交养老保险金，又无力补交，如职工缴纳年限累计满15年以上（实行养老保险制度前工龄视为缴费年限），可办理退休手续，按其缴费年限计发退休费。

原国有企业职工置换身份后，如中途脱保，但其缴费年限累计15年以上（含15年），到法定退休年龄，可办理退休手续，领取退休金。解除劳动关系职工，个人可继续缴纳养老保险，原缴费金额和缴费年限累计连续计算。

职工不愿将置换身份补偿作为股份留在企业，企业资产又不能马上兑现，可先由财政垫支，支付职工补偿金，以后再从企业资产兑现所得资金中归还财政。

七、政策措施

（一）六盘水市商贸企业资产存量较小，企业包袱沉重，欠债较多，多数企业资不抵债，应对企业所占用房产、土地作价，用于企业职工安置和偿还债务，各级财政应拿出一部分专项资金用于改革。

（二）改制企业所占有原主体企业之行政划拨土地，只要不改变土地用途，经原批准机关批准，可继续以划拨方式使用；需要转让土地使用权者，依法办理转让手续；需要改变用途者，应按照《划拨用地目录》（国土资源部令第9号）核定。

改变后之用途符合《划拨用地目录》的可继续以划拨方式使用，将土地出让收益用于支付改制成本。

（三）对改制企业优惠土地出让金和契税80%，以及免征附于土地的行政性收费，企业获得开发收入和减免收入，应用于职工安置和产业结构调整。

（四）国有商贸企业下岗失业人员，适用国家、省以及六盘水市制订的有关促进下岗失业人员再就业优惠政策，在当地政府统筹组织下，帮助商贸企业职工转岗分流其他企业。接收安置下岗失业人员企业，享受税收优惠或减免税收。对自谋职业和自主创业者，可按国家有关规定，提供小额贷款帮助。鼓励下岗失业人员从事种植业、养殖业和承包荒山荒坡植树造林，凡承包荒山造林者，可享受种苗补助等优惠政策。各级政府及有关部门要对大龄就业困难对象提供再就业帮助。

（五）国有商贸企业“拨改贷”形成债务，按照国务院国发〔1995〕20号文件和优化资本结构试点城市政策规定程序，申报并经审核批准后转为国家资金，在改制中，可按资产处置规定进行处理。

（六）对企业因承担各级政府委托任务所形成的政策性亏损，由财政部门按规定补足。

（七）优势企业兼并困难企业，经政府批准，财政部门从实施兼并后三年内全额返还兼并企业上缴之所得税，用于补偿兼并企业债务大于资产差额部分。

（八）企业在改制和资产重组过程中，所需办理之工商、税务变更登记以及产权、水电、土地、房产、交通工具、通信设备过户等手续，除证照工本费以外的收费，一律予以免缴。

（九）改制企业给予免收或减免改制过程中之资产评估费。

（十）建立市、县两级商贸企业改革专项基金，基金来源于商业企业用地置换，流通企业国有资本减持、转让，财政拨付。

（十一）解决国有中小商贸企业现用房产权归属问题，国有商贸企业房产属于国家所有，应由房产部门无偿划转给企业作为国家出资或用以支付改革成本。

调研报告所提出的建议和措施，中共六盘水市委、市人民政府予以认真采纳，由于难度大，只能逐步加以施行。

第三节　商贸企业改革

一、商贸企业改革概况

六盘水市国有商贸企业，从20世纪80年代中期就开始探索企业改革之路。

1986年以前，主要是对小型商业企业实行改、转、租。此后，商贸企业引入承包经营责任制，采取宜租则租，宜包则包多种改革形式。绝大多数商贸企业实行承包经营，企业法人代表均与主管部门签订承包经营责任合同。

1992年后，国有商贸企业自主权不断扩大，以放开“经营、价格、用工、分配”为主要内容的“四放开”改革，在国有小型商业企业中全面推开；“国有民营”亦逐渐成为此一时期国有小型商业企业、基层商店、矿区商店改革途径，成为国有小型商业企业扭亏自救新办法。六枝、盘县有百分之八十商业小企业实行“国有民营”，现仍保持着此种经营方式。如市百货公司下属老鹰山商店、观音山商店实行“国有民营”后，企业有所转机，稳定职工队伍，解决暂时生活问题。

从1995年起，按照“抓大放小”思路，放开搞活所有国有商贸企业，采取以下一系列改革办法：

招商引资、嫁接改造，采取出租产权或增量入股等途径与外商联合经营。如省华联同市民贸公司、省新国道连锁超市发展有限公司同市纺织品公司进行联合联锁经营。

推行股份合作制改革，置换企业性质，置换职工身份。如水城县百货大楼、六枝蔬菜公司实行股份合作制改造，暂时解决企业生产和发展问题，但法人治理结构尚不完善。

实行兼并。市百货公司兼并市民贸公司，市民贸公司享受优化资产结构试点城市之有关优惠政策，银行贷款免息546万元，核销应收呆、坏账款65万元，财政技改贷款转入国家资金105万元。

推行“母体裂变”改革，组建单体公司。市纺织品公司采取此种改革形式，从老公司分离出针棉织品分公司和呢绒绸布分公司，新老账划断。

此类改革措施，调动干部职工积极性，促进企业发展，盘活部分存量资产，解决多数企业生存和职工基本生活费问题。

随着市场经济进一步发展和完善，改革逐步深化，国有商贸企业长期积累之一些深层次矛盾日益显露出来。主要表现为产权不明，权责不清，机制不活，缺乏有效激励和约束机制。责、权、利不统一，加上人员包袱和债务包袱未解决，制约了企业发展。

进入21世纪，六盘水市绝大多数商贸企业均无法再开展商品经营，普遍采取租赁经营形式。市直23家商贸企业，除市金属回收公司、市化轻公司和市旧车交易中心靠政策补贴还能经营、市酱菜厂艰难运作、市糖酒中心商店留少量场地自己经营外，大多数企业退出商品经营市场，靠出租门面和仓库收取租金发放职工工资和生活费等。市中心城区批零一体化国有商业龙头企业市百货公司，2001年在市场经济激烈竞争中，完全退出市场，放弃商品经营，采取出租、承包经营形式，利用黄金地段之经营设施进行资产经营。盘县商贸企业，除物资集团总公司外，均以仓库、商店和门面出租维持生存。

而有的企业则转困为兴。如盘县物资总公司，从强化企业内部管理入手，不断转换经营机制；从单纯以商品经营向资本经营和商品经营相结合转变；从流通领域向生产领域延伸；筹集资金412万元，与红果镇沙砣中纸厂、洒基镇迤民村联办2个煤厂，在乐民镇和洒基镇建2个焦化厂，企业转为盈利。为国有商贸企业如何走出困境树立榜样。

二、改革中存在的问题

由于历史原因，市境国有商贸企业体制机制改革十分困难，在改革中亦产生新的问题，主要情况如下。

（一）人员包袱重，职工安置任务大

全市商贸企业有在册职工3724人，在岗职工1199人，占在册职工之32%，下岗和离岗职工2239人，占在册职工60.5%。在下岗离职职工中只有57%人员领取生活费，下岗离岗职工中有60%年龄偏大，文化素质低，缺乏专业技术，再就业难度大，有的职工一家三代同在一个企业工作。六枝商贸企业职工700多人，领到工资者只有300余人。盘县商贸企业下岗职工有637人领取生活费，每月100元者有352人，60元者有141人，按基本工资发放者144人。市直企业近半数以上职工无岗位，领取生活费者有525人，平均每人每年领取生活费3882元。

（二）拖欠"两金"严重，退休人员生活困难

截至2003年，全市60家商贸企业，有40家企业不同程度拖欠养老保险金和失业保险金，共欠缴养老保险金871.2万元，欠失业保险金80万元，涉及职工人数2682人，欠缴期1年至10年不等。拖欠养老保险最多的企业六枝食品公司，欠205万元。盘县商贸企业职工，未参加养老保险及长期脱保人员有296人，占在册职工总数35.8%，10家企业有7家不同程度拖欠"两金"，共计192.6万元，其中食品公司欠交"两金"120万元。水城县贸隆百货公司从未缴纳过"两金"，到退休年龄，职工自己借款交养老保险办理退休手续。

医疗保险覆盖面小，全市60家企业，参加医疗保险者只有22家企业，参加医保职工678人，仅占职工总数之18.1%。因医保受益退休人员356人，仅占退休人员总数2050人的17.4%，参加医疗保险之企业少。

全市商贸企业退休人员月平均退休费500元左右，与全市职工月平均工资850元相差较大，与机关事业单位退休人员平均工资相差近一倍，尤其是20世纪50年代参加工作职工的退休工资较低。很多老企业之老退休职工，每月平均只有300多元退休费，企业亦无力承担应发之津补贴。

（三）资产负债率高，资产质量差

全市国有商贸企业资产总额28371.57万元，负债总额21086.23万元，资产负债率74%。盘县商贸企业对剥离到华融资产管理公司2097.27万元不良债务本息，在归还140万元后，华融资产管理公司贵阳办事处免除11家企业的不良债务本息2097.27万元，因此盘县商贸企业资产负债率降低到65.3%。市直企业资产负债率75%，六枝商贸企业资产负债率80.9%，水城商贸企业资产负债率88.7%。全市商贸企业资产负债率超过80%以上有27家企业，资产负债率在100%以上企业有市民贸公司、市五交化公司、市商业储运公司、市五

金矿产分公司、市土产畜产分公司、市粮油食品分公司、六枝五交化公司、盘县纺织品公司、水城金属回收公司、水城机电化工公司、水城金属建材公司、水城民贸公司、水城糖酒公司。

全市商贸企业呆坏账6902.95万元，其中超过三年以上应收账款余款4500多万元，占应收账款总额65%，其他应收款、待处理流动资产损失等不良资产达2402万元。

水城商贸企业资产总额80%以上系三角债、呆坏账等不良资产。从账面数看，有少数企业还有部分净资产，若剔出不良资产，除商业总公司有部分净资产外，其余企业均资不抵债。

六枝商贸企业资产大多数抵押给银行，库存商品账面价值600万元，实际不值50万元。

盘县商贸企业4210万元固定资产中，盘江肉联厂冷库报废之损失250万未下账，基层食品站房产及土地系计划经济时期划拨，手续不全，产权不明，纠纷不断。流动资产4141.3万元中，存货798.9万元，债权2729.8万元。流动资产有账无物，799万元存货，有633万为多年积压之有问题商品。9011万元资产总额中，不良资产为3210万元。在2729万元债权中，有1064.8万元为超过三年以上应收款，收回可能性不大。

市直23家商贸企业资产总额13652万元，债务高达10179.9万元，净资产2534万元，远远不够改制费用。市直5个矿区商店房屋产权问题尚未解决；市食品公司4个基层肉店房产无房产证和土地证。矿区商店和基层肉店房屋土地产权问题，严重影响企业改革改制实施。

（四）企业改革成本缺口较大

全市国有商贸企业需投入改革成本19878.6万元：固定工置换身份补偿金11070万元，合同制工人补偿金2085.6万元；欠发职工工资831万元，欠养老保险金871万元，欠失业保险金80万元；一次性提取退休人员医药费3079.5万元；支付抚恤费328万元；提取企业负担退休人员补助津贴1533.5万元。

全市商贸企业净资产7601万元，与需投入之改革成本19878.6万元相比，尚差12276万元。

市直商贸企业改革需投入改革成本8409.11万元：固定工置换身份补偿金4666.5万元，合同工置换身份补偿金811.8万元；支付欠发职工工资501.33万元；支付欠缴养保险金324.2万元，支付欠缴失业保险金63.49万元；一次性提取退休人员医药费1134万元；支付抚恤费87万元；支付企业负担退休人员补助津贴884.28万元。

（五）企业管理水平低，干部职工思想观念陈旧

多数国有商贸企业还沿用传统经营管理模式，“经营靠上级、盈亏靠财政，发展靠政

府”之老一套工作思路。管理思想落后，经营观念陈旧，管理不严，纪律松驰，基础工作薄弱，财务制度执行不力，不认真研究市场、开拓市场、占领市场，靠出租经营设施，收取租金度日。

干部职工缺乏对国家有关深化国有企业改革政策认识，近半数企业干部职工消极对待企业改革改制，不愿置换企业性质和职工身份。

第十二章　非公有制商业经济

中华人民共和国成立以前，明、清时期，六盘水境商业经济全为私商所经营。民国年间，亦主要为私商所经营，其中盐业时为官办，时转私营；亦倡办过集体经营的“合作社”，而多属集体公共福利小店，资本少，供货范围人众甚少，在商业经济中所占比重极微。私营商业所有制被当作不可侵犯，受到王朝官府和民国政府保护，但经营缺乏保障。

中华人民共和国成立后，商业经济中，以国营商业为主体，合作商业为辅助，私营商业为补充。对非公有商业实行利用、限制、改造政策。其成立初期，非公有商业发展不大，1953年至1956年，对非公有商业进行改造。其间，受极“左”思想影响，施行过急政策，至1956年“跑步进入社会主义”，完成对非公有商业之社会主义改造。其资金较大者，改造成“公私合营”商业，有少数直接过渡为“国营企业”；其他多组成“合作商店”或“合作小组”，所余个体商贩甚少。“文化大革命”期间，经济受到极大破坏，非公有商业随之受挫。1978年中共十一届三中全会召开后，实行改革开放搞活政策。在发展国有商业经济同时，执行有关促进非公有商业发展之政策措施，非公有商业得以大力发展，成为国民经济中之重要组成部分。

第一节　发展历程

一、中华人民共和国成立前

明代以前，六盘水地处边远地区，被称为“蛮荒之地”，王朝中央权力统治实际未能达及，多属分割隔离之领主经济，各地之间经济交往极少，人众之间基本无商业往来。

明洪武年间（1368—1398年），王朝统治权力进一步深入境内，随社会逐渐发展，集市渐兴，始有少量物品交换和商业贸易。是时，生产和生活资料纯属私有，商业交往纯属私人行事。社会经济主要为自然经济，生产由生活基本所需而自给自足。其外，通过集市交换（赶场），互通有无，进行小量粮食、牲畜、用具、器物、食盐、布料等之交换与买卖，以济生产生活所需之不足。

到清代，社会和城镇进一步发展，集市进一步扩展。盘州（厅）、郎岱厅、水城厅分别建立后，三厅治所驻地城池及乡区集镇进一步发展，私营商业行业渐兴，而集市贸易为主要部分。商品交易，绝大部分为生产者与消费者之间商品直接交易，有的在交易时通过中介人（俗称“押子”）进行“说合”，押子与买主用衣襟遮住手指，互相摸动比示暗语进行讨价还价。商品尚少经商人周转流通，食盐、布匹由少数商人贩来出售，一般集市上，每场仅数个盐摊和布摊。少量山货、药材和土特产等，有少数商人前来收购外运出售。其外，多系一些出售白酒、豆腐干、粑粑、麻汤（玉米所熬制食糖）、汤锅等食品零星小摊。厅城内，坐商渐兴，俗称“铺子”，多系夫妻店，有雇员者不多，多沿较繁华街面开设。系一些经营食盐、布匹、糖食、烟酒、杂货、日杂、粮油、酱菜、纸火等类小店，有少数茶馆、饭店（俗称“馆子”）和客栈（俗称“店子”）等小店。较大集镇内，则仅数家食盐、布匹、杂货、烟酒、饭店和客栈小店。

至民国时期，私商更加发展，逐渐形成有关商业行业，集市贸易量增大，各县出现相当一批轮接赶场（俗称“赶流流场”）的个体商贩，辗转于各集市设摊经商，俗称“杂货客”“布客”“盐巴客”等，每逢相关集市场期，于集市场坝内摆设成排摊位，并按商品交易品类将集市划分若干交易片区，称“杂货市”“粮食市”“猪市”“鸡市”“牛马市”等。并出现一批商贩，到集市上收购贩运有关商品，收购粮食谷物者，小宗收购人称“翻口袋”，较大宗者称“粮食贩子”；收购畜禽者，称“猪贩子”“牛贩子”“鸡贩子”；收购药材土特产者，称“山货贩子”。此等经营粮食、牲畜、山货、药材和农产品私商，逢场深入各农村集市分别进行收购贩卖，有的还在集镇和县城内设点收购经营。另有少数走村串寨之杂货小商（俗称“货郎担”），共同建立起一条条运销流通渠道，逐渐形成行业。三县县城内，粮行、油店、盐行、盐店、棉布号、棉纱号、京果（糕点）铺、药铺、杂货铺、日杂店、照相馆、理发店、茶馆、客栈等商铺更加发展，形成行业，构成较大的私商城乡商贸网点。

中华人民共和国成立前，商业属私人经营，发展主要由其自然发展，且自古受“轻商”思想影响。至民国年间，民国政府虽有某些鼓励兴商政策，但执行不力，商业经营缺乏保障，往往受贪官污吏和社会邪恶势力敲诈勒索及苛捐杂税盘剥。行业商户之间相互倾轧侵吞，有“大鱼吃小鱼，小鱼吃虾子”之说，致使有些商户朝不保夕，往往趋于倒闭破产。加之境内自然经济占主要地位，购买力低下，商品流转全靠人背马驮，人众“一年难买三斤盐，三年难缝一件衣”，商人多系“小本经营”，非公商业经济薄弱，发展缓慢。商户为吸引顾客，求生存，诚信经营，遵守经商道德，倡行“买卖公平”“货真价实”“明码实价”“言不二价”“童叟无欺”“斤满两足”等经商信条。其中，亦有一些不法商人，进行欺行霸市、买空卖空、囤积居奇、投机倒卖、哄抬市价等不法活动，街头和集市上，不时张贴有禁止此类商业行为的官方布告。

尤其在1947年至1948年，通货澎涨，货币急剧贬值，有“今日一斗米，明日一只鸡，后日一碗面，再搁丢下地”之说，对商业冲击极大。货物往往须“售出急进“，否则，资本就被贬光，不少商家宁可坐视不卖。民众购买力急剧下降，市场萧条冷落，私营商业不甚发达，且基础较薄弱，有的并与手工业紧密结合，小本经营者居多。郎岱分食盐、布匹、百货、烟酒、饮食、山货、食油、旅栈、京果等行业；盘县分百货、食盐、棉布、文具、纺织、饮食、旅栈，山货、油脂等行业；水城分棉布、食盐、百货、烟酒、屠宰、纸竹、土产、食品、餐饮、医药、酱醋、食油等行业。每一县城座商一般在数十家左右。

二、中华人民共和国成立后

三县人民政府成立之初，六盘水境商业，执行保护民族工商业政策，基本上保持民国时期之私营商业状况，全境商业经营仍以零售为主，私营商业占主要部分。其后，随国营和合作商业兴建以及对私营商业之社会主义改造，国营商业逐步成为主导地位，合作商业成为辅助成份，私营商业逐渐缩小，而成为补充成份。初期，对私营商业采取扶持政策，一度呈较快发展趋势。如水城1949年只有280户，1950年为309户（自有资金1.6万元），1951年发展到872户（自有资金2.8万元）。

进而对私营商业实行“利用、限制、改造”政策。1953年起，对其具体实施社会主义改造，至1956年，各县基本完成对私营商业社会主义改造任务。少数具有相当规模及经营发展状况良好者，直接过渡为国营商业；相当一部分商店，成为公私合营商业；大部分小商小贩，组成集体合作商店或合作小组。至此，只剩极少数未将其纳入合作商业之零星小商小贩，商业基本为国营商业、供销合作社商业和集体合作商业所经营。

“文化大革命”期间，“封、资、修”为被打倒之革命对象。私营商业，作为“资”之列，与其他革命对象一同受到严重冲击，进一步萎缩，甚至小商小贩商业活动亦难以进行。

1978年，中共十一届三中全会召开，实行改革开放政策后，非公有制商业得以重新恢复，进入新的发展历史时期，呈现蓬勃发展趋势，成为国民经济中之重要组成部分。由于历史原因，初期发展非公商业之思想尚不够解放，发展较慢，进入20世纪90年代后，已呈现一定规模。1993年，城乡个体工商户达19172家，从业人员24336人，注册资本9202万元，产值21875万元，营业额28378万元；私营企业269家，从业人员4558人，注册资金4279万元，产值21375万元。

1997年年底，注册登记个体工商户达21526家，注册资本2.13亿元，从业人员32459人。此外，尚有大量农村个体工商户未注册。在册人数比1996年增长6.1%，从业人员增长7%，其中，农村增长幅度较大。全年全市个体工商户实现产值1.05亿元，销售总额8.7亿元。全市由工商部门登记管理的市场达242个，固定摊位19360个，营业面积244043平方米。1997年，全市个体工商户和私营企业上缴税款8579.7万元，占全市税收额之13.45%。

1999年，全市有个体工商户23097户，从业人员37169人，注册资本2.67亿元。

2000年，个体工商户19364户，从业人员35407人，注册资本2.53亿元，纳税13920万元；私营企业1320家，从业人员16245人，注册资本6.7亿元，纳税13105万元。

2008年，个人独资企业1670家，注册资金54912万元；合资企业248家，注册资金12132万元；私营有限公司2636家，注册资金461443万元。

非公有商业，遍布六盘水市中心城区及六枝、盘县、水城县城和全市集镇以及乡村各集市。分别形成超市、菜场、水果、肉食、家禽、海鲜、百货、服装、鞋帽、食品、眼镜、五金、电器、手机、音像、文具、家具、建材、机械、装备、车辆、医药、糖烟酒、茶叶、糕点、小吃、餐饮、娱乐、酒家、餐馆、旅社、沐浴、美发、美容、保健、照相等数十个行业，凡生产生活所需商品物资，无所不有，应有尽有。民众赞称：“过去很多要凭票，有钱难买到；而今只要你有钱，样样能买到。”

2000年至2006年六盘水市非公有工商业发展情况统计表

表12-1

年份	个体工商户				私营企业			
	户数	从业人数	注册资本（亿元）	纳税（万元）	户数	从业人数	注册资本（亿元）	纳税（万元）
2000	19364	35407	2.52	13920	1320	16245	6.70	3110.5
2001	22379	40877	2.69	17369	1406	16700	9.08	2202
2002	25856	47988	3.26	20089	1548	17158	10.42	3245.7
2003	29079	55413	3.16	—	1967	20816	12.49	—
2004	28979	64629	5.18	—	—	—	—	—
2005	—	—	—	—	3099	—	27.31	—
2006	34481	78780	5.27	—	1780	—	14.73	—

第二节 发展非公有制商业政策措施

明、清和民国时期，商业绝大部分系私营，由其自然发展，“重农抑商”观念较重。王朝政权和民国政府，均颁行有政令，以维护私商权益和市场经营秩序，但欠具细与周全，施行亦不力。

中华人民共和国成立后，三县人民政府成立初期，执行“保护民族工商业”政策，对民国时期发展起来的私营商业加以继续保持，对其施行“利用、限制、改造”政策。在1953年前，私营商业得到一定发展。随大力进行发展国营和集体商业，原私营商业占主要地位作用逐渐减退。由于受极“左”思想影响，在执行私营商业政策中，初期，“限制”重于“利用”；其后，“改造”又重于“限制”；“文化大革命”中，又将其列入革命对象之一。

在私营商业得到一定发展，对国民经济和人民生活发挥积极作用同时，其消极方面亦进一步暴露出来，一些私商不满足于合法所得，从事非法经营活动。为维护正常商业经营程序，保障社会经济健康发展。1952年，按中央布署，三县在私营工商业者中开展反对行贿，反对偷税漏税、反对偷工减料、反对盗窃国家财产、反对盗窃国家经济情报“五反”运动。在查处过程中，执行中共中央“过去从宽，今后从严；多数从宽，少数从严；坦白从宽，抗拒从严；工业从宽，商业从严；普通商业从宽，投机商业从严”原则。将工商户分为守法户、基本守法户、半守法半违法户、严重违法户和完全违法户5类进行对待和处理，打击遏制了不法私商之“五毒”行为，商户普遍树立了合法经营思想。但在某些方面产生一些过“左”行为，追求扩大供认违法事实程度，误伤了一些商户，一些商户出现了消极等待情绪和徘徊观望现象。

随计划经济政策深入实施及国营商业体系壮大，食盐称作“政治商品”，由国营商业主营；酒类实行专卖；1953年起，棉布、粮油实行统购统销。1953年后，逐步形成商品分类分级管理；一类物资，由国家统购统销；二类物资，由国家统一收购派购；三类物资，允许进入自由市场。从而，在食盐、酒类、棉布、粮食等行业，私营商业受到严格限制，其他所经营商品，基本上只局制于“三类物资”范围内，私营商业发展空间逐渐缩小。

1953年，开始贯彻执行中共中央关于过渡时期总路线精神。其中，关于对私营资体主义工商业进行社会主义改造方面，由于受极“左”思想影响，操之过急，不切实际地将其进行改造。特别是1956年，提出“跑步进入社会主义”口号，以求完成改造任务，极大程度取消了私营工商业。其中，郎岱县1956年掀起高潮，在政府有关部门大力动员组织下，从业人员敲锣打鼓，张灯结彩，90%以上从业人员分别参加了各种不同形式商业经营组织。成立公私合营商店4个，合作商店21个，合作小组55个。在行业归口中，纺织品公司负责棉布业，百货公司负责百货业，专卖公司负责烟酒业，盐业公司负责盐业，采购局负责土烟、山货、皮革，商业局和手工业管理科负责行政领导，新华书店负责书摊和纸货业，食品公司负责屠宰业，粮食局负责熟食业，粮油公司负责油榨坊，供销社负责红糖、火炮、理发、照相等业。盘县，共组织公私合营商店11个，纳入私商405户、516人，合营资金26.98万元，私商之固定资产和流动资金一律折价入股，由国家发给股票，领取股息；共组织合作商店12个，纳入私商409户、426人，资金1.61万元；合作小组27个，纳入私商379户、388人，资金1.1万元。水城于1956年将446户私营工商业户纳入改造组织，占总数451户之98.98%。全县建立公私合营商店、合作商店、合作小组76个，共纳入私商466户、466人，共有资金2.64万元。其中，代购代销纳入44户，47人，资金0.26万元；经销小组3个，纳入22户、23人，资金0.14万元；合作商店23个，纳入258户、268人，资金1.52万元；公私合营商店6个，纳入122户、128人，资金0.72万元。从1954年冬始至1956年春止，提前一年半时间，使全县同步实现对私营资本主义工商业全行业社会主义改造。

1956年实现农业合作化后，1958年又随之实行人民公社化。此后，施行“割资本主义尾巴”政策，取消自留地和农民家庭副业，甚至有“不养鸡，共产主义；一只鸡，社会主义；两只鸡，修正主义；三只鸡，资本主义”之形容说法。相当长一段时期，市场管理限制特别严厉，实施农村集贸市场“关闭”办法，在未完成当年粮油统购统销任务以前，不准粮油上市交易；在农户未完成生猪和禽蛋派购任务之前，不准将生猪、肉食及鸡和蛋上市出售。不准进行大牲畜交易，不准进行转手倒买倒卖，不准进行长途贩运。否则，当“投机倒把”活动论处，甚至连卖点粑粑、豆腐干、凉粉等小吃和白酒之类，亦视为“投机倒把”。加之受“三年困难”时期影响，商品物资极缺，城乡尤其是农村购买力极其低下，所余私营小商小贩更难于立足。“文化大革命”期间，在极“左”路线影响下，私营商业业主“股息”被取消，原私营商业业主有的被清算，有的被当成“不法资本家”被批斗。私营商业经营所受限制更甚，连从事一些糖食、茶叶、香烟、火石等之类小宗买卖，也被视作“投机倒把”而被没收和惩处，私营商业更加举步维艰。

中共十一届三中全会召开后，实行改革开放政策，建立具有中国特色社会主义市场经济体制，私营商业重新复兴，进入蓬勃发展时期。六盘水市贯彻执行中央有关发展非公有商业政策精神，积极采取一系列促进其发展措施，引导、鼓励、扶持非公有商业发展。将其当作社会主义市场经济和六盘水市国民经济重要组成部分。市、县两级分别成立了非公有经济领导小组，领导、鼓励、引导、促进非公商业发展为其职能之一。

初期，极“左”思想影响尚未完全消除，发展非公经济，尚有姓“社”还是姓“资”顾虑，思想不够解放，对其发展仍有某些限制，未敢大胆放手发展。以致相关政策不完善，落实不到位，管理服务不规范，质量差，“乱收费、乱罚款、乱摊派”现象严重，非公商业在很大程度上仍处于一种自然发展和自生自灭状态，发展较慢。邓小平视察南方谈话发表后，根据谈话精神，六盘水市加快了发展非公商业步伐，先后制订实施了市府发〔1993〕67号、市发〔1993〕8号、市通字〔1995〕16号等一系列有关发展非公有制经济文件，对有关发展非公有商业政策措施作出了规定。其中明确提出不限发展比例，不限发展速度，不限经营方式，不限经营规模，不限经营范围，为非公有商业发展提供了较为宽松之政策环境。以上有关政策实施，促进非公有商业发展速度加快，进入20世纪90年代，非公商业呈现一定规模。2000年，中共六盘水市委、六盘水市人民政府在总结发展非公经济经验基础上，进一步充实完善了有关政策措施，制订颁发了《进一步加强非公有制经济发展的意见》。该意见提出指导思想以“三个有利于”为标准。强调各级党委、政府要加强对非公有制经济领导，将其列入重要议事日程，纳入国民经济和社会发展计划。建立研究加快其发展工作制度，将其作为考核各级党政领导和有关部门工作实绩重要内容之一，对非公有制经济真正做到：政策上予以优惠，服务上予以方便，发展上予以指导，经济上予以支持，鼓励非公有制经济突破总量，促进非公有制经济发展壮大。强调认真落实中央、省、市制订的非公经济优惠政策，诸如贷款、税收、参与国有资产重组、土地使用等方面。并强调认真贯彻执行有关对非公经济发展的有关权益维护保障与服务保证。其后，中共六盘水市委、市政府又多次颁发文件，补充制订政策措施，强调放宽准入条件，搭建发展平台，提高发展质量，并为非公有制经济发展营造良好服务环境。贯彻执行中，有关部门更进一步解放思想，更新观念，加大对其扶持力度，建立诚信社会体系，政策透明，信息公开，为非公商业服务，有力促进其进一步发展。截至2008年，全市注册登记之个体工商户达6.7万户，私营企业5500多家，非公有制经济生产总值占全市生产总值比重为29%，提供税收占全市财政收入比重为40%左右。

由于某些商人为追求“唯利是图”所驱动，在市场机制和某些管理制度尚不够完备情况下，商贸行为方式欠规范。有的从事不法经营活动，进行商业欺诈，开设“皮包公司”或施展诈骗伎俩，骗取同行和顾客财物。有的进行官商勾结，“权钱交易”，为不法商人保驾和提供方便。有的在商业招标投标中，进行暗箱操作，收受中标人钱财。有的进行贿赂，大吃回扣获取私利。有的贩买假冒伪劣商品，蒙骗顾客，假货充斥不少市场、商店和货摊。有的进行传销，发展下线，专门欺诈亲戚朋友。有的设假“买主”（人称“媒子”），引诱顾客上当受骗。有的招募“导购”，以招揽顾客。有的刊登、播放或张贴、散发虚假广告，作欺骗行销。有的揣摸捉弄顾客心理，或先提价后再“打折”，或玩弄“赠送礼品”“买一送一”“买一送二”“买满 ×× 元送 ×× 元”等手法，或打出“改行”“门面拆迁”“装修、门面到期”“不计成本”“见钱就卖”等招牌，或天天挂出“最后三天、最后一天”等招贴，以招引“图便宜”顾客前往争购。有的打着“流泪、出血、跳楼”抛售幌子，标出“原价580元，现价180元”之类以降价为名，蒙骗、引诱顾客，“图便宜”顾客前往争购。有的图暴利，或追求狠心高利，把价格数位级次数字提高到顶级数目，带“8”带“9”之标价成为相当普遍现象。形形色色，五花八门，给市场程序造成不少混乱。

为打击不法商业行径，维护商贸正常市场秩序，保护消费者利益，商业、工商、技术监督、食品药品监督等职能部门，开展“商业法规”“诚信经商”“文明经商”等商业法制宣传和商业道德教育活动。先后进行一系列“打假”“反商业贿赂”等专项治理斗争；加强商业投诉案件办理；加大商业活动纪检工作力度；不法商人受到查处，一些涉及商业腐败贪官落马。

通过落实上述有关政策措施，进入21世纪，六盘水市非公有商业呈现出一派快速发展景象，形成覆盖全市之商业各行业体系网络，并不断扩展状大。农贸市场、大超市、大商场星罗棋布，各类商业门市（商店）毗连，各种货摊林立，数以千、万计，遍布于六盘水市中心城区及各县城镇大街小巷和乡区集市。商品充裕，交易兴旺，空前繁荣。20世纪90年代，有的国有商业在某些商品经营方面逐渐退出市场，产生萎缩，而非公有商业之发展程度，大大超过国有商业之减退量，形成全市商业发展总量大增趋势。

至2008年，全市民营企业和个体工商户41234户，解决从业人员39.8万人。

非公有制经济实现增加值111.6亿元，同比增长21.45%，占全市29.04%；实现工业增加值74.58亿元，同比增长29.89%；全市规模工业企业达426家，实现营业收入168亿元，增加值56亿元，上缴税金16亿元，同比分别增长10.05%、22%、21%；实现规模农产品加工增加值6072万元，同比增长233.33%；全市非公经济实现税金29.6亿元，占46%；固定资产投入27.15亿元，同比增长19.97%，占全市13.7%；农民人均年收入来自非经济工资性收入1370元，占全市农民人均年纯收入之50%。

规模企业保持较快发展。2008年，规模工业企业达435家。完成增加值70.84亿元，上缴税金18.99亿元，同比分别增长54.91%、43.54%，分别占全市非公经济总量63.48%、77.26%，增速超过总量增速分别为33.46个、17.81个百分点。

第三产业蓬勃发展。时代假日酒店、金凤凰国际俱乐部、太阳商业广场、沃尔玛商场等一批规模较大、起点较高、就业人员较多企业相继开业，引领和改善了服务设施，提高了服务质量。

第十三章　非公有制商业企业

1978年以前，实行计划经济体制，以国有商业为主体，合作社商业为辅助，私营商业仅作为经济补充成分，非公有制商业企业为数不多，且规模小，并受到相当多限制。中共十一届三中全会召开后，实行改革开放政策，建立具有中国特色社会主义市场经济体制。大力发展非公有制经济，对非公有制商业实施多方扶持政策，非公有制商业企业呈蓬勃发展趋势，遍及各行各业，广布于市中心城区及各县城镇，数以千计。本章仅列记其中一部分具有相当规模，并直接从事商品购销流通和饮食服务行业之非公商业企业，以作代表。其他如房地产、医疗、保险、运输、装修、中介、印刷、网络等非公商业企业未记入。

第一节　综合百货商场(超市)

一、恒远意通百货商场

恒远意通百货商场为恒远意通公司下属的大型股份制综合商贸企业，恒远意通公司下设9个综合商场，一家大型酒店，一个房地产公司和矿产企业。即：恒远意通百货贵州省六盘水总店、恒远意通百货贵州省六盘水恒远店、恒远意通百货贵州省盘县百货大楼、恒远意通百货贵州省毕节店、恒远意通百货贵州省安顺店、恒远意通百货贵州省凯里店、恒远意通百货贵州省贵阳裕华店、恒远意通百货云南泸西休闲购物广场、恒远意通百货云南开远店、贵州省金豪酒店、贵州省黔东南州恒丰房地产有限公司等。企业实力强劲，资金雄厚，经营规模庞大。主要经营进口、国产大小家用电器、通讯器材、化妆、洗涤用品，大小百货、医药、珠宝玉石、黄(铂)金饰品、钟表、眼镜、糖烟酒茶、副食品、健身器材、各种高中档男女服装、鞋帽、各式童装、各种精美礼品等48大类3.5万多种商品。经营总面积约7.2万平方米，资产总投资3亿多元。

恒远意通公司有员工3800多人，其中解决下岗职工再就业1100余人。企业尊重人才，以人为本，重视人才选拔。为提高员工素质，企业投入大量资金，定期对基层人员进行业务、经营与服务理念和企业文化理念等方面之学习培训。并组织中、高级管理人员到国内外大型商场参观学习。通过近9年努力，公司培养造就了一大批真诚团结、勇于实践和创新、工作高效、德才兼备、业务过硬中高级管理人才，并带领出一支有文化、有思想、懂销售员工队伍。

企业战略，在贵州省乃至西南地区和国内其他地区逐步建设以零售连锁店为基础之零售网络，形成具有一定规模之以零售为主体、集商业、酒店业与房地产开发为一体之企业集团。企业信誉卓著，管理先进。良好经营与服务理念，赢得了广大消费者好评。恒远意通人以“热心、耐心、诚心、爱心”之服务精神，在努力创造“顾客第一、信誉第一”同时，始终遵循诚实守信承诺，塑造恒远意通百货企业形象。2004年至2007年期间，就向国家上缴税金近3000万元。

在自身发展同时，企业大力支持各种社会公益事业。1998年，捐资7万元装修六盘水市钟山小学；2004年，向贵州省减灾中心捐资11.4万元；2006年，向六盘水龙之星希望小学捐资9万元；2005年至2006年期间，向水城阿嘎乡捐资10多万元修建希望小学；2006年企业董事长马林法向家乡（浙江省乐清市下合口村）捐资63万元修建乡村俱乐部及村部；2008年，向贵州省台江县小学捐资1万多元进行凝冻灾害后重建；2008年5月，所属各分公司向四川省地震灾区捐款近20多万元。

企业董事长马林法艰苦创业和无私奉献精神受到市委、市政府及广大群众称赞。2003年至2007年，恒远意通百货商场被市委、市政府评为“先进纳税企业”，并授予“非公有制经济发展”二等奖。历年来，被评为“诚信单位”“百城万店无假货示范单位”“消费者信得过单位”，被六盘水市工商联评为“先进单位”；2004年，获“贵州省就社会保障先进民营企业”称号，董事长马林法被中共六盘水市委统战部推选为“优秀中国特色社会社会主义事业建设者”；2006年，被评为贵州省500强企业，在流通业中排名第61位（与贵州“星力百货”相齐名）。董事长马林法曾任第5届六盘水市政协常委，现任贵州省政协委员、贵州省总商会副会长、贵州省温州商会常务副会长、六盘水市工商联副会长等职务。2005年、2006年、2007年，均被授予“贵州省创业之星”称号。

二、大世界购物商场

大世界购物商场位于钟山中路45号，于2006年建成开业。企业以“每天以新时尚展现在顾客面前”为经营理念，“高品质、温馨、人性化、全方位”为服务宗旨，商品以高贵时尚为主导，着力塑造企业时尚形象。商场配备有自动扶梯、中央空调、现代化智能停车场等设施，营业楼层共4层约1万余平方米，为六盘水百货经营面积最大的商场之一，营运管理采用电脑管理系统，各楼层经营商品及品牌情况如下。

一楼为时尚精品馆，经营化妆品、珠宝、玉器、男女皮鞋、皮具、钟表、眼镜、运动鞋服、名烟酒等。化妆区是以欧莱雅、资生堂、玉兰油、梦妆、自然堂、ZA、丸美等多家国际知名品牌组合而成，集彩妆、护肤、香薰、香水、身体护理等为一体；男女皮鞋、皮具多为国内知名品牌，以时尚高贵为主流，有百丽、天美意、他她、佐天奴、沙驰、金利来等，皮具有沙驰、劳斯帅特、花花公子等；钟表聚集国内外一流知名品牌，有卡西欧、罗马、依波、雷达等；运动鞋、服引进国际一线运动品牌耐克、阿迪达斯。

二楼为绅士休闲馆，经营男士正装、男士商务休闲装、男士成衣、男士单品、中性服装、男士杂品、男包、数码照相器材、小家电等。男装多为国内一流品牌或在本埠极具影响力品牌，男士正装有凯撒、报喜乌、金利来、步森，休闲装有虎都、大白鲨、里沃、法国金狐狸、卡度尼，男士单品有杉杉、威明等知名品牌；男士配带品有芝宝、瑞士军刀等。

三楼为名媛时尚馆，经营少女装、少淑装、淑女装、女士内衣、女士成衣、女士杂品、饰品、法国香熏等。女装集时尚、青春、靓丽为一体，有史努比、ES、秸熙，有极显个性之TEENIE、WEENIE、ELADN、达衣岩、彰显时尚品位之DAZZLE，突显成熟女人魅力之卡欧娜、艾格、伊可爱等知名品牌。女士内衣有诸多极具影响力猫人、芬腾、达尔丽等品牌，知名文胸品牌黛安芬、婷美、纤黛尔等。

四楼为家居生活馆，经营床上用品，保暖内衣、童装、婴幼装、童鞋、玩具、家居厨房用品、文体用品等。床上用品均为国内知名品牌梦洁、堂皇、圣富莱、情定法拉等。家居用品有国内顶级品牌巴芙洛、梦娣亚等。国内知名美容院诗丽堂，儿童鞋服有红黄蓝、DAD1DA、派克兰帝、叮当猫、5+1童鞋、红蜻蜓童鞋等。

三、六枝特区好万家超市

六枝特区好万家超市位于六枝特区那固坝，2003年年初建成，后共发展连锁超市16

个，分散经营服务于特区主要乡镇及周边地区。企业注册资金500万元，通过积累发展实有资产达2800万元以上；企业从业人员120人，其中大专以上文化程度5人，中专、高中学历24人，初中80人，大部分来自城镇待业人员和周边农村劳动力富余人员。共有经营面积约6000平方米，集百货、散装食品、农产品、水产品、药品、家用电器为主营商品体系，以及冷藏冷冻设施、水电装置系统和安全消防设施、配送运输工具等，应用计算机数据网络管理和通讯系统管理为一体之中型连锁超市。超市同时建立实行部门负责制管理机制，下设机构有办公室、人事部、财务部、采购部、总仓配送中心、营销部和后勤服务部等。

超市始终致力于品牌和企业文化建设，管理工作日渐完善，实现了早期创建连锁超市进乡镇，引起社会各界和同行关注。2005年，被六枝特区工商局评为“重合同守信用”单位。2007年，被六枝特区工商局、六枝特区精神文明办公室、六枝特区个体私营协会同时评为“文明诚实经营单位”。2008年至2009年，被市商务局评为“诚信经营先进企业”和“十佳企业”商贸流通企业。

商场正以健康、诚信、守法之经营理念加强自身建设和自我完善，提高市场竞争能力。

四、盘县红月连锁超市

创立于1999年年底，经营中，本着“质优价低、给你更多”经营理念，得到消费者认同和厚爱。在各级政府部门大力支持下，快速、良性滚动发展，以购物商场为核心，超市为支柱，资产达2400万元，其中固定资产960万元，流动资金1440万元。建有7000平方米物流配送中心1个，拥有商业门面1300平方米，配送车10辆，门店21家，加盟店2家，员工400余人，在昆明设采购中心1个。2007年，营业额达到5375万元，实现净利润396万元。连续两年被评为省级“重合同、守信用”单位，市级“诚信单位”，市工商联（商会）“先进会员”，六盘水市“知名商标”。

作为本土超市代表，始终按照合法、安全经营原则进行经营运作，始终秉承“健康、便捷”之服务宗旨，尽量满足顾客的需求，凭借雄厚资金实力、充足人才资源和先进经营管理，走出一条“优质、低价、便利、温馨”经营路子。围绕“吃、喝、用”等生活主题，以顾客满意和需求为导向，着力构建与区域相匹配商品结构，经营优质家庭日用品、生鲜蔬果、粮油面点、熟食卤菜、休闲食品、酒水饮料、百货服装、鞋类、手机、大小家电等大类，品种达2万余种。通过大批量进货，严格商品质量控制，为消费者提供一个安全、舒适、可靠购物场所，力求让顾客从每件商品中体验到“物有所值”，真正把红月超市打造成盘县人民之菜篮子、油罐子、米袋子。

2004年，商务部、财政部联合制订创建“万村千乡市场”工程规定，鼓励连锁超市开到乡镇、农村。红月超市积极发展区域连锁，先后在火铺、红果、断江、盘江、柏果、洒基、松河、响水、刘官、城关、乐民等乡镇开设连锁便利店和购物商场。按照“统一店面形象、统一商品采购配送、统一销售价格、统一管理模式”原则，让普通老百姓花钱买到称心如意商品。2008年，出资60万元对原有销售软件进行升级换代。新软件投入使用后，保证整个销售数据准确、真实，进一步节约了管理成本，并充分发挥软件新功能，使整个红月系统实现连网消费、储值消费、连网刷卡积分、银行卡刷卡消费等便民服务。

另外，尚有沃尔玛商场、四海商场、万博商场、兴隆大超市、佳惠超市、泰和广场超市、福盛超市、百事得超市、佳合超市等一批大、中型商场和超市。

第二节　药品经营企业

一、老百姓大药房

（一）企业概况

老百姓大药房为联锁经营企业，企业以“一切为了老百姓”为经营理念，以“质量为天、诚信为本、务实高效、发展创新”为经营方针。第一家直营店于2002年8月在明湖路创立，至2007年10月发展到12家直营分店，其中钟山区9家、六枝特区2家、盘县1家，中型物流配送中心1家。总营业面积6000多平方米，员工250多人；拥有会员10余万人，经营品种达1万多种。2006年度销售达2500万元以上，上缴税费140余万元；2008年销售达3500万元，上缴税费200余万元。

企业2003年被评为六盘水市“百城万店无假货示范单位”；2004年被评为“先进个体工商户”，被六盘水市消费者协会评为“诚信单位”；2005年被评为钟山区工商联优秀会员单位，被共青团钟山区委授予区级青年文明号创建单位，被钟山区人民政府、钟山区总工会授予“五一”安康杯冠名荣誉奖和“非公有制经济先进企业”称号，被贵州省工商局评为“省级重合同守信用”单位。2006年再次被评为六盘水市“百城万店无假货示范单位”，被钟山区人民政府授予非公有制经济“优秀民营企业”称号，2007年，被六盘水市消费者协会评为“诚信单位”，被中共贵州省委宣传部授予“省级百城万店无假货示范单位”。

（二）经营管理

1. 创新管理机制，提升企业品牌竞争力。

自开设一段时期，许多药品零售通常是将药品质量管理纳入部门管理，在企业中处于次要地位，导致质量管理不受重视，出现问题得不到解决，对消费者以及企业造成不良影响。2006年，在秉承“质量为天、诚信为本、务实高效、发展创新”经营方针前提下，结合药房实际情况，对人员组织机构、商品管理、软硬件建设、企业文化建设等，建立了一套规范、完善之运营管理流程，将质量管理体系与企业内部管理体系相结合，强调质量管理在运营体系中之核心作用。实施质量一票否决制，对不符合质量要求者，由质量负责人全权负责。建立健全药房管理组织机构及管理制度，确保药品质量执行性和管理规范性。

明确质量负责人责任制。质量负责人全权负责质量管理工作，并按《药品经营质量管理规范》要求，建立健全行政管理组织机构，明确各部门职能，制订完善药品经营质量管理体系保证制度，其内容涵盖药品采购、验收入库、储存保管养护、销售、直至售后服务等各个环节。对总部及门店各岗位人员职责作明确规定，质量负责人属总经理领导下的质量管理部门负责人。同时下辖业务部、外事部、人事后勤部、稽查总部、营销企划部、配送中心。各部门负责人各负其责，员工对本职工作负责。质管部下设质量管理员及验收员、养护员。通过各个岗位认真履行职责，确保药品质量。为加强门店现场管理，质管部、业务部、外事部、人事后勤部、稽查部、营销企划部等部门，分别挂职辅导1至3家门店，对销售第一线所出现问题给予及时处理，对在药学服务、药品学咨询以及销售服务方面起到很好指导作用，提高了服务质量，树立了企业良好社会形象。

建立完善售后服务管理制度。对销售药品严格遵守有关法律、法规和制度，正确介绍药品性能、用途、禁忌及注意事项，按照国家有关药品之不良反应报告制度，认真收集本企业售出药品不良反应情况，在营业场所设置顾客意见薄和监督电话。对顾客投诉，24小时内100%受理并予认真回复。

2. 加强企业文化建设，提升企业凝聚力。

建立人事福利制度，实行工资与工龄、质量、效益挂钩相结合管理制度，每月组织部门经理到门店执行检查和考核。逢员工生日，公司提供相关福利，如赠送蛋糕、生日金等。同时，药房每年拿出部分基金奖励优秀员工。

加强员工思想建设，建立团组织，组织多种文艺活动，如文艺表演、唱歌比赛等。并多次组织员工参加社会活动，积极参加社会各种宣传教育活动，还组织举办“辉煌老百姓”2007年元旦联欢晚会。

3.建立绩效考核管理机制，提升门店经营效力。

2007年，企业提出将“三升一降”经营目标列为各门店日常考核，把门店各项管理目标进行量化，对业务素质提升、销售业绩提升、品牌力提升及运营成本降低均作了详细规定，其中对业务素质提升，要求各门店大力开展培训。对销售业绩提升，要求各门店对人流量、单价等7个指标进行量化，对每日销售有一个明确量化记录，每月有一个明确量化报告，每季有一个明确量化总汇。对于品牌力提升，始终倡导要以优良药学服务、专业药品学知识及人性化服务提升服务质量，让消费者能够达到满意、放心。2008年，开展优质服务年活动，各门店全面推行优质服务工作。

二、神农大药房

（一）企业基本情况

神农大药房创立于2007年4月，同年6月通过药品经营质量管理GSP认证。企业营业店铺面积140多平方米，有员工10人，其中大、中专文化程度4人，药学相关专业3人，中级职称以上2人，其他员工均为初、高中文化程度。经营范围包括：零售各类处方中药、中成药、化学药制剂、抗生素、妇科类、胃肠道类、儿科类、心血管类、维生素类、矿物质类、五官科类、感冒类、解热镇痛类、抗风湿类、止咳祛痰平喘类、清热解毒类、外用药类、肝胆泌尿类、处方中药类、非药品类，共近20大类4000多个品种及医疗器械。

（二）经营管理

神农大药房严格依照《中华人民共和国药品管理法》以及药品经营管理规范等相关法律法规要求，严格组织药品经营管理。为保证药品经营管理质量，制订了相应药品经营管理制度，加强从药品购进到销售的全面质量管理。

加强药品进货管理。首先，建立健全严格审核药品供应商管理制度，保证零售药品全部从合法药品供应商处购进，从源头保证药品质量。其次，建立健全药品购进验收制度，验收内容包括：质量负责人和验收员对购进药品进行核对，运输包装完好性符合要求；药品符合采购计划中规定的药品品名、规格、数量和供应商，同时检查药品批号，要求药品批号在有效期10个月以上。经质量负责人检验确认药品质量合格后，做好进货记录、进货台账方可销售。

健全药品和非药品、处方药和非处方药、医疗保险药品管理制度。对药品和非药品实行分类、分区域、分柜台管理，药品区域内或柜台上严禁摆放非药品；处方药和非处方药严格按要求分类上柜销售，处方药凭医生处方并经药济师审核处方后方可销售。医疗保险药品凭医疗保险卡销售，绝不向刷卡人员销售非医疗保险药品和其他物品。

加强过期药品和近效期药品管理，最大限度保证顾客用药安全。坚决杜绝销售过期药品，对近效期药品定期销售，对过期药品和超过销售时限之近效期药品，采取下柜集中销毁处理，并做好销毁记录。

加强员工教育培训，使服务质量达标，服务态度热情。药房员工均经过食品药品监督局或其他相关部门培训和药房内部培训合格上岗，具有良好服务态度和过硬熟练工作能力，遵循“真诚待客、顾客至上、诚信为民、礼貌服务”的服务宗旨。

经药监、商务、工商等有关行政部门检查评定，神农大药房管理达标，零售药品质量合格，顾客反馈意见良好，在食品药品监督局或其他相关部门监督检查中，未检查出违规问题。坚持“货真价实、信誉第一”，力求药品质量第一，严格管理，严格把关，保证销售货真价实药品，让顾客满意、放心。

除老百姓大药房和神农大药房之外，市境从事药品经营的商贸企业还有新华、福安康、芝林、一树、好人福、永康、平安、华康、俊隆、华博、世医、松坪等一批大中型药房。

第三节　汽贸、电梯经营企业

一、钟祥汽贸有限公司

成立于1995年4月19日，注册资金1000万元，其中：固定资产500万元，流动资金500万元。公司总部在六盘水市钟山大道一段（双水新区机动车交易市场旁）。分公司在六盘水荷城机动车交易市场。主要经营国产及进口轿车、越野车及其他整车业务。是比亚迪汽车在六盘水地区一级经销商。2007、2008年被评为四星级服务店，是东风雪铁龙2S店，海南马自达二级经销商。

企业法人代表为钟英祥，1992年至2005年为钟山区第三、四、五届政协常委，1995年至2005年为六盘水市第四、五届人大代表。公司有员工48人，其中具有高级技术职称2人，中级技术职称4人，初级职称6至18人，国企下岗职工2人。

公司成立后，员工从最初6人增至48人；固定资产从最初169.6万元增至500万元。2006年9月，双水新区钟祥汽贸展场建成开业后，固定资产、流动资金增至近1000万元。销售业绩逐年上升，公司以“诚信至远、开拓创新”为理念，坚持“服务至上、顾客第一”经营宗旨。爱国守法，公平竞争，以质量求生存，靠信誉谋发展。在中国银行六盘水分行、中国农业银行六盘水分行和中国工商银行六盘水市分行等相关单位支持下，率先在六盘水成功开展个人汽车销售信贷业务。从2000年至2007年，累计贷款近亿元，还款率达98%。2004年，被六盘水市个私协授予“先进私营企业”称号。2003年至2005年被中国消协评为全国“诚信企业”。2008年，被六盘水市消费者协会授予“诚信单位”企业称号，并获六盘水市各业务主管部门相关荣誉奖牌。

公司总部：设总经理1名，负责公司总体发展思路和整体规划以及重要业务购销活动。办公室：负责公司各种接待业务，宣传、广告、档案管理及各项信息收集；销售部：双水新区经理1名，荷城分公司经理1名，负责车辆验收、客户接待、销售、客户资源及售后咨询等信息反馈；售后服务部：服务总监1名，负责汽车售后保养、维护、维修业务等售后服务；财务部：经理1名，负责公司财务核算和财务收支管理，及银行信贷业务；后勤部：负责公司环境卫生、员工食堂管理及安全保卫工作。

公司领导注重人才引进和培养，先后输送员工12人次到北京、上海、深圳、西安、重庆、贵阳等地进行业务知识培训，以不断提高员工素质和技术水平，增进员工营销服务及售后服务新理念。坚持每周一次学习制度和每月一次公司全体员工会议，对员工进行政治思想教育，组织开展法律知识、服务理念、业务技能专业知识学习，树立公司员工良好形象。

公司配备了先进办公设备、设施。具备先进维修设备，先进电脑检测仪，设有举升机10台、剪式举升机2台、四柱举升机1台、烤漆房1个、大梁校正仪1台、四轮定位器1台、动平衡机1台、氮气机1台等各种先进维修设备。经营场地：车辆展厅1200平方米，仓储222平方米，维修及停车场所4000平方米，办公楼面积450平方米。实现集汽车销售、售后服务、车辆维修、车辆配件等一条龙服务营销企业。

尚有红桥汽贸城、德坞汽贸城、双水汽贸城、源通汽车文化市场、济民汽车市场、盛安汽贸、鑫泰汽贸，以及以汽车品牌命名之福田、庆铃、江铃、东风小康、吉利金刚、上海英伦、海马、黄海、长城、长安、众泰、奇瑞、迪尔、福卡、五铃等汽车经营部和靖源、荣威、恒丰、源阳、三星缘等汽贸商场，大运重卡、卡尔发重卡等汽车经营部和一批旧车交易市场，达200余家。

二、三洋电梯销售公司

贵州三洋电梯销售有限公司为市工商联会员单位，属东莞三洋电梯公司贵州地区直接销售公司。公司产品按ISO 9001国际质量体系标准要求生产，并致力于为客户提供优质电梯产品，公司产品包括乘客电梯、住宅电梯、观光电梯、医用电梯、液压电梯、客货电梯和自动扶梯、自动人行道等。

公司采用三洋集团一贯设计、生产、销售、安装、保养“一条龙服务”体制，为用户提供完善售后服务。确保三洋电梯安全可靠、舒适、高效运行。

除三洋电梯销售公司以外，还有奥的斯、西子奥的斯、迅达、三菱、富士、东芝、星马、江南快速、杭州西奥等60多种品牌电梯进入六盘水市场，其中一些品牌在市内设有经销部及售后维修服务站。

第四节　电器经营企业

一、苏宁电器

苏宁电器1990年创立于江苏南京，为中国3C（家电、电脑、通讯）家电连锁零售领先企业，是商务部重点培育的“全国15家大型商业企业集团”之一。六盘水苏宁电器营销店创立于2006年，以电器自营为主，经营彩电、冰箱、洗衣机、空调、生活电器、油灶、数码、电脑、通讯、OA外设等9大品类，近千个品牌，1万多个规格型号。经营面积4980.44平方米，员工230人，年销售规模1.2亿元。

（一）市场营销

企业通过高层互访、B2B、联合人才培训、联合促销等形式，与三星、LG、松下、索尼、夏普、诺基亚、西门子、惠而浦、海尔、海信等国内外数千知名厂家建立并保持稳固战略合作关系。

销售方面通过承诺品牌、价格、服务一步到位，并通过B2C、联名卡、全会员制营销等方式，为客房提供优质服务。

在商务部、财政部推广的“家电下乡”工程中，企业成为首批中标单位，并启动“千乡万镇农村调研”工程，拓展家电零售渠道在农村市场发展。与六盘水市商务局联合举办六盘水地区“家电下乡”活动启动仪式。

（二）服务创新

企业以“至真至诚、顾客满意”为服务目标，坚持专业服务策略，形成差异化竞争优势，构建连锁店、物流、售后、客服四大终端。

企业统一制订有“三米”“首问”区域店面服务负责制原则，推行站式服务购物体系，同时提供产品推荐、上门设计、延保承诺、家电顾问等服务。

后台物流建有1个转配点，货物平均配送半径180公里，最大配送能力为每日200台（套）。

客服方面，六盘水与全国统一，通过客服热线受理与回访。

二、红华家电超市有限公司

六盘水红华家电超市有限公司成立于1999年3月22日，系贵阳红华贸易有限公司下属子公司，为红华公司在六盘水开设的第一家门店，公司位于六盘水市钟山区钟山中路18号，法人代表李全祖，注册资金1220万元。公司商场面积近2000平方米，有员工100多人，年销售额达3000多万元，每年向国家缴税10多万元。

公司秉承“服务永远是我们最好的产品”经营理念，率先开设免费送货上门、售后电话回访等多项服务，树立崭新服务标准，使广大消费者获得巨大价格实惠和优质服务保障。公司拥有独立售后维修服务中心，具有专业配送队伍，当天送货到家，并与厂家携手为顾客免费安装调试，真正做到即买即送即安装，让广大顾客在购买商品之后无后顾之忧。

三、六枝“一条龙”家电广场

于1996年成立，位于六枝特区城中心人民路9号，系一家综合性家用电器及水暖销售、批发、安装、维修大型服务企业，拥有维修及销售场地360平方米，高中级技术人员12名，销售及业务人员8名，有中高档维修设备。总经理魏林系中国家用电器维修协会会员、国家职业技能鉴定家用电子产品维修工考评员、高级技能师、六枝特区工商联合会会员、东莞科阳节能设备科技有限公司贵州客户服务中心总经理。企业以“真诚为您服务”求生存，以维修技术求发展经营理念为核心。2007年被六枝特区消费者协会评为“诚信单位”，于2007年6月向国家工商行政管理局申请“一条龙”注册商标。企业用户遍及六枝特区中心区、郊区及大部分乡镇。

除此之外，市境还有“百联”电器、“脑百信”电脑、“新华”电脑等一批电器经营企业。

第五节　家具经营企业

一、六盘水西南家居装饰广场有限公司

为六盘水2000年招商引资重点项目之一。地址麒麟路5号，法人代表潘伟亮，注册资金50万元。由广东顺德乐从方圆实业有限公司投资2500万元，在原六盘水市物资局闲置仓库基础上改建而成，于2000年8月25日正式营业。

公司管理部门内设总经理室办公室、客户服务部、广告部、工程维修部、消防保安部、财务部、双拥办公室。2000年12月，建立“六盘水西南家居装饰广场有限公司工会”，隶属钟山开发区新建企业工会联合会领导。2001年2月，建立“中共六盘水西南家居装饰广场有限公司支部委员会”，隶属市直机关工委领导。2002年3月，通过民主选举，建立“六盘水西南家居装饰广场管委会”。2003年3月，建立“六盘水市消费者协会西南家居装饰广场投诉站”。同年11月3日，成立“六盘水市技术监督局、六盘水西南家居装饰广场计量质量咨询投诉站”，便于消费者购物出现质量问题时投诉。

公司经营布局：一楼为陶瓷、洁具、地板、灯饰、五金电器、建筑材料、涂料、厨柜等，共有营业面积1.5万平方米；二楼为家具，共有营业面积8000平方米；仓库1600平方米；停车场3000平方米；通道3500平方米。以上面积共计31100平方米；年销售额在3000万元左右。2002年，投资30余万元，安装了消防安全防火喷淋系统。

公司共有管理人员及固定员工40人，为市场解决劳动就业500余人次。公司有党员24人，共青团员8人；大专以上学历10人，中级职称3人。建立和完善保障消费者合法权益组织体系，使市场管理在有关部门直接领导下，沿着建立社会主义市场经济轨道走向完善成熟。

公司及商场开业后，注重道德教育和行业规范，在经营产品和经营作风上，坚决杜绝假冒伪劣商品进场损害消费者利益。在经营服务上，拓宽地域思路，向周边地区辐射，竭诚为市区和邻县城乡民众提供服务。

公司经营十余年来先后受到省市政府部门授予“六盘水市第一批购物放心商场”“先进私营企业”“市级百城万店无假货示范单位”“明码标价示范单位”“2001—2004年度诚信单位”等称号；2002年至2003年，连续被评为市级消防工作先进单位；2001年至2009年连续被中

共六盘水市市直机关工委评为“五好党支部”。

在取得长足发展和经济效益同时，并注重对国家和社会真情回报。长期坚持慈善捐助、扶贫济困。向武警消防官兵、地震灾区、凝冻区、市区孤残老人、贫困高考优等生及贫困学子和偏远山区予以真情捐助。

二、威龙家居装饰广场

威龙家居装饰广场，成立于2003年6月13日，位于人民西路原煤炭部七十三建井工程处住所大转盘路口，隶属于六盘水威龙房地产开发有限公司。系一家具有高素质、高品位、实施先进管理之大型家居综合市场，为六盘水规模最大之顶级家具广场之一，总营业面积达3万平方米。品牌汇聚，精品繁多，在贵州西部家居装饰市场中享有著名声誉。

一楼：经营灯饰、布艺。有金爵士照明、靓彩灯饰、飞利浦照明、房泰照明、现代灯具、亮迪照明、本邦国际照明、名派照明、明迪照明、海伟灯饰、广赛照明、美特照明、东星灯饰、凯帝斯灯饰、华艺照明等国内外各类名牌灯饰商品。有佳美布艺、新浪布艺、美都布艺、华丰布艺、雅梦琪布艺、豪华布艺等国内外各类名牌布艺商品入驻销售。

二楼：经营精品家私、办公家私。有皇朝家私、喜洋洋家私、派尼尔家私、福来德家私等国内外各类名牌家具入驻销售。

三楼：经营精品家私。有皇朝家私、菲特蒂斯家私、米高家私、皇吉家私、台资先驱家私、依丽思家私、香格里拉家私、弗莱蒂斯家私、阳光100家私、金亿家私、双凤柏润家私、华信阳光家私、变色龙家私、远豪家私、好风景家私等国内外各类名牌家具入驻销售。

四楼：经营精品家私、办公家私。有全友家私、八益家私等国内外各类名牌家具入驻销售。

威龙家居装饰广场，集先进设计、研发、销售、推广为一体，经营家具、洁具、陶瓷、地板、灯具、五金、建材、涂料、厨具等商品。坚决杜绝假冒伪劣商品进场销售损害消费者利益，始终坚持顾客至上，诚信经营，以一站式、人性化服务为特色，在引导市场与满足市场需求同时，不断发展壮大，通过多年不懈努力，已成为六盘水市家居行业龙头企业之一。企业的服务宗旨是“以优质产品求生存，以优质服务求发展”；经营理念是“创意空间，简爱生活，顾客至上，诚信经营”。

三、红果家具建材广场

创立于2007年6月18日，同年11月23日正式营业，位于红果经济开发区胜境大道50米处。总面积2.6万平方米，进驻商家60余户，经营品牌家具建材100余种。该广场规模大、品种全、硬件设施完善、管理严格，以“汇集天下名牌，打造家具建材航母”为目标，系盘县规模最大家具广场。商场底楼，正一楼以装潢材料、洁具、灯具、窗帘、橱柜、五金、饰品、地板类、陶瓷等建材为主（其中还包括太阳能热水器）。二、三楼以国内外知名品牌家具为主。红果家具建材广场，坚持以人为本，求真务实，精益求精，以“一流品质、上乘服务”作保障。产品经过严格挑选和评估。在经营中还投身于盘县公益事业，2007年10月为盘县妇联举办“九九”重阳节资助8000元；2008年1月为盘县大学生联谊会资助8000元。本着“做企业就是做人”经营理念，在盘县地区不断开拓市场，热诚与盘县各级党政机关及企事业单位和社会各界有识之士通力合作，构成一个良好营销体系，提供专业一站式服务。

尚有金马家居、佳美家居、名都国际家居、雨田家居、欧化家具、豪美斯家具、全友家具、南方家私等一批大、中型家具企业。

第六节　住宿餐饮企业

一、六盘水富丽豪大酒店

2007年7月19日成立，为私营股份制企业，位于六盘水市钟山区人民中路35号，按四星级酒店标准设计建造。法人代表邹子平。酒店总建筑面积1.5万平方米，占用土地面积3000平方米，注册资金1000万元。

酒店拥有总统套房、豪华套房、豪华标准间、单人间等房间共154间（套），有专为商务人士设计的行政楼层。另设有中餐厅、大小会议室及棋牌室。中餐厅提供川、黔、粤菜及本地菜，拥有28间豪华包房，为私人聚会和商务宴请首选之地。多功能宴会厅能同时容纳300人宴会或400人酒会、晚宴、商务会议、鸡尾酒会和其他大型宴会，均可提供完善设施设备及一流专业服务。棋艺室具有风格各异装潢及先进娱乐设施。20余间贵宾包厢，为聚会理想之选。

作为城市服务窗口行业，酒店自开业后多次完成政府以及民间各类大型接待业务，如每年市政协全会、市工商联全会、全省治安工作会、水城钢铁（集团）全会、安利产品订货会、贵州省移动公司六盘水分公司全会以及市、区人民政府有关部门会议。协办了中国国际旅游小姐六盘水分赛区选拔赛、建市30周年文艺演出、凉都消夏文化节大型文艺演出等活动，得到市政府及相关部门好评。

2008年6月，获市政协赠予“支持政协工作，服务品质一流”锦旗1面，中国煤矿文工团赠“宾至如归，服务到家”锦旗1面，水城县政协赠酒店“服务高品质，住店如到家”锦旗1面，钟山区人民政府分别授予酒店及酒店员工叶红贵消防安全工作先进集体和先进个人荣誉。

酒店为社会提供大量就业岗位，企业有职工200多人，其中农民工占50%。酒店成立工会后，经常为酒店困难员工提供帮助，并依法缴纳税金，为社会捐助。其中，1990年，缴纳税金60万元左右，缴纳双拥抚恤金1000元，资助抗旱救灾款1000元。

二、六盘水东产商贸有限公司

六盘水东产商贸有限公司，成立于1999年，注册资金50万元，法人代表唐红军。地址位于六盘水市钟山中路泰瑞花园1号楼2楼，有职工138人。下属分支机构有：

（一）金三角大酒店（三星级）

位于六盘水市明湖路3号，主要经营客房、洗浴、餐饮。有职工102人，总经理唐洁。

（二）金马家居广场

地址位于钟山中路泰瑞花园2楼。主要经营中高档家具，从事经营家具达15年以上，经营面积2000平方米。主要负责人唐红军，有职工28人。

（三）贵阳红星美凯龙家居广场

承租1000平方米场地，经营高档家具，投入资金480多万元，主要负责人唐红军，有职工8人。

六盘水东产商贸有限公司自成立起不断发展壮大，年销售额达2500万元以上，净利润达500万元左右。公司对下属分支机构多次投入，截至2008年，共投入资金近3000万元。

公司照章纳税，教育员工参加无偿献血、捐赠贫困地区学校物资，抗震救灾、救济贫困民众等公益活动。

三、华丽酒家

华丽酒家，创建于1989年，总店位于文化北路路口，经营面积有两层楼，共1000多平方米，能同时承办70多桌酒席。系六盘水市上规模大型个体餐饮企业。

华丽酒家本着“艰苦创业、开拓进取、精心策划、严密管理”原则，遵循“恪守信誉至上、顾客至上、服务第一”理念，扬乌蒙菜系，展贵州佳肴，荟夜郎特色。经20多年经营奋斗，从小本经营起步，逐步发展壮大为拥有可承办各类宴席的连锁大型酒家，发展为开办有华丽总店、华丽二分店、华丽满堂红和夜郎王食府等连锁企业，总资产达1200多万元。具有相当深厚烹饪技术水平厨师48人（特级厨师6人，一级厨师16人，二级厨师26人），有熟悉餐饮经营管理业务人员22人（高层管理人员4人，中层管理人员18人），共有员工320多人，并成立基层工会。

所经营席宴，植根于民族民间饮食文化土壤，大力发掘传统原生态菜谱菜系，以蒸炸煎炒等方式展现美味美食，以特色汤锅和地道家常菜与农家菜等各类菜肴体现特色。讲求适于普通化和大众化，兼顾华贵品味，注重廉价实惠，宜于顾客选用，深受顾客欢迎，为市内承接酒席最多餐饮企业之一。并保持企业发展强盛趋势，正朝着规模化、集团化方向发展。

宴席根据不同套菜配搭，列有永结同心宴、步步高升宴、福星高照宴、大展宏图宴、合家欢乐宴、群众聚友宴等各类高、中、低档宴席。菜肴凉菜、炒菜、蒸菜、炖菜、汤菜、煎菜，各类齐全。在家常菜系之凉菜、干盘、肉丝、肉片、全鸡、蹄膀、回锅肉、红烧肉、扣肉、鱼虾、八宝饭、酸菜肉沫小豆汤、粉丝肉汤等家常菜基础上，根据顾客所需选取，在百余种时尚品味特色菜中，分别配搭凉都脆皮鸭、绣球宝塔肉、华丽全家福、多彩四宝、合家大团圆、绣球蹄筋等。以菜美丰盛、价廉实惠著称，深受顾客欢迎，营业兴旺，常常同一天内承办数家酒宴。

积极为社会作贡献，作了大量助贫、助孤、济困等慈善捐助。

多次参加国内省内市内膳食展示和比赛等活动。其中，仅2007年，参加青岛第八届中国美食节暨第六届国际美食博览会、贵州省饮食和茶文化节、六盘水市消夏文化节美食博览会烹饪技能赛。历年先后多次获“中国名宴”“特金奖”等荣誉。多年获市工商部门、市工商联、市消费者协会等颁发的“先进个体工商户”“先进会员”“诚信单位”等称号。总经理刘丽，系中国民主建国会会员、省人大代表、六盘水市工商联副会长、贵州省女企业家协会副会长。

四、大食堂

大食堂，系六盘水上规模之餐饮酒楼企业之一，位于康乐南路3号。内设原材料采购部、财务部、办公室、技术顾问委员会、策划部等机构。总营业面积1100平方米，有职工40多人。主要经营零餐，系六盘水唯一一家不接待婚宴、寿宴等宴席之大型特色餐厅。设有20多桌座位，能同时容纳200多客人就餐，客人经常满座。

菜肴主要经营黔菜，富有浓厚“贵州乡土风味”。有凉菜、蒸菜、炖菜、炒菜、汤菜等几大类，共300多种菜肴，主要为民间、民族菜肴。其中，尤以盘县辣子鸡、思乡青豆腐、腊肉血豆腐、冰糖南瓜、腊肉蒸豆豉、烩荷包蛋、盘县椿芽、火腿炒刺老包、火腿炒蕨菜、水煮芋头等多道地方特色菜，普遍受顾客欢迎。大食堂自身之酸菜豆汤、泼辣鱼、油淋鸡、彝家酥鲫鱼、凉都烧羊肉等特色菜肴，县有独具一格风韵，深受顾客喜爱。另外，搭配特色蘸水，更具六盘水乡土特色风味。餐厅对菜肴特别注重质量和食品安全把关，坚决杜绝劣质和腐烂变质原材料入厨，建立有原料台账，对其分类保管，追踪监督其入库出库情况。财务部认真掌握财务核算，达到合理毛利率及反映经营动向情况。技术部对其菜肴进行技术监督指导，保证菜品特色和质量，并注重开拓创新。

经营理念：适于大众消费，菜品以民族民间为主，不求形式，让百姓认可，亲于民众，让利群众，诚信周到，作菜与做人一样。董事兼技术顾问王忠明，系中国民主建国会会员、六盘水市烹饪协会副会长、贵州省烹饪协会副理事长，参与编辑《中国文化大辞典·黔菜卷》《中国食文化大辞典·六盘水分卷》《贵州烹饪百科全书》等书工作。先后获2000年中国西部国际精品菜肴暨美食文化展览会“特金奖”，“2006年中国黔菜研究开发突出贡献奖”“中国黔菜名师”“贵州省烹饪大师”及六盘水消夏文化节“特金奖”等多项奖励和荣誉称号。

经多年诚信经营，企业不断开拓发展。1985年，开办康乐酒家；1987年开设康乐饭荘；1990年兴办向阳饭店；1992年开办大明酒家；2002年开办偏科小儿餐馆；2006年创办市中心城区首家大明私家菜馆；2010年开办大明府饭店。

五、梦幻森林听涛寨

地处水城军分区旁绿化园林内，占林地30多亩，创建于2008年，为余氏两姐妹分别开办之“梦幻森林”与“听涛寨”两家相邻连片之姐妹餐饮企业，系六盘水特具自然风韵之餐饮代表性企业。独具环境宁静，清新优雅特色，掩荫于一片葱郁幽幻之丛林之中，林间建有数座小凉亭，更显雅致风味。清风疾来，林声如涛，爽气飘至，树香扑鼻，使人陶醉，令人留连，成为顾客待客聚友乐选之处。

（一）梦幻森林

法人代表余漫宇。餐厅总面积1000余平方米，建有独立小包房13间，共300多平方米；梦幻音乐餐厅，面积300多平方米，厅内设有30多张圆桌席座，能容纳接待300多人进餐。有员工30多人，厨师10余名。

经营特色，兼具中西现代风韵，菜肴以川黔菜系为主，餐饮集特色菜，野味、海鲜、糖食、茶点等为一体。

经营理念：新颖诚信，周到欣庆，让顾客“为欢乐而聚”。

特色菜：有干锅牛肉丝、尖椒牛肉、鲜山椒炒鸡杂、京酱肉丝、火爆腰花、湘东口味鸡、铁板牛蛙、药膳炖鸡、干锅手撕鸡等数十道。

野味：有野鸡双吃、干锅野鸡、竹虫、蜂蛹及加以特味烹调之竹笋、竹荪、香椿、菌类和各种野菜山珍。

海鲜：有雪黎小黄鱼、红烧甲鱼、雪山大蝎、六合鱼糕、风味糍粑鱼、干锅野生鱼、菠萝鱼、酱椒鱼头、清蒸鲈鱼、清蒸鳜鱼、荆沙甲鱼火锅、红烧鱼片等。

饮品：有巴厘岛咖啡、巴西咖啡、哥伦比亚咖啡、梦幻咖啡和中式茶极品水城春、极品铁观音、都匀毛尖等名茶；有菠萝、香蕉、荔枝、苹果、柑桔、桃子、梨子等各种果汁，有各类名贵糖食糕点和多种名酒。

各个独立包房依山顺势而建，成一座座离地平台式玻璃小屋，小巧玲珑，晶亮透明，小屋内布置豪华西式沙发和桌凳，新颖气派。一条条离地弯曲折板桥式通道，将各座小屋相串连，蜿蜒起伏，错落有致，桥两侧装有红色护栏，酷似红线连晶宝。在水晶式包房内就餐，使人心境超脱，消减苦恼忧愁，淡忘名利纷争。音乐餐厅静立林间，顶棚装有一把把吊伞，似朵朵莲花天降，四壁装饰，为西式格调各式图形，引人入胜。在其内边餐饮边聆听乐队所演奏之一首首中外名曲，将人引入梦幻境地。

（二）听涛寨

法人代表余漫云。餐厅面积300多平方米，设有10余间包房，能容纳200多人就餐，聘有高级厨师2人主厨，有职工16人。

进入听涛寨，密林笼罩，空气清新，凉荫送爽，在翠林丛中，点藏着石墙瓦房，紧贴房墙脚，顺沿叠起条形花台，花木放翠飘香，更显农院秀雅风韵。民居小院，院坝洁净，屋内中式传统布置，使人倍感亲切，好似步入一处乡村农院，宁静清新，酷似城市中之一处农村“桃源”，令人感到顿时离开喧嚣嘈杂之城区闹市，回归宁静清幽之自然胜境。

经营以黔菜为主，着重乡土传统特色菜肴，且多系自创独特风味特色菜品，采用特殊烹饪工艺和调料制成。有砂锅炖蹄膀、农家辣子鸡、彩虹排骨、乡村泼辣鱼、干香野菌、麻辣臭豆腐、农家三脆、蕨菜炒腊味、农家烩野菜、山鸡炖蘑菇、山药烧乳鸽、海带炖老鸭、苦蒜烩芸豆、党参炖猪肚，魔芋烧肥肠、野鸡调豆花、盐菜回锅肉、蒜薹炒香菇、干青菜炒火腿、凉拌木耳等几十道乡土风味特色菜，特具独创性，别具一格，富于品尝性，深受顾客青睐，被有的美食顾客赞誉为“葱郁绿林、幽藏珍肴”。

经营理念，营造城市中心乡村风味，回归自然，返朴归真，享受都市宁静，呼吸清新空气，聚会天然氧吧。

“梦幻森林”与“听涛寨”，同处一片苍翠林中，成为一对姐妹餐饮企业，虽仅一线之隔，然风韵各异。“梦幻森林”，富含现代、时尚、华丽、清幽、别致等风采；“听涛寨”深蕴传统、乡土朴质、恬静、优雅等气息。各显特色，中西合璧，相映互衬，相得益彰。“在极富深厚文化品味，自然中显美，于美中现自然”，倍受顾客爱慕光临。

尚有新华大酒店、凤凰宾馆、雨田宾馆、商务酒楼、腾龙宾馆、全兴宾馆、迪维娜宾馆、八一宾馆、韭菜坪宾馆、凉城宾馆等大、中型宾馆；青松饭店、荷城酒楼、天天家常菜饭店、黔阳酒楼、秀丽酒楼、新世纪酒楼、双水酒楼、新林酒楼、乡村园酒楼、万福酒楼、添乐酒家、福源酒楼、玉琼酒楼、海岸酒楼、富祥酒楼、事成酒楼、好惠来酒楼等一大批数以百计大、中型餐饮企业。

第七节　照相馆

一、明星摄影图片社

明星摄影图片社成立于1993年4月，位于民族路，法人代表李继东。经过十多年发展，员工从原来4人增加到30多人，企业由原来明星摄影图片社1家发展至3家，即明星摄影图片社、爱你宝贝儿童摄影旗舰店、爱你宝贝儿童摄影形象店。

经营理念：以人为本，以质量求生存，以信誉求发展。

在六盘水摄影行业中，一直坚持用最好、最先进设备和最优良技术为社会服务。系六盘水市影像龙头企业之一。

数十次分别完成中央领导、省市领导大型合影照拍摄制作和考查视察资料照片和影集制作。六盘水市大型合影照片80%均由明星摄影图片社拍摄制作。

设备先进完善，为六盘水市较大非公摄影企业，主要开展群众照相摄影及婚纱摄影服务等业务。为社会解决30多人就业，并每年向国家交税8万多元，多次向社会进行捐赠赞助。历年来，多次获“优秀摄影企业”和“先进企业”等称号，并在多次参加各级影展和摄影作品比赛中获奖，享有较高社会声誉。

二、李强人像婚纱摄影

影楼成立于1993年6月，位于黄土坡钟山西路61号，法人代表李强。影楼经营面积300余平方米，拥有2100万像素高端相机5台、各类大型专业镜头10只，大型实景主题背景200余平方米，员工12人。影楼系全国百家承诺放心消费影楼，柯达专业百分百使用认证店。主营婚纱摄影，大型实景拍摄，足不出户也可拍摄大自然风光摄影。

影楼创建后本着“诚信经营，不断创新”理念，在守法经营的同时，热心公益活动，多次受到各级政府表彰和肯定。1998年，抗洪救灾为灾区人民捐款500元；资助钟山区摄影行业协会2000元。2000年，赞助《六盘水年鉴》编辑出版费用8000元；参加钟山区政府及政府部门组织的到百岁老人家中慰问活动，免费为百岁老人拍照留念。2003年6月，为一罹患疑难杂症儿童捐助500元。2003年，为预防抗击“非典”捐款500元。2008年，为汶川大地震抗震救灾捐款1200元。

影楼1994年加入“中国艺术摄影学会”。1995年，加入“香港名家摄影学会”；被贵州省工商行政管理局、贵州省个体劳动者协会评为“省级诚信个体工商户”。1997年，李强任“中国摄影”杂志特邀记者；李强被六盘水市工商联（总商会）评为先进会员；影楼获“贵州省十大最受新人喜爱婚纱摄影品牌”荣誉。1998年，李强牵头成立钟山区摄影行业协会并出任副会长，同时召集同行举办首届婚纱人像图片展。1999年，李强被评为国际专业人像摄影师；同年影楼加入钟山区工商联（商会）。2004年，钟山区委、钟山区人民政府授予影楼“建区16周年先进工作（生产）者”称号。2000年至2008年，影楼被黄土坡工商所个协分会评为“先进个体工商户”“文明个体经营户”。2006年，影楼被中国人像摄影学会、中国国际婚博会评为“全国百家承诺放心消费影楼”。影楼法人代表李强为黄土坡工商所个体协会理事、特邀监督员，钟山区工商联执委，六盘水市摄影家协会会员。

三、百合婚纱影楼

百全婚纱影楼成立于2000年1月，位于钟山西路64号（康乐路口），法人代表张运祥。

影楼营业面积200余平方米，工作人员16人（其中农民工4人，下岗再就业人员2人，城市就业人员6人，专业技术人员4人），设有门市部、客户部、化妆部、摄影部、美工制作部、后勤部6个部门，年上缴税金1万余元。影楼自创建后由小到大不断发展成为大型婚纱摄影影楼，同时还加盟北京名人国际婚纱影楼连锁公司。形成以数码冲印，婚纱摄影，儿童摄影，写真艺术摄影等优质服务为主之经营特色，以“专业、热情、精致”为经营理念。主推剧情式电影婚纱MV拍摄模式、大型实景主题摄影等题材，还设有以富有地方特色主题摄影“夜郎之恋”“夜郎公主”为主题的拍摄方式，除此之外还建立了大型网站平台www.ldbhhs.com。代表着婚纱摄影行业发展趋势，成为美丽新娘之代言人。

百合婚纱影楼注重公益事业，回报社会。庆祝香港回归时参加商业赞助活动并积极捐款；在抗洪救灾中组织捐赠活动并捐款，同时参与钟山区民政局组织之慰问活动；赞助并参与钟山区“京剧金秋”艺术晚会；赞助钟山区工商联主办的“会员之歌文艺汇演”；与六盘水市旅游局合办首届“百合杯”旅游风光摄影艺术大型采风活动。

2007年春节前，慰问钟山区月照乡特困农户并捐款捐物。汶川大地震后，影楼组织员工参加川渝商会发起的抗震救灾大型捐赠活动并捐款；同时还向玉树地震灾区捐款。

影楼注重企业文化建设，经常组织员工开展技术培训和思想道德教育，并推荐优秀员工到北京、上海、成都等地学习专业技术和管理经验。影楼多次受到市、区有关部门表彰，先后荣获全国“青年文明号”“中国优秀摄影家”“中国摄影名师”等称号，获钟山区“优秀婚纱影楼”称号，入编首届中国婚纱艺术摄影企业精粹丛书。

此外，市境尚有金夫人、微微新娘、古摄影、清池、清源等影楼像馆。

第十四章　商业教育

中华人民共和国成立前，六盘水境商业不甚发达，系由私商经营，商业实业和人员不多。从业人员多未经过全面系统之业务知识技能学习，主要在店铺或作坊内跟师当学徒。明、清时期，基本无专门商业教育机制。民国时期，始开设少数商业教育培训班或学校。

中华人民共和国成立后，随着商业发展，各县商业企业不断增多，商业业务逐步扩大和深化，对商业人员之业务知识能力要求不断提高。为适应商业发展需要，商业教育逐步向正规化机制发展。

第一节　商业教育发展情况

中华人民共和国成立前，六盘水境无正规商业学校教育，主要系“带学徒”形式，面小而分散。学徒在店铺或作坊内，最初多当杂工，多处“偷师学艺”状况，有的受尽虐待。经一段时间后，边从业边学习，跟“先生”或“师傅”学会一些账务、店务管理、商品知识、营销手段及经营运筹等方面知识。一般三年“出师”，或留用当店员，能力强者当“先生”，或自立经商。是时社会，由于谋职业不易，人们对某些专长和技艺往往采取保守办法。商业与其他行业一样，广为流传有“教一路留一路，莫等徒弟打师傅。”说法。故习商求教者，深怀“一技难求”困感，而精通商业人才甚少。

民国时期，始兴办商业教育，开始由学徒式个体商业教育向群体商业教育转变，多于职业学校内设“商科”，或于校内开设有关商业课程，或独立开办培训班之类，而往往专业不全，规模不大。较早者，见于民国4年（1915）郎岱县开办“会计训练班”。民国年间，各县均先后办有上述商业教育，分别培养出一批商业人才。

中华人民共和国成立后，商业教育进一步发展，形成多渠道，多层次较完备之商业教育体系，培养了大量商业人才。20世纪50年代，商业人才尚不足，商业人员中有相当数量尚不熟悉商业经营业务。为适应国营商业兴办和发展急需，各县商业部门均相继举办训练班，分批对商业干部和营业人员进行培训，讲授有关商业知识技术，凡商业部门从业人员，基本均进行过培训。

1958年“大跃进”运动中，各县均兴办职业中学。其中，有的学校兼设珠算、会计、统计等商业课程。

经1959年至1961年经济困难时期后，职业教育进行调整压缩，三县所有职业学校停办，商业教育处于低潮。

1965年，六盘水境被中央列为三线建设重点地区。三线建设项目全面铺开后，数以万计之建设人员纷纷调入六枝、盘县、水城3个矿区，商业网点随之在各矿区配套建立。为支援三线建设，适应矿区建设发展形势需要，大力培养商业人才，贵州省政府决定在六枝、盘县、水城3个矿区各建1所半工半读商业技术学校，办学经费由省商业厅直接拨款。六枝矿区商校设于六枝下营盘，盘县矿区商校设于盘县盘关，水城矿区商校设于水城汪家寨。各商校开设财务会计、营业、饮食服务3个专业，学制3年，招生对象为22岁以下具有初中毕业以上文化程度青年。专业课教师从省商业学校抽调，普通课教师从当年毕业大学生中分配。1965年9月，在《贵州日报》上刊载招生广告，六枝矿区商校招生89人，盘县矿区商校招生75人，水城矿区商校招生89人，3校共招生253人。均按中等专业学校教学计划进行授课，使用教材与省商校所采用教材相同，采用轮流上课和顶班实习方式进行教学。“文化大革命”开始后，3校受到严重冲击，未能再继续招生。首届学生，于1968年年底分配到六枝、盘县、水城3特区商业和供销系统工作。1984年7月，经省教育厅和商业厅批准，由六盘水市商业学校补发毕业证书。

1972年后，三线建设工矿企业陆续建成投产，境内商业经营进一步扩展，对中等职业技术人员需求不断增大，六盘水市中等专业学校进入恢复发展时期。中等商业专业学校随之进一步发展，专门兴办起六盘水商业学校，另有六盘水财经（贸）学校、六盘水市经济管理学校、六枝铁路中学财会职业班、铁路二局一处子弟学校财会职业班等，亦开设有关商业教育课程。

2002年，在六盘水市财政商业学校、六盘水市农业学校、六盘水市卫生学校、六盘水市农业科学研究所等基础上，创办六盘水市职业技术学院，学院中设有“市场营销”“酒店管理”等专业，其他一些专业中，讲授有一些与商业教育有关课程。六盘水市商业教育，进入高等商业教育发展层次。

第二节　商业院校

随着市境三线建设的开发和实施改革开放所带来的发展，全市经济不断壮大，商业人才需求亦不断增加。为适应经济和社会发展需要，六盘水市先后兴办起六盘水市商业学校及一批开设有商业教育的中等专业学校和高等院校。

一、六盘水市商业学校

六盘水市商业学校于1979年筹建。六盘水自20世纪60年代开始开发建设，至1979年，煤炭、冶金、电力、建材等工业初具规模，城镇人口剧增，但商业发展未能跟上城市发展速度。商业工作人员虽在60年代末1000多人基础上增至5000多人，但商业基层网点仍少，人员不足，商业人员仅占1.4%，且未经专业技术培训之新职工占多数，相当部分不懂商业知识，管理水平低，不能适应发展形势的需要。

1978年12月18日，中共六盘水地委常委会研究了地区商业局报告，同意建立六盘水地区商业学校。翌年，市人民政府、省商业厅联合向省人民政府申报建立商业学校。1980年11月17日，省人民政府批复同意建立贵州省六盘水市商业学校，由六盘水市商业局主办、省商业厅主管。规模300～600人，设商业物价、商业计划统计、商业财务会计3个专业。

1981年，省商业厅拨30万元开办费，学校开始筹建，并采取边筹建边招生办法。是年，向社会招生50名，借用六盘水市商业二级批发站800平方米简易工棚为教室。其后，学校新建两间共140平方米教室，1栋1050平方米职工宿舍，购置100名学生使用的课桌、床铺以及其他办公用品和生活设施。

1985年，市人民政府决定市商校搬迁重建，校址选点在八一路水城军分区侧面山坳里，并经省人民政府批准，征地71.4亩作建校用，由省、市共同投资260万元，新建校舍9600平方米。1987年，主要建筑完工，学校迁入新校址。

1981—1984年，招生对象为高中毕业生，学制二年；1985年改为招收初中毕业生，学制改为四年。

六盘水市商校内设机构，有办公室、教务科、总务科、保卫科，还建立有专业课和普通课两个教研室。

六盘水市商校注重学校管理工作，不断建立和完善各种规章制度，注意良好校风培养和教育质量提高。自1984年起，学校实行目标管理责任制，层层签订责任状，把任务分别落实到教职人员。教师实行工作量化制度。对教师政治上关心，生活上照顾。加强对青年教师培养工作，除有计划地选送青年教师到有关院校进修深造外，还利用假期组织教师外出参观、培训、学习。为培养良好校风，提出“艰苦创业办商校，呕心沥血育新人”号召；为培养良好学风，提出严谨治学、严格要求、严密考核、严肃纪律“四严”治校方针；为使学生具备良好基本功，提出“四个一”要求，即：能打一手好算盘，能写一手好字，能有一副好口才，能写出一篇好文章。由于注重管理，六盘水市商校教学质量不断提高。1985年至1989年，连续5次夺得贵州省中专中技珠算技术比赛团体冠军。1985年，首届中专、中技珠算技术比赛，全省评选出22名优秀选手，六盘水市商校有11名学生入选。六盘水市参加西南片区珠算比赛中，几次获得冠、亚军，每次组队均有商校学生参加。

六盘水市商校在办好专业班同时，还采取多种形式办学，扩大服务范围。1984年，利用学生外出实习时间和暑假时间，为市商业局举办两期职工初中文化补习班，参加学习职工达100人；下半年又利用晚上业余时间，举办青年职工高中文化夜校班，有80人参加学习，另为水城军分区开办营级干部文化补习班1期。1988年，又为贵州财经学院代办自费走读不包分配之财经大专班，有学员150人。

杨开荣、杨承祖先后担任校长；担任副校长者，有周光辉（1981—1984年主持工作）、赵金旺、赵忠明。

1981年至1990年六盘水市商业学校学生教职工人数表

表14-1　　　　　　　　　　　　　　　　　　　　　　　　　单位：人

年　度	招生数	毕业生数	在校生数	教职工数	其中：专任教师数
1981	50	—	50	21	8
1982	50	—	100	21	10
1983	—	50	50	23	11
1984	100	50	100	35	13
1985	100	—	199	33	12
1986	100	99	196	38	14
1987	100	—	297	41	19
1988	100	—	397	41	23
1989	100	95	399	45	24
1990	60	94	362	45	24

二、六盘水市财政学校

原名六盘水财贸学校。开办于1977年9月，校址位于六盘水市中心城区西南郊窑上，校园占地面积23亩，校舍建筑面积6622平方米。

1973年7月，贵州省财办召开全省财贸工作会议。会议为全面贯彻落实“发展生产，保障供给”经济工作和财政工作总方针，培养又红又专财贸人员，加强财贸队伍建设，办好社会主义企业，要求各地区将停办的财贸中等专业学校恢复。会后，六盘水地区开始酝酿建立财贸学校。翌年4月，六盘水地区财办根据原六盘水地区3所半读商业学校已停办多年，校产、设备等均荡然无存，已无法恢复，况无须再建3所财经学校必要情况，向中共六盘水地革委报告，提出:“原三个特区商业学校不再恢复，由地区开办六盘水地区财贸中等专业学校。”

1975年8月，中共六盘水地革委批准开办，由六盘水地区财贸办主办，校址定点在窑上。本着从实际情况出发、逐步完善和需要原则开设专业班，先轮训在职干部，待省批准后按国家计划招收学生。

1977年11月14日，贵州省革命委员会批准开办六盘水地区财贸学校，规模200人，设置统计、财会、信贷、拨款等专业。1978年12月，随地区建置更名为六盘水市财贸学校。

1984年，鉴于六盘水已有商业学校，而又急需培养财政经济方面管理人员，六盘水市人民政府决定将“六盘水市财贸学校”改办为“六盘水市财政学校”，隶属于市财政局领导。

1986年1月24日，贵州省人民政府正式批复，同意六盘水市人民政府决定。学校更名后，调整为工商行政管理、审计、计划统计、企业财会、财政等几个专业。

六盘水市财政（贸）学校，系六盘水市唯一专门招收高中毕业生之中等专业学校，学制二年。

学校内设机构，有办公室、教务科、总务科、学生科等，另外设有文化课和专业课教研室。六盘水市财政学校坚持教育改革，坚持教育为社会主义建设服务方针，不断提高教学质量。学校鼓励教师自修，争做教学多面手。教师按不同学科成立教研小组，以小组为单位组织教师互帮互学。教研组教师互相听课，共同钻研教材，教研室主任经常与年轻教师探讨教学问题，相互取长补短，使年轻教师不断丰富经验，挑起担子。为促进教学，学校还定期开展教学检查和公开教学活动。校、科、室三级领导定期抽查教师教案、学生作业，听取学生对教学工作意见；进课堂听各科教师讲课，课后与教师共同探讨教学，促进教学水平提高，注意收集反馈信息，不断进行教学改革。

1985年年初，组织3个调查组，分赴六枝特区、盘县特区、水城特区调查了解本校毕业生工作情况，针对调查所掌握问题，对教学工作加以改进。学校还注重学生基本功训练，每天安排有1节写字练习和珠算练习课，并不时和商校、职校举行珠算对抗赛。1984年后，在水城钢铁厂、水城矿务局建立2个实习基地。

学校除举办普通财经类中等专业教育外，还于1987年举办企业财务会计专业成人中专班，招收学生45人。1989年和1990年，又举办会计专业和企业财务会计专业培训班，培训期为1年，分别招收在职人员50人和62人。

1991年8月，市财政学校与市商校合并后，市财政学校校址和校舍划拨给明湖药业有限公司使用。

六盘水市财政学校校长荆辉；副校长先后有刘鸣宇（1978年至1979年主持工作），黄万宽、钟本清、颜景石、祝德和、徐秀珍。

1977年至1990年六盘水市财政(贸)学校学生、教职工人数表

表14-2　　单位：人

年　度	招生数	毕业生数	在校生数	教职工数	其中：专任教师数
1977	50	—	50	15	5
1978	50	—	100	33	8
1979	100	50	150	29	9
1980	198	50	298	31	10
1981	100	100	296	39	12
1982	46	196	146	40	14
1983	90	100	149	36	10
1984	100	49	200	49	13
1985	102	96	206	51	13
1986	100	95	244	58	15
1987	100	96	203	55	13
1988	100	88	211	57	19
1989	100	92	202	51	19
1990	60	107	161	51	18

1991年6月，六盘水市人民政府决定将六盘水市财政学校与六盘水市商业学校合并，更名为六盘水市财政商业学校，校址沿用六盘水市商业学校校址。是年8月合并完毕。杨承祖(1991.8—1997.3)、何灏(1997.3—1998.7)先后担任财政商业学校校长，祝德和(1991.8—1997.3)、龙道明(1991.8—1997.3)、王铭志(1997.4—1998.7)、周昭华(1997.4—1998.7)先后任副校长。

1991年至1998年六盘水市财政商业学校学生教职工人数表

表14-3　　单位：人

年　度	合　计	招高中毕业生	招初中毕业生	毕业生数	在校生数	教职工数	其中：专任教师数
1991	200	100	100	204	517	96	39
1992	200	100	100	159	559	95	39

续表14-3

年　度	合　计	招高中毕业生	招初中毕业生	毕业生数	在校生数	教职工数	其中：专任教师数
1993	200	100	100	194	559	92	36
1994	240	120	120	160	660	95	46
1995	260	140	120	216	689	94	42
1996	228	112	116	213	677	95	43
1997	236	117	119	234	716	103	48
1998	240	120	120	240	720	96	45

1998年7月23日，贵州省人民政府批准，将“六盘水市财政商业学校”更名为“六盘水市财经学校”，校长何灏，副校长王铭志、周昭华。

三、六盘水市财经学校

六盘水市财经学校沿用原六盘水市财政商业学校校址，校园占地71.4亩，经建设扩展校舍，建筑面积11507平方米。其中，教学及辅助用房1843平方米，学生食堂697平方米，教职工宿舍5082平方米，生活及其他附属用房713平方米，图书5000册，微机60台。

1998年，在校学生720人，另有函授班学员100人，短训班学生300人，附属职业高中班学生200多人；教职工96人，专任教师45人，专任教师中，高级讲师2人、讲师25人。

专业设置有企业财务会计、会计电算化、财务会计、商务文秘、计算机与应用、餐旅服务与管理、市场营销等。普通中等专业教育，招收高中毕业生，学制两年，招收初中毕业生，学制三年；成人中等专业教育，招收初中以上文化程度在职职工和社会青年，学制两年；职业高中教育，招收初中毕业生，学制三年。

四、六盘水市经济管理职业学校

六盘水市经济管理职业学校由六盘水市政协和六盘水市经济开发总公司联办。于1985年9月创办，校址在钟山区德坞镇红岩村，校园占地12.5亩，建筑面积1750平方米，共有15个教室、8个办公室。

1985年夏，六盘水市经济开发总公司总经理王建富、副总经理王如柏、经理助理毛彦猷等公司领导，在分析六盘水市经济和社会结构后，认为教育落后，人才缺乏，是制约六盘水市经济发展主要因素之一；全市财会人员老化，需要补充大量经济管理人员；而社会上有大批闲散初高中毕业生，升学无门，就业无技，需要对其进行就业前培训。总公司决定，在作好经济开发同时，进行智力开发，创办经济管理职业学校。

1985年9月，市人民政府批准建立“六盘水市经济管理职业学校”。随后，邀请市政协、中共市委统战部、市教育局、市人事局、市劳动局等部门领导组成学校董事会。推选王建富为董事长兼校长（后由隋长澄接任），王如柏、王文楷（后为李光富）为副董事长，马怀民、马广礼、杨玉栋、徐增昌、胡正杰、倪念阗、刘恒志、孙可兆等为董事。董事会聘请李应华、毛彦猷为副校长，主持学校日常工作。并明确规定学校为民办公助性质，总公司每年从利润中提出2%作为办学经费，以总公司下属之会计咨询服务公司和会计用品商店为基础，把学校办成司、店、校三位一体之职业学校。学制三年，学生毕业后推荐就业，不包分配。1985年9月，学校正式开学。是时，学校校舍等设施尚未建设完备，暂在水城特区总工会楼房内上课。

1986年，市经济管理职业学校由水城特区总工会迁到市商业局内上课。

1987年年初，省财政厅和市人民政府先后拨给六盘水市经济管理职业学校基建补助款35万元，在德坞红岩村征得土地12.5亩。是年3月破土动工，10月建成教学大楼，并修建围墙、运动场等设施，学校随即正式迁入新校址。

学校实行董事会领导下的校长负责制。教师实行聘用制，按工作量计酬。全校教师除毛彦猷系在职人员外，其余均系聘用的离退休教师。

办学经费筹措和使用，坚持“走民办公助道路，实行多渠道集资，节约国家资金”原则。1985年至1989年，共集资99万元。其中，国家补助55万元，社会赞助和其他收入14万元，收学费21万元（每生每学期120元），开发总公司拨款13万元。5年共支出83.3万元。学校广泛开展勤工俭学活动，学校表册、讲义等，均是学生自己刻写油印；校址搬迁，全部教学用具亦是学生自己动手搬运；还靠勤工俭学办起铅锌冶炼厂、塑料拉管厂、电脑信息服务部、肉兔养殖场、校园蔬菜种植基地等。

学校重视学生思想政治教育工作，在几年实践中，摸索出一套思想政治工作经验。

坚持“管理育人，服务育人”方针。强调教师要为学生服务，后勤工作要为师生服务，领导要为教学、师生、职工服务。学校制订有一整套规章制度，各项工作均有章可循。

在教学中，注重培养学生理论联系实际能力，重视作好学生实习工作。1987年暑假，1985级会统专业学生受水城特区教育局委托，对发耳、龙场、米箩、大湾等教育组及二塘农业中学账目进行全面清理。这次查账，既为水城特区教育局清理了财务，也使学生得到锻炼。

1996年后，随着社会主义市场经济制度逐步建立和企业“减员增效，下岗分流”调整生产经营机制，劳动就业比较困难，影响到职业中学招生。1997年，学校付出2万多元招生经费，只招到23名学生；1998年付出1万多元经费，只招到15名学生。两年所招学生过少无法开班，由市教委帮助安置到市财政商业学校附设职业高中和市民族职业技术学校就读。1998年夏，六盘水市经济开发总公司任命王建军为校长、费雄为副校长，接管六盘水市经济管理职业学校。

市经济管理职业学校先后开设会计与统计、家用电器修理、经济管理、文秘、机电、工业企业管理、乡镇企业管理、商业营销等专业。招生11届1533人，毕业学生11届1076人。

五、六盘水职业技术学院

学院地处梅花山脚下，德坞湖畔，占地面积552亩，建筑面积6.5万平方米，校园依山近湖，青山环抱，空气清新。

学院成立于2002年，是经贵州省人民政府批准，教育部备案的全日制高等职业技术学院。设有护理、医学、财经、工业、商务、农业工程6个系，开设护理、社区医学、财经、康复治疗技术、计算机应用、会计电算化、机电一体化、机械设计与制造、煤炭深加工技术、电子商务、酒店管理等19个大专专业，28个中专专业。办有《六盘水职业技术学院学报》刊物，图书馆藏书8.9万多册，教学计算机700余台，大小实验室60余个，实习、实训基地40余个。学院有教职工350人，专任教师209人，其中教授1人，副教授23人，高级讲师19人，硕士研究生22人，讲师、实验等中级职称80人，“双师型”教师10人，组成精干高效教师队伍。学院有全日制在校生5000余人，成教学生600余人办学规模。

学院围绕以人为本育人理念，形成以培养学生较强个人综合素质与相对竞争力为核心之育人思想体系，为学生提供优质教育服务，为社会培育更多具有创新思维、学习能力和实践能力应用型、实用性人才。学院拓展办学模式，根据职业教育特点，积极开展“订单式”培养、“双元制”“学分制”教学和联合办学。先后与上海同济大学高等职业技术学院、广东罗定职业技术学院开展联合办学，派出100多名学生分赴上海、广东学习和实习、实训，并有部分学生就地就业。学院自建校后，生源稳步提高，毕业生一次就业率为80%以上，部分专业就业率达90%～100%，毕业生普遍受到用人单位好评。

学院按国家政策开通了“国家助学贷款”绿色通道，为在校贫困大专学生申请并办理助学贷款手续。品学兼优学生每年可获得国家级、省级奖学金1500～4000元，优秀学生每年可获得院级奖学金150～500元。2006年学院积极争取政策，通过“奖贷勤补减”等助学措施，发放专项资金达70余万元，办理助学贷款40余万元，共有1690人次受益，帮助贫困学生完成学业。

学院商务管理系为适应社会经济发展需要而设立的院系，自建系后先后开设有电子商务、酒店管理、旅游管理、房地产经营与估价等专业，招生近千人。开设课程有“电子商务”“市场营销”“市场调查与预侧”“商务网页设计与制作”“商务谈判”“商务礼仪”“消费心理学”“广告策划”“推销实务”“公共关系”“连锁经营管理”“饭店管理概论”“前厅与客房服务”“餐饮服务”“服务心理学”“导游业务”“导游基础知识”“旅游学概论”“形体训练”“饭店市场营销”“服务礼仪”“旅行社经营管理”“建筑工程概预算”“房地产估价”“房地产投资分析”“建筑材料”“基础会计”等。毕业生就业主要集中在第三产业，就业率在85%以上。

第十五章　商业行政机构

六盘水系一新兴工业地区，在未建地区、市以前，分别由原安顺、兴义、毕节地区（专署）商业行政机构管理商业工作。境内仅有工矿区和县级商业行政机构，系在三线建设时期所设工矿建设指挥机构“西南煤矿建设指挥部”基础上，逐步建立起市级地方行政建置“六盘水地区”，随之建立商业行政机构。1978年12月，撤销六盘水地区，建立六盘水市，随之建立市商业行政机构，后又几经调整、改革更名等变更。

县级行政建制中，钟山区系1988年成立的新建制辖区，未专门设商业行政机构，由其粮食局兼管。

第一节　市（地区）商业行政机构

1970年12月2日，国务院、中央军委正式批准建立六盘水地区。时值“文化大革命”时期，地区行政机构职能，实际上相继由“三支两军”（支工、支农、支“左”、军训、军管）组织和“抓革命、促生产领导小组”代替。1972年3月，经选举重组六盘水地区革命委员会（是时行政机构称谓）。在地区革命委员会筹建期间，为适应地区商业行政工作需要，建立了六盘水地区商业局。

地区商业局机构于1971年2月成立，成立时只明确负责人，1974年11月正式明确正副领导职务。曾任负责人先后有刘冠英（1971.1—1972.8）、连庆增（1971.2—1974.11）、王若卓（1971.2—1972.8）、江少先（1971.2—1972.12）、魏祥三（1973.1—1974.11）、齐鲁清（1972.1—1973.8）、申国民（1973.11—1974.10），曾任局长彭光龙（1974.11—1976.10），副局长连庆增（1974.11—1976.10）、陈志初（1974.11—1976.10）。

1978年12月，六盘水地区改建为六盘水市，六盘水地区商业局改称六盘水市商业局，归口市财贸部。截至1978年12月，市商业局行政编制42人，实有工作人员41人。内设机构有办公室、业务科、财会科、统计科、物价科、基建储运科、保卫科、政工教育科，有下属区级企业（公司）10个。历任局长有彭光龙（1976.10—1980.11）、连庆增（1982.10—1984.1）、李金增（1983.11—1986.2）、杜昌华（1986.3—1986.11），副局长有连庆增（1976.10—1982.1）、陈志初（1976.10—1978.10）、王清泉（1978.9—1982.12）、孙可兆（1980.7—1982.6）、何洪宽（1980.10—1984.4）、易靖（1983.11—1984.5）、杜昌华（1984.5—1985.9）、李文凤（女，1985.9—1988.9）、汪柏仁（1986.10—1988.8）、江道明（1988.9—1989.10，主持工作），其间1986年10月后机构领导成员进行调整，副局长汪伯仁主持工作。

1983年4月，六盘水市商业体制改革领导小组成立。组长王建富（市政府），副组长马志学（市财办），成员有何洪宽（市商业局）、向荣斌（市供销社）、胡家寿（市财政局）、胡正杰（市税务局）、张孝先（市农行）。

1983年11月，市医药局、市供销社并入市商业局。局长李金增（1983.11—1986.2），副局长何洪宽（1983.11—1988.9）、易靖（1983.11—1984.5）。

1984年4月，市供销社和市医药局从市商业局分出。

1986年6月，市财贸委（部）成立，1988年9月撤销，并与市商业局合并成立市商业委员会，1996年11月更名为六盘水市商务局。

市商业委员会行政编制55人，内设机构，办公室、政工科、人事劳资科、基层工作科、基建储运科、商业工业科、宣传教育科、计统科、物价科、业务科、财会科、保卫科、监察室。历任主任有何洪宽（1988.10—1992.12）、陈文荣（1993.1—1995.10），副主任有姚福隐（女，1988.10—1995.10）、李文凤（女，1988.10—1990.1）、陈文学（1992.7—1996.5）、刘祖裕（1992.10—1995.12）、黄国民（1994.7—1996.10）。

市商业委员会内设机构：办公室，历任主任有东峰、李宗申、牛淑环、龙道明、汤爱平，副主任有方季良、马桂香；财会科，科长周德仁，历任副科长有赵景康、胡邦祺、吴常春、李琳（女）、梅玲（女）；政工科，历任科长有吕佐唐、张广远；人事劳资科，科长卿禹平，副科长张华；宣传教育科，科长汪克珍（女），副科长张世敏（女）；基建储运科，历任科长有陈幼治、吴陈福，副科长张丽娟（女）、徐世德、施学玉、王河平；保卫科，科长袁玲，历任副科长有袁玲、李芝美；物价科，历任科长有费克芬（女）、施学玉，副科长覃绍杰；业务科，历任科长有罗江学、毛加清（女），副科长曾宇智、罗正方；计统科，科长陈泽婵(女)，历任副科长有吕江海、杜永德、周晓馨(女)、杨世勋。

1996年11月，原市商业委员会更名为市商务局。局长刘书略(1995.8—2000.8)，历任副局长有李世雄(1996.8—2000.8)、吴朝蓉(女，1996.7—2000.8)、王瑞明(1997.3—1998.1，正县级)，纪检组长王建军(女，1996.8—2000.8)。内设机构历任办公室主任有李世雄、杨德超，历任办公室副主任有李世雄、张广玉；人教科科长张华；离退休干部管理科科长毛加清(女)、财务科科长梅玲(女)；审计科科长周德仁；统计物价科科长陆富国；综合管理科科长罗正方，副科长周月娥(女)；流通储运科科长张世敏(女)；历任监察室主任袁玲、于军，副主任于军。

2000年9月机构改革，市商务局、市对经济贸易局、市物资总公司合并组建为市贸易合作局，负责全市国内外贸易、利用外资、国际经济合作等工作。局长李世雄(2000.9—2004.6)，历任副局长有吴朝蓉(女，2000.9—2004.6)、谢家森(2000.9—2004.6)、张华(女，2003.9—2004.6)，纪检组长王建军(女，2000.9—2004.6)。内设机构办公室主任王河平，副主任孙丽华(女)；人事科科长张华(女)；离退休干部管理科科长李伟光，副科长宾黎霞；规划财会科历任科长有吴长春(女)、姚晓玲(女，兼局机关财务工作)；商业发展促进科科长张华、市场运行调节科科长张世敏(女)；市场体系建设科科长罗正方；物资流通科科长尹志军；外经外贸科科长李映辉(女)；外资管理科科长孙艳红(女)；生猪屠宰办公室副主任王平；监察室主任于军。

2004年7月机构改革，市贸易合作局更名为市商务局。局长李世雄(2004.7—2008.12)，历任副局长有吴朝蓉(女，2004.7—2008.12)、谢家森(2004.7—2008.12)、张华(女，2004.7—2008.12)、万昌思(2004.7—2008.12)、张起亮(2005.10—2008.12)，纪检组长王建军(女，2004.7—2008.12)，机关党委书记杨毅(2004.7—2008.12)。内设机构办公室主任王河平；人事科负责人谢黔贵；离退休干部管理科科长李伟光，副科长宾黎霞(女)；规划财务科历任科长吴长春(女)、姚晓玲(女，兼局机关财务工作)；商业发展促进科科长张华；市场运行调节科科长张世敏(女)；市场体系建设科科长罗正方；物资流通管理科科长尹志军；外经贸科科长李映辉(女)；外资管理科科长孙艳红(女)，副科长吉艳(女)；生猪屠宰管理办公室(事业编制4名)副主任王平。

2007年1月，市机构编制委员会办公室行文《关于核销并划转市商务局单列及事业编制的通知》，核销生猪屠宰管理办公室原用的4名事业编制，至此，市商务局行政编制核定为34名，不再有事业编制。

第二节　县区商业行政机构

一、六枝商业行政机构

1950年，郎岱县人民政府设立工商科，由工商科兼行商业行政工作。科长彭建武，副科长李宗申、李茂才。1956年，撤销工商科建商业局，副局长郑竞存。

1958年4月，商业局与百货公司、纺织品公司合并，建立第一商业局，为“政企合一”机构。内设人秘课、会统课、业务课。代局长董久司，局长刘翥云，副局长郑竞存、金玉如（女）。

是年，供销社与服务局、药材公司、盐业公司合并建立第二商业局，亦系“政企合一”机构，有职工393人。内设计划统计科、财会科、生产加工科、综合业务科、市场物价科、人秘科及采购、供应、食品、烟酒糕点4个经营部。局长宁太和，副局长王法合。

同年8月，第一、二商业局合并为郎岱县商业局。

1960年5月，设立六枝市，随之改为六枝市商业局。1962年10月，撤销六枝市，设立六枝县，又改称六枝县商业局。1966年2月，又随改为郎岱县改称郎岱县商业局。内设办公室供应科、生产加工科、采购科、物价科、财会科、副食科、保卫科、土产科、矿区物资供应科。曾任局长有宁太和、刘翥云、王法合、曹信芝，副局长有王法合、郑竞存、金玉如、李家日、刘翥云、宋鹤水。

1970年8月，商业局、供销社、合并为贸易局。曾任负责人有刘佩芝、王长山、邬开学、陆崇明、孙心杰。

1970年12月，郎岱县与六枝特区合并。1971年1月，特区、县贸易局、粮食局并入商业局，改称六枝特区商业局，主要负责人林传芳。曾任负责人有刘佩芝、宁太和、陆崇明、刘翥云、宋鹤水、李家日、董久司，历任局长有刘佩芝、宁太和、赵毓荣、汪仁柏、刘仲石、丛铸，历任副长局有宁太和、董久司、陆崇明、陈应禧、宋鹤水、孙心杰、贾天官、郑竞存、廖明统、丛铸、李令启、郭廉明、朱桂兰（女）、魏良杰、田应康、杨克宽。

1974年3月，六枝特区商业局与供销社分家。

内设机构：基本沿用原内设机构。至1984年，设人事股、业务股、物价股、财会股、保卫股。

1985年2月，商业局不再直接管理所辖各公司经营活动。

1993年3月，成立六枝特区商业总公司，实行一套人员，总公司和商业局两个机构名称，商业局机关性质、人员、编制及待遇不变。

1993年8月，六枝特区商业局改为六枝特区贸易局，人员编制15名。内设办公室、业务股，1995年2月增设财会股。历任局长有刘仲石、杨克宽，副局长有刘仲石、朱桂兰(女)、杨克宽、孔小双、宋玉华、胡吉祥、安德福。

2002年5月，六枝特区贸易局和工业局合并为六枝特区经济贸易局，人员编制10名。内设办公室、经济运行股、企业股(国有资产管理股)、贸易市场股、生产技术股、安全监督股。历任局长有王文明、张顺贵，副局长有杨克宽、陈乾炳、安德福、吴仕君。

二、盘县商业行政机构

1950年1月，兴仁专区派彭彰、张跃刚等人到盘县负责商业贸易推销工作。是年6月，成立兴仁地区贸易公司盘县小组，其行政工作由县财政科兼管。

1951年，增设工商科等后，由工商科兼管商业行政工作。

1956年7月，商业行政工作从工商科分离，成立商业局。

1993年9月机构改革时，撤销财贸办公室，组建贸易局。原商业局改为商业贸易总公司，1997年业务职能归属贸易局。

商业局历任局长有姚合芳、李家声、金开凡、卢承孝、徐伟力，第一副局长有李家声，副局长有鲍浩、许夏英、李德荣、姜琴英(女)、葛继怀、冯兴洲、蒋承芳、童少海、张朝友、徐伟力、陈其林、马尚莲(女)、余天云、钱友泌，教导员有张洪昌，党组书记有冯大权、贺继芳。商业贸易总公司历任总经理有韩冰、徐伟力，副总经理有余天云、熊继周、陈志忠。贸易局历任局长有张忠志、高绍春，副局长有徐伟力、冯国祥、代光安、陈志忠、杨绍旗、余天云，纪检组长有金良碧。

2002年6月，经济贸易局内，设正科级建制安全生产办公室，李代玉任主任。2004年6月分家，成立安全生产监督管理局。

2002年4月，贸易局、经济体制改革局、轻工业局合并建立经济贸易局(安全生产委员会办公室设在经济贸易局内，正科级建置)。

2007年7月，县经济贸易局定行政编制16名，工勤编制3名，单列编制3名，定局长1

名，副长局职数4名（含安办主任或副主任1名，并兼经贸局副局长），定正副股长（主任）4名，定主任科员或副主任科员2名。内设办公室、企业股、财审统计股、综合股。

经济贸易局主要职能：（1）参与研究和制订全县国民经济发展战略目标及中长期规划编制工作。（2）监测、分析国民经济运行态势，调节全县国民经济运行；编制并组织实施全县近期经济运行调控目标和措施及方案；组织全县经济运行综合分析和经济效益分析；组织解决经济运行中之重大问题并向县人民政府提出意见和建议。（3）贯彻落实国家产业政策，组织拟定和实施地方性产业政策，监督检查执行情况；指导产业结构调整，提出重点产品、重点行业调整方案，联系工商领域社会中介组织并指导其改革与调整。（4）参与拟定工业、贸易方面之综合性经济法规和政策并监督检查；收集整理、分析和发布经济信息。（5）研究和指导流通体制改革，培育和完善市场体系；监测分析市场运行和重要商品供求状况并组织调控；指导并组织企业开拓市场。（6）对各种经济成份企业实行宏观管理和指导，规范企业行业行为规划；贯彻执行国有企业改革方针；研究拟定企业改革政策和方案；推进现代企业制度建立；指导国有企业实施战略性改组，参与指导企业直接融资工作；指导企业管理；组织协调全县减轻企业负担工作；指导非公有制经济中小企业改革和发展；组织管理企业内部法律顾问工作；组织指导企业管理人员培训。（7）组织和指导企业技术创新、技术进步、技术改造及资源节约和综合利用。（8）指导国有企业贯彻执行国家和省、市、县有关国有资产管理政策法规，对所属范围内经营性国有资产进行监管。（9）制订国有工业、商业、物资、外贸企业生产经营责任目标，并进行考核；按照授权管理权限，对所属国有企业管理人员进行考察、考核、监督、任用。（10）贯彻执行国家、省、市、县对外贸易，利用外资，经济合作，商品流通，餐饮服务，物资流通方针、政策和法律法规，拟定相关政策措施和管理方法，并监督实施。（11）承担外经贸、商品流通、餐饮服务、物资流通和商办工业、城镇集体企业行业管理，研究商品贸易，餐饮服务和商办工业，城镇集体企业发展规划，规范行业行为；培育和发展商品市场，统筹规划商品市场体系；负责全县商品市场监督管理工作。（12）研究指导非公有制经济发展，为非公有制经济提供政策服务、法律服务、信息服务、投资导向服务；研究和协调解决非公有制经济发展中重要问题，并向县人民政府提出意见和建议。（13）负责加油站整顿、生猪定点屠宰、旧机动车交易、化学危险品、旧货交易、拍卖、典当行业专项管理工作。（14）综合管理全县企业安全生产工作，组织协调处理重大安全事故。（15）参与对外经济技术协作商品展销、展览组织和协调。（16）承办县人民政府和市经贸委、市贸易合作局交办的其他事项。

经济贸易局历任党组书记有胡云龙、李大连，机关党委书记有陈志忠，局长有胡云龙、李大连，副局长有陈志忠、杨绍旗、陈治强、金良碧、李代玉。

三、水城县商业行政管理机构

1950年9月，毕节专署派张呈跃、戴定源到水城筹建毕节贸易公司水城贸易小组。1951年5月，又派王清沛、李祥达等人充实贸易小组。

1953年，县政府设立工商科，商业行政工作属工商科管理。

1956年10月，成立水城县商业局。

1958年，实行“政企合一”经营管理体制。县供销联社、农产品采购局、饮食服务局撤销，新成立商业局。各专业公司改成经理部，区供销社改为国营商店，农村基层供销社改为供销部，列入人民公社建制管理。

1961年，县商业局与县供销社分设，商业局内设机构基本沿用原设机构，各专业公司逐步恢复原设置。

1965年，境内新设水城矿区（特区）建置，矿区另设有商业行政机构。

1968年9月，县商业局与县供销社合并，成立县商业贸易局。至1970年5月，更名为贸易局。

1970年12月，水城特区与水城县合并，称水城特区贸易局。

1972年，撤销水城特区贸易局，恢复为水城特区商业局。

1981年1月，将副食品局、蔬菜水产局并入水城特区商业局，历任局长有龙洪、王希德、马治堂，副局长有郑德贵、杨萍。

1988年3月，水城县与钟山区正式分设，恢复水城县商业局。

1993年，水城特区商业局改制为水城特区贸易总公司，后并入新组建的水城县贸易局。历任局长有林松、邹盛荣、周光学，副局长有邹盛荣、阳旭跃、王天禄、刘柱达、雷跃文、顾泽良，纪检组长有罗恒。

2002年机构改革，水城县贸易局改制为水城县经济贸易局。历任局长有贺加华、何希考，副局长有赵应能、雷跃文、张燕翔（女）、刘俊达、张燕、王成奎、梅鸿，纪检组长有罗恒。

第十六章　工商团体

明代，随外地迁入境内人口逐渐增多，至清代，境内遂以民众籍贯地建立团体组织，郎岱、普安（今盘县）、水城之厅（州）城内，分别建立起“会馆”，主要为江西会馆、湖南（广）会馆、四川会馆。至民国年间，随经济和社会发展，郎岱、盘县、水城三县城内，由工商行业人员分别组织起“同业公会”和“商会”组织。中华人民共和国成立后，成立“工商业联合会”及商业学会。

第一节　工商团体发展概况

明代洪武年间进行“调北征南”后，随而迁入境内人口逐步增多。至清代，各地迁来人家，为增强互助和保护自身利益，便于各厅（州）城内按原籍人士组织起来，分别建立同乡会馆，以会馆为聚集联络地，以增强团结，保护同乡民众经济等利益。因迁入人众多来自江西、湖南、四川等省，故同乡会馆主要有江西会馆、湖南（广）会馆和四川会馆。

民国年间，郎岱、盘县、水城三县手工业和商业进一步发展，各行业从业人员和业务增多，同乡会已不能适应手工业和商业发展需要，各县遂分别成立起“同业公会”和“商会”之类团体，且具有浓厚行会垄断性质，亦进行一些社会公益事业。

民国3年（1914年），郎岱县商会成立，何步瀛任会长，王学诗任副会长。商会每3年选一届。民国20年（1931年），登记会员有108人。至民国36年（1947年），县商会会员发展到324人。

民国10年（1921年），水城县商会成立，马伯超任会长，并连任数届。民国34年（1945年），为适应商业发展需要，又组织百货业、布业、染织业、山货业、屠宰业、油糖纸业及恢复盐业共7个行业理事会，选出理事长1人，常务理事长3人，理事6人，监事2人。下辖各行业理事会，共有会员361人。民国38年(1949年)，发展会员928人。

民国22年(1933年)，水城饥荒严重，由商会组织籴粜会动员富户捐钱捐粮，高价购入粮食，低价出售救济灾民。民国26年(1937年)后，还参与“抗敌后援会”进行募捐活动，组织全县商民踊跃捐献钱物，支援前线抗日。还向全县绅士和商界人士为水城中学募捐建校基金。

民国23年(1934年)，盘县商会成立，设理事1人。辖染织业、木业、成衣业、屠宰业、煤业、油商业、山货业、酒商业8个同业公会(后改称工会)，共有会员357人。次年，县总工会成立后，其中染织业、木业、成衣业、屠宰业、油商业5个同业工会划属县总工会。

各商会宗旨基本相同：维护商人合法权益，促进商业发展。主要活动为介绍省内外贸易行情，进行工商业调处，协调商界与地方人士关系，参与社会公益活动等。

中华人民共和国成立后，为贯彻执行国家对工商业政策，工商团体发展更加壮大和健全。

1950年10月，水城县工商业筹备联合委员会成立，1954年，水城县工商联成立；1951年2月，盘县工商联筹备委员会成立，1956年，盘县工商联成立；1952年，郎岱县工商联筹备委员会成立，1953年，郎岱工商联成立。各县工商联成立后，认真贯彻“发展生产，繁荣经济，公私兼顾，劳资两利”政策。对工商业进行模底排队登记，清产核资，配合有关部门对工商业户进行发证，取缔无证工商户。1952年，协助政府开展“五反”运动，打击资产阶级唯利是图行为，在行业中端正经营作风。1953年3月，各县工商联配合政府商业行政主管部门对私营工商业重新估产，对行商进行登记发证。1954年，协助政府将私营工商户逐渐向公私合营、合作商店(社)过渡。1956年，配合政府在各县掀起对私改造工作。1958年，配合政府组织各行业进行“大跃进”。“文化大革命”期间，工商联工作停止。

1985年，盘县工商联恢复工作。1987年，六枝工商联恢复工作。1990年，水城工商联恢复工作。遵照中共中央《关于坚持和完善中国共产党领导的多党合作和政治协商制度的意见》和《中共中央批转中央统战部〈关于工商联若干问题的请示〉的通知》等文件精神，贯彻“团结、帮助、引导、教育”方针，进行“爱国、敬业、守法”教育，配合政府组织协调私营工商业户，遵照改革开放所施行有关工商业改革政策建立市场经济体制，发展非公经济。

为适应市场经济逐步发展需要，1987年4月，中共六盘水市委市复字〔1987〕第11号文批复，同意成立六盘水市工商业联合会。

第二节　工商业联合会

一、六盘水市工商业联合会(市总商会)

(一)组织机构及代表大会

1987年10月，六盘水市工商业联合会筹备小组成立，由市政协、台办、商业、工商、乡企、供销、外贸、财政、粮食、工业、食品等单位负责人12人组成，市政协副主席潘煊任组长，詹树岐任副组长。

主要职能与任务：发挥参政议政作用，参与本市经济、社会重大决策之政治协商和民主监督，做好非公有制经济代表人士政治安排推荐工作；对本市有关地方性法规和政策制订提出建议并协助贯彻实施。

宣传中国共产党和国家方针、政策，加强和改进思想政治工作；团结、帮助、引导和教育会员，提倡爱国、敬业、守法，提高会员素质，培养积极分子队伍。

组织会员出国(境)考察访问和开展商务活动，帮助会员开拓国内、国际市场，为会员提供市场、技术、商品、信息、会计、审计、融资、咨询、管理等服务。

维护会员合法权益，反映会员意见、建议和要求，联系有关部门为会员提供法律服务。

开展工商专业培训，帮助会员改进经营管理，完善财务制度，提高生产技能和产品质量。

按照有关规定，组织和指导行业工会工作。

做好与香港、澳门特别行政区、台湾地区和世界各国工商社团及工商经济界人士联系工作，促进经济、技术和贸易合作，协助引进资金和人才。

组织和引导会员投身“两个文明”建设事业，做好光彩事业之组织、推动、实施工作，智力支边扶贫工作。

办好服务事业和经济实体，为会员提供必要证明，协调关系，调解经济纠纷。

承办市委、市政府和省工商联交办的其他事项。

市工商联筹备小组组长潘煊(苗)，副组长唐树岐、陈文学(彝)。

1. 第一次会员代表大会

1988年6月2日至4日，六盘水市工商业联合会第一次会员代表大会和一届一次执行委员会会议在水城召开，出席会议代表96人，代表全市1130余名会员。选举产生六盘水市工商联第一届执行委员会，执委51人，其中常委14人，主任1人，副主任1人，秘书长1人。

市工商联第一届执行委员会主任潘煊(苗)，副主任陈文学(彝)、张志成、屠维伦(侗)、杨志勇，秘书长胡嘉沛、陈明忠。

2. 第二次会员代表大会

1993年9月2日至4日，六盘水市工商联第二次会员代表大会和二届一次执行委员会会议在水城召开，出席会议代表115人，其中非公有制经济代表68人。会议传达《中共中央批转中央统战部〈关于工商联若干问题的请示〉的通知》《中共贵州省委办公厅批转省委统战部、省工商联〈关于加快贯彻落实中发〔1991〕15号文件加快步伐力争全省工商联工作上一个新台阶的报告〉的通知》《中共六盘水市委、市人民政府关于鼓励个体和私营经济发展若干规定》。潘煊代表第一届执委委员会作《实事求是、团结奋进，开创工商联工作的新局面》工作报告。会议审议并通过工作报告，选举产生六盘水市工商联第二届执行委员会，执委50人。

1994年4月8日，经中共六盘水市委批准，六盘水市总商会成立。市工商联、市总商会实行两块牌子、一套人员工作制。工商联领导人称谓由主任改为会长。

市工商联（市总商会）第二届执行委员会主任（会长）潘煊（苗），副主任（副会长）屠维伦（侗）、杨志勇、罗雨林，秘书长陈明忠、戴贤敏（女）。

3. 第三次会员代表大会

1997年4月9日至11日，六盘水市工商联（市总商会）第三次会员代表大会和三届一次执行委员会会议在水城召开，出席会议代表110人，其中非公有制经济代表88人，列席代表5人。会议学习贯彻中共十四届六中全会精神。潘煊代表第二届执行委员会作《继往开来、求实奋进，谱写工商联工作新篇章》工作报告，会议审议并通过工作报告和《致全市非公有制经济人士的倡议书》。选举产生六盘水市工商联（总商会）第三届执行委员会，执委56人。

1998年6月，三届二次执行委员会会议增选执委3人，其中常委2人，副会长1人，增选非公有制经济代表朱朝文为副会长。

1999年6月，三届四次执行委员会会议增选执委1人，增选王贤周（苗）为副会长。

2000年5月，三届五次执行委员会会议增选执委10人，其中常委1人，增选戴贤敏（女）、孙元亮、邓兴贵、马林法为副会长，万昌思（苗）为秘书长。

市工商联（市总商会）第三届执行委员会名誉会长潘煊（苗），会长吴兆英（女），副会长屠维伦（侗）、杨志勇、郑代佑、罗雨林、钟英祥、朱朝文、王贤周（苗）、戴贤敏（女）、孙元亮、马林法，秘书长戴贤敏（女）、万昌思（苗）。

至2000年12月，市工商联内设会员工作部、经济工作部、办公室，有工作人员11人。直属会员88人，其中团体会员4个，企业会员18个，个人会员66个，组建同业公会1个。

4. 第四次会员代表大会

2001年12月27至28日，六盘水市工商联（总商会）第四次会员代表大会召开，出席会议代表168名，其中非公经济代表113名。会议听取和审议三届执委员工作报告，选举产生四届执委会委员64名，四届一次执委会议选举产生常委会委员28名。2003年7月，四届二次执委会议增补执委14名，常委9名，陶兴锐为会长，万昌思、曾佐桥为副会长。2004年3月，四届三次执委会议增补执委14名，常委6名。2005年3月，四届四次执委会议增补执委24名，常委13名，邓昭华为副会长。

市工商联（市总商会）第四届执行委员会会长吴兆英、陶兴锐，副会长王贤周、戴贤敏、万昌思、唐平、杨建南、邓兴贵、马林法、张雷、杨忠、丁美菊、曾佐桥、邓昭华。第四届执行委员会常务委员40名，执行委员116名。

5. 第五次会员代表大会

2006年9月28日至29日，六盘水市工商联（总商会）五次会员代表大会召开，出席会议代表200人，其中非公经济代表161人。会议听取和审议四届执委会工作报告，选举产生五届执委会委员121名。五届一次执委会议选举产生常委会委员53名，陶兴锐任会长，王贤周、邱传海、王守会、邓兴贵、马林法、张雷、杨忠、吴洪昌、陈春章、何文生、徐仁义、刘丽、卿宪华任副会长，邱传海兼任秘书长。2008年9月，六盘水市工商联根据六盘水市委批复，市工商联领导称谓由会长、副会长改称主席、副主席。2009年9月，五届四次执委会议增补执委18名，常委7名，吕贵平、王永芳为副主席。

市工商联（总商会）第五届执行委员会主席陶兴锐，副主席王贤周、吕贵平、邱传海、王守会、邓兴贵、马林法、张雷、杨忠、吴洪昌、陈春章、何文生、徐仁义、徐礼忠、刘丽、卿宪华、王永芳。第五届执行委员会常务委员44名，执行委员134名。

（二）主要活动

1. 贯彻落实中央精神

1991年10月，中共中央批转统战部《关于工商联若干问题的请示》通知公开传达后，市、县两级工商联先后召开常委会、执委会和非公有制经济代表人士座谈会，传达学习、贯彻落实中央精神。

为适应工作对象调整需要，发展了一批非公有制经济新会员，召开各种形式座谈会，向新会员宣传邓小平建设有中国特色社会主义理论和中央方针政策，宣传工商联“爱国、敬业、守法”优良传统，逐步建立一支非公有制经济人士积极分子队伍，努力探索新时期工商联工作路子。

1992年、1993年，市、县工商联继续换届，一批非公有制经济代表人士进入工商联领导层，所选举产生执行委员中，非公有制经济代表人士均超过40%，有4人分别提任市和县、区工商联副主席。

1994年4月，中共六盘水市委召开全市非公有制经济工作暨表彰会，表彰发展非公有制经济工作成绩突出的10个先进单位、10个先进私营企业和30名先进个人。

1994年8月，市工商联（总商会）经过考察，选定10名非公有制经济人士作为联系对象，同时向省工商联推荐10名联系对象，县（区）工商联也有联系对象。

经市工商联推荐，1996年12月，中共六盘水市委、市人民政府召开全市第二次非公有制经济工作暨表彰会，表彰奖励发展扶持非公有制经济工作成绩突出的10个先进单位、7名先进个人和15个先进私营企业、35名先进个体工商户。

1997年，各级人大、政协换届时，市、县、区工商联协助市、县统战部做好非公有制经济代表人士推荐安排工作，共推荐各级人大代表、政协委员54人次，其中全国人大代表1名、省人大代表1名、市人大代表2名、县（区）人大代表4名；省政协委员1名、市政协委员12名、县（区）政协委员30名；向省工商联推荐执行委员3名。1998年至2000年，推荐增补市政协委员6名，其中常委1名。

1997年9月，中共十五大召开。市、县、区工商联及时召开非公有制经济代表人士座谈会，学习传达和深入贯彻落实中共十五大精神，推动全市非公有制经济持续健康发展。

1998年，市工商联（总商会）与六盘水电视台合作录制专题系列片18集，宣传全市具有一定生产或经营规模、对六盘水市经济发展作出贡献的16家非公有制经济企业情况，介绍市工商联（总商会）、盘县工商联（商会）情况。

1999年10月22日至23日，市委、市政府召开全市第三次非公有制经济工作暨表彰会，经市工商联推荐，表彰先进私营企业22个，非公有制经济先进个人37名，先进服务机关8个，机关先进个人7名。重奖恒远房地产开发有限责任公司、久益实业有限公司、虹桥焦化厂、利顺公司、汪家寨中营选煤厂等5家有突出贡献企业，各发奖金2万元。

2000年5月，市工商联（总商会）在全市非公有制经济人士中开展“致富思源，富而思进”教育活动。10月，市工商联（总商会）与市直有关部门协商，推荐受中共贵州省委、省人民政府表彰的先进非公有制经济企业5个、先进县区1个、先进单位1个、先进个体工商户5名。11月，市工商联（总商会）与市地税局联合举办税法培训班，50名非公有制经济人士参加培训。同年，市工商联（总商会）与电视台合作，对全市有一定经济效益和为社会作出贡献的8家私营企业进行宣传报道，并向贵州电视台推荐4家私营企业专题报道。

2. 参政议政

市工商联自建立后履行参政议政职能，发挥民主监督作用。市工商联领导多次应邀参加市委、市政府举行的民主协商会、座谈会和情况通报会等协商活动，在每次活动中所提出意见和建议均受重视和采纳。各特区、县、区工商联也积极参加当地党委、政府举行各项协商活动，反映工商界人士和群众意见建议等。

1993年4月，市政协三届二次会议期间，市工商联提出《要求纠正乱收费现象，以促进我市市场经济繁荣和稳定》提案。市政府收到提案后，市长非常重视，专门进行研究。8月9日市政府印发《关于减轻个体工商户负担的决定》。9月，市长召集市直有关单位负责人，开会研究纠正不正之风问题。

1994年至1995年，市工商联参与中共六盘水市委、市人民政府《关于发展非公有制经济的决定》起草工作。

1995年9月，市委、市政府、市政协授予市工商联（总商会）优秀提案单位称号。

1996年4月，市政协三届五次会议期间，市工商联（总商会）提交《非公有制经济各种分会、行业协会应与政府管理部门分离》《加强行政事业单位安装住宅电话的管理》《明湖路脏乱差由谁负责》等提案。

1998年4月，在市政协四届二次会议上，市工商联（总商会）会长吴兆英作了题为《以中共十五大精神为指针，大力发展六盘水市非公有制经济》大会发言。提交《建立市县两级个体私营经济发展专项基金》等5件提案。

1999年2月，市政协四届三次会议期间，市工商联（总商会）提交《开通开发区—公园路—花鱼洞—黄土坡循环交通公路》《政府领导建立非公有制经济人士联系制》等7件提案。会长吴兆英在会上作了《切实落实文件精神，努力推进我市非公有制经济的发展》专题发言。

2000年2月，市政协四届四次会议期间，市工商联（总商会）会长吴兆英作了题为《从双水工业开发区建设看非公有制经济在我市融资的作用》发言，提交《建立非公有制经济代表人士参会制度》《建立非公有制经济发展基金》等7件提案。4月，市工商联（总商会）会长吴兆英在市政协召开的“西部大开发战略研讨会”上作《对我市迎接西部大开发的几点思考》发言。同年，中共六盘水市委委托市工商联（总商会）起草《关于进一步加快非公有制经济发展的意见》；市工商联（总商会）关于《建立非公有制经济发展基金》提案获市政协1997至2000年优秀提案奖；在市政协四届十六次常委会议、市政协委员与市长对话中，会长吴兆英作了《关于“一条龙服务”等四个事项落实情况的调查》发言。

3. 专题调查研究

1992年10月，市工商联组织两个调查组，对市区个体工商户收费情况进行调查，深入到水钢、场坝、老城、黄土坡农贸市场，调查100多名个体工商户，将调查情况整理成书面材料呈送市委及有关部门。报告引起市委和有关部门重视，工商、税务等部门采取措施，将办营业执照收取的押金和领发票证的保证金退还每个个体工商户。

1994年7月24日至8月8日，根据中共六盘水市委指示，由市政协、市委统战部、市工商联组成两个调查组，分别对六枝、盘县、水城和钟山区非公有制经济状况进行调查，写出《六盘水市非公有制经济状况》调查报告，分析制约全市非公有制经济发展的10个问题，并提出了18条建议。

1996年10月21日至29日，市工商联派出5人参加非公有制经济领导小组组织的4个调查组，分别对六枝、盘县、水城和钟山区非公有制经济发展状况进行全面调查。由市工商联负责将4个组调查材料汇总，写出《关于对六盘水市非公有制经济调查情况的汇报》呈送中共六盘水市委、市人民政府。

1998年2月17日至4月8日，市工商联副会长屠维伦一行4人，对全市非公有制经济发展环境进行调查研究，写出《六盘水市非公有制经济发展现状、问题和对策》调查报告。

1999年3月，市工商联（总商会）与中共六盘水市委组织部联合对恒远房地产开发有限责任公司等4家非公有制经济企业的党员和建立党组织情况进行调研，并与中共六盘水市直机关工委多次召开企业法人代表、中共党员参加的党建工作座谈会。2000年率先在市恒远房地产开发有限责任公司、西南家居广场两家非公有制经济企业建立中共基层党支部。1999年4月，市工商联（总商会）参与市政协组织的“六盘水市非公有制经济发展对策调研小组”，进行20多天调研活动。6月，市工商联（总商会）组织人员深入会员企业调研，向省工商联写出《加强思想政治工作，促进非公有制经济发展》报告。7月，市工商联（总商会）组织调查组，深入钟山开发区调查“一条龙服务”等工作贯彻落实情况，写出《关于“一条龙服务”等

4个事项落实情况的调查》报告。

4. 公益事业活动

市和县区工商联、会员和非公有制经济代表人士积极参加各项公益事业活动，不断向希望工程、贫困地区和灾区人民损款捐物。

1996年，市工商联（总商会）资助六枝特区隆茂民族希望小学1000元；六盘水市装潢有限公司经理周家德捐款8000元，资助水城县纸厂乡小学开办“家德希望班”。

1997年，六盘水市恒远房地产开发有限公司总经理邓兴贵，向水城县米箩乡希望小学捐款1万元。

1998年，“六一”儿童节期间，六盘水市建达实业有限公司向市实验幼儿园赠送彩电2台，捐赠价值6000元学习用品和体育用品。夏季，中国长江、嫩江流域发生百年不遇特大洪灾，市工商联（总商会）、水城县、钟山区工商联（商会）和市运输同业公会联合发起赈灾募捐活动。8月26日，市、县工商联（商会）职工、会员、非公有制经济企业员工千余人参加捐款，共收到现金35901元。全市工商联职工、会员、非公有制经济人士和企业员工先后向灾区人民捐款13万余元。

1999年，市恒远房地产开发有限责任公司总经理邓兴贵为水城县禁毒工作捐款5万元，向市“见义勇为基金”捐款1万元。

2000年，华丽酒家经理刘丽，捐资扶助钟山区大湾小学10名贫困儿童到小学毕业。

5. 商务活动

1987年2月，市工商联筹备期间，经市政府批准，同时筹备市工商实业公司。1989年年初，销售焦炭10828吨，矿产品414吨，销售额171万元，上缴税金5.54万元，管理费3.42万元，实现利润17万元。1990年，销售焦炭6559吨，销售额136.8万元，上缴税金4.29万元，管理费4.18万元。1991年，销售额43.3万元，上缴税金2.5万元。1992年，上缴税金5.5万元。10月，工商实业公司与贵州侨谊公司联办“六侨石油联营加油站”，1993年6月开始营业。1994年，公司承包人不假外出，导致公司瘫痪，于1997年被市工商局注销。

1998年8月，市工商联（总商会）组织24家民营企业，参加省政府在贵阳举办的“ ’99贵州民营企业贸洽会”，有4家签订合同，1家签订意向性协议。

2000年4月至5月，市工商联（总商会）向省工商联（商会）报送全国工商联东西对接项目16个；向省委统战部报送项目2个，向市乡镇企业局推荐“全国乡镇企业东西合作项目”4个；向“中国首届民营企业交易会”报送项目40个。7月，市工商联（总商会）组织非公有制经济企业20家28人到贵阳与无锡市企业代表团进行经贸洽谈，印发资料2000余份。8月，市工商联（总商会）组织非会有制经济企业26家40人到贵阳参加全国乡镇企业东西合作经贸洽谈会，成交项目2个，成交额4600万元。12月，市工商联（总商会）副会长戴贤敏任团长，组织60人代表团参加在昆明举办的“首届中国民营企业交易会”，散发宣传资料4000余份，成交项目2个，成交额550万元。

6. 定点扶贫

从1999年起，市工商联（总商会）定点挂钩扶持水城县纸厂彝族乡高炉村。由领导亲自担任扶贫组组长，多次驻村入户，进行调查研究，并与乡党委、政府和村党支部、村委会商讨脱贫致富计划。截至2000年12月，市工商联（总商会）协助纸厂乡抓好高炉村村级组织建设工作；举办种植、养殖业实用技术培训班，培训高炉村及附近村民2000余人次；协调专款8.5万元，解决42户无房、危房户建房问题和改厕等；协调专款17.8万元，解决了全村人畜饮水困难问题；发放小额贷款5万元，以发展养殖业；发动久益实业有限公司、民族铅锌冶炼厂、市建设集团公司等捐款6000元，修建村级多功能活动室；市工商联（总商会）捐4000元，配套建立村组卫生室等，并捐赠100多套科普书籍和办公桌椅；协调解决了通电、电视所需物资和村民过冬的大量衣被、粮食等。2000年高炉村基本实现整体脱贫，市工商联（总商会）被水城县评为扶贫工作先进单位。

二、六枝特区工商业联合会（商会）

（一）概况

六枝特区工商联成立于1953年8月，时称郎岱县工商业联合会。由宾德予任主任委员，毛继舟任副主任委员，全县工商业人员组成55个合作小组，263名会员。1966年3月，召开三届五次会议后，“文化大革命”开始，工商联工作基本停止。1987年12月29日，中共六枝特区党委下文成立工商联筹备领导小组，恢复工商联组织，赵如飞任组长，李兴、张冶安任副组长，领导小组进行调查核实工作。于1988年10月4日，由特区党委组织部行文提名张金辉为工商联主任委员候选人，吴忠诚、董绪生为副主任委员候选人。

1988年10月8日，经六枝特区工商联第四届会员代表大会选举张金辉为主任委员，吴忠诚、董绪生为副主任委员。由张金辉等7人组成常务委员会，由22人组成执行委员会，任期3年。同时经请示特区常委研究定为六枝特区第一届工商业联合会。

六枝商会于1994年7月挂牌成立，与工商联一套人员、两块牌子。2007年8月28日至

29日，六枝特区工商业联合会（商会）召开第五届会员代表大会，选举金芬为会长，余俊东、张选明、宋全海、李进荣、路彦敏、陈刚、朱全龙、王发兵、牟廷翠、罗治敏为副会长，由43名委员组成第五届执行委员会。截至2008年3月，全区相继建立了14个乡镇分会，占六枝特区74%以上乡镇，并成立了煤炭行业分会、烽窝煤行业商会、外来投资企业商会、城区运输同业工会、饮食同业工会、冬瓜协会等20个基层组织。至2007年年底，全区共有会员1360个，其中企业会员28个，个人会员1285个，团体会员2个。

（二）主要职能与任务

1. 参与全区政治、经济、社会生活中重大问题政治协商，发挥民主监督作用，积极参政议政。

2. 发扬自我教育优良传统，宣传、贯彻中央和国家方针政策，倡导爱国、敬业、诚信、守法、贡献精神，加强和改进思想政治工作，引导会员参与全区经济建设，做优秀中国特色社会主义事业建设者，促进社会和谐发展。

3. 做好工商界代表人士政治安排推荐工作；为会员提供有关证明、协调关系、调解经济纠纷；代表并维护会员合法权益，反映会员意见、要求和建议。

4. 引导会员弘扬中华民族传统美德，热心社会公益事业，积极参与“光彩事业”，致富思源，富而思进，扶危济困，共同富裕，义利兼顾，德行并重，发展企业，回馈社会。

5. 为会员提供信息、法律、咨询等服务；推荐会员参与各类培训，帮助会员改善经营管理，推进非公有制企业技术创新，提高市场竞争能力。

6. 组织会员参与各种展销会、交易会和异地考察学习，帮助会员开拓市场。

7. 加强与省内外工商社团及工商经济界人士联系，增进友谊，促进经济、技术和贸易合作发展，协助引进资金、技术和人才。

8. 承办特区党委、政府和相关部门委托事项。根据《中国工商业联合会章程》规定，工商联是政府管理非公有制经济助手，是联系非公有制经济桥梁纽带。从2003年至2008年，六枝特区工商联（商会）连续6年分别被省、市、特区评为先进单位。

三、盘县工商业联合会（商会）

盘县工商业联合会筹备委员会，于1951年2月成立，选举43名委员，曾绍章任主任委员，李中、黄馨美、李修甫任副主任委员，下设宣传、财务、总务和秘书室。1952年2月，筹备委员会进行调整，彭枝灿任主任委员，丁树林、刘遵桔、袁明汉任副主任委员。1954年2

月，丁树林调离盘县，补选肖维德为副主任委员。1956年2月17日，举行第一届会员代表大会，为期4天。选举出工商联一届执行委员32名（其中常务委员5名，主任委员2名，副主任委员4名），通过《盘县工商业联合会章程》，盘县工商联正式成立。

1979年工商联被撤销。1985年12月6日，盘县特区党委会议研究决定：恢复"盘县特区工商业联合会"，并成立"盘县特区工商业联合会筹备领导小组"，下设办公室。1986年3月30日，盘县特区工商联恢复工作，并召开第五届会员代表大会，选举五届执行委员34名。

至2008年，盘县工商联有专职干部11名（男8名，女3名），平均年龄39岁，均为大专以上文化。有会长1名，副会长8名（驻会2名，兼职不驻会6名），常委33名，执委71名。内设机构有：办公室、会员部、党支部、团总支。

四、水城县工商业联合会（商会）

1950年10月，商会改为工商业联合会。10月5日，有800多名会员参加选举，选出水城县工商业筹备联合委员会。

1951年4月21日，召开工商联委员会筹备会议和全体会员大会，选出正、副主任。杨梅、南开、比德、蟠龙设立分会。并选出棉布、百货、盐业、山货、屠宰、染织、旅栈、油糖、五金、面食、建筑、理发、砖瓦、缝纫、照相、小摊贩、运输17个行业代表17人。

1952年，召开县筹委会代表会，巩固"五反"成果。1954年，水城县工商业联合会正式成立，对工商业户重新进行登记，协助税务局向工商业户征收税款。1955年，联营社组织撤销。1956年，实行全行业合营，成立棉布公私合营商店和百货公司合营商店。

"文化大革命"中，县工商联工作停止。

1971年，成立特区工商业联合会，1988年，改名县工商业联合会。1990年，有原会员12人，新会员123人。

1950年，县工商联筹委会成立后，认真贯彻"发展生产，繁荣经济，公私兼顾，劳资两利。"政策。对工商业进行摸底排队登记，清产核资。全县商业户872户（包括农兼商），资金2.8亿元（旧人民币，下同）。配合有关部门对工商业户进行发证，实行明码标价，并给予适当贷款扶助，取缔无证工商业户，共组织百货、棉布、染织、面食、食盐5个联营社。1952年，协助政府开展"五反"运动，打击资产阶级唯利是图行为，在行业中端正经营作风。1953年3月，配合工商科对私营工商业重新估产，调整资本，对行商进行登记发证。1954年8月10日，成立由9人组成之对私改造领导小组，先在棉布业进行试点，后对47户棉布商、64

户盐商纳入社会主义改造行业。协助政府将私营工商户逐渐向公私合营、合作商店（社）、组过渡。按照“统筹兼顾，全面安排，积极改造”方针，分别对手工业者采取吸收进入国营和合作社企业办法，进行改造。对私营小贩，采取经销、代销、合作等形式初步改造。全县共组织代销店351个，其中合作小组7个、29户，经营小组5个、23户。对小商小贩改造，在杨梅进行试点，随后在全县铺开，建立群众运输管理站，对全县31辆单套马车和30匹驮马统一编队。

1956年2月17日至19日，配合政府在全县掀起对私改造高潮，全县个体手工业者，成立手工业联合社，按行业建立生产合作社和运输合作社。到5月底，全县参加各种集体经济的工商业共740户、788人，占私营工商业户99.12%，计有：公私合营7个、185户，合作商店17个、330户，合作小组15个、255户，经销代销户17户，实现全行业社会主义改造，随后进行整顿，建立制度，改善经营管理。1959年至1961年，工商联执委成立学习委员会和福利委员会，组织学习中央各项有关工商业政策，提高觉悟，开展红旗竞赛活动。1959年比1958年销售额增长42%，上交利润53919.41元。1959年，工商联发动各行各业支农支工，全年积肥440万公斤，植树14.68万株，修简易公路1公里；1963年补助生活困难之工商业户145人，金额2022元。“文化大革命”期间，工商联工作停止。

1990年9月17日，县工商业联合会恢复。遵照中共中央《关于坚持和完善中国共产党领导的多党合作和政治协商制度的意见》和《中共中央批转中央统战部〈关于工商联若干问题的请示〉的通知》等文件精神，贯彻“团结、帮助、引导、教育”方针，进行“爱国、敬业、守法”教育，会员发展到211人。创办经济实体，成立“水城县工商联供销经营部”，生产经营项目有：万全锰矿，试采出合格锰矿石140吨；氧化锌矿销售、加工；组织开采猴场长寨铅锌矿、比德萤石矿等。

水城县工商业联合会成立于1956年，“文化大革命”期间中断工作，1989年恢复。截至2008年，水城县工商业联合会有党组书记1名、会长1名、驻会副会长（秘书长）1名、不驻会副会长11名，职工7名（其中行政编制4名，工勤1名），设有工商业联合会（商会）基层组织18个，共有企业会员和个人会员1008个，其中企业会员165个。内设机构有一个办公室。根据工作需要，自己组建成立了会员服务中心，负责会员发展、帮助会员企业与政府部门之间进行沟通与协调，协助会员办理有关证照。

（一）*政务活动*

水城县工商联在参政议政方面始终坚持服从和服务于全县经济和社会发展大局，组织工商联机关干部职工参加全县政治、业务和法律法规学习考试；参加“三个代表”重要思想和“保持共产党员先进性”学习教育等政治活动；宣传和服务非公有制经济发展，做好非公有制经济人士思想政治工作，教育、引导非公有制经济人士合法经营，照章纳税；促进非公有制经济健康发展，促进非公有制经济人士健康成长。

组织以会员为主之非公有制经济人士开展“双思”（致富思源、致富思进）和“三个结合”（把自身企业发展和国家发展结合起来，把个人富裕和全体人民共同富裕结合起来，把遵循市场法则与发扬社会主义道德结合起来）教育活动，支助地方教育事业，扶贫济困，回报社会。1992年以来，非公有制企业和非公有制经济人士出资修通村级公路279公里，支助家庭困难学生600多名。1999年，吴洪昌出资17万元在都格乡修建洪昌小学。2002年至2003年，代华远、代华朝兄弟出资30余万元在双嘎乡修建希望小学1所。2004年7月，工商联牵头组织水城百花苑凉都绿业有限公司、保华实业煤矿、盛丰印刷厂等8家企业会员集资6000元，为野钟小学硬化场地200平方米。2005年，水城百花苑凉都绿业有限公司为全县16个乡(镇)“两基”教育支助1万盆鲜花美化校园，并出运费租车分送到各乡学校。2006年年底，工商联组织非公有制经济人士为全县农民参加农村合作医疗保险捐款84万元。2007年4月，水城新发锌铅冶炼厂、水城正鑫锌业有限公司出资1万元，为野钟小学购置课桌凳100套。2008年，为抗击凝冻灾害和汶川大地震抗震救灾捐款260多万元；2008年“八一”建军节期间，组织7家企业到军营慰问水城县武警消防大队，32名会员及专干与消防官兵开展联谊活动，深入了解消防官兵生活学习和工作情况，增进地方人民群众与武警官兵友谊。

（二）会务

每年召开一次执委会。1998年后每年新建1至2个乡（镇）行业分会，至2010年10月底，共建分会17个(12个乡镇分会：都格、发耳、杨梅、纸厂、阿嘎、双嘎、滥坝、保华、勺米、蟠龙、董地、陡箐；5个行业分会：保华煤炭分会、双水餐饮分会、野钟果蔬分会、百车河畔果蔬分会、发耳果蔬分会），会员从1990年211个发展到2010年年底1460个，其中团体会员3个、企业会员215个。

2007年，与贵阳市白云区工商联建立友好关系，开展会务交流；2008年，与黔东南州黎平县工商联建立友好关系。

2007年，建立会长会议制度，每年召开两次以上会长会议。落实主席会议制度，就工商联如何推动投资环境好转、会员如何支持工商联发展等进行讨论，提出若干意见和建议，为县委、县政府发展非公有制经济发挥了助手作用。

（三）商务活动

县工商业联合会1990年恢复后，成立水城县工商联供销经营部，开展生产经营。1996年成立“水城县工商联富锰渣矿福利公司”。2004年成立“贵州神骏保险代理公司水城县工商联络点”，为会员提供保险服务80多次。先后组织专业干部和会员赴长沙、大理、昭通、银川、拉萨、宜宾、泸州等地进行商务考察学习，参加重庆商品展销会、商贸洽谈会等活动。

水城县工商联党组书记史洪滔，会长邓辉，副会长顾泽良、吴洪昌、陶海元、刘志军、王国黔、夏虎标、邓昭伟、罗雨龙、陈振造、田成河、李华敏、蒋嵩，秘书长顾泽良。

五、钟山区工商业联合会（商会）

1989年1月14日，成立筹备领导小组，邹习鼎任组长，黄定邦、张声鸣为副组长。1989年4月25日至28日，召开第一届会员代表大会，钟山区工商联正式成立，大会选举产生第一届执行委员会，执委会由33名委员组成，其中常委13名，主任委员邹习鼎，副主任委员张声鸣、杜家祥，秘书长杜家祥（兼）。1992年4月成立工商联党组，由戴顺隆任党组书记，黄定邦任副书记，成员刘祖文、范健军、洪志亮。1992年6月，邹习鼎任名誉主任委员，张声鸣任主任委员，戴顺隆、洪志亮、范健军、龚明祥、卢延福任副主任委员，秘书长洪志亮（兼）。1993年12月，实施《区级机关机构改革方案》，张声鸣任主任委员，洪志亮任副主任委员兼秘书长。1994年7月洪志亮任工商联党组书记，同月邓华在区工商联（商会）第二届代表大会第三次执委会上当选为副主任委员。1997年3月，第二届第三次常委会选举谷海居为副会长。1997年4月，召开会员代表大会，选举产生第三届执行委员会，执委43人、其中常委19人，谷海居任会长，沈庆碧、邓昭华、范健军、钟英祥、龚明祥任副会长，李勇跃任秘书长。1997年6月，沈庆碧任党组书记，李勇跃任党组副书记，范健军、杨天心、安晴、张潮海任党组成员。1999年10月，三届六次常委会和三届四次执委会选举车秀平、李勇跃、胡良群担任副会长，同月车秀平任区工商联（商会）党组成员。2001年8月，召开钟山区工商联（商会）第四次会员代表大会，选举产生第四届执行委员会，执委48人，其中常委18人，谷海居任会长，沈庆碧、车秀平、潘柯、李胜云、钟英祥、李仕贵、杨忠任副会长，秘书长车秀平（兼）。2002年8月，陈鹤烈任党组书记。2003年5月，四届四次执委会选举潘柯任会长，陈鹤烈、王锡惠任副会长。2006年8月，召开区工商联（商会）第五次会员代表大会，选举产生第五届执行委员会，执委53名（暂缺1名）、其中常委10人，潘柯任会长，陈鹤烈、王锡惠、米仁宾、石光荣、毛威、李智、王永芳、程世英、赵翀任副会长。2008年3月，区工商联（商会）五届三次执委会增选执委5人，其中常委1人，选举甘红霞担任副会长、秘书长。截至2007年年末，全区会员总数1603个，其中企业会员100余个、团体会员5个、个人会员1400余个，全区9个办事处、镇、乡已建立基层分会，行业商会5个，分别是汽车配件行业协会、水产行业商会、职业医师协会、康乐商贸城商会、汪家寨镇煤业协会。

钟山区工商联成立19年来，认真贯彻落实中央在各个时期的路线、方针、政策，发挥工商联统战性、经济性、民间性作用，在参政议政、民主监督、调查研究，做好非公有制经济代表人士政治安排和推荐表彰，加强基层组织建设、行业组织建设、积极发展会员，维护会员合法权益，为会员排忧解难，搞好服务，引导非公有制经济健康发展和健康成长等工作中做出应有努力。协助党委政府抓软环境建设和招商引资，参与“光彩事业”等方面做了大量富有成效工作。

第三节　外省籍商会

一、川渝商会

六盘水市总商会川渝商会，于2007年11月开始筹备，2008年6月28日正式成立。

六盘水市总商会川渝商会，是四川、重庆籍在六盘水市从事商品生产经营活动人士自愿组成之民间组织，业务上接受六盘水市工商业联合会（总商会）指导。

会员包括全市各行各业川渝籍人士，商会旨在通过此平台，团结四川及重庆籍企业人士，搭建广大会员与政府间之桥梁，当好政府管理本会工商业界人士助手，号召广大会员“富而思源、富而思进。”维护会员合法权益，反映会员意见、要求和建议，维护会员正当权益。

商会积极参与各种社会公益活动，“内聚人心、外塑形象。”，共同努力提高川渝人士在六盘水社会知名度和良好信誉度，力争将商会办成健康、文明、和谐商会，团结在六盘水市从事经营活动广大四川、重庆籍人士，进一步为六盘水市经济发展作出较大贡献。

二、浙江商会

2007年8月22日，六盘水市总商会浙江商会成立大会召开。六盘水市总商会浙江商会，系在六盘水市浙商所建立的群众组织。商会引导浙商企业诚信、合法、文明经营，规范运作，创新发展，树立社会责任，维护合法权益，全面打造和提升浙商整体素质和社会形象。加强在六盘水市经商的浙江籍商人凝聚力，增强六盘水与浙江两地间经济交流，推动六盘水地方经济发展。

除此之外，市境还有福建商会、湖南商会等外省籍商会。

第四节　行业商会协会

一、个体劳动者协会

（一）市个体劳动者协会

1984年5月30日成立六盘水市个体劳动协会筹备组，同年8月成立六盘水市个体劳动者协会。

市个体劳动者协会首届代表大会，于1984年8月28日召开，出席大会正式代表179人，参加选举150人。大会听取全市个体经济发展情况及今后意见的报告；讨论通过《六盘水市个体劳动者协会章程（草案）》，选举六盘水市个体劳动者协会首届委员会。通过协商，兼顾地区、行业、民族、性别等特点，选举产生六盘水个体劳动者协会首届委员会。选出委员21人：杨志勇、曾远兴、王载吉、段成光、刘仕伦、高荣祥、谭龙英、王光作、高永富、刘金荣、韦敏、黎模贞、蔡英、郑朝廷、毛钝、郭居祥、郑印贤、阮国孝、左正海、杨益刚、聂炳从。再由委员民主选举产生常务委员7人：杨志勇、曾元兴、郑朝廷、段成兴、王光作、刘金荣、黎模贞，杨志勇任主任委员，曾元兴任副主任委员，郑朝廷任秘书长。

市个协成立后对全市个体工商业者底数进行调查研究，重点调查1956年、1957年、1980年个体工商业者户数和人数，分别为1249户1320人；894户913人；2375户2570人。1982年发展到5053户5210人。1983年后，平均每年以22%之户数和19%之人数递增，至1989年，发展到15065户18916人，注册资金3430.6万元，营业额为1188.97万元。1989年，个体工商户已遍及城镇和乡村，全市安排农村富余劳动力6912人，城镇待业人员11995人，占全市国营商业职工人数2.2倍。1989年一年内，在亚运会捐款活动中，共捐助2.08万元，向国家缴纳税金1200余万元，购国库券283万元。

各特区、县（区）党委和政府，把发展本地区个体工商户工作纳入议事日程，对个体工商户经营场地、货源和原材料供应，银行贷款均给予帮助。

市个体劳动者协会成立后，紧接着县级个协和各区镇个协分会先后成立，并不断充实办事人员。1989年，全市48个个协分会均充实工商干部兼管分会工作。由个体户任副会长，各级个协和区镇个协分会相应解决办公地点，有4个分会由分会收取个体工商户管理费工作，城镇工商户集中地方还成立治安联防小组，维持社会治安。根据省工商局和省个协安排，市个协举办个体劳动“风采杯”电视演讲赛。选出4名参加省工商局和省个协组织之预赛和决赛，比赛结果得三等奖1名，特别奖2名。

各级个协建立后，对于城乡个体工商户经营场地、资金短缺等问题帮助协调解决。在经营场地上，各县区均做到相应摊点集中，有场有序；地点选在方便群众、方便经营的地方。大湾区分会联购分销开办后，给矿区个体户提供进货方便，对确实有困难个体户实行赊销。六枝特区个协，办了一段时间信息服务，帮助个体工商户提供货源。各县区个协定期举办技术培训班和法律知识培训，为会员提供服务。

1990年7月11日，市个体劳动者协会第二届代表大会召开。会员由第一届7336人增加到14739人，正式代表89人，其中：个体户代表72人，市机关有关方面代表17名。选举理事31人，常务理事9人，名誉会长董昭玉、汤公宇，会长古清华，副会长杨志勇、龚明祥，秘书长司彪。大会听取第一届个体劳动协会会长杨志勇所作工作报告，经过审议后，决定批准工作报告。

本届市个体劳动者协会，将工作重点放在加强基层协会组织建设上，全市建立县级协会4个，59个基层分会，512个会员小组，会员22426人。各级个协工作人员36人，其中专职21人，兼职1人，聘用14人，36人中工商干部15人。市个协和4个县级个协共14名专职干部，其中市个协4人（专职3人），六枝特区个协有秘书长1人；盘县特区（盘县）个协4人，秘书长1人，专职3人；水城特区（水城县）个协3人，秘书长1人，专职2人；钟山区个协2人，秘书长1人，专职1人。

1994年年底，全市登记注册个体工商户达19438户，比1990年增加4699户，增长32%，从业人员26405人，比1990年增加7981人，增长43%。从事个体经营19438户中，有社会闲散人员7242人，待业青年8448人。1990年，全市个体工商户注册自有资金5636万元。1991年为6187万元，1992年为7836万元，1993年9607万元，1994年11117万元。1994年比1990年增加5461万元，增长79%。1994年，全体个体户实现总产值为24509万元，比1990年增长82%，营业额34075万元，比1990年增长117%。开始从事建立教育、中介服务、股票投资等行业。

1995年8月30日，市个体劳动者协会第三届代表大会召开，会员人数19438人，代表107人，选举理事35人，常务理事11人。名誉会长杨玉栋、田万昌，会长何孔亮，副会长杨志勇、王明清、蔡大振，秘书长周兴隆。六盘水市个协设县级协会6个，基层分会54个，行业协会4个。全市共有专兼职工作人员88名，其中市个协有专职工作人员2名，县级协会有专兼职工作人员17名，基层分会有兼职工作人员69名，从业人员35522人，注册资金24787元。城镇个体工商户会员10667户，占总户数54.5%；农村个体工商户8899户，占总户数45.5%。会员文化结构，大学本科13人，大学专科355人，中专2051人，高中7362人，初中13435人，小学11738人，文盲560人。

1999年8月26日，市个体劳动者协会第三届理事会通过，决定增补曾加富、胡国明为理事会副会长，司彪为秘书长，增补理事9人。

为维护会员合法权益，专门有1名副会长分管此项工作。2000年，在个体经济活动中，全市发生侵权案件89件，通过法律咨询帮助得到解决。六枝特区个协会员反映，有一单位向城区中巴车收取每辆车每月停车费90元，特区个协找有关部门协调，此不合理收费得到解决。钟山区个协聘请法律顾问，全年共为80余名会员提供法律咨询服务。钟山农贸市场分会，由会员组织治保小组与公安部门配合，第一年就抓获扒手17人，追回赃款700余元，制止市场内打架斗殴事件16起。盘县个协运输分会，成立平安车队服务于社会，个协帮助代办各种运输证照、代交各种费用，派专人到交警支队为会员代办行车执照315本，为会员代办工商营业执照230余户，车队为会员代交运管费47万元，保险费43万元，养路费19万元。

（二）县区个体劳动者协会

20世纪50年代初期，各县仍在私营工商业者中建立商会和同业分会。1956年对私营工商业和手工业进行社会主义改造任务完成后，原组织自然消失。80年代初期，各县开展建立个体劳动者协会组织。

1. 六枝特区个体劳动者协会

成立于1984年4月16日，6月召开全特区个体劳动者第一次代表会议，成立六枝特区个体劳动者协会第一届理事会，时有会员2856人，出席代表36人，选举刘金荣、杨登培、杨益刚为副会长，秘书长龚明，大会通过《六枝特区个体劳动者协会章程》。1988年6月4日，召开一届一次理事会扩大会议，会议决定房小芬为会长，副会长刘金荣；秘书长龚明。委员贾信昌、谢正明、皮定芳、韦敏（女）、徐炳明、陈发为、王英（女）、郭胜珍（女），原副会长自然免职。1988年至1996年12月，会长张汉业，副会长房小芬，秘书长龚明。1996年12月至1998年10月，会长张汉业，副会长房小芬、黄琴、向建林，秘书长陆林。1998年10月至2000年，会长宋国海，副会长房小芬、黄琴、向建林，秘书长秦永忠。1996年12月召开第二届三次会议，会员3500人，出席代表67人，理事由15人组成。会长张汉业，副会长房小芬、向建林、黄琴，秘书长陆林。1999年6月30日，由于会长、秘书长调动，召开理事会增补宋国海为会长，秦永忠为秘书长。特区个协下设基层分会15个，其中行业分会1个。

2. 盘县(特区)个体劳动者协会

成立于1984年7月30日，会员3000人，出席代表106人，其中会员代表80人。大会通过《盘县特区个体劳动者协会章程》《盘县特区个体劳动者协会守则》等文件，选举产生理事18人，组成盘县特区个体劳动者协会第一届委员会。选举唐明锦任第一届个协委员会主任委员，王克作、王再吉、高永富为副主任委员，王汉标任秘书长。1985年11月，重新组建个协，抽调潘于昆任秘书长，负责处理个协日常工作。1988年9月21日至22日，召开第二届个体劳动者代表大会，参加大会代表106人，其中会员代表74人。大会选举21人组成理事会，聘请特区政府副区长刘书略为名誉会长，陶兴锐任会长，李明忠、胡兴华任副会长，蒋先忠任秘书长。1991年4月23日至24日，召开第三届个体劳动者代表大会，时有会员5640人，参加大会代表101人。大会选举27人组成理事会，聘请特区政府副区长许昆贤任名誉会长，陶兴锐任会长，李明忠、扬洪杏、武凤英任副会长，尚贵才任秘书长。1995年3月26日至28日，召开盘县特区个体劳动者协会第四次代表大会，会员8351人，参加大会代表103人，正式代表69人。大会选出23人组成理事会，名誉会长许昆贤，会长李志儒，副会长尚贵才。2000年4月18日，召开个体劳动者协会第四届第五次理事会会议，会长由唐平担任，增补崔茂江为副会长，秘书长由高和平担任，聘请盘县副县长龙秋芳为名誉会长。许昆贤、李志儒、尚贵才、李忠云不再担任个协职务。

3. 水城县(特区)个体劳动者协会

1984年7月26日，召开个体劳动者第一次代表大会，成立县个体劳动者协会第一届理事会，有会员2160人，代表212人。选举盛作才为名誉会长，廖福文任会长，朱德章任秘书长。理事有彭国先、刘祖群、崔茂江、雷树德、左典伍、彭世春、魏平宪、林树芬、何水华、韩旭。在城关、水西、水钢、滥坝、大河、大湾、玉舍、杨梅、发耳、龙场、南开、蟠龙、比德、米箩设14个分会。1988年区、县分设后换届，选举第二届理事13人，会长廖福文，朱德章任秘书长，此届会员3405人。

4. 钟山区个体劳动者协会

成立于1990年1月16日，首次协会会议参会代表96人，会员4350人，基层分会12个，选举理事19人。名誉会长陈天亮，会长张传德，副会长范建军、龚明祥，秘书长王嘉章。1995年8月，王嘉章退休，选举胡良琼任秘书长。1999年4月28日至29日，召开个协第三届大会，到会代表242人，选举产生第三届理事会，选出理事16人，名誉会长朱绍伦，会长胡良琼，副会长刘丽、李兴才。秘书长许丽霞。会议期间，组织会员及理事学习中共十五大精神和邓小平理论，学习有关法律、法规和规章制度。

5. 钟山经济开发区个体劳动者协会

成立于2000年1月12日，分设基层分会2个，会员485人，第一届代表大会出席会议代表22人，选举理事13人，王汉标任会长，朱来启、喻国民、蔡云斌任副会长，秘书长邓家荣。

6. 红果经济开发区个体劳动者协会

1997年6月13日，召开第一届代表大会，选举产生红果经济开发区个体劳动者协会第一届理事会。名誉会长刘福安，会长朱家荣，副会长舒开学，理事朱家荣、刘华刚、张庭立、舒开学、李江鸿，秘书长刘华刚（兼）。

随着个体经济发展，个体工商户1979年362户，2000年发展到23148人。全市建有县级个体劳动者协会6个，基层分会64个(含行业分会6个)，会员小组572个，共有会员20236人，各级个协共有工作人员79人，其中专职16人，兼职63人。

（三）各级个协主要活动

1. 自我教育

钟山区个协和各分会共同开办法制培训班28期，培训人数1.2万人次。申请办照参加考试个体户1898人，举办学习专栏12个，出刊207期。1990年，认真贯彻执行中共十三届五中、六中全会精神，作好形势政策教育，大力宣传发展个体经济方针、政策，加强治理整顿和深化改革教育。全市各级个协积极开展政治思想、职业道德教育。全年共印发个体工商户学习材料6300本，组织政治学习59次，参加人数8409人。各级个协积极配合税务、工商部门，通过各种形式在个体户中开展法制活动，组织法制教育，宣传学习《中华人民共和国行政诉讼法》25次，4500人参加学习。还组织个体户开展职业道德教育27次，教育面达56.6%。宣讲《个体劳动者职业道德读本》，学习《寸草春晖》中所介绍先进个体工商户先进事迹。

1990年，在各级个协组织下，全市开办各类技术培训班4期，培训118名个体劳动者，有

100名学员考核合格，在有关部门支持下，成立六盘水市个协业务技术培训中心。对理发、家电维修、服装裁剪等行业从业人员进行技术培训。各特区、县（区）个协成立运输分会3个，补办运输营业执照197份。市个协设法律咨询2处，聘请律师1人，制止乱收费、乱摊派、乱罚款现象74次，为会员挽回经济损失40.56万元。1990年，各特区，县（区）相继成立个体运输分会和个体联合运输车队。六枝特区工商局与个协、特区科协配合，对从事家用电器修理之56人进行培训，其中有45名获得合格证书。在亚运会捐款活动中，捐助2.08万元。向国家缴纳税金1200万元，购国库券283万元。

1991年7月，六盘水市一些地区遭受严重水灾，在短时间内，捐款6.35万元，各种衣物240余种。

2. 自我管理

1989年，各级个协组织配合有关部门开展个体工商户换照大检查，推动自我管理，自查1216户，补税48万元，重点检查73户，偷漏税款15.6万元，罚款1.5万元。建立联防小组，钟山区个协分会建立联防小组32个，与公安、工商、消防、街道办事处、居民委员会保持联系，抓获作案分子9人。1989年，公安部门表彰治安联防积极分子27人。1991年，作好个协规章制度建立，健全档案管理，逐步走向制度化和正规化。六枝特区个协运输分会，任用工商干部、分会秘书兼任会计，建章建制，严格资金进出手续，健全档案制度，对每台车车主和驾驶员地址、行车执照、驾驶执照、车型、车号均详细记录在档，为公安、交通监督管理提供依据。在验照贴花工作中，个协基层分会协助工商部门作好验照贴花工作。盘县特区普古个协分会、老屋基个协分会出动车辆积极配合净化市场，查处假冒伪劣商品价值6万多元，纠正乱涨价200多起。盘县城关镇个协分会、火铺镇个协分会选拔180名会员参加治安联防，协助公安机关查处犯罪案件15起。盘县个协作好党团组织建设，发挥党员青年团员自我管理作用。盘县特区坪地分会成立基层党支部，城关成立共青团支部。盘县特区个协9个基层分会先后成立3个治安联防队，追回被盗资金1.5万元，被盗物资价款10万余元。钟山区个协康乐分会、钟山分会，在公安派出所和工商所支持下，成立个协行业治保会，为会员调解纠纷285起，制止打架斗殴54起，抓获扒窃48起，制止偷抢3起。六枝特区个协调解纠纷184起，协助公安查处拦车抢劫案30件，挽回经济损失20多万元。钟山区个协分会由47人发展到346人，配合有关部门处理交通事故616起。

1992年，在个体户中开展售货信誉卡制度。1994年，市个协召开理事会，安排重点学习《邓小平文选》《中华人民共和国反不正当竞争法》《中华人民共和国公司法》《中华人民共和国经济合同法》等。在一年内共组织各特区、县（区）个协学习238次，参加学习人数18435人次，学习新税法、订购新税法书籍3000本，分发到基层分会，举办各种形式学习班。全市守法户15428户，占总户数95%，主动上门纳税者9532户，占应缴纳税费户76.5%。会员认购国库券34万元，参加捐款2291人次，金额9.41万元。开展各种活动11次，参加会员人数344人次。1995年，市各级个协共举办缝纫、修理、烹饪、理发技术培训班19期，培训人数2689人。

3. 自我服务

水城县个协采取聘请技术员到基层分会办短期培训办法，深受会员欢迎。1990年至1992年，钟山区个协联购分销经营活跃。全区个协分会办7个联购分销机构，其中，烟酒、百货、五金、装卸、搬运、冶炼、加油站注册资金57.5万元。大湾联购分销服务部与市民族贸易公司、红岩商店、土桥酒厂等签订代销合同。人民路联购分销服务部免费为大湾、汪家寨、老鹰山、观音山等分会会员送货上门。水钢联购分销服务部，对无资金提货会员先提货后付款。钟山区个协、六枝特区个协健全运输分会自我服务制度。钟山区个协组织个体工商户开展“户户讲道德、店店无假货”活动。盘县个协评选出60户“无假货商店”发牌匾，安置下岗职工100余人。钟山区个协建立摄影分会、渔业分会。经个协推荐，省劳动厅在黄土坡女神美容美发培训中心设立首家国家技能鉴定站，负责对美容美发初、中级考评技术鉴定工作。

2000年，钟山区个协组织光彩服务周活动，以及各种义务服务511人次。水城县个协为部分下岗职工及农村剩余劳动力提供再就业机会。市个协成立市美容美发协会、市运输行业协会、市建筑建材协会。组织舞龙队、彩旗队、腰鼓队、芦笙队、扇子队、秧歌队6支队伍280人，参加全市庆祝国庆50周年大型活动。各级个协成立后，共提供信息咨询服务120次618人，组织经验交流6次157人，组织参加大型文体活动15次，参加1467人。慰问病伤员170人，金额8800元，行业技术培训12期，参加982人，考核考试合格920人。培训经费1.4万元。法律咨询135人，聘请律师4人，发生侵犯会员合法权益21起，处理21起，挽回经济损失52300元。成立自管组织7个，安置下岗职工134人。开展教育活动，向报刊广电报道39次，印发学习资料14360份，组织学习32次，参加人数7508人，出动宣传车辆2060次。钟山区个协办宣传栏12期，印发资料费6042元。全市个体工商业户缴纳税金为19761万元，占财政收入29.8%。

4. 维护会员合法权益

各特区、县(区)个协制止侵犯会员合法权益事件459起，出面协调60多起，挽回经济损失45万元。市各级个协为会员排扰解难，付出现金7592元。1994年，处理摊派金额18次2.83万元，为会员挽回经济损失2.39万元，追回乱收费金额0.28万元，追回乱罚款0.3万元。

1991年，六枝特区个协及时向有关部门反映，抵制乱收费行为。

1992年，水钢个协分会制止侵害会员合法权益事件459起，调解60起，为会员挽回经济损失45万元，补助困难会员慰问金7592元。水钢检查所超越职权范围，对5户个体工商业户罚款200多元，没收物资。水钢个协分会会长到物价局反映，问题得到解决。中共中央国务院《坚决制止乱收费、乱罚款和各种摊派的决定》下达后，大湾企业管理站向该片区个体工商业户陈国新、王卫平收企业管理费6700元。钟山区个协找大湾镇政府和有关部门协调，终于得到妥善解决。1999年2月8日，盘县水塘镇一经营粮食个体工商业户反映其从贵阳购一车粮食到盘县销售，途经关岭时，被关岭县工商局以无发票为由查扣，叫当事人到贵阳拿发票，当事人连夜从贵阳拿回发票时，被告知粮食已被处理，罚款4000元，损失1万余元。盘县个协请律师为该个体户向安顺地区工商局申请复议。经安顺地区工商局裁决，撤销关岭县工商局处罚决定，赔偿由此造成的损失。1999年4月，盘县水塘镇政府对过往车辆设卡收过路费。县个协立即找分管交通副区长和县纪委反映该镇此乱收费行为。盘县政府立即勒令，在一星期内撤销该镇收费站，恢复正常交通运输。

1998年，市个协组织向希望工程捐款2000元，为边远山区贫困户脱贫捐款3300元，义务服务约值4500元。

开展户户讲道德，店店无假货活动。评选挂牌18家，为600家店铺悬挂“亮照经营、明码标价”牌，发放文明服务公约2300张，评选文明经商个体户100户。维护会员合法权益12起，挽回经济损失10余万元。制止不正当竞争两起，解救两名不该拘押会员。调解纠纷440起，制止斗殴26起，协助公安破案36起，消防灭火6起，抓获偷盗扒窃128起。

2000年，盘县个体劳动者协会，受省工商局、省个协表彰。

六枝特区个协1998年评选出“文明经营户”91人，1999年评选出市级“光彩之星”1名，2000年评选出省级优秀个体工商户1名。

1997年，红果经济开发区个协表彰个体工商户16户，1998年表彰32户，1999年表彰个体工商户29户。

六盘水市城乡个体工商户1989年与1990年行业发展情况对比表

表16-1

行　业	个体工商户数（户）			个体从业人数（人）			自有资金数（万元）		
	1989年底数	1990年底数	增减 ±%	1989年底数	1990年底数	增减 ±%	1989年底数	1990年底数	增减 ±%
合　计	32735	35792	9.3	41698	44107	5.7	6460	8433	30.5
工　业	3700	4388	18.6	5266	5883	11.7	1206	1539	27.6
建筑业	27	28	3.7	151	156	3	12	18	50
交通运输业	1261	1982	57.1	1440	2179	51.3	2126	3481	63.7
商　业	20747	21729	4.8	26177	26573	1.5	2472	2687	8.7
饮食业	3584	3827	6.8	4491	4730	5.3	234	262	12
服务业	1737	2014	15.9	2094	2392	14.2	207	235	13.5
修理业	1341	1485	10.7	1686	1804	7	149	155	4
其他行业	338	339	-0.3	393	390	-0.7	54	56	3.7

二、私营企业协会

从1991年开始，六盘水市各特区、县（区）、开发区工商局（分局），相继建立私营企业协会组织。

1991年11月29日，盘县特区私营企业协会成立。会长陶兴锐，副会长李椿、朱朝文，秘书长阮卫忠，理事会由8人组成，共有私营企业协会会员21人。2000年4月18日，盘县私营企业协会进行换届，会长崔茂江，副会长李椿、朱朝文、陆坚，秘书长阳廷胜，理事会由14人组成，共有私营企业协会会员178人。

1992年4月，钟山区私营企业协会成立。会长张传德，副会长范建军、刘华，秘书长吕小新，理事会由15人组成，时有会员56人。1999年4月29日，钟山区私营企业协会换届，名誉会长王建光，会长胡良琼，副会长钟黄祥、万惠忠，秘书长张晓霞，理事会由10人组成，会员156人。

1992年9月12日，水城县私营企业协会成立。会长廖福文，副会长周友贵，秘书长刘正荣，理事会由9人组成，有私营企业协会会员34人。2000年，水城县私营企业协会第二届会长冯静海，副会长周友贵，秘书长苏吉明，理事会由7人组成，有会员185人。

1993年12月9日，六枝特区私营企业协会成立。名誉会长张汉业，会长李官顺，副会长朱仁政、代天云、韩远云，秘书长晏毓林，理事会由11人组成，有私营企业会员28人。

1996年9月，六盘水市私营企业协会成立，会长何孔亮，副会长邓新贵、吴跃稳，秘书长郑朝庭，理事会由7人组成，共有会员218人。2000年10月进行改选，会长赵善明，副会长邓新贵、吴跃稳，秘书长司彪，理事会由7人组成，时有会员665会。

1997年6月13日，红果经济开发区私营企业协会成立，名誉会长高昂，会长朱家荣，副会长丁美菊、蒲群英，秘书长刘华刚，理事会由6人组成，共有私营企业协会会员55人。

2000年1月12日，钟山经济开发区私营企业协会成立，会长王汉标，副会长朱来启、喻国民、蔡云斌，秘书长邓家荣，理事会由13人组成；共有私营企业协会会员63人。

六盘水市各级私营企业协会主要开展的工作有宣传国家政策和有关法律法规，引导会员在国家允许范围内从事生产经营活动；做好会员思想政治工作，开展爱国主义教育、法制教育、职业道德教育；为会员生产经营活动提供服务。

1990年年底，全市私营企业发展到102家，从业人员179人，投资人数605人，注册资金792万元。

至1996年年底，全市私营企业发展到613家，从业人员7582人，投资人数为1646人，注册资金达到26077万元。

1997年9月，中共十五大指出“公有制经济为主体，多种所有制经济共同发展，是社会主义初级阶段的一项基本经济制度。”“非公有制经济是我国社会主义市场经济的重要组成部分，对个体、私营等非公有制经济要继续鼓励、引导，使之健康发展。”中共十五大以后，全市私营企业实现跨越式发展。

1997年，全市私营企业达到857户，从业人员8945人，投资人数2405人，注册资金38439万元。

2000年年底，全市私营企业1320家，从业人员16245人，投资人数3484人，注册资金67092万元，其中城镇私营企业会员为962户，聘用人员为11853人，注册资金58063万元。全市私营企业户注册资金为50.83万元，其中注册资金在100万元至500万元之会员有104户，500万元到1000万元会员为11户。2000年，全市私营企业户数为1990年的12.94倍，从业人员90.75倍，注册资金84.71倍。

1990年至2000年六盘水市私营企业发展情况表

表16-2

年　份	企业数（户）	从业人员（人）	投资人数（人）	注册资金（万元）
1990	102	179	605	792
1991	134	2511	394	1187
1992	196	3235	532	1898
1993	269	3805	753	4279
1994	338	4197	758	6254
1995	465	6024	1112	14254
1996	613	7582	1646	26077
1997	857	8945	2405	38439
1998	1150	10979	3268	67933
1999	1038	10918	2964	61840
2000	1320	16245	3484	67092

三、消费者协会

1989年，六盘水市工商行政管理局根据国家工商局、省工商局关于建立消费者协会组织精神和要求，向六盘水市人民政府呈报《关于成立六盘水市消费者协会的报告》。6月26日，市政府市府办〔1989〕67号文批准成立六盘水市消费者协会。继后，经与有关部门协商，成立了以市人民政府分管财贸副市长和市工商行政管理局、市物价局、市卫生局、市标准计量局、市商委、市经委、市总工会、市供销社、市粮食局、钟山区工商局、市报社负责人组成的六盘水市消费者协会筹备小组。副市长汤公宇任组长，李宝荣（市工商局副局长）、孙元亮（市工商局副局长）任副组长，何定帮、陈来、李文锦、李文凤、黄永祥、张淑珍、沈宗煊、华亮、张传德、朱绍雄、桂世林等任成员。7月7日，成立六盘水市消费者协会，协商选举名誉会长汤公宇（副市长），顾问董照玉（市人大常委会副主任）、潘煊（市政协副主席）、魏祥三（原副市长）、徐增昌（市财政局局长），法律顾问王世荣（市工商局副局长）、杜向会（市司法局）。会长李宝荣（市工商局副局长），副会长何定帮（市物价局局长）、李文锦（市标准计量局局长），李文凤（市商委副主任）、张淑珍（市总工会副主席）、孙元亮（市工商局副局长），秘书长桂世林，常务理事李宝荣、何定帮、陈杰、李文锦、李文凤、张淑珍、沈宗煊、张传德、黄水祥、孙元亮、桂世林，协会理事39人。通过《六盘水市消费者协会章程》。

1989年8月，盘县特区消费者协会成立。名誉会长许昆贤（特区常务副区长），会长周培厚，秘书长王云。到1994年，在17个工商所成立17个消协分会，分会长由各工商所所长兼任。2000年年底，共有消协分会15个，全部建立了消协分会组织。

1990年12月29日，六枝特区消费者协会成立。名誉会长杨薰诚，会长张汉业，秘书长韩复香。到2000年年底，下设6个消协分会，分会长由各工商所所长兼任。

1991年9月10日，水城县消费者协会成立，名誉会长盛作才（县政府副县长），会长廖福文；秘书长宁德军。到2000年年底，共有消协分会19个，分会长由各工商所所长兼任。

1992年5月，钟山区消费者协会成立，会长张传德，秘书长黄禹光。1992年6月至2000年年底，下设12个消协分会，分会长由各工商所所长兼任。

（一）投诉受理

六盘水市消费者协会自1989年7月成立到12月底，共受理消费者投诉15起，金额32万余元。

1990年，共受理投诉案件32件，市消协及时对所有投诉案件，进行调查调解处理，除4件涉及外地和2件找不到修理单位案件未得到处理外，26件得到圆满处理，结案率87.5%。

1991年，共受理投诉案件69件，处理投诉69件，调解率达100%。全年通过处理各种投诉，使消费者免受经济损失34251元。

1992年，全年受理投诉案件196件，处理192件，调解率为98%。通过处理投诉，为消费者挽回经济损失15600元，另有不予受理2件，转请有关部门处理1件。

1993年，全市消费者协会组织共受理群众投诉案件379件，全年案件调解率100%。通过处理投诉，为消费者挽回经济损失134130元。

1994年，受理消费者投诉案件325件，处理321件。调解率为98%。全年为消费者挽回经济损失131320元。

1995年，全年共受理投诉案件280件，处理280件，调解率100%。为消费者挽回经济损失108500元。

1996年，受理处理消费者投诉案件276件，质量问题占195件，为消费者挽回经济损失167520元。

1997年，受理处理消费投诉案件306件，调解率为95%，为消费者挽回经济损失258000

元。是年，水城县消费者协会被省消费者协会评为先进集体。

1998年，各级消费者协会以《中华人民共和国消费者权益保护法》(以下简称《消法》)为武器，受理处理投诉。到年底，立案受理处理消费者投诉案件296件，调解率为99.8%。为消费者挽回经济损失37万元。是年，盘县特区消费者协会被贵州省消费协会授予在“安全、健康、消费十大案件工作中成绩突出单位”称号。

1999年，受理处理投诉案件229件，为消费者挽回经济损失211688元。当年，六枝特区消费者协会受理1起汽车发动机号与合格证编号不符投诉案，消费者协会通过检验，派人到厂家交涉，厂家作出纠正并赔偿消费者损失费6000元。

2000年，六盘水市各级消费者协会举报电话和12315咨询服务电话开通和公开。是年，全市消协共受理处理投诉案件331件，调解328件，为消费者挽回经济损失382405元。

（二）商品和服务监督

1989年9月，在开展保护消费者合法权益活动月中，六盘水市消费者协会与有关部门配合，对市场上之商品及质量、价格、计量、卫生等方面进行重点检查，查处一批假录音带、走私服装、变质食品和劣质电器，并监销一批价值3000余元变质食品。

1990年，多次配合市工商局对市场销售之假冒伪劣商品进行大检查。督促监督企业和个体工商户销毁变质食品、饮料等，价值达2000余元，罚款1250元。参与市经委、市防疫站等部门对食品卫生质量进行专项检查，重点检查经营单位350家，产品达840余种，查出有质量问题者130余种；参与市计量局、市工业局等单位，组织对全市生产、销售无生产许可证产品进行清理和处理，金额达80余万元；与市物价、市商委等单位对市内酒类生产和经营情况进行检查，对市中心城区饮食业经营情况进行检查，调查和限价。

1991年，参与工商及其他部门进行市场大检查6次。

1992年，针对喝散白酒致死人一案，市消协对白酒生产进行专项调查，共调查138户个体生产户。

1993年，全年共组织参与市场检查20次，检查国营、集体、个体经营户5000余户。

1994年，全市各级消费者协会参与市场检查16次，检查国营、集体、个体经营户1800余户。

1995年，市消协全年共组织各项检查18次、56天、80余人次。检查国营、集体、个体工商户商品300余种，检查4000余户次。

1996年，全年共进行专项检查24次，协助有关部门查处有问题商品价值10余万元。

1997年，开展“讲诚信、反欺诈”主题活动年，对消费投诉问题较多商品进行检查。

1998年，全市消协配合工商机关对制假售假进行打击，共立案查处经济违章违法案件16件，当场处罚案件927件，罚没款49万元。

1999年，在开展“安全健康消费”年主题活动中，检查重点主要是对消费者安全健康造成危害商品，检查商品7大类400余种，检查户数3万余户次。

2000年，全市各级消协参加有关行政执法部门进行的监督检查16次，为行政执法机关提供案源，受到立案查处者有21件，及时处罚52件，罚没金额76900元。4月，在全市范围内开展“揭谎月”活动，此项活动共检查经营户1200户，消除虚假广告200余份，收缴虚假药品宣传广告1.8万余份。5月，对邮政、电信等部门收费问题进行检查；6月，对美容行业进行检查；10月，对全市房地产开发公司进行检查。

（三）法制宣传和消费宣传工作

1989年9月，市消费者协会牵头，有工商、物价、工会、经委、编委、卫生、防疫、供销、计量等部门参加，联合举行六盘水市保护消费者合法权益活动月活动。

1990年，开展消费咨询活动，接待咨询人数1000余人次。

1991年，“3·15”国际消费者权益活动期间，利用标语、横幅对消费者权益作广泛宣传，全年共进行消费咨询58次，1500余人。

1992年，全市各级消费者协会出动宣传车58台次，张贴宣传标语3000余张，横幅53条，出宣传栏15期，上街接待咨询36次。“3·15”活动期间，接待咨询人次1.7万余人次，发放宣传资料750余份，当年编发简报18期。

1993年，各级消协组织接待咨询1.2万余人次，发放各类宣传资料6000余份。9月份“消费咨询者活动月”中，发放各类宣传资料1万余份，张贴宣传标语2400余份，共接待群众咨询3820人次。

1994年，为开展好“3·15”国际消费者权益日活动，市消协于2月25日召开常务理事会，研究、布置有关事宜。会后，各特区、县、（区）消协对会议安排进行具体落实。市工商、物价、技术监督、经委、商委等多部门上街宣传、接待咨询，接待群众咨询1.6万余人次，发放宣传资料7000余份。3月17日，市消协、钟山区消协在市中心区召开假冒伪劣商品销毁现场会，销毁价值20余万元假冒伪劣商品。水城县消协深入城区、发耳、杨梅等市场，与当地工商所发放宣传资料2300余份，接待农村消费者投诉79人次，当场解决投诉案件58件。

1995年，在“3·15”国际消费权益日期间，市、县、特区共组织开展宣传，接受群众咨询达4万余人次，发放宣传资料2万余份，现场接待有关部门和群众咨询992人次，张贴标语1.8万余份。

1996年，全年消费者权益保护宣传工作共出动宣传15次，接受宣传群众达3万余人，发放宣传资料1.5万份，举办1次新闻发布会。

1997年3月15日，市消协组织钟山、水城消协在钟山大街开展纪念“3·15”国际消费者权益日宣传活动。活动主要宣传《消法》等法律法规。同时开展现场投诉、现场咨询解答，开展实物展览。当天下午，召开假冒伪劣商品销毁现场会，销毁价值15万余元之60余种假冒伪劣商品。

1998年，围绕“为了农村消费者”年活动，全市各级消协共出动宣传、接待咨询人员280人，设立5个中心宣传点，出动宣传车22辆，发放各种法律法规资料18660份，咨询人数8300余人。现场受理处理消费者投诉158件，现场销毁假冒伪劣商品200余种，价值23万元。

1999年，市消协、市工商局组织钟山区、水城县、六枝特区、红果经济开发区共设立6个中心宣传点，开展以贯彻执行《消法》促进安全健康消费为主题宣传活动。

2000年，市消协3月份组织全市消协开展纪念“3·15”国际消费者权益日系列活动，以“明明白白消费”依法维护消费者“知情权、获知权”为主题。3月15日，市消协在市中心区钟山大道设立会场，钟山区、水城县在市中心区不同路段设立两个分会场，集中向消费者提供宣传咨询服务。

四、煤炭行业商会

六盘水市总商会煤炭行业商会，2005年4月28日成立。围绕“沟通、维权、服务、发展”方针为会员服务。

商会成立后，把安全生产作为第一要务。组织会员听取“驻黔博士生服务团”所作之煤矿安全生产讲座。配合市煤炭局、市安监局举办全市第二次煤矿安全生产工作会。组织会员认真讨论《贵州省安全生产条例（讨论稿）》，将意见及时反馈。

注重行业与政府职能部门沟通，多次就电煤、民用煤、煤矿维简费等热点难点问题积极与政府职能部门进行沟通，与省农村信用社驻六盘水办事处沟通，为会员企业协调担保贷款1000万元。

积极参政议政，2005年、2006年、2007年“两会”期间，提出10份提案。

在宣传方面，与六盘水电视台、市日报社、市晚报社合作推出专题报道方案。

2008年年初，贵州省遭受百年未遇凝冻灾害，电煤告急、民用煤告急，煤炭商会组织会员企业继续生产，确保人民过上一个安定祥和春节。会长杨忠被授予“抗凝冻、保民生”先进个人称号，会员戴华远、徐礼忠、范仲云等受到市委、市政府表彰。

2008年5月12日，四川汶川发生里氏8.0级地震，震后会员企业积极踊跃捐款捐物抗震救灾，据不完全统计捐款数额达百万元。

积极参与打造“凉都”品牌。承办了首届2005凉都·六盘水全国甲A篮球邀请赛和凉都·六盘水第二届煤雕艺术节，协办凉都·六盘水“恒远房开杯”魅力之星选拔赛，组织会员参加凉都·六盘水消夏文化节开幕式。2008年，承办了首届凉都业余围棋邀请赛。

五、美容美发化妆品行业（商）协会

六盘水市美容美发化妆品行业（商）协会，成立于2007年8月10日。协会成立后在积极发挥工作职能、为行业服务、组织会员学习、协调政府关系、开展技能鉴定、培训等方面作了大量工作。

加强行业自律，积极发挥桥梁纽带作用。不断加强调查研究，为政府制订本行业发展之宏观决策提出建设性意见，为会员之微观经营提出指导性建议。注重宣传、贯彻中央各项方针政策，加强自我教育，帮助会员改进经营管理，完善规章制度，照章纳税。并制订行业标准、行业道德，使企业规范经营，维护行业信誉，抵制各种违规行为。通过自律和服务，增强行业自律自觉性，以扩大（商）协会影响力，使协会真正担当起纽带桥梁作用。

开展多项活动，努力增强行业凝聚力、向心力。组织会员迎奥运春游，“5·12”赈灾献血等活动。加强技艺水平提高，开展技术培训、技术咨询、考核鉴定、等级评定、《中华人民共和国劳动法》学习等活动。提倡文明健康消费理念和方式，展现美发美容行业风貌，塑造行业形象，丰富群众生活，不断提高市民生活消费水平。

开拓市场空间，不断提高行业竞争力。带领广大从业人员，及时把握国内外美发美容行业发展趋势，虚心学习先进地区经验。从品牌入手，多渠道、多形式、多层次创造出更多名符其实之“名店、名师”，不断提高行业竞争力，为扩大就业、提升人们生活质量和城市经济发展作出贡献。

六、烹饪饭店行业协会

六盘水市烹饪饭店行业协会，于2004年9月21日成立，时有团体会员40家，个人会员100人，后又吸收团体会员10家。市烹协系从事餐饮业饭店业经营管理、教学、理论研究的企业事业单位、团体和技术人员、专家、经营管理人员自愿组成的全市跨部门、跨所有制行业组织。主要任务是在餐饮饭店业贯彻执行国家有关政策、法规，发挥桥梁纽带作用，开展行业自律、维护餐饮业、饭店业合法权益，研究饮食文化，提高烹饪技艺，为促进六盘水市餐饮饭店业发展发挥作用。协会成立后开展的活动情况如下。

（一）组织会员参加省内外烹饪比赛，开展学术交流

先后组织举办2006年习酒杯贵州美食金牌黔菜电视大赛六盘水赛区之比赛。2007年凉都美食节和第二届凉都烹饪技能比赛；组织参加首届美食贵州餐饮企业电视大赛、贵州省詹王杯烹饪比赛（全省性烹饪技术交流大赛）、广州举办之第十九届国际美食节。2007年与市商务局联合举办2007年第三届凉都六盘水市美食节。2007年10月，组织参加省政府主办之贵州省饮食与茶文化节。在组织和参加之烹饪技能比赛和美食节活动中，六盘水市有42家餐饮饭店企业获比赛特金奖和金奖，两家企业获贵州省十佳黔菜馆称号，1家企业获铜奖，7家火锅店获贵州省名火锅荣誉称号，6家火锅店获六盘水市名火锅称号，5家小吃店获贵州省名小吃称号，4家小吃店获六盘水市名小吃称号；10人获省市个人烹饪比赛金奖，2人获银奖，4人获铜奖。

（二）开展餐饮饭店业学术交流，推荐烹饪工作者参加烹饪评比认定

2005年10月，组织餐饮企业经理观摩在武汉举行之第十五届中国厨师暨武汉美食文化节。2006年10月，组织餐饮企业经理观摩由商务部、陕西省政府在西安联合举办之第二届中国餐饮业博览会，了解当今中华餐饮品牌建设与国际化发展趋势。

积极组织推荐本市烹饪工作者参加贵州烹饪大师、名师评选认定，5年间共有4名烹饪工作者获得贵州烹饪大师称号，19人获得贵州烹饪名师称号。

（三）开展餐饮业、饭店业理论研讨和课题研究，推广地方特色菜肴

协会组织人员对六盘水市服务业餐饮业进行课题调研，撰写《六盘水市餐饮服务业发展趋势》和《六盘水市住宿餐饮业在服务业中所占比重及其对经济增长之影响分析》，两篇课题研究文章分别编入六盘水市2005年经济蓝皮书和六盘水2007年经济普查资料汇编一书。

协会组织挖掘、整理当地特色菜肴19个，名小吃3个，火锅宴6个，并推荐编入《贵州烹饪百科全书》；协助市商务局收集整理编写《中国饮食文化大辞典黔菜卷·六盘水分卷》，推

荐65个地方菜，7个名优小吃，8个宴席部编入该书。

办好协会刊物，宣传国家有关餐饮饭店业方针、政策，介绍全国、全省餐饮饭店行业经营管理经验、烹饪技术、烹饪意识、行业先进事迹、劳动模范。

（四）开展行业自律，加强诚信体系建设

2006年，组织20多家餐饮饭店企业参加行业主管部门在钟山大街开展之打击商业欺诈、创建和谐凉都诚信兴商签名活动；组织六盘水迎宾馆餐饮部、客房部、全有福烙锅凤池园店开展创建"青年文明号"活动，三个创建集体2006年、2007年分别被团市委授予市级"青年文明号"称号。2007年，制订《六盘水市餐饮饭店业诚信承诺书》，号召全市餐饮饭店企业积极响应承诺签名，市中心城区33家餐饮饭店企业在承诺书上签字承诺。

协会顾问黄美贤，名誉会长李世雄，会长吴朝蓉（女）（2006年6月辞职），副会长万昌思（2006年9月补选主持协会工作）、朱丹、朱健祥、马龙华、陈春章、刘美辰、王忠明、张正辉，秘书长张华（女），副秘书长雷跃文、漆荣静、黄有德、刘刚。

七、物资再生资源协会

六盘水市物资再生资源协会，于2006年4月16日成立，2007年1月24日协会召开成立大会。协会管理主要业务范围为报废汽车回收拆解，物资再生资源回收利用。协会有会员51家，其中理事会会员8家，常务理事会会员5家。协会负责人为石岩（市金属回收公司经理）。

2005年年底，成立六盘水市物资再生行业协会筹备组。筹备组由市商务局牵头，市金属回收公司及各县、特区（区）物资贸易总公司等有关部门和人员组成。市商务局副局长任筹备组组长、市商务局物资流通科、市金属回收公司负责具体筹备工作。筹备组在征求各有关方面意见后，决定设立理事人选8人，常务理事人选5人，聘请协会名誉会长3人，设立会长人选1人，副会长人选4人，秘书长人选1人。理事会、常务理事会人选的形成，主要由市、县、特区（区）经营物资再生行业专业公司之领导中产生。会长、副会长在常务理事中产生，秘书长由市商务局物资流通科科长担任，便于上下协调工作。名誉会长聘请市商务局、市工商局、市公安局分管副局长担任。选举产生协会机构及领导班子，由筹备组提名并报市商务局批准，分水城、六枝、盘县三个片区，由全体会员投票，选举产生市物资再生资源协会第一届理事会理事、常务理事；聘请市商务局、市工商局、市公安局分管副局长为协会名誉会长；选举产生协会第一届理事、常务理事、会长、副会长、秘书长、副秘书长。完成成立六盘水市物资再生资源协会筹备工作。

协会成立后，通过召开会议促进和开展工作。2005年12月28日，召开协会筹备大会，审议通过《六盘水市物资再生资源草案》；选举产生六盘水市物资再生资源协会、常务理事成员单位、理事成员单位和成员单位；选举产生协会第一届会长、副会长、秘书长、副秘书长；选举产生协会名誉会长。2007年3月19日，召开协会理事会会议，决定对再生资源市场情况进行调研，并根据调研结果进行清理整顿。

附录一

中共六盘水市委六盘水市人民政府关于进一步加强非公有制经济发展的意见

（2000年4月18日）

非公有制经济是我国社会主义市场经济的重要组成部分，也是我市国民经济的重要组成部分。发展非公有制经济是贯彻落实我国宪法规定和党的十五大精神的需要，是抢抓国家实施西部大开发战略、促进我市经济发展的需要。为了加快我市非公有制经济的发展，根据宪法规定和十五大精神，结合六盘水实际，提出如下意见。

1. 加快发展的指导思想是：坚持以邓小平理论为指导，以"三个有利于"为标准，以改革为动力，以市场为导向，以科技为依托，从区域布局、产业导向上为非公有制经济确定主攻方向，实施区域化布局，调整产业结构，坚持"龙头"带动，扶持和引导龙头企业，向产业化、集团化、品牌化和特色化方向发展。

2. 各级党委、政府要加强对非公有制经济的领导，把发展非公有制经济列入重要议事日程，纳入国民经济和社会发展计划。建立研究加快非公有制经济发展工作制度，各有关部门要加强协调，搞好服务，正确处理好管理与服务的关系。要建立非公有制经济阶段性目标考核体系，加大督查的力度，把发展非公有制经济作为考核各级党政领导和有关部门工作实绩的重要内容之一。对非公有制经济真正做到：政治上予以优惠，服务上予以方便，发展上予以支持，经营上予以指导；不限发展比例，不限发展速度，不限经营方式，不限经营规模，不限经营范围（国家明令禁止生产经营的除外）。

3. 要建立市县两级党委、政府领导与非公有制经济代表人士联系制度，加强双方的沟通和了解。两级经济工作会议要邀请非公有制经济代表人士参加。要充分发挥两级非公有制经济领导小组的职能作用。由市长或县长任领导小组组长，办公室设在政府办，政府秘书长或政府办公室主任任领导小组办公室主任。领导小组每年召开两次以上会议，认真研究非公有制经济工作，制订全市(县)非公有制经济“十五”规划，加强宏观管理，切实解决非公有制经济领域重大或带共性的问题。每年召开金融部门领导与非公有制经济代表人士座谈会，促进银企沟通与合作。对发展非公有制经济成绩突出的单位和个人给予奖励和表彰。

4. 市乡镇企业局是市政府主管非公有制经济工作的部门，要把促进非公有制经济发展纳入乡镇企业工作的主要内容，与国有经济同等对待、同等保护、同等引导、同等服务。由市乡镇企业局建立我市非公有制经济的统计体系，负责统计工作。各县、区、特区要明确主管非公有制经济的工作部门。

5. 计委和乡企局要做好产业政策导向和咨询服务工作，防止重复建设和盲目投资。新上项目要符合国家环保政策，符合国家西部大开发战略要求。招商引资局等有关部门要加强项目库建设，积极争取国家资金和外来投资，为非公有制经济发展提供信息服务。

6. 鼓励非公有制经济突破总量。促进非公有制经济发展壮大。坚持“四个一起上”，即个体、私营一起上，大中小一起上，城乡一起上，一二三产业一起上。要积极引导非公有制经济为我市调整产业结构、促进产业产品升级作贡献。要依托我市资源优势，扶持和引导非公有制经济人士兴办农业开发项目，发展种养业和农副产品加工业。鼓励有条件的非公有制经济人士采取股份制方式，加大土焦改造力度，从事煤焦经营。鼓励和支持个体和私营企业兴办社会公益事业和教育科学文化事业。对具备条件申办私立医院、个人诊所等医疗机构的个体、私营企业，有关部门应予批准。鼓励和支持医务人员到边远乡镇兴办医疗机构。鼓励非公有制经济人士投资开发旅游业。兴办具有地方特色、民族特色的旅游项目、文化娱乐项目。要努力推进非公有制经济增长方式的转变，非公有制企业要增强科技发展意识，加快技改步伐，努力提高科技含量、产品质量和附加值，增强市场竞争力，促进企业上规模、上档次。

7. 认真落实中央、省、市制订的非公有制经济发展的优惠政策。积极鼓励各种经济形式相互联合、互相参股，鼓励有能力的非公有制企业通过资产控股、技术入股、兼并、租赁、购买、承包等多种形式参与国有企业资产重组，并享受国有企业在盘活存量资产中的优惠政策；兴办社会福利事业和开发型、科技型、扶贫型生产项目，可按税收法律、法规以及国务院有关规定申请减免企业所得税。开发新产品，经鉴定投产后，享受有关优惠待遇。鼓励私营企业发展外向型经济，对具备条件的企业，可按规定程序报经国家主管部门批准，取得出口经营权。

8. 非公有制企业使用存量土地修建厂房，从事工业生产、农产品加工分别优惠15%和

30%的土地出让金，引资企业使用土地的收取15%至30%的土地出让金，国土部门按土地出让的有关规定及时审批、办理手续。投资经营者依法取得的土地使用权，在不改变土地用途和规定的使用年限内，可以依法转让、出租、抵押。土地使用权及其地上建筑物、构筑物受法律保护，因建设需要拆迁时，应给予合理的安置和补偿。

9.鼓励和支持大中专毕业生、复退军人、机关事业单位分流人员，科技人员、辞职、离职、退休人员从事非公有制经济，有关部门和单位要简化手续积极支持。分流人员如需保留原有关系或身份，可将其档案有关材料放在原单位或当地人事、劳动部门，在国家调资时，可按规定调整档案工资和享受相关待遇。大中专毕业生可将档案存入人事部门，先进入非公有制企业工作，一定时期后，视个人意愿和国家机关、科研单位工作需要，进入机关和科研单位工作。下岗职工无论以何种方式再就业或不再就业，过去的连续工龄和养老保险费年限与以后的缴费年限合并计算，达到法定退休年龄时，按规定享受相关的养老保险。

10.对各类个体工商户和非公有制企业实行下列税收优惠：

非公有制企业安置国有企业下岗人员、失业职工、城市待业青年达到新办企业职工总数60%以上的，经税务机关批准，可免征企业所得税1至3年；当年新安置上述人员占体企业总数30%以上的，经税务机关批准，可减半征收企业所得税1至2年。

非公有制企业安置“四残”人员达到企业生产人员总数35%以上的，暂免征收企业所得税；安置“四残”人员占生产人员总数10%以上未达35%的，减半征收企业所得税。

非公有制企业新办能源、交通、水利、市政公用设施、科技、教育、卫生、旅游、社会公益、种植、养殖等项目，经税务机关批准可免企业所得税1年。

非公有制企业生产的产品，经有关部门认定为高新技术产品的，经税务机关批准，可免征企业所得税2年。

非公有制企业从事实业生产，其产前、产中、产后服务收入，暂免征企业所得税。

非公有制企业利用“三废”为主要原料进行生产的产品，经税务机关批准，可免征企业所得税1至5年。

非公有制企业从事科技、法律、会计、审计、税务、信息等咨询业，经税务机关批准，可免征企业所得税1至2年。在国家确定的“老、少、边、穷”地区新办的非公有制企业，经税务机关批准，可免征企业所得税3年。

新办的非公有制企业从事商业、饮食业、对外贸易业、居民服务业、邮电通迅业等，经税务机关批准，可减征或免征企业所得税1年。

非公有制企业当年生产、经营发生亏损，经税务机关审定后，可用以后年度生产、经营利润进行弥补，最长弥补期限为5年。

非公有制经济科技机构企业从事技术转让、技术咨询、技术培训和服务的所得，年净收入在30万元以下的，报经税务机关审批，免征收企业所得税。

利用“三荒”（荒山、荒地、荒水）兴办农业开发项目和开发应税农特产品，从获利年度起，免征农业特产税5年。

在坚持统一税法，保证应缴税金入库和培植税源的前提下，不断改进和完善税收征管方式，逐步实行查帐征收；暂不具备条件的，经税务机关批准，可实行定期定额征收。企业在建阶段尚未生产时，免征一切税费。

11. 市、县两级建立中小企业贷款担保体系，由市经贸委具体运作，帮助中小企业解决贷款难问题。建立市县非公有制经济发展资金，解决个体私营企业发展的启动资金。非公有制经济发展基金由主管部门管理。短期小额贷款，由市县两级工商联运作。对从事扶贫开发的企业，政府协调安排一定数量的扶贫信贷资金予以支持。

12. 政府在逐步加强基础设施硬件建设的同时，为投资者提供便利的生产经营条件，增强对外招商引资吸引力。各级政府要加大打击假冒伪劣产品力度，查处偷逃税费行为，维护正常的市场经营秩序，创造公平、公正的市场环境，市、县要在中心城区规划建设一批专业商业街区和特色市场。鼓励非公有制企业在城镇、集镇规划范围内依法申请用地，投资兴办各类市场，在新市场内，减半征收各种应征费用。对新建市场要坚持谁投资，谁受益原则。选择培育进场经营，后规范发照。

13. 企业所有者依法享有企业的经营管理权，不受任何部门和单位的干预；企业所有者对企业资产依法享有占有、使用、收益和处置的权利，任何组织和个人不得非法侵占、破坏、查封、扣压、冻结或没收；企业依据《劳动法》有权根据经营状况，自主决定用工数量、用工质量、用工形式，在劳动就业部门办理招用手续后到劳动力市场自行聘用雇工并确定工资形式、工资标准和奖励办法，产生劳动纠纷由劳动人事部门协商解决；非公有制经济人员享有全民、集体所有制企业人员同等的政治权利，参加评选劳模、先进生产者和评聘技术职务；企业自愿参加有关部门组织的质量评比、技术鉴定、计量测试、展销订货和文化技术培训及各种行业活动；对符合条件的非公有制企业技术人员统一由属地工商联报送申请表，按国家职称评定程序与国有企业单位技术人员同等标准，评定并发给相应的专业技术职务资格证书。

14. 规范行政性事业单位收费行为。凡属国家法律法规、国务院及财政部、国家计委和省政府明文规定的收费项目之外向企业的行政事业性收费项目、罚款项目、集资项目收取资金均一律取消。物价部门要认真检查和清理，取消的不符合规定的收费项目向社会公布，凡是具有执收执罚职能的部门，全部执行“收支两条线”的收缴分离管理制度，并亮证收费和罚款。纪委监察部门要巩固和继续开展治理“三乱”联系点的挂牌保护工作。成立非公有制经济投诉中心，综合查处对非公有制经济的违法违纪行为，保护非公有制经济的合法权益。企业参加评比、竞赛、联谊、学会、订报刊等必须坚持自愿原则。对违反收费规定受到举报、投诉的，各级监察部门要严肃查处，并负责答复。企业营业执照是合法经营的凭证，除工商行政部门外，其他单位和个人不得收缴和吊销。对乱收缴造成损失的，要承担赔偿责任。公安等执法执纪人员除履行正常公务外，平时不得以执法者身份进入合法经营的宾馆、歌厅、娱乐室等场所。

15. 新闻媒体要加强对非公有制经济的宣传，坚持正确的舆论导向，加强舆论监督，创造良好的舆论环境；开辟宣专栏和窗口，加大宣传报道力度。

16. 各级党委、政府要积极支持工商联（商会）的工作，切实解决他们的困难，充分发挥工商联在发展非公有制经济中的桥梁和助手作用。市县两级人大、政协在物色和推荐非公有制人大代表、政协委员时，工商联作为基础推荐单位，提出初步意见。工商联要配合有关部门加强非公有制企业的党、团工会组织的建设和精神文明建设。要加强与政府主管部门和银行、工商、司法等部门的联系工作。创造条件为非公有制人士开展各种培训工作，组织参加各种贸易、投资洽谈会、商品展销会、商务考察等项活动。同业公会、行业协会要做好自我教育、自我管理、自我服务工作。个体劳动者协会、私营企业协会要充分发挥自身的作用，为经济繁荣作贡献。

17. 非公有制经济人士应自觉遵守市场规则，合法经营，照章纳税。要加强学习，提高素质，自觉遵守《劳动法》，维护员工的合法权益。要把非公有制经济从业人员纳入社会保障体系，参加社会保险，扩大社会覆盖面，业主要积极参加和为员工提供必要的社会保障。依法缴纳社会保险费。国家给予就业减让优惠的税金，必须用于扩大再生产，不得用于消费金，并接受有关部门的监督和检查。

18. 各级党委、政府及有关部门，特别是工商联组织要按照“团结、教育、引导、服务。”的方针，对非公有制经济人士进行爱国主义、集体主义、社会主义教育，进行职业道德和法制教育，提高他们“爱国、敬业、守法。”的自觉性。

19. 有关部门要根据本意见制订出相应的实施细则，合力推动我市非公有制经济的发展。

20. 此前的有关发展非公有制经济文件即行废止。

附录二

六盘水市国有企业改革工作程序

市府办发〔2006〕63号

为保证我市国有企业改革工作健康、有序、规范地进行，根据上级有关文件规定和要求，特制订本工作程序。

一、调查摸底

（一）企业目前生产经营和资产负债情况。

（二）企业在职及离退休人员情况。

（三）企业干部职工对企业改革的思想动态。

（四）企业发展前景预测。

（五）其他。

二、宣传发动

（一）制作宣传提纲，统一宣传口径，采取各种形式宣传改革的必要性、紧迫性。

（二）企业或企业主管部门分别召开企业领导班子、企业中层以上管理者、职工大会以及党工团相关会议，进一步统一思想，提高认识。

三、制订企业改制方案职工安置方案资产处置方案

（一）企业改制方案、职工安置方案、资产处置方案可由改制企业（向本企业经营管理者、职工转让国有产权的企业和改制为国有不控股的企业除外）委托中介机构、改制企业主管部门制订。

（二）企业改制方案、职工安置方案、资产处置方案的制订，要吸收改制企业工会主席和职工代表参加，充分听取职工意见。同时，还要征求同级人民政府有关部门的意见或建议。

（三）企业改制方案须经职工代表大会（职工大会）审议。

其中，企业职工安置方案须经职工代表大会（职工大会）审议通过，并形成大会决议。

企业工会组织应当将大会决议报至上级工会组织、企业主管部门和同级国有资产重组和国有企业改革工作领导小组办公室（以下简称“同级改革改制办公室”）。

（四）同级改革改制办公室委托法律服务机构对企业改制方案进行合法性审查，并出具法律意见书。

（五）企业改制方案、职工安置方案、资产处置方案的报批。

1. 企业主管部门负责对有关方案进行初审，形成书面意见后，将企业改制方案、职工安置方案、资产处置方案、职工代表大会（职工大会）决议、企业主管部门初审意见一同报同级改革改制办公室、劳动和社会保障部门、国土资源部门。若企业改制方案涉及劳动保障、国土资源、财政、税收、金融机构等相关事项的，应先报有关部门审核或批准。

2. 同级改革改制办公室负责审核企业改制方案，形成书面意见。公益性企业、资源性企业、改制后不控股或不参股企业以及带有社会公共管理性质企业的改制方案由同级人民政府审批；其他企业的改制方案由同级国有资产重组和国有企业改革工作领导小组（以下简称“同级改革改制领导小组”）审批。

职工安置方案必须由同级劳动和社会保障部门审核。

资产处置方案不涉及土地资产事项的，必须报同级经贸部门核准；若涉及土地资产处置事项的，应事先报上级国土资源部门审批，核准后报同级经贸部门核准。

3. 企业和企业主管部门根据有关审批或审核意见，负责组织实施企业改制方案、职工安置方案、资产处置方案。

四、维护稳定

企业和企业主管部门共同负责维稳工作，并制订维稳工作预案，报同级改革改制办公室备案。

五、清产核资

（一）企业或企业主管部门向同级改革改制办公室提出清产核资立项申请，并制订清产核资工作方案，报企业主管部门、同级改革改制办公室备案。

（二）同级改革改制办公室批复立项。

（三）同级改革改制办公室委托企业（改制为国有控股的企业）或具有相应资质的社会中介机构进行清产核资，并出具清产核资报告。

（四）企业主管部门或企业组织召开会议，研究清产核资报告以及有关问题。

六、审计与资产核销

（一）在清产核资的基础上，由同级改革改制办公室委托具有相应资质中介机构进行专项财务审计，并出具专项财务审计报告。

企业或企业主管部门组织召开会议，研究解决专项财务审计中的有关部门。

（二）企业改制中清理出来的不良资产，经社会中介机构进行专项财务审计并出具经济鉴定证明后，企业按规定程序向同级经贸部门申报，经审核批准以后核销。

（三）凡是企业改制，必须由相关部门按照干部管理权限委托审计部门或具有相应资质的社会中介机构对企业法定代表人进行离任经济审计，并出具离任经济审计报告。

（四）企业或企业主管部门向职工群众公布企业总投资、总负债、净资产、净利润等主要财务指标的财务审计结果。

（五）企业根据专项财务审计报告，进行相应的账目调整。

七、资产评估

（一）由同级改革改制办公室委托具有相应资质的社会中介机构进行资产评估，并出具资产评估报告。

（二）企业或企业主管部门组织召开有关部门、企业领导等有关人员参加的会议，研究解决资产评估中的有关问题。

（三）资产评估核准。

1. 土地资产的评估结果应报同级国土资源管理部门备案。

2. 资产评估结果由企业主管部门审核后，报同级经贸部门财政部门核准，并出具评估结果核准书。

（四）企业或企业主管部门向职工群众公布资产评估结果。

八、产权转让

企业改制涉及国有产权转让的，待同级改革改制办公室委托法律服务机构进行合法性审查、履行有关的批准事项后，由同级经贸部门按照规定组织进行。

九、职工安置

（一）企业根据经同级劳动和社会保障部门审核同意的职工安置方案，与职工签订解除或变更劳动关系协议，对改制为非国有企业的职工或国有控股企业不再继续留用的职工发放一次性安置费。

（二）办理职工劳动关系转移、社会保险接转手续、离退休人员移交托管手续等。

（三）企业与职工签订解除劳动关系协议后，按规定在一个月内做好职工档案移交工作，根据职工的不同情况，向新的用人单位和劳动就业、人才交流服务机构移交托管。

十、资产移交

（一）企业负责组成资产移交小组，企业主管部门负责组成资产监交小组。

（二）资产移交小组和资产监交小组要召开专题会议，明确分工和责任。

（三）资产监交小组组织资产移交小组和接收方有关人员到现场对固定资产、存货等进行盘点和移交。

移交结束后，参加资产移交、监交的有关人员和企业负责人应当在盘点表或移交表上签字确认。

（四）资产监交小组写出有关资产的监交情况报告，报同级改革改制办公室备案。

十一、监督检查

（一）同级监察部门负责成立国有企业改革督查组，人员从有关部门抽人组成。

（二）国有企业改革督查组负责组织对国有企业改革全过程进行监督和检查。

（三）国有企业改革督查组向同级改革改制办公室提交督查情况报告。

十二、档案整理

改制企业或企业主管部门应将原始文件、资料、记录全部进行整理归档，并将有关改制过程中形成的原始文件、资料等及时报送到同级改革改制办公室。

十三、其他

（一）企业依法破产按《中华人民共和国破产法》以及有关规定程序执行。

（二）实施政策性关闭破产和主辅分离、辅业改制按照其有关政策的规定程序执行。

（三）企业改制为有限责任公司、股份有限公司，按《中华人民共和国公司法》的规定程序执行。

（四）办理工商登记。改制企业需要提供有关批文、中介机构的验资报告、出资人的各种证明、公司章程等到工商行政管理部门登记。

（五）办理其他有关手续。

领取营业执照，办理税务登记，办理社会保险等立户手续，办理银行开户手续等。

（六）改制后企业的党组织、工会、团组织等按照规定组建。

附录三

关于推进我市国有企业改革的指导意见

市府办发〔2006〕70号

为认真贯彻落实党的十六大、十六届三中、四中和五中全会精神以及省委、省政府关于国有经济布局结构调整和国有企业改革的部署，加快推进我市国有企业改革步伐，保证国有企业改革工作健康、有序、规范地进行，现提出如下指导意见：

一、国有企业改革的指导思想

按照国务院和省关于国有经济结构布局战略性调整的要求，以产权制度改革为突破口，深化国有企业改革，提高国有资本运营质量，转换企业经营机制，增强活力，促进经济发展。

二、国有企业改革的基本原则

（一）改革必须坚持公开、公平、公正的原则，增强改革的透明度。

（二）维护职工和债权人的合法权益，维持社会稳定。

（三）按照“产权清晰、权责明确、政企公开、管理科学”的要求和国有资产“有进有退、有所为有所不为。”的原则，全面推进国有企业改革工作，促进国有资产优化和向优势企业集中。

（四）改革必须按照国家和省的有关政策进行，坚持按照程序操作，防止国有资产流失。

三、国有企业改革的主要方式

（一）对具有较强市场竞争优势、成长性较好的国有企业，在明晰产权的基础上，吸纳社会资金和国内外资本参与社会改革，优化企业的资本结构，实现投资主体多元化，国有资本可以继续保持控股地位。

（二）对提供公共产品、公共服务的市政公用企业可以实行投资主体多元化，吸纳社会资金和国内外资本参股，国有资本可以保持控股地位。

（三）对处于竞争性领域且市场竞争力较弱的国有企业，国有资本要有序退出。

四、国有企业改革的有关政策

（一）建立国有企业改革专项资金。

为了保持社会稳定，构建和谐社会，保障国有企业改革稳步推进，推动我市国有经济布局的战略性调整和国有企业改革，建立国有企业改革专项资金。

改革专项资金来源：改制企业国有产权转让收入；同级财政本年度预算的国有企业改革预备金；其他资金。

改革专项资金重点用于无力支付改制费用企业的改制、破产企业资产变现不足的费用支持。

改革专项资金由同级经贸部门管理，接受财政、审计、监察等部门的监督。

（二）职工安置补偿范围。

按照《国务院办公厅转发国资委关于进一步规范国有企业改制工作实施意见的通知》（国办发〔2006〕60号）等文件规定，凡改制为国有控股企业的，改制后企业继续履行改制前企业与留用的职工签订的劳动合同；留用的职工在改制前企业的工作年限应合并计算为在改制后企业的工作年限；原企业不得向继续留用的职工进行经济补偿；对企业改制时解除劳动合同且不再继续留用的职工，必须给予一次性经济补偿。

改制为非国有企业的，必须给予职工一次性经济补偿，并且要严格按照有关法律法规和政策处理好改制企业与职工的劳动关系。

（三）职工安置补偿标准。

根据《贵州省人民政府关于国有小型企业改革若干问题的补充通知》（黔府发〔1998〕39号），具体标准为：视其改制企业资产情况，依据职工本人工作年限，工作每满一年，按照劳动和社会保障部门公布的六盘水市上年职工月平均工资1至2个月标准计发一次性安置费。

（四）实行内部退养。

根据《贵州省人民政府关于国有小型企业改革若干问题的补充通知》（黔府发〔1998〕

39号）文件规定，对距法定退休年龄5年以内（含5年）职工，实行内部退养，待其达到退休年龄时办理退休手续。内部退养职工从改制时到符合法定退休条件办理退休手续期间的生活费、社会保险费，从原企业改革资金中扣除，由新企业、主管部门或托管机构负责发放和按规定缴纳。

（五）改制企业离退休人员管理。

根据中共中央办公厅、国务院办公厅《关于转发劳动保障等部门〈关于积极推进企业退休人员社会化管理服务工作的意见〉的通知》（中办发〔2003〕16号）文件精神，要逐步完善离退休人员的管理机制，加快推进国有企业离退休人员由企业管理向社会化管理过渡的制度建设。企业退休人员办理退休手续，管理服务工作原则上与原企业相分离，纳入其常年居住地或户口所在地的乡镇、街道、社区实行属地社会化管理，暂时无法实现社会化管理的地区，由新企业、主管部门进行管理，待条件成熟成立托管机构后，将企业离退休人员移交给托管机构管理。

结合我市实际情况，企业离退休人员管理服务费按照企业改制时每人一次性缴纳1000元的标准计算，并由原企业预留费用中直接划拨到新企业、企业主管部门或托管机构。

（六）企业改制后的自谋职业人员，经当地劳动和社会保障部门认定后，凡符合规定的，可以享受再就业优惠政策。

（七）国有企业改革原则上实行整体改制，但国有企业在改制中确需采取分立式改制的，须经同级人民政府同意后方可采取分立式改制。

（八）职工整体购买。

职工整体购买且一次性付清全部购买价款的，按照《贵州省人民政府关于国有小型企业改革若干问题的补充通知》（黔府发〔1998〕39号）文件规定，可视企业具体情况给予10%～25%的优惠价格。其他优惠政策按照有关文件规定执行。

职工整体购买能力不足，可采取分期付款的方式，首期付款不得低于总价款60%，所剩余的部分资产，在改制后新企业提供合法担保或以资产作抵押后，不再设置国有股，可作为企业对政府的负责，按照同期银行贷款利率交纳资产占用费，留企业继续使用。资产占有本金原则上应当在首期付款之日起一年内收回，确因职工筹资困难，经同级国有资产重组和国有企业改革工作领导小组批准，最长不超过3年。

职工整体购买的企业，要合理确定管理层与职工的持股比例，管理层持股比例不能超过总股本的30%。

（九）改制后企业要按照《中华人民共和国公司法》等法律法规的规定，建立规范的公司法人治理结构。

改制后仍然是国有控股的企业，其主要负责人按干部管理权限管理，党、工、团组织按照有关规定建立。

（十）改制企业用地不能直接进入企业整体资产处置或进行招标、拍卖、挂牌出让的，经同级国有资产重组和国有企业改革工作领导小组办公室和企业主管部门审核，报同级人民政府同意，可由改制企业向土地管理机构提出土地收购申报意见，经土地管理机构进行权属核查、并与收购企业签订土地使用权收购合同，在土地储备机构按照合同约定向改制企业支付土地收购价款后，与改制企业共同到同级国土、房产管理部门办理权属变更登记手续，改制企业应按收购合同约定的期限和方式交付被收购的土地和建筑物、构筑物。

（十一）凡是国有企业进行改革，政府有关部门对必须收购的项目按照政策规定的最低标准收费；对不是必须收费的项目不予收费。

五、国有企业改革的基本职责划分

（一）国有资产重组和国有企业改革工作领导小组负责统一指导本级国有企业改革工作，国有资产重组和国有企业改革工作领导小组办公室负责领导小组的日常工作。

（二）经贸部门负责资产核销、产权转让等工作。

（三）监察部门负责对国有企业改革情况进行监督等工作。

（四）财政部门负责办理政府有关国有企业改革资金的划拨、对国有企业改革专项资金进行监督等工作。

（五）劳动和社会保障部门负责组织做好企业职工安置方案的审核、劳动关系调整、劳动合同签订、各项社会保险费的接转等工作。

（六）审计部门负责组织企业改制过程中对法定代表人的离任审计、对国有企业改革专项资金进行监督等工作。

（七）国土资源部门负责土地处置方案审批、土地评估结果备案、土地处置等工作。

（八）房产管理部门负责做好改制企业有关房产处置等工作。

（九）工会组织负责监督国有企业改革过程中涉及职工利益事项的落实情况，指导召开职工代表大会或职工大会。

（十）工商管理部门负责原企业注销、新企业注册等工作。

（十一）公安部门负责处理国有企业改革过程中的突发性事项等工作。

（十二）维稳部门负责指导企业或企业主管部门制订维稳工作预案，指导企业或企业主管部门做好企业改制过程中的社会稳定等工作。

（十三）企业主管部门负责组织本系统国有企业的改革工作，并组织研究解决本系统企业改革过程中有关具体事宜、维护企业稳定等工作。

国有资产重组和国有企业改革工作领导小组办公室成员单位，必须履行其相关职责。

六、国有企业改革工作的基本要求

（一）严格执行改革工作程序。

凡是国有企业进行改制，都要按照规定制订改制方案、职工安置方案、资产处置方案，并按照规定程序进行审批或审核。企业改制必须按照规定进行清产核资、财务审计、资产评估，并按照规定对企业法定代表人进行离任审计；企业改制涉及国有产权转让的，应当按照有关规定程序组织进行。企业改制应当由法律服务机构提供法律服务，并按照规定进行合法性审查和出具法律意见书。

（二）强化国有资产监督管理，确保国有资产保值增值。

凡是国有企业改革过程中涉及清产核资、财务审计、资产评估、法律服务等事项的，统一由同级国有资产重组和国有企业改革工作领导小组办公室委托社会中介机构组织进行，企业主管部门负责组织研究解决社会中介机构提出的有关问题。

涉及国有产权转让的，由同级经贸部门按照规定组织进行交易。

（三）维护改制企业稳定。

在企业改制中，企业和企业主管部门要共同负责维护改制企业的稳定工作，并在同级维稳部门的指导下，制订维稳工作预案，报同级国有资产重组和国有企业改革工作领导小组办公室备案。

（四）加强改革过程的监督与责任追究。

各级监察机关和其他有关部门，要加强联系、密切配合，加大对国有企业改革工作的监督检查力度。通过建立重要事项通报制度和定期督查制度，以及设立并公布举报电话等方式，及时发现和严肃查处国有企业改革中的违纪违法案件。

七、加强对国有企业改革工作的领导

各县、特区、区人民政府，市人民政府有关部门及企业主管部门、国有及国有控股企业，要全面理解和正确贯彻落实党中央、国务院关于国有企业改革的方针、政策和措施，切实加强对国有企业改革工作的组织领导，严格执行有关改革的各项规定，认真执行改革的工作程序，有效防止国有资产流失，促进国有企业改革工作健康、有序、规范进行。

附录四

国有企业改制职工安置方案（参考样本）

一、制定职工安置方案的指导思想原则和主要政策依据

改制前企业名称，所有制性质，××年××月××日经××国有资产监督管理委员会/授权部门以××号文件（附后）批准改制为国有控股企业/非国有控股企业（国有持股比例，职工持股比例），改制后拟定企业名称，所有制性质。

（一）制定职工安置方案的指导思想和原则，其中原则部分应明确计算经济补偿金等职工安置费用和理顺劳动关系的基准日（经济补偿金等职工安置费用的计算，以有关部门批准企业改制方案之日为基准日；国家或省另有规定的，从其规定）。

（二）政策依据。

根据改制的具体情况，依据相关的法律法规和政策，主要有：《中华人民共和国劳动法》、国务院《工伤保险条例》、《中共中央国务院关于进一步做好下岗失业人员再就业工作的通知》（中发〔2002〕12号）、《国务院关于进一步加强就业再就业工作的通知》（国发〔2006〕36号）、《中共中央办公厅、国务院办公厅关于转发劳动和社会保障部等部门关于积极推进企业退休人员社会化管理服务工作的意见的通知》（中办发〔2003〕16号）、《国务院办公厅转发国务院国有资产监督管理委员会关于规范国有企业改制工作意见的通知》（国办发〔2003〕96号）、《国务院办公厅转发国资委关于进一步规范国有企业改制工作实施意见的通知》（国办发〔2005〕60号）、《广东省养老保险条例》、《广东省工伤保险条例》、《广东省失业保险条例》、《中共广东省委广东省人民政府关于深化国有企业改革的决定》（粤发〔2005〕15号）、《广东省劳动合同管理规定》（粤府〔1995〕22号）、《中共广东省委办公厅广东省人民政府办公厅关于做好我省国有企业改制或退出市场后离休干部安置管理工作的通知》（粤委办〔2003〕36号）、《广东省人民政府办公厅转发省劳动保障厅关于进一步做好国有企业改制

职工分流安置工作意见的通知》（粤府办〔2006〕25号）、广东省劳动保障厅《关于印发〈参加省直社会保险统筹企业退休人员实行社会化管理服务后有关业务管理暂行办法〉的通知》（粤劳社函〔2003〕396号）、《关于做好企业退休人员社会化管理服务移交工作的通知》（粤劳社函〔2006〕560号）、××市政府《××城镇职工基本医疗保险制度实施方案》（××〔××〕××号）、以及当地党委、政府和有关部门制定的相关文件等。

二、企业人员状况

（一）改制前企业现有人员基本情况

1. 在册职工××名，其中离岗退养人员××名。

2. 离休人员××名，退休人员××名。

3. 工伤（职业病）职工××名。

4. 其他人员情况及人数等。

（二）改制后企业接收安置职工情况

1. 接收安置的职工××名。

2. 其中办理离岗退养职工××名，工伤（职业病）职工××名等。

三、职工安置办法

（一）职工安置

1. 改制企业（以改制为非国有法人控股企业，即在企业的全部资本中国家资本，股本所占比例等于或小于50%的企业为例）依据《劳动法》、省府办公厅《转发省劳动保障厅关于进一步做好国有企业改制职工分流安置工作意见的通知》（粤府办〔2006〕25号）等文件的规定，对符合条件的职工解除劳动关系，给予经济补偿金。

解除职工人数为××名，其中安置到改制后企业的××名，分流到社会的××名。

2. 经济补偿标准和支付办法。

（1）企业按照《违反和解除劳动合同的经济补偿办法》（劳动发〔1994〕481号）、省府办公厅《转发省劳动保障厅关于进一步做好国有企业改制职工分流安置工作意见的通知》（粤府办〔2006〕25号）等文件的规定，对解除劳动关系的职工支付经济补偿金，经济补偿金按职工在本单位工作年限，每满一年发给相当一个月工资的经济补偿金，不满一年的按一年计算，经济补偿金的工资计算标准，按单位正常生产（工作）情况下职工解除劳动合同前12个月的月平均工资计算，其中，职工月平均工资低于本企业月平均工资的，按本企业月平均工资计发，且不得低于当地最低工资标准；职工月平均工资或企业月平均工资高于单位所在地上年度城镇职工月平均工资3倍的，按单位所在地上年度城镇职工月平均工资3倍的标准计发。如劳动者患病或者非因工负伤，经劳动鉴定委员会确认不能从事原工作，也不能从事用人单位另行安排的工作而解除劳动合同的，除经济补偿金外还应发给不低于六个月工资的医疗补助费，患重病和绝症的还应增加医疗补助费，患重病的增加部分不低于医疗补助费的百分之五十，患绝症的增加部分不低于医疗补助费的百分之百。

本企业的平均工资为 × × 元，实行此办法解除劳动关系并分流到社会的职工 × × 人，总工龄为 × × 年，经济补偿金平均月工资为 × × 元，经济补偿金总额为 × × 万元。

后 记

1992年年初，六盘水市商业委员会成立编辑组，启动《六盘水市志·商业志》编修，由屈贵州等人具体承担编写任务，并着手开始搜集整理所需资料。1992年4月，编辑组拟订出志书篇目初稿共14章60节，以及相关资料搜集说明和资料搜集细目，由市商业委员会行文征求意见，收存了一批参考志书、刊物和六枝、盘县、水城所编写的数本商业资料以及一批零散资料。后因行政机构变化及总纂人员未能落实等原因，编修工作处于一度停滞。

后经历次机构改革后，《六盘水市志·商业志》的编修工作改由六盘水市商务局承担。2007年，市商务局再次启动《商业志》的编修工作。重新成立《六盘水市志·商业志》编纂委员会和编辑组，由局办公室主任王河平负责有关编务协调等事宜，聘请谢应钦教授为特约主编，王景忠任常务副主编，具体负责编纂工作。谢应钦教授重新拟订篇目，经编纂委员会和有关老领导讨论修订定稿，并经省志办审定篇目后执笔编写。由于有关科室人员变动、资料移交、归档不够规范等因，各科室难于完成其所承担编写之资料稿。故而大部分章节之编撰，从资料搜集、资料稿编写到志文编纂，全由特约主编及常务副主编独自承担。谢应钦教授依托其社会经历感受和资深丰富修志经验，认真负责，在省志办编辑处伍启林、吕勇等领导和专家精心指导帮助下，除了从自己的藏书中录集大量资料外，还奔走于有关单位，求助于文化友人，广泛搜集资料，将其写成资料稿，伏案笔耕，进行总纂。数年如一日，反复锤炼，精益求精，日夜辛劳，往往双休日和节假日也不休息。王景忠、王河平配合主编，于档案馆认真查阅资料，奔忙于各有关单位及各县、特区、区，并参与进行有关协调事宜，进行书稿修改和校对。

全书几经修改后形成终审送审稿，终审送审稿主要偏重于记述有关国有商业方面之史实。在审验中，省志办领导和专家建议，为反映改革开放后六盘水市商业发展史实全貌，应增加非公有制商业发展、市场发展建设和非公有制商业企业等章节内容。继而，编纂人员又将此等内容增加入志。又经过部门内部对全书进行审稿，再经修订后付印出版。

在本志编修过程中，得到省、市志办领导和专家大力帮助指导，使得志稿顺利编写完成并通过各级验收。市商务局对修志工作十分重视，从人力、财力、物力等方面大力支持，各科室及各县（特区、区）商业行政部门积极配合；市进出口公司为修志提供了办公室；市商务局局长李世雄亲自对全书进行修改审阅，并为“国有商业企业改革”和“机构人员”等章节撰写资料稿；很多离退休老领导参加审稿，提出宝贵意见；市直各商业企业积极提供资料，分别由林华、林泽江、周玉贤、马茂松、姚启学、唐敏、浦玉成、雍福文、孔繁波等人撰稿。此外，修志工作还得到市政协、市工商联、市工商局、市统计局、市档案馆、市九三学社等部门的支持，同时许多非公企业和个人也积极提供修志资料，提供修志资料的个人有张世敏、杨克宽、熊光扬、熊一义、张俊昌、高克贤、周光辉、李德文、洪林、方玉芬等，使得本志资料丰富翔实。在本志出版之际，特向关心帮助本志之单位和人士一一致以深切感谢。

本志编纂中，由于编修时间过长，人员几经变动，有的史料难以搜集，加之成书时限紧迫，又限于编辑人员水平，不完善和差错之处在所难免，敬望赐正。

编　者

2017年4月